RECUEIL DE VOYAGES ET DE DOCUMENTS
POUR SERVIR A L'HISTOIRE DE LA GÉOGRAPHIE
Depuis le XIIIe jusqu'à la fin du XVIe siècle

LE
Voyage d'Outremer
DE
BERTRANDON DE LA BROQUIÈRE
PREMIER ÉCUYER TRANCHANT
ET CONSEILLER DE PHILIPPE LE BON, DUC DE BOURGOGNE

PUBLIÉ ET ANNOTÉ
Par CH. SCHEFER
Membre de l'Institut

PARIS
ERNEST LEROUX, ÉDITEUR
28, RUE BONAPARTE, 28
M.D.CCC.XCII

RECUEIL DE VOYAGES

ET DE

DOCUMENTS

pour servir

A L'HISTOIRE DE LA GÉOGRAPHIE

Depuis le XIIIe jusqu'à la fin du XVIe siècle

PUBLIÉ

Sous la direction de MM. CH. SCHEFER, membre de l'Institut,
et HENRI CORDIER

XII

Le Voyage d'Outremer

DE

BERTRANDON DE LA BROQUIÈRE

ANGERS, IMP. A. BURDIN ET Cⁱᵉ, RUE GARNIER, 4

BERTRANDON DE LA BROQUIÈRE
PRÉSENTE A PHILIPPE-LE-BON, A MUSSY-L'EVÊQUE, LE LIVRE QU'IL A RAPPORTÉ DE DAMAS
Bibl. nat., ms. franç. 9087, fol. 152 v°

LE

Voyage d'Outremer

DE

BERTRANDON DE LA BROQUIÈRE

PREMIER ÉCUYER TRANCHANT

ET CONSEILLER DE PHILIPPE LE BON, DUC DE BOURGOGNE

PUBLIÉ ET ANNOTÉ

Par CH. SCHEFER

Membre de l'Institut.

PARIS

ERNEST LEROUX, ÉDITEUR

28, RUE BONAPARTE, 28

M.D.CCC.XCII

BERTRANDON DE LA BROQUIÈRE
PRÉSENTE A PHILIPPE LE BON, À BRUXELLES (1433), LE LIVRE QU'IL A RAPPORTÉ DE DAMAS

INTRODUCTION

a première moitié du XVe siècle nous a légué trois relations françaises de voyages en Orient. La première est celle de Nompar de Caumont qui visita les Lieux saints en 1418 [1]. Les deux autres sont dues à la plume de deux serviteurs de Philippe le Bon, duc de Bourgogne, Ghillebert de Lannoy et Bertrandon de La Broquière.

Ghillebert de Lannoy avait accompli en 1401, en compagnie du sénéchal de Hainaut, un premier pèlerinage à Jérusalem et visité Rhodes, les îles de l'Archipel et Constantinople. Après avoir fait deux voyages dans l'Europe centrale, en 1413 et en 1414, il fut chargé, sept ans plus tard, par le roi d'Angleterre et le duc de Bourgogne, d'une mission militaire en Orient. Il passa deux années à parcourir la Prusse,

[1]. Le Voyaige d'oultremer en Iherusalem par le seigneur de Caumont l'an 1418, publié pour la première fois d'après le manuscrit du Musée Britannique par le marquis de La Grange. Paris, 1858.

la Pologne, la Hongrie, la Russie, les Principautés danubiennes, les côtes de l'Égypte et celles de la Syrie, Rhodes et le détroit des Dardanelles et il revint dans ses foyers après s'être arrêté à Venise et avoir traversé l'Allemagne[1].

L'auteur de la troisième relation est Bertrandon de La Broquière, premier écuyer tranchant, conseiller et chambellan de Philippe le Bon.

Ce fut longtemps après son retour, après les fêtes du Vœu du faisan, qu'il reçut l'ordre de rédiger le récit de son voyage, d'après les notes qu'il avait consignées sur son carnet; Jean Mielot était, à la même époque, chargé de traduire en français l'Advis directif pour faire le voyage d'oultremer de Frère Brochard l'Allemand.

Le Voyage d'outremer figure plusieurs fois dans les inventaires des livres de la maison de Bourgogne[2]; malgré le vif

---

[1]. *La reconnaissance des côtes de l'Égypte et de la Syrie a été publiée pour la première fois avec une traduction anglaise par M. John Webb dans le XXe volume de l*'Archæologia Britannica, *paru en 1821, pp. 281-444 sous le titre de* : A Survey of Egypt and Syria undertaken in the year 1422, by sir Gilbert de Lannoy. *La Société des Bibliophiles belges a fait imprimer à Mons, en 1840, les* Voyages et ambassades de messire Guillebert de Lannoy, *et M. Joachim Lelewel en a donné, quatre années plus tard, une brochure sous le titre de* : Guillebert de Lannoy et ses voyages en 1413, 1414 et 1421, commentés en français et en polonais. *Bruxelles, 1843, et Posen, 1844; enfin, M. Ch. Potvin a édité récemment les* Œuvres de Ghillebert de Lannoy, voyageur, diplomate et moraliste. *Louvain, 1878.*

[2]. *On trouve dans «* l'Inventaire de la librairie qui est en la maison de Bruges » *qui fut rédigé vers 1467* :

1525. « Un livre couvert de cuir noir et cloué, intitulé au dehors: Le voiage du roy Phelipe de Valois et le voiage Bertrandon, commençant au second feuillet : « après la publication de toutes pars »;

intérêt qu'il présente, il n'avait point, jusqu'au commencement de ce siècle, attiré l'attention des savants. M. Legrand d'Aussy, membre de l'Institut de France, qui s'était fait connaître par un Recueil de fabliaux, ou contes, fables et romans du XIIe *et du* XIIIe *siècle et par une Histoire de la vie privée des Français depuis l'origine de la nation jusqu'à nos jours, lut, dans la séance du 22 messidor de l'an VII, la relation du voyage de Bertrandon de La Broquière dont il crut devoir, bien à tort, rajeunir le style. Il fit précéder sa traduction d'un Discours préliminaire dans lequel il analyse d'une manière très sommaire et souvent inexacte, les récits de quelques-uns des voyageurs du moyen âge*[1]. *M. Legrand*

et au dernier: « *de là je vins* ». *Ce volume est le même que l'on retrouve dans l'inventaire de 1487, rédigé à Bruxelles par Martin Sleenberch, doyen, et Charles Saillet, écolâtre de l'église collégiale de Sainte-Gudule.* « *Ung autre grant volume couvert de cuir noir, à tous deux cloans de léton et cincq boutons de léton sur chascun costé, historié et intitulé: Le voiage de oultremer du Roy Philippe de Vallois et le voyage de Bertrandon de la Brocquiere commenchant* « *de toutes pars gens* », *et finissant au derrenier*: « *je supplie qu'il me soit pardonné* ».

1526. « *Ung livre en papier, couvert de parchemin, intitulé*: « *C'est le livre du voiage de Bertrandon* », *commençant au second feuillet*: « *Car je arrivay* » *et au dernier*: « *Icy pour ce que* ». J. Barrois, Bibliothèque protypographique ou librairies des fils du roi Jean, Charles V, Jean de Berry, Philippe de Bourgogne et les siens, *p. 218. Paris, 1830.*

Le Voyage de Bertrandon de La Broquière figure sous le n° 224 dans le catalogue des livres de la maison de Bourgogne conservés au palais de Bruxelles. Ant. Sanderus, Bibliotheca belgica manuscripta, *pars secunda. Lille, 1644, p. 6.*

1. Le Discours préliminaire et le Voyage d'outremer *ont été insérés dans les* Mémoires de l'Institut national des sciences et arts, Sciences morales et politiques. *Paris, fructidor an XII, pp. 422 637.*

d'Aussy n'a point reproduit dans son intégrité la narration de Bertrandon, et les quelques notes qu'il a données ne jettent pas une lumière bien vive sur les passages qu'il a voulu élucider. Ses remarques sont, en outre, empreintes d'une partialité excessive pour tout ce qui se rattache au passé de notre histoire, et il me suffira de citer quelques phrases de son Discours préliminaire pour faire connaître l'esprit qui a dicté ses appréciations. « L'auteur, dit-il en parlant de Bertrandon, était gentilhomme et l'on s'en aperçoit sans peine, quand il parle de chevaux, de châteaux forts et de joûtes. » Il ajoute plus loin, en parlant de la relation de La Broquière qui ne consacre pourtant que quelques pages à la Terre Sainte et à ses sanctuaires : « Quant aux pèlerinages, on verra, en le lisant, combien ils étaient multipliés en Palestine et son livre sera pour nous un monument qui, d'une part, constatera l'aveugle crédulité avec laquelle nos dévots occidentaux avaient adopté ces pieuses fables, et de l'autre, l'astuce criminelle des chrétiens de Terre Sainte qui, pour soutirer l'argent des Croisés et des pèlerins et se faire à leurs dépens un revenu, les avaient imaginées. »

Le Voyage d'outremer et le Discours préliminaire de M. Legrand d'Aussy furent traduits en anglais par M. Thomas Johnes peu de temps après leur publication. M. Thomas Johnes dédia son travail à la mémoire de sa sœur Élisabeth, femme de M. John Hanbury Williams, et le fit imprimer à Hafod en 1807[1].

---

1. The travels of Bertrandon de La Brocquière, counsellor and first esquire-carver to Philippe le Bon, duke of Burgundy, to Palestine, and his return from Jerusalem overland to France,

INTRODUCTION

Il n'a rien ajouté au Discours préliminaire ni aux quelques notes de Legrand d'Aussy. Il s'est borné à traduire fidèlement le texte qu'il avait sous les yeux. M. Thomas Wright *a inséré cette traduction dans le volume qu'il publia en 1848, et qui contient les relations de quelques voyageurs en Palestine*[1]. *Le texte donné par M. Legrand d'Aussy et son discours furent insérés en français dans la seconde édition du* Recueil des voyages d'Hakluyt[2].

Enfin, M. Vivien de Saint-Martin qui signalait, en 1845, l'importance du voyage de Bertrandon en a donné, quelques années plus tard, un résumé très succinct dans sa Description historique et géographique de l'Asie Mineure[3], *et M. de Mas Latrie a publié le* Récit d'une am-

during the years 1432 and 1433, extracted and put into modern French from a Manuscript of the National Library and published by M. Legrand d'Aussy in the fifth volume of the Mem. de l'Institut. *Hafod, 1807.*

Cette édition est ornée d'une carte destinée au Voyage de Rubruquis.

1. Early travels in Palestina, comprising the narratives of Arculf, Willibald, Bernard, Sæwulf, Sigurd, Benjamin of Tudela, sir John Maundeville, de la Brocquiere, and Maundrell, edited with notes by Thomas Wright. *Londres, 1848.*

2. Hakluyt's Collection of the early voyages, travels and discoveries of the English nation. *Londres, 1811, tome IV, pp. 469-545.*

3. Description historique et géographique de l'Asie Mineure. *Paris, 1852, tome II, p. 531-543.* M. *Vivien de Saint-Martin dans son* Histoire des découvertes géographiques des nations européennes, *Paris, 1845, tome II, p. 62, prétend à tort que Bertrandon de La Broquière ait été un des derniers pèlerins français ayant visité la Palestine. « Il est un autre nom contemporain de celui de Nicolao Conti et qu'un injuste caprice du sort a laissé comme celui-ci dans un oubli tout à fait immérité. C'est celui du gentilhomme bourguignon Bertrandon de La Broquière. Ce fut un des derniers Français qui portèrent en Terre Sainte le bâton de pèlerin ». M. Vi-*

bassade envoyée au Grand Karaman Ibrahim beg, par le nouveau roi de Chypre, extrait de la relation du Voyage d'outremer de Bertrandon de La Brocquière[1].

La relation de Bertrandon a été mise à contribution et son témoignage a été invoqué par tous les écrivains qui se sont occupés, depuis le commencement de ce siècle, soit de l'histoire de Charles VII, soit des relations politiques et commerciales des États de l'Europe avec l'Orient pendant le règne de ce prince. Nous trouvons son nom cité par M. van Praet[2], par M. Depping[3], par M. Vallet de Viriville[4], par M. Pierre Clément[5], par M. le marquis de Beaucourt, dans son Histoire de Charles VII[6], par M. Heyd[7] et par MM. Pigeonneau et Müntz[8].

vien de Saint-Martin a mentionné de nouveau le voyage de Bertrandon de La Broquière dans les Nouvelles Annales des voyages. *Paris, 1853, tome I, pp. 51-53.*

1. *Mas Latrie*, Histoire de l'île de Chypre sous le règne des princes de la maison de Lusignan. *Paris, 1856, tome III, pp. 3-10.*

2. Notice sur Colart Mansion, libraire et imprimeur de la ville de Bruges en Flandre, dans le xve siècle. *Paris, 1829, pp. 117-118, notes.*

3. *J.-B. Depping*, Histoire du commerce entre le Levant et l'Europe depuis les Croisades jusqu'à la fondation des colonies d'Amérique. *Paris, tome I, p. 100.*

4. *Vallet de Viriville*, Histoire de Charles VII. *Paris, 1862-1865, tome III, p. 256.*

5. *P. Clément*, Jacques Cœur et Charles VII, l'administration, les finances, l'industrie, le commerce, les lettres et les arts au xve siècle. *Paris, 1866, pp. 10 et 11.*

6. Histoire de Charles VII, *tomes II et III*, passim.

7. *W. Heyd*, Histoire du commerce du Levant au moyen âge, édition française refondue et considérablement augmentée par l'auteur, publiée sous le patronage de la Société de l'Orient latin par Furcy-Raynaud. *Paris, 1885, tome II*, passim.

8. *Pigeonneau*, Histoire du commerce de la France. *Paris,*

INTRODUCTION

Ce n'est point seulement en France que la personne de Bertrandon de La Broquière et les renseignements qu'il nous fournit ont fixé l'attention des savants. M. Alexandre Pinchart lui a consacré une notice dans un de ses ouvrages et le lecteur trouvera plus loin le récit d'un fait rapporté par cet érudit, qui n'est point à l'honneur du châtelain de Rupelmonde[1]. M. Bruun a inséré, sur notre voyageur, dans les Mémoires de la Société archéologique de Moscou, *un article que je n'ai point eu sous les yeux et que je ne connais que par la mention qu'en fait M. Roehricht dans sa* Bibliotheca geographica Palestinæ. *La relation de Bertrandon a excité également l'intérêt des savants qui se sont occupés de la géographie et de l'histoire des principautés des Balkans, et elle leur a fourni de précieux détails.*

M. Ristich a fait paraître, dans le sixième volume du Glasnik ou Recueil annuel de la Société des sciences de Belgrade, la traduction en langue serbe du Voyage de Bertrandon, de Pirot à Belgrade. Un des hommes qui connaissent le mieux l'histoire des Slaves méridionaux, M. Matkovich, membre de l'Académie d'Agram, a publié, dans les Mémoires de cette compagnie, une étude critique sur les voyageurs du moyen âge qui ont parcouru la presqu'île des Balkans. Il consacre quelques pages à Bertrandon qu'il

---

1885, tome I, p. 328, note; Eugène Müntz, La Tapisserie. *Paris, s. d., pp. 173, 174.*

1. Archives des arts, sciences et lettres. Documents inédits publiés par Alexandre Pinchart, chef de section aux Archives générales de Belgique. Première série. *Gand, 1863, tome II, p. 112.*

reconnaît être un des voyageurs les plus remarquables de son temps[1]. M. Jirecek a, de son côté, mis à profit, dans son histoire des Bulgares et dans son étude sur la route militaire de Constantinople à Belgrade, les précieux détails que lui a fournis Bertrandon sur les villes et les défilés des 'Balkans[2].

Enfin, dans ces dernières années, M. Giacinto Romano a fait paraître, dans un recueil estimé, un travail assez étendu sur les rapports du duc de Milan, Philippe-Marie Visconti, avec les Turcs et les princes musulmans qui avaient conclu des traités avec la république de Gênes[1]. Dans la dernière partie de son article, M. Giacinto Romano a emprunté à la relation de Bertrandon de La Broquière les détails qu'il donne sur le voyage de Constantinople à Andrinople de l'ambassadeur milanais, et sur sa réception par Sultan Murad.

M. le marquis de Laborde avait annoncé l'intention de publier le Voyage d'outremer[4] et M. Schayes avait formé le

1. Rad Jugoslavenske Akademije. *Agram, 1878, tome XLII, pp. 167-173.*

2. *Jirecek*, Die Heerstrasse von Belgrad nach Constantinopel. *Prague, 1877.*

3. Archivio storico Lombardo, *anno XVII, fascicolo III. Milan, 1891.*

4. « *J'ai sur ce dévot pèlerin et hardi voyageur et sur son contemporain et rival en cherche d'aventures, Guillebert de Lannoy, les plus intéressantes données. Je compte parler de leurs curieux récits avec quelque autorité.* » Les ducs de Bourgogne, études sur les lettres, les arts et l'industrie pendant le xv° siècle. *Paris, 1849, Preuves, tome I, p. CX, note*

MM. de Mas Latrie et Pierre Clément avaient aussi, de leur côté annoncé la prochaine publication, par M. le comte Léon de Laborde, du Voyage d'outremer de Bertrandon de La Broquière.

même projet. Aucun de ces deux savants n'a pu, malheureusement pour nous, réaliser ce dessein et j'offre, aujourd'hui, aux personnes qui s'intéressent aux études historiques et géographiques ce travail pour lequel je sollicite un bienveillant accueil.

J'ai cru devoir, avant de faire ressortir toute l'importance et tout le charme du récit d'un voyageur remarquable par sa sincérité et par l'exactitude de ses renseignements, faire connaître les traits principaux de sa carrière. Son nom est cité par les chroniqueurs qui ont écrit l'histoire de Philippe le Bon et tracé le tableau des événements qui se sont déroulés sous son règne; mais, ce sont les registres des Chambres des comptes de Dijon et de Lille qui m'ont fourni les détails les plus circonstanciés. Leur lecture fait connaître les services constants que La Broquière rendit à son maître et le degré de faveur dont il jouit auprès de lui.

Bertrandon de La Broquière nous apprend qu'il était originaire du duché de Guyenne [1]. La Broquière ou La Brequère, à deux tiers de lieue de Saint-Bertrand-de-Comminges, était autrefois une paroisse et justice royale dans le Nebouzan, au diocèse de Comminges, qui relevait du parlement de Toulouse [2].

[1]. L'orthographe exacte du nom de Bertrandon est La Broquere : dans les comptes de la maison de Bourgogne et dans les pièces officielles, il est constamment écrit La Broquiere ou La Brocquiere. Dans la copie du manuscrit du héraut d'armes Richard de Grezil, il est appelé, à l'occasion de son mariage avec Catherine de Bernieulles, Bertrand de la Blouquerie.

[2]. Raymond Arnaud d'Arcizas, écuyer, seigneur d'Arcizas, de Nestier, de Montausset, La Louret et Carittan, acquit par acte du 30 décembre 1450 la terre de la Broquere en Comminge. La Chenaye

Quelques anciens titres nous ont été conservés et nous font savoir qu'au mois de mars 1273, Arnaud Loup de La Broquère fit foi et hommage au roi d'Angleterre pour ce qu'il tenait en la paroisse de Lubeux... et pour la raison de la milicie de La Broquère en la paroisse de Tugose-la-Blanche. Le 27 février 1343, Arnaud Luc de La Broquère prêta serment à Gaston, vicomte de Béarn et de Marsan; enfin Lubat de La Broquère se tint en armes et fit montre le 1er septembre 1345.

Malgré toutes mes recherches, il m'a été impossible de connaître la généalogie de Bertrandon et de savoir s'il était un cadet de la famille à laquelle appartenaient les chevaliers dont les noms viennent d'être cités. Dans les comptes de la maison de Bourgogne et dans les actes officiels conservés dans les dépôts d'archives de la Flandre, il ne porte que le titre d'écuyer. Nous ne possédons, non plus, aucun document qui puisse déterminer l'époque à laquelle il quitta son pays natal pour aller chercher fortune à la cour de Bourgogne.

Son nom figure pour la première fois en 1421 sur les états de la maison ducale, en qualité d'écuyer tranchant, et il

---

Desbois ne nous dit pas par qui cette vente fut faite. A cette époque, Bertrandon de La Broquère, marié à l'héritière d'une famille puissante de l'Artois, riche et jouissant de la faveur de Philippe le Bon, était fixé en Flandre sans esprit de retour. Il aura voulu, je suppose, renoncer à son maigre fief du pays de Comminges. Je dois cependant avouer que cette supposition ne repose sur aucune preuve écrite. L'écu des La Broquère était : burelé d'or et de gueules chargé d'un lion issant d'or. Une branche de cette famille portait : coupé, au premier, d'or au lion naissant de sable ; au deuxième, burelé d'or et de gueules.

INTRODUCTION

avait su gagner promptement la confiance de Philippe le Bon, car, en 1423, il s'acquittait d'une mission confidentielle auprès de Jean, comte de Foix et Charles III, roi de Navarre. Il était chargé de remettre à ces deux princes, qui avaient adhéré à l'alliance conclue à Amiens entre le duc de Bedford et le duc de Bourgogne, des lettres par lesquelles celui-ci leur faisait connaître ses intentions pacifiques et le consentement donné par lui au duc de Savoie Amédée VIII, pour la réunion d'une conférence où les ambassadeurs de Bourgogne se rencontreraient avec ceux de Charles VII[1]. *Deux ans plus tard, Bertrandon de La Broquière figure sur les états de la maison ducale avec le titre de premier écuyer tranchant, et pour récompenser ses services passés et l'encourager à lui en rendre de nouveaux, Philippe le Bon lui accorde une pension de seize cents francs, monnaie royale, qui sera prélevée sur la recette générale des finances de Bourgogne et payée chaque année, en deux termes, à Noël et à la Saint-Jean*[2].

[1]. « *A Bertrandon, escuier tranchant de mondit seigneur, la somme de L francs en prest à luy faict sur ce que luy estoit deu du reste d'un voyaige par luy faict par le commandement et ordonnance de mondit seigneur devers le conte de Foix et le roy de Navarre, auquel voyaige il a vacqué depuis le XIX*[o] *jour de novembre mil CCCC XXIII jusques au vingt quatriesme jour de may ensuivant, auquel temps sont environ six mois. Sur quoy il receut à son partement dudit voyaige C escus d'or en la valeur de VIII*[xx] *six francs et huit gros, et ce par lettres patentes de mondit seigneur données à Dijon le XXVI jour d'aoust M CCCC.XXIV.* » Compte de Jehan Fraignot, receveur général de Bourgogne, années 1423 et 1424, dans l'Inventaire sommaire des Archives de la Côte-d'Or, f° 146, chap. des Voyages et ambassades.

[2]. « *A Bertrandon de la Broquiere, premier escuier tranchant de mondit seigneur, auquel icelluy seigneur pour consideration des bons*

Pendant que le duc de Bourgogne résidait en Hollande pour mettre fin aux hostilités qui avaient suivi la guerre du Hainaut, Bertrandon était l'objet d'une nouvelle faveur de la part de son maître. Par lettres patentes données à L'Écluse sous la date du 17 juin 1428, les château, ville et châtellenie du Vieil-Chastel lui étaient octroyés sa vie durant, et la même année, le duc le désignait, pour l'accompagner en France et lui faisait remettre, pour s'armer et s'habiller, une somme de cinquante francs[1].

Une mention qui figure dans les comptes de Jehan Abonnel nous apprend que, dans le courant de l'année 1431, Bertrandon de La Broquière et Pierre de Vauldrey rendirent à Bruxelles, au duc de Bourgogne, des services qui furent tenus secrets[2].

et agréables services qu'il lui a faitz au temps passez et esperoit que encores feist au temps avenir, et affin qu'il feust plus abstraint d'y perseverer et eust de quoy mieulx et plus honnourablement avoir son estat en son service, luy a ordonné avoir et prendre de luy de pencion, chascun an, tant qu'il luy plaira, sur la recepte generale de ses finances, la somme de huict vint francs monnoie royale, en deux termes à l'an, c'est assavoir Noel et Sainct Jehan, dont mondit seigneur a volu le premier terme echoir et commenchier au jour Saint-Jehan M.CCCC.XXVI. » Compte rendu par Guy Guilbaut du 4 octobre au 31 décembre 1426, f° 13.

1. « *A Bertrandon de la Brocquiere, premier escuyer tranchant de mondit seigneur, L francs que monseigneur luy a donnés tant pour consideration de ses services qu'il lui fait journellement et espaire que encores faire luy doye au faict de son office et autrement, comme pour luy aidier à abillier et mettre sus en armes pour aller audit voyaige que lors mondit seigneur avoit intention de faire en France, etc.* » Compte rendu par Gui Guillebaut du 1ᵉʳ janvier au 31 décembre 1428.

2. « *A Bertrand de la Broquiere et Pierre de Vauldrey, XXVI f. XII s. pour aulcunes choses secrettes qu'ilz ont faictes par ordonnance*

Un article des comptes du même Jehan Abonnel, clos le 31 décembre 1432, mérite une attention particulière. Il établit d'une façon irréfutable que Bertrandon de La Broquière entreprit son voyage d'outremer par l'ordre exprès de Philippe le Bon. Nous y voyons, en effet, que Jean Abonnel remit « à Bertrandon de La Broquiere, premier escuier tranchant de monseigneur, la somme de deux cens livres du du prix de XL *gros, monnoie de Flandres la livre, laquelle icelluy seigneur luy a donnée de grâce especiale pour luy aidier à soy habillier et aller plus honnestement en certain lointain voyaige secret auquel il le envoie de present, comme il appert par mandement de mondit seigneur*[1]. »

A peine revenu en Bourgogne, il fut chargé de conduire, de Vézelay à Mailly et de Mailly à Gien, un convoi de numéraire destiné à solder les capitaines et gens de guerre établis dans les villes et places de Mailly-le-Chastel, Mailly-la-Ville et Saint-Bris qui venaient d'être mises entre les mains du duc[2].

et commandement de mondit seigneur en la ville de Bruxelles, comme il appert par leur quittance ».
1. Compte de Jehan Abonnel du 1ᵉʳ janvier au 31 décembre 1432, f° 50.
2. « *A Bertrandon de la Broquiere la somme de vint francs dicte monnoie royale, laquelle monseigneur le Duc a ordonné luy estre baillée et delivrée comptant pour, de son ordonnance, avoir esté de la ville de Vezelay à Mailly et d'illec à Gyan sur Loire, aidier à conduire et mener certain argent qui par le traictié de la reddition faicte à mondit seigneur des villes et plans de Mailli le Chastel, Mailly la ville a été accordé et baillé aux cappitaines et aultres gens de guerre pour estre en villes et places, comme appert par le mandement de mondit seigneur donné à Dijon.* » Compte rendu par Jean Abonnel du 1ᵉʳ janvier au 31 décembre 1433, f° 90.

Le 21 mars de l'année suivante, Bertrandon de La Broquière reçut de Philippe le Bon, par lettres données à L'Écluse, en récompense de ses services et pour lui permettre de retourner en Bourgogne, une gratification de huit cents livres de XL gros, monnaie de Flandres[1].

En 1435, lors des négociations qui amenèrent la paix d'Arras, Bertrandon fut envoyé auprès du roi et de quelques-uns des princes français et il demeura en France depuis le 1ᵉʳ février jusqu'au 15 août[2]. *Il s'acquitta sans aucun doute de la mission dont il fut chargé avec un plein succès, car il fut, à son retour, l'objet d'une nouvelle faveur. Il se vit accorder, le 29 septembre, la « place, forteresse et tour de Marcigny-les-Nonnains pour les tenir et garder de par mondit seigneur pour le bien et seureté des pays de Bourgoigne sur les frontières duquel se trouve la dite place, plus une somme de quatre cens francs et la capitainerie de Chasteau-Neuf et de Sainte-Marie-des-Bois »*[3].

Depuis la conclusion du traité d'Arras, les relations du roi avec le duc de Bourgogne paraissaient avoir revêtu un caractère plus amical. La reine étant accouchée d'un fils

---

1. Chambre des Comptes de Lille, . 1958, n° 517.
2. « *A Bertrandon de la Broquiere, conseiller et escuier tranchant de mondit seigneur le duc, la somme de CCCC saluz d'or du prix de XLVI gros monnoye de Flandres que mondit seigneur luy a trouvé et ordonné prendre et avoir de luy pour certains voiaiges qu'il a faitz par l'ordonnance de mondit seigneur devers le roy nostre sire et autre part pour les besoignes et affaires dudit seigneur et dont il n'en veult nulle declaration estre faicte. En quoy il a vacqué depuis le XIIIᵉ jour de fevrier M.CCCC.XXXV jusques au premier jour d'aoust ensuivant.* »
3. Inventaire des Archives de la Côte-d'Or, B 5083, II, 211.

le 4 février 1436, Charles VII écrivit le même jour à Philippe le Bon pour le prier d'être le parrain du nouveau-né. Le roi disait dans sa lettre qu'il désirait « toujours mieux accroistre et continuer amour entre vous et nous, notre lignée et la vostre »[1].

Le duc de Bourgogne accueillit avec bienveillance le héraut Coutances qui lui apportait la missive royale et, le 13 février, il chargeait Bertrandon de se rendre auprès du roi et d'offrir, en son nom, à la reine un tableau en or enrichi de pierreries et un cornet en or incrusté de pierres précieuses, destiné au fils du roi qui avait reçu le nom de Philippe. Bertrandon devait, en outre, distribuer « aux dames et damoiselles qui norissoient et gouvernoient le dit enfant une somme de cinq cens philippus »[2].

La mission de courtoisie, dont le premier écuyer tranchant du duc de Bourgogne fut chargé auprès du roi, ne fut pas la seule dont il eut à s'acquitter dans le courant de cette année. Nous trouvons, en effet, dans les Comptes de Jehan Abonnel pour l'année 1436, les deux mentions suivantes : « A Bertrandon de La Broquiere, conseiller et premier escuier tranchant, et à Jehan Queullent, aussi conseiller et maistre d'ostel de mondit seigneur le duc, la somme de quatre vins deux livres de XL gros monnoie de Flandres la livre, qui, par l'ordonnance et commandement de mondit seigneur, leur a esté bailliée et delivrée comptant : c'est

---

[1]. Cet enfant ne vécut pas longtemps et mourut au mois de juin de cette même année 1436.
[2]. Ces détails, tirés des archives de la Chambre des comptes de Lille, sont cités par M. de Beaucourt dans son Histoire de Charles VII, tome III, p. 97.

assavoir audit Bertrandon LXX *livres de ladicte monnoie pour aucunes choses faictes que icelluy seigneur luy a chargié et dont il ne veult aulcune aultre declaration estre faicte* »;
« *A Bertrandon de La Broquiere, premier escuier tranchant de mondit seigneur, la somme de huit livres quinze sols du pris de* XL *gros, monnoye de Flandres chascune livre, laquelle mondit seigneur luy a ordonné estre bailliée et delivrée comptant par ledit receveur general pour icelle, par le commandement et ordonnance de mondit seigneur baillier et distribuer en aulcuns lieux secretz que mondit seigneur l'a enchargié et dont il ne veult aultre declaration estre faicte* ».

Dans le courant du mois de mars de l'année suivante, Bertrandon de La Broquière fut envoyé à la cour de France, en compagnie de Philibert Andrenet et Jean de Terrant, pour y faire résoudre la question du partage entre le comte de Nevers et le comte d'Étampes. Cette mission prit fin au mois de novembre et les comptes de Jehan de Visen nous font encore connaître le chiffre de la somme qui lui fut payée pour ses frais de voyage [1].

Les intrigues du duc de Bourbon qui cherchait à attirer à lui le Dauphin et les grands officiers de la couronne solli-

---

[1]. « *A Bertrandon de La Broquière, premier escuier tranchant et conseillier de Monseigneur le duc, la somme de douze centz francs de* XXXII *gros, monnoye de Flandres, pour deux cent quarante jours entiers commençans le* XVIe *jour de mars* M.CCCC.XXXVII *qu'il a vacquez à avoir esté par l'ordonnance et commandement de mondit seigneur devers le Roy nostre sire pour aucunes choses dont mondict seigneur ne veult aucune declaration estre faicte.* » **Comptes de Jehan de Visen, pour l'année** *1438, fol. 97.*

citaient l'attention du duc de Bourgogne; ce prince chargea l'évêque de Tournay, Jean Chevrot, de se rendre à la cour du roi pour se plaindre de la conduite du comte de Ligny et des capitaines français qui ne cessaient de faire des incursions sur les terres du duché de Bourgogne, et de tenter des coups de main sur les places des frontières; il devait, en outre, se rendre compte des dispositions du roi et des projets des grands feudataires. Un accord fut conclu par les plénipotentiaires bourguignons pour la sûreté des frontières, et le roi étant allé tenir à Orléans les États généraux du royaume, Bertrandon accompagna dans cette ville l'évêque de Tournay, le sire de Bremieu et le sire de Coucy, délégués du duc de Bourgogne à cette assemblée (1439).

L'année suivante, pendant les troubles suscités par les princes et le Dauphin, Charles VII vit arriver à Poitiers, au moment où il allait quitter cette ville, Bertrandon de La Broquière, porteur de lettres de Philippe le Bon. Les événements dont la France était le théâtre pendant la rébellion de la Praguerie préoccupaient au plus haut degré le duc de Bourgogne qui était en correspondance suivie avec Charles VII et avec le Dauphin. Bertrandon accompagna, dans sa marche sur le Bourbonnais, l'armée royale dont les succès déconcertèrent les princes. Ceux-ci chargèrent le comte d'Eu et Bertrandon de faire au roi des offres de soumission. Les efforts de ce dernier devaient tendre à une réconciliation du Dauphin avec le roi; les négociations entamées à ce sujet paraissant devoir amener le retour à l'obéissance des grands seigneurs engagés dans la Praguerie, Bertrandon de La Broquière revint auprès de son maître qui, le 31 mars, l'envoya auprès du Dauphin « pour aulcunes matieres secretes », au moment où la duchesse de Bourgogne se rendait à Laon pour présenter au roi des requêtes qui ne furent point, d'ailleurs, agréées par son conseil[1].

L'année 1442 vit célébrer le mariage de Bertrandon de La Broquière : le duc de Bourgogne lui fit épouser une des plus nobles héritières de l'Artois, Catherine, fille de Jean, seigneur de Bernieulles et en considération de son mariage et

1. Le reçu donné par Bertrandon de La Broquière pour le payement des frais de sa mission en France est ainsi conçu : « Je, Bertrandon de La Broquiere, premier escuier tranchant, conseillier et chambellan de monseigneur le duc de Bourgoingne et de Brabant, confesse avoir eu et receu de Martin Cornille, tresorier de Boulonois et receveur general de l'aide dernierement accordée en Artois, tant pour le paiement des frais et missions de l'ambassade nagaires envoiée devers le Roy à Paris et Orleans pour le fait de la paix generale de ce royaume, comme pour l'entretenement des frontieres de Picardie et de Boulogne, la somme de huit cens soixante huict franz du prix de XXXII gros, monnoie de Flandres, le franc. C'est assavoir IX^c XII francz à moy deus pour cent quatorze jours entiers, commenchez le Ve jour d'aoust mil CCCC. XXXIX et s'ensuyvant le XXVIe jour de novembre après ensuivant, l'ung et l'autre incluz, par moy vaquez en ladite ambassade à huict personnes et huict chevaulx, pour chascun desquelz jours mondit seigneur m'a ordonné et tauxé huict francz qui est ung franc par homme et cheval, comme par ses lettres patentes données en sa ville d'Arras, le second jour de fevrier audit an M. CCCC XXXIX, peut apparoir. Et III^c IIII^{xx} X francz, monnoie dite, pour aultres parties, frais et missions et despens extraordinaires par moy soustenus et supportez en ladite ambassade. Premierement : pour un cheval rouen que je laissay à Paris affolé II^c XL francz. Item, pour ung aultre cheval moreau aussi affolé et perdu audit voiage VI^{xx} francz, et pour aulcunes bagues desquelles mon serviteur fu destroussé avec celluy de monseigneur l'evesque de Tournay entre Roye et Corbie XXX francz. Desquelles parties montans ensemble à ladite somme de VIII^c LXVIII francz, monnoye dite, me tiengs pour content et bien paié et en quitte mondit seigneur, le dit Martin Cornille et tous

CHATEAU DE RUPELMONDE

de ses services passés, il accorda à son premier écuyer tranchant une somme de deux mille francs[1].

La reconnaissance de Philippe le Bon ne se borna pas à ce don. La mort de Jehan de Comines laissait vacante la charge de capitaine de l'important château de Rupelmonde ; Bertrandon de La Broquière en fut investi[2], le 25 septembre 1443, et au mois d'octobre suivant, il était aussi nommé capitaine et écoutête de la ville de Gouda. En cette même année, il était parti de L'Écluse où résidait alors le duc de Bourgo-

aultres qu'il appartient. Et oultre, affirme en ma conscience avoir vaqué en ladite embassade par lesdits CXIIII jours entiers commenchant et finissant comme dessus et supporté et paié ladite somme de IIIᶜ IIII^{xx} X francz pour les pertes, des chevaux et bagues cy dessus desclairées. — Temoing mon seing manuel cy mis le XVIᵉ jour de juing l'an M. CCCC et quarante. » Archives départementales du Nord, Chambre des comptes de Lille, B 1971, n° 11.

1. La maison de Bernieulles, aujourd hui éteinte, était une des plus considérables de l'Artois : elle était alliée aux Créquy, aux Hauteclocque, aux Boufflers et aux Occoche. Un des membres de cette famille, Adrien de Bernieulles, avait perdu la vie à la journée d'Azincourt.

« A Bertrandon de la Broquière, premier écuyer tranchant de mondit seigneur, la somme de deux mille francs donnée pour une fois, en consideration de ses services, mesmement en contemplacion de son mariage. » Chambre des comptes de Lille, Comptes de l'année 1442. B 1795, vol. 132 f°.

2. L'inventaire des biens appartenant au duc de Bourgogne dans le château de Rupelmonde fut fait en présence de Victor de Ysenberghe, clerc de la Chambre des comptes de Lille, Guerrare Stradier, lieutenant du château et Guerard Bresine, bailli de Rupelmonde, les 10 et 11 janvier 1443. Cette pièce est conservée au dépôt des Archives du département du Nord.

Le château de Rupelmonde était situé sur la rive gauche de l'Escaut, vis-à-vis de l'embouchure de la Rupel, à trois lieues au-dessus d'Anvers. Rupelmonde fut érigé en comté en 1650, en faveur de la maison de Recourt et de Licques.

gne, pour aller passer quelques jours auprès du Dauphin et y remplir une mission secrète[1].

En 1444, Bertrandon de La Broquière, accompagné par Pierre de Bauffremont, seigneur de Charny et par Pierre Armenier, président au parlement de Bourgogne, résida pendant plusieurs mois à Chinon où Charles VII tenait sa cour: c'était au moment où le Dauphin dirigeait toutes ses attaques contre le grand sénéchal de Normandie, Pierre de Brezé, et où le roi, fatigué de ces intrigues, intimait à son fils l'ordre de se rendre dans le Dauphiné. La mission des envoyés de Bourgogne avait trait, fort probablement, à l'occupation de Gênes et du Milanais au profit du duc d'Orléans, qui avait reçu de Philippe le Bon l'assurance d'un puissant secours.

Cette mission est la dernière dont les Comptes de la maison de Bourgogne fassent mention. L'âge, les intérêts de la famille dans laquelle Bertrandon de La Broquière était entré, lui faisaient une loi de se fixer dans les provinces du nord des États de Philippe le Bon. Ce prince résidait la plupart du temps dans la Flandre, où il pouvait surveiller plus efficacement l'esprit de rébellion qui animait alors la population des grandes villes.

Olivier de La Marche et Mathieu d'Escouchy nous apprennent que Jean, bâtard de Saint-Pol, seigneur de Haulbourdin, tint le célèbre pas de la Pèlerine du 15 juillet

[1]. « A Bertrandon de la Broquiere, escuier tranchant et conseiller de mondit seigneur, la somme de VI^{xx}XII francs qui deue luy estoit pour vint deux jours entiers qu'il a vacquez à estre alé de la ville de l'Escluze par ordonnance de mondit seigneur devers monseigneur le Dauphin pour aulcunes matieres secretes. » Comptes de l'année 1443-1444, B 1978, f° 81 r°.

au 15 août 1449, à Saint-Martin au Laert, entre Saint-Omer et Calais. Messire Bernard, bâtard de Béarn, avait fait connaître son désir de se présenter dans la lice. Retenu en route par une maladie, il ne put arriver qu'après la clôture de l'emprise. Le duc de Bourgogne lui accorda, cependant, la permission de se mesurer avec le seigneur de Haulbourdin. Blessé trois fois au visage pendant le combat, le bâtard de Béarn voulait continuer la lutte, « mais, dit Olivier de La Marche, Bertrandon, premier escuyer tranchant du duc, lequel le duc avoit baillié audit messire Bernard pour le servir et conseiller, pour ce qu'il estoit natif gascon, saige et expert en armes, ne luy voulut souffrir en plus faire et le mena devant le duc »[1].

Outre la châtellenie du château de Rupelmonde, il avait obtenu, après le décès de Regnault Knibbe, celle de Neufport, et en 1450, il avait acheté à Jehan de Bœnem, conseiller du duc, « à ferme, admodiation, gouvernement et administracion », l'office de garennier et garde des Oostdunes de Flandre, à charge de payer chaque année, sa vie durant, la somme de soixante livres de gros. Un écrivain contemporain rapporte un fait qui donne une idée peu avantageuse du caractère de Bertrandon de La Broquière. Pendant qu'il était à Rupelmonde en 1449, il fit arrêter, le lundi avant la Pentecôte, un marchand allemand nommé Henry de Blyterswick qui, en vertu des privilèges accordés à la nation germanique, se croyait en droit de faire, en Flandre, le commerce des draps d'Angleterre. Henry de Blyterswick, qui voulait se rendre à

---

[1]. Mémoires d'Olivier de La Marche, éd. de la Société de l'Histoire de France, tome II, p. 134.

Anvers, fut arrêté à Waze, au passage de l'Escaut, emprisonné au château de Rupelmonde et dépouillé d'une bourse contenant quatorze nobles d'Angleterre de cinq esterlins pièce, de deux livres de gros de Flandre et de quarante et un sous de gros.

Un marchand de Cologne prit l'engagement de payer les cinquante écus d'or réclamés par Bertrandon de La Broquière pour les dépenses de nourriture faites pour son prisonnier pendant cinquante jours, et quatre marchands offrirent en vain leurs bons offices. Henry de Blyterswick fut conduit à Bruges sous bonne escorte et, ne pouvant payer la somme qui lui était réclamée, il fut emprisonné dans le château de Neufport. Une ordonnance du Conseil, rendue le 2 août 1449, lui rendit la liberté moyennant une caution de trois mille écus d'or. Henry de Blyterswick en appela au duc, mais l'affaire ne reçut une solution qu'en 1452. Philippe le Bon, en son grand conseil tenu à Bruxelles, renvoya Bertrandon de la plainte portée contre lui, tout en lui ordonnant de restituer au plaignant les objets qui lui avaient été enlevés. Henry de Blyterswick dut, de son côté, payer au duc deux cents écus d'or de quarante-huit gros de Flandre[1].

La situation de Rupelmonde commandant le passage de l'Escaut donnait à cette place forte, pendant la révolte des Gantois, une importance capitale. Philippe le Bon s'y trouva la veille du combat qui se livra sous ses murs,

---

1. Cf. Archives des arts, sciences et lettres. Documents inédits publiés par Alexandre Pinchart, chef de section aux Archives générales de Belgique. *Première série, tome II. Gand, 1863*, p. 112.

combat dans laquelle Corneille, bâtard de Bourgogne, perdit la vie, et il passa par le château, le jour de la bataille de Gavre. Je ne crois pouvoir mieux faire que d'insérer ici le récit succinct de Fillastre, évêque de Tournai et chancelier de la Toison d'or, et dans lequel se trouve cité le nom de Bertrandon de La Broquière. Il concorde avec celui d'Olivier de La Marche et des autres chroniqueurs de la seconde moitié du XVe siècle.

« Encores n'est pas tant saoullée fortune, car il semble qu'elle veult le continuer en ses experiences ou que elle se veuille venger de l'injure qu'elle pretend qu'elle n'a peu abbaisser ce hault et magnanime prince, car elle lui emeust, assez tost après, aultre commotion plus perilleuse et plus grande, car ceulx de Gand et de la chastellenie avecques tout le pays de Wast se mirent en armes et rebellion contre luy, soubz une couleur faincte dont il n'estoit riens, qu'il vouloit imposer gabelle dessus le sel, et furent les premiers assaillans, et si diligens qu'ilz furent à siege clos et ferme devant la ville d'Audenarde, ainçois qu'on sceust de certain qu'ilz eussent vouloir de faire guerre. Ilz pouvoient estre meuz à ce siege mettre, pour ce que ilz entendoyent assez que, par la dicte ville, leur pouvoit estre close la riviere de l'Escault qui leur eust diminué l'affluence des vivres et d'autres commoditez. Mais que feist ce magnanime prince ? Il n'envoya pas vers eulz messaiges ni ambassadeurs pour les reduire ou rapaiser, mais le propre jour qu'il eust ces nouvelles, partit de Bruxelles, se mit aux champs, l'estendard au vent et assembla gens qui tost et cordiallement le vindrent servir de toutes pars. Puis, marcha l'espée à la main, s'en vint combattre ses ennemys, leva leur siege et *les chassa, tuant et decoupant jusques à la porte de Gand ; mais pourtant ne cessa fortune, car ce peuple se ralya et vindrent à puissance de dix à douze mille combattans à Riplemonde, pour d'illec marcher avant au pays ou combattre leur prince s'ilz pouvoient joindre à luy. Il les releva de peine et labeur de passer l'Escault, car luy, qui estoit de lez de Brabant, passa ycelle riviere par la haulteur de son magnanime couraige et partie de ses gens restans encores à passer, les assaillit, les mist en fuytte, grant partie d'eulx mors à la place et aultres à la chasse. Que fera plus fortune, se contente elle point ? Nenny certes, car elle nourrit le peuple aveugle en leur necessité et leur promet fol espoir que une fois viendront ilz à leur attaincte qui estoit, comme aulcuns dient, de contendre à vivre par communité sans prince, et cryer liberté. Car encores se renforcerent, courans par le pays et boutans feu partout, gaignans places et maisons. Les aulcuns demollissoyent, les aultres tenoient par force dedans lesquelles ilz tindrent guerre et y misrent garnyson qui, chascun jour, dommageoit le pays. Ilz fortifierent aussi les entrées du pays de Waast de boulvars et fossez, tant que trop difficile y estoit l'entrée. Et pour ce que des guerres des temps passez, ne le conte Loys, ne le roy de France qui fut en son ayde n'y peurent entrer, pareillement se confioient de le tenir contre le prince et sa puissance, mais leur fol espoir les deceut, car se magnanimement se plus voit la chose difficile, plus trouve de resistance et plus se augmente son couraige; si se conclud à toutes fins y entrer et essayer s'il pourroit faire ce que aultres avoient renssongné d'entreprendre. Vint à puissance à l'entrée du pays, ayant* ses ennemis dudit pays de Waast au front et ceulx de Gand aussi ses ennemys au dos.

« Et assaillit à pointe d'espée fossez et boulvars, entra par diverses pars à puissance et aussi subjugua le pays : partie du peuple mist à l'espée et partie print à mercy. Puis, ce fait, s'en vint assieger Gavre à trois petites lieues de Gand. Si se mirent les Gantois moult puissament en armes telles que on ne croit estre possible ; car après qu'ilz eurent soustenu la guerre deux ans et demy et que, ce temps pendant, ilz avoyent perdu tant par l'espée que par mortalité plus de cent mille personnes, ilz assemblerent plus de trente mille combattans bien armez et vindrent à leur prince luy livrer la bataille qui n'avoit lors à son ost que cinq à six mille hommes tant seullement. Ceste effrenée puissance de ses ennemys ne l'effraya ne ne l'esbahit ; mais plus joyeulx et reconforté que si grans tresors feussent venuz, mist des gens aux champs, ordonna ses batailles et attendit à pied ferme ses ennemys, lesquelz approchans, il assaillit par telle magnanimité que tost se tournerent en fuyte. Moult grande fut l'occision tant sur le champ comme en la chasse, en laquelle chasse fortune le meist en plus grand dangier qu'il ne fust à Bruges, car luy accompaignié d'un homme seulement qui estoit Bertrandon, son premier escuyer trenchant et qui portoit son pennon, se vint bouter entre huyt cens ou mille combattans de ses ennemys qui se estoyent boutez en ung pré fermé de trois pars de bonnes hayes unies et du quart lez de la riviere de l'Escault, auquel pré n'avoit que une entrée. Il se fourra dedans par l'ardeur de son hault couraige, luy deuxiesme, comme dict est. Les ennemys luy tollurent l'entrée afin qu'il

INTRODUCTION

ne peust retourner et moult vigoureusement le assaillirent de toutes pars, combien qu'ilz ne sçavoient adoncques qui il estoit. Et tellement fut enclos de tous lez, frappant sur ses ennemys et eulx sur luy, que Bertrandon doubtant le peril qu'il veoit devant luy, coucha sa lance à laquelle pendoit le pennon et contraignant le cheval des esperons, frappa parmy les ennemys criant à haulte voix : Traistres, traistres, tuerez vous vostre prince. A ceste voix fut en plus grant danger, car ceulx qui cuidoyent besoigner à un simple chevalier ayant veu que c'estoit leur prince dirent : C'est ce que nous querons et, à ceste heure, se doubla leur couraige, car ilz avoyent en main et à leur advantaige celluy par qui povoit finir la guerre. Mais le magnanime prince pour chose que voie ne se mue, se tient ferme et combat si longuement, comme près d'une heure. Finablement fut ouy le cri des ennemys, fut veu le pennon par aulcuns de ses gens qui tirerent celle part, amenerent archiers qui, par leur traict, contraignirent les ennemys à saillir dans la ryviere[1]. »

Nous ne voyons pas le nom de Bertrandon de La Broquière figurer ni dans le récit des fêtes données à Lille en 1453, à l'occasion du Vœu du faisan, ni parmi ceux des officiers

---

1. Le premier volume de la Thoison d'or, composé par reverend pere en Dieu Guillaume (Fillastre), jadis evesque de Tournay, abbé de Sainct Bertin et chancelier de la Thoison d'or du bon duc Philippe de Bourgogne. Paris, *1517*, f° *76.*

« *Là estoit Bertrandon, dit Olivier de La Marche, le penon au poing, près de son maistre pour enseigner et monstrer le prince où il estoit. Là vint le seigneur de Haulbourdin, atout la banniere et Hector de Meriadec, atout l'estandart.* » Mémoires d'Olivier de La Marche, tome *II*, p. *123*.

Le nom de Bertrandon se trouve également cité à l'occasion de

INTRODUCTION

de la maison du duc de Bourgogne qui firent vœu de l'accompagner à la croisade contre les Turcs. Les frais de la guerre soutenue contre les Gantois et ces fêtes avaient épuisé le trésor ducal : malgré la détresse de ses finances, Philippe le Bon crut cependant nécessaire à ses intérêts d'en-

dispositions qui furent prises par l'armée du duc de Bourgogne avant le combat de Rupelmonde. « Le duc deslibera de passer l'Escault pour entrer en icelluy pays à toute puissance, si fit au lieu de Tenremonde son appareil et son mandement. Et vint le duc Jehan de Cleves, son nepveu, moult bien accompaignié de nobles hommes et de crannequiniers d'Allemagne. Et, par un mardi cinquiesme jour de juing, furent envoyez les mareschaux des logis, fourriers et aultres, et fut cheif le seigneur de Contay, pour lors maistre d'hostel de la duchesse de Bourgoigne, un moult notable, vaillant et diligent chevallier, et lequel estoit lieutenant pour le mareschal de Bourgogne, et fut envoyé avec luy pour le logis du conte de Charolois ; et pour chascun seigneur y avoit gentils hommes envoyez, ung ou plusieurs, pour faire des logis. Celluy mardi, nous passasmes l'eaue devant Riplemonde, et passasmes environ trois cens combattans et trouvasmes un escuyer gascon qui se nommoit Bertrandon et lequel estoit cappitaine du chastel dudit Riplemonde. Celluy nous dist tout hault : Beaux seigneurs, la nuict approche et vous estes prés de vos ennemis ; et suis asseuré qu'à Themesie a deux mille Gantois qui n'attendent que nouvelles de votre descente ; d'autre part, cy au plus prez, en ce villaige que pouvez veoir, a très grosse puissance aprestée contre vous. Si pensez de vous clorre et asseurer pour vous deffendre, besoing en avez, car pour chose qui en adviegne, je n'ouvriray le chastel que mon prince m'a donné en garde, si n'ay aultres nouvelles lettres et enseignemens de luy. » Mémoires d'Olivier de La Marche, tome II. pp. 259-260.

Nous lisons aussi le nom de Bertrandon de La Broquière parmi ceux des seigneurs bourguignons qui assistèrent au camp de Gavre dans la tente de Philippe le Bon à la lecture faite par le notaire J. de Scoenhove des conditions imposées aux Gantois. Son nom figure le dernier sur la liste de ces grands personnages qui sont tous qualifiés de chevaliers, et il n'est suivi d'aucun titre. En sa qualité de capitaine de Rupelmonde, il devait, sans doute, veiller à l'exécution de la clause qui stipulait que : « pour la reparacion plus ample et pour la reedification de plusieurs eglises destruites en Flandres, mesmement de l'eglise

trep endre, en 1454, un voyage en Suisse et en Allemagne pour visiter l'Empereur et les princes de l'Empire germanique, ses alliés. Deux jours après son départ, fut promulguée une ordonnance qui congédiait pour deux ans les officiers et les gens de son hôtel et ne leur accordait ni gages, ni indemnités. Bertrandon sut, malgré la détresse des finances ducales, se faire payer en 1455, les appointements qui lui étaient dus en sa qualité de capitaine du château de Rupelmonde. Il reçut, la même année, une gratification considérable de cent soixante-huit livres douze sols et un denier parisis, monnaie royale[1].

A partir de 1455, son nom cesse de figurer dans les comptes des finances de Bourgogne. Il fut invité à cette époque par Philippe le Bon à rédiger la relation de son

de Replemonde, pour faire croix eslevées et epitaphées, fondacions de messes audit Replemonde et ailleurs où il plaira à mondit seigneur, lesdiz de Gand offrent de paier à mondit seigneur cinquante mille riddres d'or. » Chronique de Mathieu d'Escouchy publiée pour la Société de l'histoire de France, par M. du Fresne de Beaucourt, tome II, p. 105.

1. Philippe le Bon, duc de Bourgogne, ordonne à ses officiers de payer sans aucun retard ou empêchement quelconque à son amé et féal conseiller et premier écuyer tranchant Bertrandon de La Broquière, capitaine de son château de Rupelmonde, tous ses gages et pensions avec les arrérages, par lettres données à Lille le 28 juillet 1455.

Chambre des comptes de Lille, registre des Chambres, tome III, f° 12.

« A Bertrandon de la Broquière, conseiller de mondit seigneur et son premier escuier tranchant, la somme de huict vins huict livres douze sols, ung denier parisis, monnoye royale, laquelle pour les services qu'il luy a fait et fait chascun jour et pour aulcunes considerations qui à ce le meuvent, icelluy seigneur a donnée pour une fois. » Chambre des comptes de Lille, B 2020, f° 346 r°.

INTRODUCTION

voyage d'outremer, pendant que Jean Mielot travaillait à la *traduction française de l'*Advis directif pour le voyaige d'outremer *de Frère Brochart l'Allemand. Nous savons, par le témoignage de Jean Mielot lui-même, qu'il présenta en 1457 sa traduction au duc de Bourgogne, et c'est aussi l'époque à laquelle Bertrandon fit hommage à son souverain de la relation du voyage qu'il avait entrepris par son ordre. Sa vie ne se prolongea plus longtemps; il mourut à Lille le 9 mai 1459, et fut enterré dans l'église collégiale de Saint-Pierre dont Jean Mielot était chanoine. Bertrandon de La Broquière ne laissa pas de postérité; sa femme Catherine de Bierneulles épousa, à l'expiration de son deuil, Jean de Rubempré, seigneur de Bièvres*[1].

Les comptes de Jehan Abonnel nous apprennent qu'un frère de Bertrandon, nommé Jehan, avait été pendant longtemps prisonnier en Angleterre. Il fut, en 1436, à Bruges, l'objet d'une marque de bienveillance de la part du duc de Bourgogne qui lui accorda une gratification de quarante-huit livres[2].

---

[1]. *Jean de Rubempré, seigneur de Bièvres, conseiller et chambellan du duc de Bourgogne, chevalier de la Toison d'or, fut gouverneur, capitaine général, grand bailli et officier souverain du pays et comté de Hainault et de Valenciennes. Il devint, sous le règne de Charles le Téméraire, gouverneur général de la Lorraine et de tous les pays conquis et fut envoyé en ambassade auprès du pape, de l'Empereur et d'autres princes; il périt à la bataille de Nancy.*

Il avait épousé en premières noces Colle de Bousiès, dame d'Aubigny, d'Estrées, de Malmaison, de Beauverger et de Bussy. De ce mariage naquit une fille, Françoise de Rubempré, qui épousa Jean VI, seigneur de Créqui et de Canaples.

[2]. « *A Jehan de la Broquiere, escuier, frere de Bertrandon, la somme de quarante huict livres du pris de XL gros, monnoye de Flandres*

Je crois utile, avant de soumettre au lecteur une appréciation du récit de Bertrandon de La Broquière, de faire connaître la situation des contrées qu'il parcourut et les principaux faits qui signalèrent le règne des différents princes dont il traversa les États ; j'ajouterai quelques détails fournis sur leur caractère par les historiens contemporains. Je m'abstiendrai de parler des événements qui, en France, en Bourgogne et dans l'Europe centrale, ont précédé et suivi la paix d'Arras. Ils sont trop connus pour que j'aie à les retracer ici.

Lorsque Bertrandon débarqua à Jaffa, l'Égypte, la Syrie et le Hedjaz étaient gouvernés depuis dix ans par Melik el-Achraf, Seïf Eddin Aboul Nasr Barsbay, huitième sultan de la dynastie des Mamelouks circassiens. Transporté de Circassie en Crimée, Barsbay, après un assez long séjour dans la ville de Qirim, avait été acheté par un négociant qui le conduisit en Syrie et le vendit à l'émir Doqmaq, gouverneur de la ville de Malatia. Celui-ci le garda peu de temps auprès de lui et l'envoya au Caire avec plusieurs autres esclaves pour être offert au sultan Barqouq. Il fut placé tout d'abord dans la classe des mamelouks destinés à servir dans l'administration ; il en fut retiré au bout de peu de temps, reçut son affranchissement, et, sous le règne de Mélik en-Nassir Faradj, il parvint au grade d'échanson.

chascune livre, laquelle mondit seigneur le duc luy a donnée de sa grace especiale, pour luy aidier à monter, habiller et avoir ses aultres necessitez pour luy en retourner devers sondit frere estant audit pays de Bourgoingne, quant il est venu en sa ville de Bruges, après ce qu'il a esté delivré de prison du pais d'Angleterre où il a esté prisonnier par longue espace de temps. » Comptes de Jehan Abonnel pour l'année 1436, f° 256 r°.

INTRODUCTION

Nommé gouverneur de Tripoli de Syrie le 23 rebi oulewwel 821 (2 mai 1418), il fut, au bout de quelques mois, destitué et emprisonné au château de Marqab pour s'être laissé battre par la tribu des Turcomans Inal, qui, chassés de l'Iraq par Qara Youssouf, avaient porté le pillage et l'incendie dans le district de Safita. Rendu à la liberté par Melik el-Mouayyed Cheikh el-Mahmoudy sur les instances de l'émir Tatar, il fut élevé au grade d'émir maïéh ou commandant de cent mámelouks et résida à Damas jusqu'au moment où il fut incarcéré, puis expulsé par l'émir Djaqmaq Arghounchâhy pour certains actes de rébellion, commis par lui après la mort de Melik el-Mouayyed Cheikh. Délivré par l'émir Altounbogha, il se rendit à Alep avec l'émir Seïf Eddin Tatar, qui fut proclamé sultan sous le nom de Mélik ed-Dahir. Ce prince, peu de temps avant sa mort qui eut lieu en 1421, avait donné à Barsbay le titre et les fonctions de gouverneur de son fils Melik es-Salih Mohammed. La guerre ne tarda pas à éclater entre l'émir Djany bek es-Soufy et Barsbay. Le sort des armes l'ayant favorisé, il détrôna Melik es-Salih Mohammed et s'empara du pouvoir. Il prit, en montant sur le trône, les titres de Melik el-Achraf Aboul Nasr. Au commencement de son règne, le sultan Barsbay eut à étouffer la rébellion de Djany bek, gouverneur de Damas, et celles d'Inal ed-Dahiry, gouverneur de Safed, et de Taghriberdy, fils de Kesrawa, gouverneur de Behesna.

Les années qui suivirent la répression de ces révoltes furent paisibles, et les habitants des côtes de la Syrie et de l'Égypte eurent seuls à souffrir des actes de violence et de pillage commis par les corsaires catalans et génois qui trouvaient dans les ports de Chypre aide, assistance et refuge assuré. C'était à Chypre que s'était organisée l'expédition qui débarqua en 1413, à l'embouchure du Damour, entre Beyrout et Sayda, et fut repoussée par les troupes accourues du mont Liban et de Damas.

Enfin, dans les premiers jours de l'année 1422, le roi de Chypre avait fait poursuivre et saisir, par deux gripes, un navire chargé des présents que Barsbay envoyait à Sultan Murad II. Irrité de cet acte de piraterie, Barsbay prit la résolution d'infliger aux Chypriotes un sévère châtiment.

Une première reconnaissance, conduite par l'émir Djerbach el-Kerimy, débarqua sur la côte de Chypre et revint au Caire avec un riche butin et un grand nombre de prisonniers. Une seconde expédition, composée de quatre gripes chargées de soldats, fut dirigée sur l'île de Chypre : à la hauteur du cap Gatta, ces gripes rencontrèrent un bâtiment chargé de marchandises qui fut pillé et incendié. Les navires égyptiens se dirigèrent ensuite sur Limassol où ils trouvèrent trois bâtiments équipés et prêts à se mettre en route pour aller ravager les côtes de la Syrie. Les musulmans les pillèrent et les brûlèrent.

Le gouverneur de Limassol tenta de repousser les assaillants qui avaient débarqué, mais il dut prendre la fuite. Ses soldats furent massacrés, la ville mise à sac et incendiée. La prise du château aurait exigé un long siège : les musulmans renoncèrent à s'en emparer et s'embarquèrent pour aller rendre compte au sultan de leur succès et lui offrir les fruits de leur pillage.

A la nouvelle des événements de Limassol, le roi Janus fit partir pour les côtes de Syrie deux navires chargés de soldats et de munitions de guerre, avec l'ordre de faire prisonniers tous les gens qu'ils rencontreraient; mais tous les points de la côte étaient bien gardés. Les Chypriotes s'apprêtèrent à débarquer à l'embouchure du fleuve du Chien pour y faire une provision d'eau, et tirèrent un coup de canon pour s'assurer que personne ne viendrait les troubler. Les musulmans placés en embuscade ne firent aucun mouvement jusqu'au moment où les chrétiens mirent le pied sur le rivage; ils se précipitèrent alors sur eux, en massacrèrent un certain nombre et conduisirent au Caire ceux qui furent faits prisonniers.

Encouragé par ces succès, le sultan fit équiper une nouvelle flotte composée de cinq galéasses, de dix-neuf gripes, de six bâtiments pour transporter les chevaux et de treize vaisseaux ronds. Cette force navale fut réunie à Tripoli: les émirs Djerbach Qachouq, Yechbek, Murad Khodja ech-Cha'bany s'embarquèrent avec un grand nombre de khassehis (gardes attachés à la personne du sultan) et de volontaires, en redjeb 828 (juillet 1424). La flotte jeta l'ancre non loin de Famagouste et un corps d'infanterie, suivi par des cavaliers, fut mis à terre. Le gouverneur de Famagouste envoya vers les émirs des gens pour leur déclarer qu'il était l'esclave du sultan, que la ville lui appartenait et que les habitants étaient ses sujets; il fit aussitôt arborer sur les murs du château le drapeau égyptien.

En ce moment, les musulmans virent paraître le cousin du roi accompagné par mille cavaliers et trois mille fantas-

sins. Il gravit une colline et la vue des musulmans lui inspira une si grande terreur, qu'il battit en retraite et fut poursuivi par eux jusqu'au cap de Ras-el-Adjouz. Là, les musulmans rencontrèrent un officier franc qui, avec un détachement de soldats, s'était avancé en reconnaissance. Il fut fait prisonnier. Arrivés à Larnaca, les Égyptiens virent se diriger sur leurs navires neuf gripes et une galéasse, ayant à leur bord plus de deux mille soldats francs. Le cousin du roi attendait ce renfort, mais les musulmans attaquèrent cette escadre, s'emparèrent d'un navire et dispersèrent les autres.

Limassol fut investi et emporté d'assaut. La ville fut livrée au pillage et les habitants épargnés par le sabre furent réduits en captivité. Les troupes revinrent au Caire chargées de butin.

Le sultan apprit, quelque temps après, que le roi de Chypre avait sollicité des princes francs des secours qui lui auraient permis d'attaquer les villes maritimes d'Alexandrie, de Damiette, de Beyrout et de Tripoli. Il crut devoir reprendre alors les hostilités et il donna l'ordre d'équiper dans les villes du littoral des bâtiments légers, des navires de transport et des galéasses. Une flotte composée de cent quatre-vingts navires fut réunie et deux émirs furent mis à la tête de cette expédition; l'un, Taghriberdy el-Mahmoudy, eut le commandement des troupes de débarquement et l'autre Inal el-Djekemy, celui de la flotte. On se dirigea sur Limassol qui fut occupé; de cette ville, les chefs égyptiens envoyèrent une sommation au roi de Chypre pour lui enjoindre de reconnaître la suzeraineté du sultan. Il s'y refusa, jeta au feu la lettre qui lui avait été remise et se mit à la tête de son armée qui comptait vingt-trois mille cavaliers: il fit armer aussi sept galères et sept gripes pour courir sur les navires des musulmans. Lorsque l'armée chrétienne se trouva en présence des troupes égyptiennes, elle les chargea, mais elle fut repoussée et mise en déroute et le roi Janus tomba au pouvoir de ses ennemis. Plus de six mille Chypriotes restèrent sur le champ de bataille; les pertes des musulmans furent peu sensibles; ils perdirent quatre personnages de marque attachés à la cour du sultan. C'étaient les émirs Taghriberdy el-Mouayyedi, le trésorier, Qouthloubogha, Inal Thar et Nanouq el-Yechbeki. On rencontra dans les rangs ennemis une troupe de Turcomans musulmans, envoyés au secours du roi de Chypre par Aly bey Qaraman oglou. Ils furent presque tous passés au fil de l'épée.

Le roi de Chypre se rendit à l'émir Taghriberdy: celui-ci se dirigea alors sur Nicosie à la tête d'un détachement de troupes. Avant d'arriver à la ville, il vit s'avancer à sa rencontre les grands personnages de l'État, les évêques, les prêtres et les moines portant l'Évangile et faisant des vœux pour les musulmans. Ils sollicitèrent une amnistie qui leur fut accordée et les portes de la ville furent ouvertes. L'émir Taghriberdy et la troupe qui l'accompagnait firent leur entrée dans Nicosie, le vendredi, cinquième jour du mois de ramazan (3 juillet). L'émir se rendit au palais et y trouva des meubles et des tapis en quantité innombrable, des tableaux curieux, un grand nombre de croix et une horloge qui, lorsqu'on la montait, faisait entendre des mélodies ravissantes. Des soldats gravirent le mont de la Croix, détruisirent l'église élevée au sommet, et en rapportèrent les objets qui s'y trouvaient, entre autres, la croix en or qui était une des mer-

veilles du monde. Les musulmans firent retentir à Nicosie le cri de : Allah est le plus grand, la profession de foi affirmant qu'il n'y a de dieu qu'Allah, et l'appel à la prière. Au bout de cinq jours, les Égyptiens évacuèrent la ville, emportant le butin qu'ils avaient conquis et ils regagnèrent l'Égypte, emmenant trois mille six cents prisonniers. Trois mille portefaix furent occupés à Alexandrie au débarquement des ballots qui contenaient les objets provenant du pillage de Chypre. Le sultan Barsbay avait ordonné que les troupes ayant pris part à l'expédition feraient une entrée triomphale au Caire. Le cortège se forma au pied de la citadelle, sur la place du Meïdan envahi par une foule immense, le septième jour du mois de chewwal 829 (13 août 1426). La cavalerie ouvrait la marche; elle était suivie par les troupes de Syrie et par des valets portant les objets enlevés à Nicosie, entre autres la couronne royale : ils conduisaient les chevaux du roi et traînaient ses étendards dans la poussière. La marche était fermée par les hommes, les femmes et les enfants réduits en esclavage, et par le roi Janus, chargé de chaînes, monté sur un mulet, qu'entouraient ses officiers. Il avait à sa droite l'émir Inal el-Djekemy et à sa gauche l'émir Taghriberdy el-Mahmoudy. Du Meïdan, le cortège se dirigea sur Bab-el-Louk, sortit par le Maqs, franchit la porte de l'aqueduc et de Beïn-el-Qasreïn et traversa la ville jusqu'à Bab-Zoueïléh ; après avoir passé le carrefour de la mosquée d'Ibn Thouloun, il gagna la place de Roumeïléh et entra dans la citadelle par la porte appelée Bab-Medredj. Là, on fit descendre le roi Janus de sa monture : il se prosterna, baisa la terre et traversa la cour royale en traînant ses chaînes. Le sultan se trouvait dans la salle où s'ouvre la porte appelée Bab-el-Bahr (la porte du Nil).

Il était assis, entouré de tous les grands personnages de sa cour et de tous les dignitaires de l'État. Le chérif de la Mekke, Berekèh ibn Idjlan, était présent ainsi que les ambassadeurs du sultan ottoman, souverain des pays de la Grèce, les envoyés du roi de Tunis, ceux du prince d'Aden et des monarques d'autres pays.

Janus, à la vue de la splendeur et de la magnificence de cette assemblée, tomba par terre privé de sentiment ; quand il reprit ses sens, il vit ses étendards renversés et le butin et les prisonniers présentés au sultan. Il se prosterna de nouveau devant lui, la tête découverte, et donnant les marques d'une profonde terreur : Barsbay ordonna de le relever et de le conduire dans un bâtiment situé dans la grande cour de la citadelle où un logement avait été préparé pour lui[1].

Délivré des craintes que lui inspiraient les attaques des Chypriotes sur les côtes de la Syrie et de l'Égypte, Barsbay mit tous ses soins à assurer la sécurité des frontières orientales de ses États. Elles avaient été franchies à plusieurs

---

1. *Les détails, concernant les expéditions dirigées par l'Égypte contre Chypre, nous ont été fournis par l'ouvrage de Khalil ed-Dahiry, intitulé :* La crème de l'exposition détaillée des provinces, et du tableau des chemins et des routes, *manuscrit arabe de la Bibliothèque nationale, n° 695, et par Maqrizy, dans son* Histoire d'Égypte. *Monstrelet a donné le récit du combat livré au roi de Chypre par les troupes égyptiennes, et auquel assistèrent plusieurs chevaliers bourguignons.* Chronique de Monstrelet, *édit. de la Société de l'histoire de France, t. IV, pp. 263-268.*

reprises, à la fin du XIIIᵉ siècle et pendant le XIVᵉ siècle, par les armées des souverains mogols, successeurs de Houlagou, et, dans les premières années du XVᵉ siècle, Tamerlan avait envahi le nord de la Syrie et s'était emparé de Damas. L'émir Osman, fils de Thar Aly, connu sous le nom de Qara Yuluk, avait réussi à se rendre maître de plusieurs villes dans la province de Diarbekir. En 832 (1429), Barsbay marcha contre lui et s'empara d'Édesse. Habil, fils de Qara Yuluk, qui défendait cette ville, fut fait prisonnier et conduit au Caire où il mourut en captivité.

Dans une nouvelle expédition dirigée contre Amid en 836 (1433), par le sultan Barsbay, l'émir Murad, fils de Qara Yuluk, qui commandait la défense de la place, fut tué et, après quarante jours de siège, la population demanda à capituler.

Quelque temps après, les hostilités éclatèrent entre Iskender, fils de Qara Youssouf et Qara Yuluk; celui-ci perdit la vie dans un combat (839-1435); sa tête fut envoyée au Caire à Sultan Barsbay et suspendue à la porte de Zoueïlèb.

Je me bornerai à mentionner encore les deux dernières expéditions du règne de Barsbay : elles furent dirigées contre la ville d'Erzingan. La première fut conduite par l'émir Inal el-Djekemy, et la seconde par l'émir Qorqmas.

Le sultan Barsbay ressentit, dans les premiers jours du mois de chaaban 841 (février 1438), les premières atteintes de la maladie à laquelle il devait succomber. Il éprouva jusqu'au mois de chewwal (avril), dans sa santé, des améliorations qui lui permirent de monter à cheval. Mais à partir de *ce moment, sa maladie s'aggrava et le condamna à rester au lit. Il se montrait impatient d'être guéri et soupçonnait ses médecins de s'être trompés sur le diagnostic et le traitement de sa maladie et de retarder sa guérison. Ces soupçons s'étant enracinés dans son esprit, il fit appeler le gouverneur du Caire, Omar ibn Seïfa, qui trouva le prince assis sur sa couche entouré des officiers de son service intime parmi lesquels se tenait son premier médecin Afif el-Eslemy. Le sultan donna l'ordre à Omar d'entraîner sur-le-champ Afif et de lui fendre le corps en deux dans l'intérieur de la citadelle. Omar le fit lever; à ce moment Khidr, le second médecin du sultan, se présenta. Barsbay donna l'ordre de l'emmener aussi et de lui faire subir le même supplice. On les fit sortir tous les deux, malgré leurs cris, et ils furent traînés auprès du puits à roues qui se trouve dans la citadelle. Omar ibn Seïfa suspendit l'exécution pendant quelques moments, afin de donner le temps d'intercéder en leur faveur. Tous ceux qui se trouvaient dans la chambre se jetèrent aux pieds du sultan pour implorer sa clémence : il demeura inflexible, envoya dire par un de ses officiers à Omar ibn Seïfa de hâter l'exécution et enjoignit à cet officier d'en être témoin. A partir de ce jour, la maladie du sultan ne fit que s'aggraver et il expira dans l'après-midi du samedi, treizième jour du mois de zilhidjèh 841 (8 juin 1438). Il était âgé de plus de soixante ans. Il avait pris toutes les dispositions nécessaires pour assurer le trône à son fils Melik el-Aziz Youssouf. Il fut enterré dans le tombeau qu'il s'était fait élever dans la plaine aux portes du Caire.*

Ce prince avait été constamment préoccupé du soin d'aug-

menter le nombre de ses mamelouks. Il préférait les Circassiens à tous les autres et il en acheta plus de deux mille.

Les historiens arabes représentent le sultan Barsbay comme un prince religieux, s'acquittant exactement de tous les devoirs prescrits par la religion musulmane, sachant faire respecter son gouvernement et assurer la paix publique dans ses États. Ils ajoutent qu'il était habile à trouver des expédients pour augmenter ses revenus. Il demanda, en effet, des ressources nouvelles à certains monopoles qu'il établit et à des taxes qu'il imposa au commerce.

L'année même de son avènement, il renouvela les traités que la République de Venise avait conclus avec ses prédécesseurs. Mais peu de temps après, un coup de main, tenté par des pirates catalans, l'irrita au point qu'il commanda d'expulser tous les Francs des villes de ses États. Cet ordre fut révoqué, grâce à la fermeté de Morosini, consul de Venise. La situation des chrétiens en Égypte et en Syrie demeura très précaire pendant toute la durée des expéditions dirigées contre l'île de Chypre. Les Vénitiens, sollicités de venir au secours du roi Janus, s'y refusèrent et consentirent seulement à avancer la somme nécessaire au payement de sa rançon. Barsbay érigea en monopole à son profit la culture de la canne, la fabrication et la vente du sucre. Il se rendit acquéreur de toutes les épices importées en Égypte et voulut se rendre maître de la vente du coton brut et filé. Mais le Sénat donna l'ordre aux sujets de la République de ne débarquer aucune marchandise en Égypte et en Syrie; le sultan, se voyant privé des droits perçus par la douane, révoqua les mesures qu'il avait prises et les Véni-

INTRODUCTION

tiens n'eurent plus à subir aucune avanie jusqu'au moment de sa mort.

A l'époque où Bertrandon de La Broquière traversait la Syrie, la mer qui baigne le littoral était infestée par des pirates, protégés par le roi d'Aragon et par le prince de Tarente, un des grands feudataires du royaume de Naples. Les transactions commerciales jouissaient, au contraire, dans l'océan Indien et dans la mer Rouge, de la plus grande sécurité. Les navires du golfe Persique et des Indes abordaient à Djedda et on vit arriver devant cette ville, en 1432, des jonques chinoises chargées de marchandises de l'Extrême-Orient[1].

La Syrie, sur laquelle Bertrandon de La Broquière nous donne de si curieux détails, était divisée, au XVe siècle, en cinq gouvernements : 1° le gouvernement de Filistin qui s'étendait depuis El-Arich jusqu'à Ledjoun au nord, et de Jaffa à l'ouest jusqu'à Jéricho à l'est. On comptait quatre journées de marche d'El-Arich à Ledjoun; 2° le gouvernement du Hauran; 3° celui de la Ghouta ou de Damas; 4° celui de Hamah; 5° celui d'Alep.

Le gouvernement de Karak n'était point rattaché à la

---

1. *Jehan de Villaige, neveu de Jacques Cœur, fut envoyé en mission auprès du Soudan et chargé, à son retour, de remettre à Charles VII, au nom de Barsbay, des présents parmi lesquels figuraient* « *du baume fin de nostre saincte vigne, un bel liepart, trois escuelles de pourcelaine de Sinan (Chine), deux grands plats ouvrés de porcelaine, deux bouquets de porcelaine, un lavoir es mains et un garde à manger de porcelaine.* » *Jacques Cœur et Charles VII, l'administration, les finances, l'industrie, le commerce, les lettres et les arts au XVe siècle, par P. Clément, de l'Institut. Paris, 1866, p. 116, note.*

Syrie. Il formait, sous le nom de province de Moab, un gouvernement séparé. La citadelle de Karak était une des places les plus fortes des pays soumis à l'islamisme. Elle portait, à l'époque des Francs, le nom de château du Corbeau et jamais elle n'avait pu être enlevée de vive force. Le château fort de Chaubek était une dépendance de Karak: ce gouvernement s'étendait depuis Oula jusqu'à Zizèh, sur une longueur de vingt journées de marche au pas d'un chameau.

Ghazza et son territoire formaient un des districts du gouvernement de Filistin. Ghazza était une belle ville, bâtie sur un terrain uni où l'on trouvait tous les fruits en abondance. On y remarquait de grandes mosquées, des collèges et d'autres édifices qui excitaient l'admiration.

Ramlèh n'était point le chef-lieu d'une province, mais celui d'un arrondissement. Cette ville avait sous sa dépendance de nombreux villages; elle renfermait de grandes mosquées, des collèges et des sanctuaires, buts de pieuses visites. On cite parmi ceux-ci la mosquée Blanche dont la construction est merveilleuse. Une caverne souterraine renferme les tombes de quarante compagnons du Prophète; on y voit aussi les tombeaux de deux des frères de Joseph, celui d'Abou Horeïra, celui de Selman Farsy.

Jérusalem et Hébron ont été décrits si souvent et avec des détails si abondants et si précis qu'il est inutile de les reproduire ici. Toutes les villes du littoral, depuis Ascalon jusqu'à Césarée, avaient été détruites et ne formaient qu'un monceau de décombres. Saint-Jean d'Acre avait été démoli: un nouveau quartier s'élevait auprès de la vieille ville et il n'était habité que par des paysans et des facteurs qui embar-

quaient les produits de la province de Safed et principalement le coton cultivé dans la plaine d'Esdrelon. L'auteur du Zoubdet Kechf il-Memalik rapporte que, lors de la prise de Saint-Jean d'Acre, la serrure et les clefs de la porte principale de la ville, qui formaient la charge d'un cheval, furent transportées à Karak et renfermées dans la prison de cette place forte.

La province de Safed comprenait des bourgs qui, au XVe siècle, avaient l'importance de grandes villes; Khalil-ed-Dahiry cite parmi eux Miniéh, Nazareth et Kafr Cana.

Le gouvernement de Damas, ou de la Ghouta, comprenait le littoral depuis Sour (Tyr), qui avait été ruinée, jusqu'à Tripoli. Damas, qui avait été incendié par Tamerlan en 1400, n'avait point encore reconquis son ancienne splendeur. Ses murs, son château, la mosquée des Omeyyader avaient cependant été épargnés par le conquérant tartare. Cette ville avait excité au moyen âge l'admiration de tous les voyageurs chrétiens qui l'avaient visitée. Ils vantent à l'envi l'abondance des eaux qui arrosent la ville, la beauté des jardins qui l'entourent. Ses bazars renfermaient les marchandises les plus précieuses de tout l'Orient : on y trouvait les épices de l'Inde, les porcelaines de la Chine, les poteries vernissées de Marteban, les soieries de l'Asie Mineure : on émaillait à Damas des objets en verre, on incrustait d'or et d'argent des vases et des objets en cuivre, enfin on tissait cette légère étoffe de coton, appelée bocassin, qui avait un lustre et un éclat tout particuliers lui donnant l'apparence de la soie. Bertrandon nous fournit, de son côté, quelques détails sur la manière dont les ouvriers de cette capitale travaillaient le *fer*. Mais il ne nous parle pas de certaines industries, comme celle du verre, dont les artisans avaient été conduits à Samarqand. Damas possédait le plus bel hôpital de tout l'Orient. Le feu n'y avait, disait-on, jamais été éteint depuis le jour de son inauguration.

Les musulmans se rendaient en pèlerinage aux tombeaux de trois des femmes du prophète Mahomet, à ceux de Bilal Habechy, son muezzin, et de Hussein, fils d'Aly. Les villes de Naplouse, de Beïssan, d'Adjloun, de Housban, de Balbek dont les tissus et les ouvrages en bois jouissaient d'une grande réputation, de Homs, célèbre par ses soieries, de Sayda et de Beyrout, la plaine de la Biqaa où s'élève le bourg de Karak Nouh près duquel la tradition locale place la sépulture de Noé, et le district de Zebdany, relevaient du gouvernement de Damas. Les approches de cette ville étaient défendues par les châteaux forts de Sarkhad, construits en blocs de basalte noire, de Cheqif-Arnoun, de Hounin, de Soubeïbèh ou de Banias au pied duquel se trouvaient les rizières qui approvisionnaient Damas et les villes de l'intérieur.

La province de Tripoli s'étendait le long de la côte, depuis Lataquièh qui était en ruines au XVe siècle, jusqu'au fleuve du Chien, au nord de Beyrout. On comptait, disait-on, dans cette province trois mille bourgs et villages. Les châteaux de Qadmous, de Suhioun, de Marqab, de Hisn-el-Ekrad (le Crac des chevaliers), la ville fortifiée de Djebelèh où se trouve la tombe d'un des saints les plus vénérés de l'islamisme, Ibrahim, fils d'Edhem, celle d'Arqah et les forteresses d'Akkar et de Hisn-Djelil défendaient le littoral et les points stratégiques de l'intérieur. Toutes les villes et tous les châteaux étaient occupés par des garnisons composées de Turkomans.

En 707 (1307), Melik en-Nassir Mohammed, fils de Qelaoun, ordonna aux Turkomans, fixés dans le district de Koura, de s'établir sur la côte du Kesrouan pour la protéger contre les attaques des Francs. Il les chargea, en outre, de surveiller le pays depuis Antelias jusqu'à Magharat-el-Assad et le pont appelé Djisr-el-Mouameletein (le pont qui relie les deux districts). Ils devaient défendre de franchir la passe du fleuve du Chien à quiconque n'était pas muni d'un passe-port délivré par le gouverneur. Ces Turkomans fournissaient trois compagnies de cent hommes, qui servaient à tour de rôle pendant un mois. Leur quartier était à Antelias et des corps de garde étaient établis dans la tour qui s'élève au sud de l'embouchure du fleuve du Chien et dans celle de Djouny, près de Beyrout.

En 748 (1347), l'émir Ilbogha, gouverneur général de la Syrie, leur enjoignit de tenir garnison à Beyrout avec les troupes syriennes, pour défendre cette ville contre les coups de main que pourraient tenter les Francs.

En 816 (1413), des Francs venus de Chypre débarquèrent à l'embouchure du Damour, au sud de Beyrout, des soldats qui massacrèrent ou firent prisonniers tous les gens qu'ils rencontrèrent. L'émir Seïf Eddin el-Arslany rassembla ses vassaux et sut contenir les Francs jusqu'à l'arrivée du sultan Melik el-Moueyyed Cheikh qui se trouvait alors à Damas et qui accourut avec un corps de troupes considérable. Les Francs, vigoureusement attaqués, durent se rembarquer précipitamment. L'émir Seïf Eddin reçut en récompense de sa *conduite énergique le titre de Melik el-Oumera (prince des émirs) et le droit d'étendre son autorité sur tout le littoral, de Sayda à Saint-Jean d'Acre. Son troisième fils, Fakhr Eddin Osman, est le personnage que Bertrandon de La Broquière désigne sous le nom de Faucardin.*

Le gouvernement de Hamah avait pour capitale la ville de ce nom ; elle avait été pendant longtemps la résidence des princes d'une dynastie Eyyoubile, qui l'avaient gouvernée sous la suzeraineté des sultans Mamelouks d'Égypte. Hamah était entourée de solides murailles flanquées de tours, Tamerlan s'en était rendu maître lorsqu'il envahit la Syrie ; mais la population s'étant soulevée contre la garnison qu'il y avait laissée, il fit, à son retour, démanteler le château et il réduisit en esclavage et emmena avec lui les habitants épargnés par ses soldats. Les principales villes du gouvernement de Hamah étaient Selimiëh, Maarrat en-Nouman et Miciat. Un château fort, appelé Hisn-el-Fédawiëh (le château de ceux qui sacrifient leur vie), avait été possédé autrefois par les Ismayliens, sectateurs du Vieux de la Montagne.

Le gouvernement d'Alep avait, au point de vue militaire, une importance particulière. Les places frontières du nord, celles situées sur les bords de l'Euphrate, telles que Aïntab, Qalaat-er-Roum, Birëh, Karkar, Roha ou Édesse, avaient été conquises par les armées des souverains Mogols de la Perse et par celles de Tamerlan. Il était donc de la plus haute importance, pour la sécurité de la Syrie, que sa frontière du nord-est fût protégée et mise à l'abri de toute insulte, par une ceinture de places fortes défendues par de nombreuses garnisons. Alep qui avait, à cause de sa situation, reçu le nom de Bab oul-Moulk (la porte du royaume), était gouvernée par un émir ayant sous ses ordres un nombreux corps de troupes, et dont l'autorité s'étendait sur les villes de la côte de Cilicie, telles que Ayas et Tarsous, sur Adana, Sis et Messissèh, ainsi que sur les châteaux qui défendaient les passes de l'Amanus et arrêtaient les incursions des Turkomans dépendant du gouvernement des princes de la Caramanie. Au moment où Bertrandon de La Broquière traversait le nord de la Syrie, Alep s'était relevée des ruines accumulées par Tamerlan. Elle avait retrouvé une partie de son ancienne splendeur et était redevenue l'entrepôt des produits de l'Asie Mineure, de la Perse et de l'Asie centrale. Elle recevait même, au XVe siècle, par la la voie de Bagdad, une partie des marchandises du golfe Persique et de l'Inde.

Les tribus turkomanes des Ouzar et des Ramazan Oglou avaient établi leurs campements aux environs d'Antioche, sur la côte de la Cilicie, et dans les vallées des monts Amanus.

Le fils du chef de la tribu des Ramazan Oglou, Ahmed bey, avait réussi à s'emparer des villes d'Adana et de Tarsous (781-1379). Cette conquête avait excité contre lui l'inimitié des Égyptiens, et le gouverneur d'Alep, Timour bek, avait marché contre lui, l'avait battu et s'était emparé de tout ce que possédait sa tribu. La guerre se prolongea avec des chances diverses jusqu'à sa mort arrivée en 819 (1416). Son fils, Ibrahim bey, qui lui succéda, fit d'abord cause commune avec le prince de Caramanie, dont il avait épousé la sœur. Trahi par son beau-frère, il fut livré aux Égyptiens et conduit au Caire, où il mourut en captivité. Ses successeurs parvinrent à se maintenir dans leur principauté jusqu'à l'époque de la conquête de l'Égypte par les Ottomans, et le dernier de cette race mourut gouverneur d'Alep, vers la fin du XVIᵉ siècle.

Toutes les villes de la Syrie étaient reliées à l'Égypte par un service de courriers à cheval, régulièrement organisé; mais les nouvelles qui exigeaient une transmission rapide étaient confiées, soit à des pigeons, soit à des courriers montés sur des dromadaires. L'usage des pigeons dressés à porter des messages avait été introduit de Mossoul en Égypte, à l'époque des califes Fatémites qui avaient institué au Caire un bureau spécial pour enregistrer leur généalogie. Ce fut l'atabek Nour Eddin qui, en 565 (1169), donna à cette branche du service sa constitution définitive. Le point central était la citadelle du Caire, et des tours, ou pigeonniers, étaient échelonnées sur les routes jusqu'aux confins de l'empire. On comptait dix stations du Caire à Damas, et dix autres de Damas jusqu'à Behnessa.

Des courriers, montés sur des dromadaires, portaient les dépêches du sultan et des hauts fonctionnaires. Bertrandon de La Broquière fit, aux environs de Damas, la rencontre du nègre qui, « monté sur un camel courant », apportait au gouverneur général de la Syrie l'ordre d'emprisonner les négociants génois et catalans, et de mettre leurs marchandises sous séquestre.

Un service spécial de courriers, également montés sur des dromadaires, était organisé pour apporter, de Damas au Caire, la neige destinée à l'échansonnerie du sultan et aux *hôpitaux de la ville. Jusqu'à l'époque du sultan Barqouq, la neige destinée au palais avait été embarquée à Beyrout ou à Sayda et transportée à Damiette, où elle était mise à bord de barques qui remontaient le Nil jusqu'au Caire; là elle était emmagasinée dans une citerne creusée sous le sol de la citadelle. Sous le règne de Melik ed-Dahir Barqouq, il fut décidé que la neige serait transportée de Syrie en Égypte par terre, à partir du mois de juin jusqu'au mois de novembre : qu'il y aurait soixante et onze convois composés chacun de cinq dromadaires, qui devaient être accompagnés d'un employé de la poste, muni d'un passe-avant, et d'un homme connaissant par expérience la manière de conserver la neige. A chaque station, on trouvait six dromadaires dont l'un était tenu en réserve en cas d'accident. Les stations depuis Damas jusqu'au Caire étaient celles de Sanameïn, Thafas, Arbad, Djenin, Qaqoun, Loudd, Gazza, El-Arich, Werradèh, Moutheïlem, Qathia, Salehièh et Bilbeïs.*

Les voyageurs et les caravanes, voulant se rendre de Syrie en Asie Mineure, devaient traverser la contrée montagneuse qui formait autrefois le royaume chrétien de la Petite-Arménie. Les sultans Mamelouks d'Égypte, après avoir vaincu et fait prisonnier Léon VI de Lusignan, avaient essayé de pousser leurs conquêtes jusqu'à Césarée d'Anatolie et d'y établir leur domination. Contraints d'abandonner ce projet, ils durent se contenter d'occuper quelques villes du littoral et les châteaux commandant l'entrée des défilés.

Le reste du pays était habité par la population arménienne et parcouru par des tribus turkomanes qui reconnaissaient l'autorité des princes de la dynastie des Qaraman oglou.

Les origines de cette dynastie sont assez obscures, et les historiens orientaux offrent, à ce sujet, des divergences d'opinion considérables.

Qaraman, qui lui a donné son nom, était le fils de Nour Sofi, Arménien converti, disait-on, à la foi de l'islam, et qui s'était emparé de la place forte d'Ermenak et de la ville de Séleucie (Selefkèh).

Son fils reçut le gouvernement de cette ville qu'il occupa avec un corps de troupes considérable, ce qui lui permit d'étendre ses conquêtes et, à la chute du dernier sultan Seldjoucide, Ala Eddin Keyqobad dont il avait épousé la fille, tous les émirs serviteurs de ce prince le reconnurent pour leur chef, à l'exception d'Aïdin bey, de Mentecha bey, de Saroukhan, de Hamid et de Guermian bey. Qaraman bey, qui possédait les districts et les villes de Nigdèh, d'Aq-serai, de Larenda, de Qara-Hissar, d'Aq-cheher, de Césarée, de Bey-cheher et de Sidi-cheher, fit de la ville de Qoniah sa capitale et sa résidence. Ses successeurs se firent remarquer par leur turbulence et l'hostilité qu'ils témoignèrent tour à tour aux souverains d'Égypte et aux princes de la dynastie d'Osman, malgré les liens que des mariages avaient établis entre eux.

L'un de ces princes, Méhemmed bey, fils de Jakhchy bey mis à mort par l'ordre du sultan Bayezid, avait été emprisonné par le sultan. Il réussit à s'échapper et se réfugia à la cour de Tamerlan, qu'il détermina à déclarer la guerre à Sultan Bayezid. Le conquérant tartare lui confirma la possession de ses États, lorsque les provinces annexées à l'empire Ottoman en furent détachées et recouvrèrent une indépendance éphémère. Méhemmed bey ne goûta pas longtemps le repos.

Son frère, Aly bey, s'était réfugié auprès du sultan d'Égypte, Melik el-Mouayyed Cheikh et avait imploré son secours pour recouvrer un héritage dont il se prétendait frustré. Melik el-Mouayyed saisit avec empressement l'occasion d'affaiblir un voisin incommode et de se venger de l'injure que lui avait faite l'année précédente Méhemmed bey, en s'emparant de Tarsous, dont le gouverneur avait été fait prisonnier. Il confia le commandement d'une armée à son fils Ibrahim, auprès duquel il plaça des généraux expérimentés, tels que les émirs Tatar, Altounbogha et Djaqmaq. Aly bey Qaraman oglou accompagnait l'expédition qui partit d'Alep et marcha sur le château de Karkar. Méhemmed bey s'enfuit à son approche, accompagné par cent vingt cavaliers seulement. Sultan Ibrahim s'empara de Larenda, de Césarée, et fit son entrée à Qoniah, le 15 du mois de rebi oul akhir 821 (22 mai 1418). Il y fit réciter la khoutbêh au nom de son père et des inscriptions, gravées sur les pierres qui surmontent les portes de la ville, attestèrent sa victoire.

Méhemmed bey Zoulqadr oglou fut nommé gouverneur de la ville, et quelques jours après, Sultan Ibrahim reprenait la route de Larenda et d'Eregly. L'émir Bichbek, gouverneur d'Alep, quitta Eregly pour surprendre les Turkomans dont les campements furent pillés et détruits. Méhemmed bey Qaraman oglou, réduit à prendre la fuite, laissa aux mains des Égyptiens ses trésors, ses bagages et ses troupeaux. Aly bey reçut l'investiture du gouvernement de la Caramanie, sous la suzeraineté de Melik el-Mouayyed dont le nom dut être prononcé dans la khoutbêh et gravé sur les monnaies. A son retour à Alep, le sultan Ibrahim envoya le gouverneur de Damas en Cilicie, pour s'emparer des villes de Tarsous et d'Adana. Il rencontra Moustafa bey, fils de Méhemmed bey, et Ibrahim bey Ramazan oglou, qui, mis en déroute, essayèrent de gagner Césarée; mais Méhemmed bey Zoulqadr oglou se porta à leur rencontre: dans l'engagement qui eut lieu, Moustafa bey fut tué et sa tête fut envoyée au Caire. Méhemmed bey, fait prisonnier, fut conduit enchaîné au Caire et mis aux arrêts dans l'hôtel de Mouqbil ed-Dewadary. Délivré de sa captivité, Méhemmed bey rentra en possession de ses États, dont la tranquillité ne fut point troublée jusqu'au jour où le sultan Murad dut quitter sa résidence de Brousse, pour passer en Roumélie et étouffer la sédition suscitée par son oncle Moustafa. Méhemmed bey forma à ce moment le projet de s'emparer de Brousse. Il marcha contre cette ville, l'investit, en incendia les faubourgs, et, après quarante jours de siège, il se retira précipitamment, en proie à une terreur superstitieuse causée par la vue du convoi escortant le corps de Sultan Moustafa qui devait être inhumé dans le tombeau de ses ancêtres. Pour le punir de cette agression, Sultan Murad, à son retour en Asie, s'empara de quelques villes de la Caramanie et mit le siège devant Qoniah. Méhemmed bey, incapable de résister, sollicita un pardon qui lui fut accordé. Dans la suite, il leva encore l'étendard de la révolte et, dans un combat malheureux pour lui, il fut fait prisonnier par Bayezid Pacha et amené devant Sultan Murad. Ce prince lui fit encore grâce, mais rien ne put faire renoncer Méhemmed bey aux attaques qu'il dirigeait contre les pays voisins de ses États. Il avait résolu de se rendre maître d'Anthalia et il avait mis le siége devant cette ville. Il fut tué d'un coup de canon, pendant qu'il visitait les travaux qu'il faisait faire autour de la place.

A la nouvelle de sa mort, son frère, Moustafa bey, se fit reconnaître comme son successeur; mais ses neveux, Ibrahim bey et Issa bey, se réfugièrent à la cour de Sultan Murad et sollicitèrent son appui. Il leur fut accordé : le sultan donna à chacun d'eux une de ses sœurs en mariage et les fit accompagner par un corps de troupes, qui chassa de Qoniah l'usurpateur et fit monter Ibrahim bey sur le trône. C'est ce prince que Bertrandon de La Broquière vit à Qoniah lorsqu'il accompagna, à l'audience qui leur fut donnée, les envoyés du roi de Chypre, et sur lequel il nous donne des détails si curieux. Ibrahim bey attaqua à plusieurs reprises Sultan Murad ; chaque fois, les prières et les supplications de sa femme écartèrent de lui le châtiment qu'il avait mérité. Ibrahim bey gouverna la Caramanie pendant trente-deux ans : les derniers moments de son règne furent troublés par la discorde qui mit les armes aux mains de ses fils. Il avait désigné pour son héritier son fils aîné, Ishaq bey, fils d'une esclave; ses autres fils, qui avaient pour mère la sœur de Sultan Murad, se refusaient à reconnaître, dans l'avenir, son autorité. Ibrahim bey mourut attristé par le spectacle de la guerre qui venait de s'allumer et qui attira sur ses États l'intervention de princes étrangers. Le récit de l'audience accordée par Ibrahim bey aux ambassadeurs du roi de Chypre Jean II, qui venait de succéder à son père Janus, nous donne une idée exacte de la cour des princes qui s'étaient partagé les dépouilles de l'empire des Seldjoucides, et nous fait connaître la situation périlleuse du royaume de Chypre, affaibli par des défaites désastreuses et placé entre le puissant souverain de l'Égypte et de la Syrie et les princes de Caramanie, dont le caractère inquiet et turbulent et les habitudes de pillage de leurs sujets étaient une cause d'inquiétudes continuelles pour les pays voisins.

Le roi Jean II, à son avènement au trône, avait dû prêter serment de vassalité au sultan Barsbay et une ambassade égyptienne s'était rendue à Nicosie pour le recevoir. Maqrizy nous fait connaître la réception qui lui fut faite:

« *Le 7 du mois de safer 836 (3 octobre 1432), nous dit-il, les envoyés du sultan s'embarquèrent à Damiette sur deux bâtiments légers et, le 10 du même mois, ils prirent terre à Larnaca et se dirigèrent sur Nicosie. Le ministre du roi et les grands officiers de sa cour se portèrent à leur rencontre et les firent descendre dans une maison située hors de la ville. Le lendemain 12, les ambassadeurs firent leur entrée dans Nicosie et se présentèrent devant le roi qu'ils trouvèrent dans son palais. Ce prince les reçut debout; les ambassadeurs le saluèrent, lui remirent la lettre du sultan et lui firent part de l'objet de leur mission. Le roi Jean les écouta et leur répondit qu'il était prêt à obéir : Je suis, leur dit-il, l'esclave du sultan et son lieutenant, et je me disposais à lui faire parvenir mes offrandes. Les envoyés lui demandèrent alors de prêter serment ; il y consentit, fit venir un prêtre et jura qu'il serait loyal et constant dans sa conduite, qu'il observerait une obéissance perpétuelle et s'acquitterait des devoirs qu'elle lui imposait. Il reçut alors le vêtement royal qui lui était destiné, puis les ambassadeurs sortirent du palais et parcoururent la ville, précédés par un héraut proclamant que le sultan avait établi à perpétuité le roi Jean pour son lieutenant et que les habitants, assurés de sa protection, jouiraient de la plus grande sécurité et de la plus parfaite tranquillité, s'ils ne venaient point à se départir de l'obéissance due au roi et au sultan.*

Les ambassadeurs furent logés dans une maison préparée pour eux et il fut pourvu à leur entretien. Le roi fit porter chez eux sept cents pièces de camelot, d'une valeur de dix mille dinars et il promit de payer, au bout de l'année, les dix mille dinars de tribut; il envoya, comme cadeau personnel au sultan, quarante pièces de camelot et il fit remettre à chaque ambassadeur un présent proportionné à son rang.

Après être demeurés dix jours à Nicosie, les ambassadeurs se rendirent à Limassol, où ils s'embarquèrent. Après une navigation de six jours, ils jetèrent l'ancre devant Damiette et remontèrent le Nil jusqu'au Caire.

Les cadeaux qu'ils apportèrent furent agréés par le sultan; il prit connaissance de la lettre contenant les protestations de soumission et d'obéissance du roi qui déclarait être son lieutenant dans l'île de Chypre[1].

Bertrandon de La Broquière cite encore, dans la partie de sa relation qui a trait à l'Asie Mineure, le nom des Zoulqadir oglou ou Zoulqadriêh. Je crois devoir retracer très rapidement l'histoire des chefs de cette tribu turkomane, qui ont possédé les provinces de Marach, de Malatia, d'Aïntab,

---

1. Maqrizy, Histoire d'Égypte, *manuscrit arabe de la Bibliothèque nationale, 672, fol. 410 r° et v°.*

de Kharpout et d'Hisn-Mançour. *Le premier prince de cette famille, dont l'histoire fasse mention avec quelques détails, est Zeïn Eddin Qaradjah, fils de Zoulqadr, qui, quoique d'origine turkomane, prétendait descendre du roi de Perse Nouchirevan. Il s'empara en 740 (1339) de la ville d'A-boulistin ; mais le dévoûment qu'il avait inspiré à sa tribu, l'influence qu'il avait acquise, grâce à sa générosité, lui attirèrent l'inimitié de l'émir Ilbogha, gouverneur d'Alep. Celui-ci marcha contre Qaradjah, le mit en déroute, le força de se réfugier dans les montagnes et s'empara de son harem qu'il fit conduire au Caire. Qaradjah ne tarda pas à prendre sa revanche : il infligea une rude défaite à Ilbogha et réussit à se rendre maître de plusieurs districts dépendant du gouvernement d'Alep. Le sultan Melik en-Nassir crut devoir le ménager : il lui renvoya ses femmes et lui accorda des lettres d'abolition, mais ces concessions ne le désarmèrent pas; il persista dans sa révolte et fit de nombreuses incursions en Cilicie dont il pilla les principales villes. Le gouverneur général de la Syrie dut se mettre lui-même à la tête d'un corps d'armée qui battit Qaradjah et le fit prisonnier.*

Il eut pour successeur son fils, Khalil bey, qui réussit à se rendre maître de Malatia et de Kharpout. Il rompit, comme son père, les liens de vassalité qui l'attachaient au gouvernement de l'Égypte. Un de ses serviteurs, corrompu par des émissaires égyptiens, l'assassina après un règne de trente-quatre ans. Son frère, Soly bey, subit le même sort après avoir gouverné pendant treize ans.

Son neveu, Nassir Eddin Méhemmed bey, le contemporain de Bertrandon de La Broquière, n'imita pas l'exemple de ses prédécesseurs. Il envoya, en 821 (1418), au sultan Melik el-Mouayyed Cheikh, un ambassadeur chargé de lui offrir de riches présents et de lui faire agréer les assurances d'une entière soumission. Nassir Eddin se rendit lui-même au Caire en 843 (1439). Le sultan Melik ed-Dahir Djaqmaq lui fit une réception pompeuse et épousa sa fille pour resserrer les liens d'amitié qui les unissaient. Nassir Eddin Méhemmed bey mourut en 846 (1442), à l'âge de quatre-vingt-trois ans, après un règne de quarante-quatre ans.

Je ne consacrerai que fort peu de mots à la dynastie des beys de Guermian dont le nom est également cité par Bertrandon de La Broquière. Guermian bey, qui avait établi sa résidence dans la ville de Kutahièh, était le chef d'une tribu turkomane fixée au cœur de l'Asie Mineure. Son fils, Aly Chir bey, proclama son indépendance à la chute de l'empire des Seldjoucides et acquit une triste célébrité par ses déprédations et ses brigandages. Le sultan Bayezid Ier épousa la fille d'Alem Châh bey, fils d'Aly Chir, et malgré l'alliance qui l'unissait à Yaqoub bey, fils d'Alem Châh, Sultan Bayezid annexa à ses États la principauté de Guermian. Tamerlan, auprès duquel Yaqoub bey s'était réfugié, la lui rendit après son expédition dans l'Asie Mineure. Yaqoub bey, qui fut chargé de ramener à Brousse la dépouille mortelle de Bayezid, rentra en grâce auprès de Sultan Méhemmed. Il était arrivé aux limites de l'extrême vieillesse, lorsqu'il se détermina à se rendre à Andrinople pour faire, entre les mains du sultan Murad, l'abandon de ses États. Reçu avec la plus grande magnificence, comblé d'honneurs, il fut reconduit avec pompe à Kutahièh où il acheva paisiblement ses jours.

Lorsque Bertrandon de La Broquière franchit le Bosphore et passa de Scutari à Galata, l'empereur Jean Paléologue, qui avait succédé à son père Manuel mort après un règne de cinquante-deux ans, le 21 juillet 1425, ne possédait plus, outre la Morée, partagée entre ses trois frères, que Constantinople et ses environs depuis Selymbria jusqu'à Dercos. Les villes de la côte européenne de la mer Noire, y compris Mesembria, n'avaient point encore été détachées de l'empire. Salonique, cédée aux Vénitiens, au prix de cinquante mille ducats, par le frère de l'empereur, Andronic Paléologue, avait été enlevée à ceux-ci par le sultan Murad, mais ils possédaient encore Négrepont, Candie et l'Hexamilos, muraille fortifiée et flanquée de trois cent cinquante-trois tours, qui défendait l'isthme de Corinthe.

Chio, Métélin, la vieille et la nouvelle Phocée en Asie, Œnos, Imbros, Samothrace, Thasos, sur la côte d'Europe, étaient gouvernées par des membres de la famille génoise des Gattilusio. Le fondateur de cette petite dynastie, Francesco Gattilusio, après avoir fait la course dans l'Archipel en compagnie de Raphaël Doria, avait réussi à faire monter sur le trône Jean Paléologue, exilé à Ténédos. Ce prince, pour lui témoigner sa reconnaissance, lui fit épouser sa sœur Marie qui lui apporta en dot l'île de Métélin.

Les successeurs de Francesco Gattilusio se divisèrent en deux branches. Darino Gattilusio, troisième seigneur de la branche qui gouvernait l'île de Mytilène, réussit à se faire céder en 1427, à titre de fief, les îles de Lemnos et de Thasos.

Palamède, deuxième seigneur d'Œnos, s'était fait don-

ner, de son côté, par l'empereur d'Orient, les îles d'Imbros et de Samothrace. Il conserva ses domaines jusqu'à sa mort (1435) en payant tribut au sultan.

Jean Paléologue avait dû, comme ses prédécesseurs, se soumettre à payer annuellement au trésor ottoman une somme de trois cent mille aspres; il devait tolérer la présence, à Constantinople, d'un cadi chargé de rendre la justice aux musulmans établis dans la ville, et de veiller à l'entretien d'une mosquée réservée au culte de l'islam. L'empereur était aussi contraint de subir les exigences et les procédés parfois violents des colonies vénitienne et génoise qui, établies à Péra et à Galata, formaient deux corps de nation régis par leurs statuts particuliers et gouvernés par des magistrats indépendants. Les Génois de Galata obéissaient à un podestat qui, ainsi que le remarque justement Bertrand de La Broquière, administrait ses compatriotes au nom du duc de Milan, dont la république de Gênes reconnut la suzeraineté jusqu'en 1435. Les Génois, qui cultivaient avec soin l'amitié des Turcs, avaient sollicité de Sultan Murad le don de matériaux et d'une somme de trois cents hyperpres, pour construire une tour sur laquelle ils se proposaient de faire représenter les insignes de ce prince. Quelques années après le départ de Bertrandon de La Broquière (1437), une escadre génoise, venant de Caffa, tenta sur Constantinople un coup de main que la bravoure de l'amiral Leontarios fit échouer, et les Génois de Galata durent subir les conditions onéreuses d'un traité humiliant pour leur orgueil. Jean Paléologue, prévoyant de nouvelles attaques des Ottomans, voulut se concilier l'appui des princes de l'Europe et s'assurer leurs secours. Il rouvrit avec les Pères du concile de Bâle des négociations ayant pour but la réunion des deux Églises et, le 24 novembre 1437, il s'embarqua à Constantinople pour se rendre en Europe. Il débarqua à Venise et gagna Ferrare, où le peu de sollicitude des princes latins et la conduite grossière des ambassadeurs du duc de Bourgogne ne laissèrent dans son esprit aucun doute sur les sentiments de ceux dont il venait demander l'appui. Le concile fut transféré de Ferrare à Florence et, dans la dernière séance, la réunion de l'Église grecque à l'Église latine fut proclamée. Parti de Florence le 27 août 1439, l'empereur arriva à Constantinople le 1er février de l'année suivante. La réception, faite à lui et aux prélats qui l'avaient accompagné, par le peuple de Constantinople, démontra l'impopularité et la fragilité de l'union des deux Églises. La fin du règne de Paléologue fut attristée par l'attaque que son frère Démétrius, soutenu par les Turcs, tenta contre Constantinople en 1441 et par la défaite, à Varna, de Ladislas de Hongrie, défaite qui le força de s'abandonner à la clémence de Sultan Murad. Enfin, la victoire remportée par ce prince à Kossovo sur Jean Huniade hâta ses derniers moments. Depuis son retour d'Italie, sa santé était languissante et, le 31 octobre 1445, il succomba à l'âge de près de cinquante-huit ans, après en avoir régné trente.

Il ne laissa point d'enfants des trois femmes qu'il avait épousées, et son frère, Constantin Dragasès, lui succéda; ce fut le dernier prince qui ait posé sur son front la couronne de l'empire d'Orient.

Je crois devoir m'étendre plus longuement sur l'histoire de

Sultan Murad, auquel Bertrandon de La Broquière a consacré des pages si intéressantes. Ce prince, troisième fils de Sultan Méhemmed, était né en 1403 ; ses deux frères aînés moururent à Amassia, du vivant de leur père. Il monta sur le trône en 1421, et son premier soin fut de faire part de son avènement au bey de la Caramanie et à Mentecha bey, à l'empereur Manuel et au roi de Hongrie, Sigismond, avec lequel il conclut une trêve de cinq ans.

Sultan Méhemmed avait recommandé, dans ses dernières volontés, que deux frères puînés de Sultan Murad fussent remis à la cour de Byzance. L'empereur Manuel s'empressa d'envoyer à Brousse, pour les réclamer, le Paléologue Lachynes et Theologos Corax. Ces deux personnages devaient déclarer que, si le sultan Murad ne consentait pas à exécuter cette clause du testament de son père, son oncle Moustafa, interné dans l'île de Lemnos, serait mis en liberté et reconnu comme souverain des pays possédés par la dynastie d'Osman. Sur le refus de Sultan Murad, une escadre de dix galères fut expédiée à Lemnos : elle était commandée par Démétrius Lascaris Leontarios, qui reçut l'ordre de faire signer à Moustafa l'engagement de restituer à l'empire de Byzance la ville de Gallipoli, le littoral de la mer Égée et les villes situées sur les bords de la mer Noire, depuis Constantinople jusqu'aux frontières de la Valachie. Moustafa, débarqué à Gallipoli, fut reconnu comme souverain légitime par les troupes et la plus grande partie de la population. La gravité des nouvelles qui parvinrent à Brousse détermina Sultan Murad à confier à Bayezid pacha et à son frère, Hamzah bey, le commandement des troupes destinées à étouffer la rébellion. *Les deux armées se rencontrèrent dans la plaine de Sazly-Dereh.*

Lorsqu'elles furent en présence, Moustafa s'avança vers les soldats de Sultan Murad, leur enjoignit de mettre bas les armes et de reconnaître en lui l'héritier légitime du trône d'Osman. Ceux-ci, subjugués par ce trait d'audace, abandonnèrent leurs drapeaux et se rangèrent sous ceux de Moustafa. Bayezid pacha et son frère furent faits prisonniers. Le premier fut décapité et l'autre rendu à la liberté par l'ordre de Djouneïd bey, conseiller de Moustafa. Cette défaite semblait devoir renverser le trône de Murad; mais Giovanni Adorno, podestat de la nouvelle Phocée, fit offrir ses services au sultan qui les accepta avec empressement. Les Génois tentèrent en vain de s'opposer au passage de Moustafa en Asie; celui-ci débarqua à Lampsaque et s'y arrêta pendant deux jours, pour recevoir la soumission des chefs militaires cantonnés dans ces quartiers. A cette nouvelle, Sultan Murad sortit de Brousse et alla s'établir dans une forte position derrière la rivière d'Oulou-abad. La désertion éclaircit bientôt les rangs de l'armée de Moustafa et son conseiller, Djouneïd bey, détaché de son parti par la promesse d'être de nouveau investi du gouvernement d'Aïdin, abandonna son camp pendant la nuit. Le lendemain, les soldats de Moustafa, se croyant trahis par leurs chefs, se dispersèrent de tous côtés. Moustafa s'enfuit précipitamment à Lampsaque, franchit l'Hellespont et gagna Gallipoli. Sultan Murad se mit à sa poursuite, mais les vaisseaux lui faisaient défaut pour franchir le canal; Giovanni Adorno l'avait fait prévenir, heureusement pour lui, qu'il mettait à sa disposi-

tion sept navires bien armés. Sultan Murad s'embarqua sur le plus grand avec deux mille hommes de sa garde, et le reste de son armée prit passage sur les autres bâtiments. A la vue de cette escadre se dirigeant sur Gallipoli, Moustafa envoya un messager à Adorno pour lui offrir cinquante mille ducats s'il consentait à lui livrer son neveu. Adorno rejeta cette proposition avec indignation et la fit connaître au sultan qui, dans sa gratitude, lui fit remise de la somme de vingt-sept mille ducats qu'il devait pour la ferme de la nouvelle Phocée.

Le sultan mit pied à terre au-dessous de Gallipoli : il était suivi par l'élite de son armée et par deux mille soldats italiens. La garnison, frappée de terreur, se dispersa et Moustafa prit la fuite, accompagné par quelques serviteurs restés fidèles. Poursuivi par les soldats de Murad, il fut fait prisonnier sur le mont Toghan et pendu aux créneaux d'une tour, sous les yeux de Murad, après avoir subi les outrages de la soldatesque. Délivré des soucis que lui avait causés la rébellion de Moustafa, Sultan Murad songea à tirer vengeance de la perfidie de l'empereur Manuel. Sa cavalerie parut sous les murs de Constantinople, dans les premiers jours du mois de juin de l'année 1423. Elle ravagea les environs de Constantinople et Murad ne tarda pas à se présenter lui-même à la tête de son armée. La ville fut investie, et les Turcs, exaltés par les invocations de l'émir Seyyd Boukhary, beau-frère du sultan, que suivait une troupe nombreuse de derviches, lui donnèrent un violent assaut ; mais ils se retirèrent en désordre, au coucher du soleil, en proie à une terreur panique et Constantinople fut sauvée pour la dernière fois. Les années qui suivirent cette tentative malheureuse furent consacrées par le sultan à raffermir son autorité, à rétablir l'ordre dans les provinces de son empire et à en reculer les limites en Europe, par la prise de Golubacz sur le Danube et par celle de Krusevacz en Serbie.

En 1430, il confia le commandement d'une armée au beylerbey d'Anatolie, Hamzah pacha, auquel il donna l'ordre de marcher sur Salonique; lui-même vint l'y rejoindre avec de nouvelles troupes. Après une résistance héroïque, la ville fut emportée d'assaut; les habitants furent passés au fil de l'épée, les jeunes gens et les filles, réduits en esclavage et les trésors accumulés dans cette riche cité, livrés au pillage. L'occupation de Salonique pendant sept ans avait coûté aux Vénitiens la somme de sept cent mille ducats. La paix, qui rétablit les rapports de bonne intelligence entre Venise et le sultan, fut signée la même année à Gallipoli.

La peste ravagea les contrées de l'Orient pendant l'année qui suivit la prise de Salonique et précéda le voyage de Bertrandon de La Broquière. Deux frères du sultan Murad, les princes Youssouf et Orkhan, son beau-frère, Émir Seyyd Boukhary, et plusieurs grands personnages qui avaient exercé sur la marche des affaires de l'empire une influence considérable, périrent victimes de ce fléau. C'est dans ces circonstances douloureuses que vit le jour le fils de Murad, qui devait, vingt-trois ans plus tard, se rendre maître de Constantinople. C'est aussi à cette époque que se placent deux faits indiqués par Bertrandon de La Broquière : la soumission de Vlad, vaivode de Valachie, qui, par un traité, se reconnut vassal de l'empire Ottoman et livra, comme otages, *ces fils des principales familles que notre voyageur vit à la cour du sultan, le jour de la réception de l'ambassadeur du duc de Milan. Le second fait est la prise, par Vlad, du château de Szœreni, défendu par les chevaliers prussiens de l'ordre Teutonique qui s'étaient chargés de la défense des frontières de la Transylvanie et du royaume de Hongrie.*

Tels sont les principaux événements qui s'étaient déroulés depuis l'avénement au trône de Sultan Murad jusqu'à l'arrivée de Bertrandon de La Broquière dans ses États. Je ne retracerai pas ceux qui le forcèrent à reprendre le pouvoir dont il s'était dessaisi en faveur de son fils Sultan Méhemmed. Je dirai seulement que ce prince mourut le 5 février 1451, à Andrinople, d'une attaque d'apoplexie qui le frappa au milieu d'un repas. Les historiens orientaux contemporains le représentent comme sincèrement religieux, animé d'un grand esprit de justice et de charité; ils se plaisent à énumérer ses nombreuses fondations pieuses à Andrinople, à Brousse et dans les autres villes de son empire. Ils ne tarissent point d'éloges au sujet de la protection qu'il accorda aux savants et aux poètes qui furent l'honneur de son règne.

Sultan Murad, disent-ils, était de taille moyenne; il avait le teint blanc, les yeux bleus, les sourcils et la barbe tirant sur le châtain, les dents espacées. Il était très vigoureux et excellent archer. Il eut cinq fils : Sultan Méhemmed, qui lui succéda ; Sultan Ahmed et Sultan Ala Eddin, qui moururent à Amassia, siège de leur gouvernement; Sultan Hassan et Sultan Orkhan, qui moururent à Andrinople et furent enterrés sur les bords de la Toundja.

Je n'ajouterai que peu de mots à ce que nous dit Bertran-

e

don de La Broquière au sujet du despote de Serbie. Georges Brancovitch avait succédé, en 1427, à l'âge de soixante ans, à son oncle Étienne Lazarevitch qui avait vu mourir son fils. Le sultan Murad prétendit avoir des droits à faire valoir sur la succession d'Étienne Lazarevitch, mais d'un autre côté, Sigismond, roi de Hongrie, ne revendiqua pas les droits que le diplôme, accordé à Étienne Lazarevitch, lui conférait sur Belgrade et sur quelques autres villes de Serbie. Ce fut en 1432, que Georges Brancovitch céda à Sigismond les villes et les châteaux de Slankamen, d'O-Besce, de Kulpin, de Vilagos et les villes de Szatmar, Racz, Debreczen et Tur. La cession de Belgrade, où Bertrandon de La Broquière vit arriver les hommes d'armes allemands qui devaient y tenir garnison, provoqua l'invasion de la Serbie par les Turcs. Ishaq bey pénétra jusqu'au cœur du pays, et Sinan bey se rendit maître de Krusevacz, qui reçut le nom turc d'Aladjèh Hissar.

Incapable de prolonger plus longtemps la résistance, Georges Brancovitch sollicita la paix. Elle lui fut accordée à la condition de reconnaître la suzeraineté de la Porte ottomane, de payer un tribut annuel, de fournir un contingent de troupes et de céder quelques-unes de ses villes. Il dut, en outre, accorder au sultan sa fille Mara, née d'un premier mariage avec une sœur de Jean Comnène, empereur de Trébizonde. Saroudjèh pacha, chargé de la procuration de son maître, épousa cette princesse, en son nom, dans la grande église de Krusevacz, convertie en mosquée[1]. Le sultan

1. Mahomet II, à son avènement au trône, traita cette princesse

voulant, à cette occasion, donner une marque de confiance à son beau-père, l'autorisa à construire à Semendria, devenue sa capitale, une forteresse dont les travaux furent exécutés sous la direction de son beau-frère, mari d'Hélène, de la famille des Cantacuzènes.

Les liens qui unissaient Georges Brancovitch à Sultan Murad n'empêchèrent pas la guerre de se rallumer en 1439. Le fils de Georges Brancovitch, qui défendait avec son oncle, Thomas Cantacuzène, la ville de Semendria, dut capituler. Fait prisonnier, il fut envoyé à Andrinople, où se trouvait déjà son frère Étienne, et ces deux princes furent privés de la vue par ordre du sultan Murad.

Georges Brancovitch dut abandonner ses possessions de la rive droite du Danube, et se réfugier à Raguse où il réussit à faire passer ses immenses trésors. La paix, conclue en 1444, lui rendit ses États de Serbie, et il mourut à Semendria en 1457. Son corps fut porté à Krusevacz et inhumé dans la sépulture des princes qui avaient régné sur la Serbie. Georges Brancovitch avait épousé, en premières noces, la sœur de Jean Comnène, empereur de Trébizonde, et, en secondes noces Irène Cantacuzène. Le dernier prince de sa maison mourut, en 1503, sur la terre étrangère. Georges Brancovitch avait, nous dit Æneas Sylvius, un aspect imposant et majestueux et il était doué d'une rare éloquence. Il eût été, ajoute-t-il, un prince accompli, s'il avait été soumis au chef de l'Église catholique.

Rien n'égale l'exactitude et le charme du récit de Ber-

---

avec les plus grands égards et la renvoya, comblée d'honneurs, en Serbie, après lui avoir assigné un douaire considérable.

trandon de La Broquière. Les épisodes de son voyage en Syrie, son séjour à Damas, les risques que lui fait courir l'hospitalité qu'il reçoit d'un marchand génois, l'entrée de la caravane des pèlerins revenant de la Mekke et la connaissance qu'il fait de Khodja Baraq, le chef des pèlerins turcs, présentent le plus vif intérêt. Les notions qu'il nous fournit sur le commerce et l'industrie de la capitale de la Syrie, la rencontre qu'il y fit de Jacques Cœur, ont fixé l'attention de plusieurs écrivains qui ont étudié les relations commerciales de l'Europe avec le Levant pendant le XVe siècle[1].

Les observations de notre voyageur sur les Turkomans, sur le mamelouk du sultan Barsbay qui se constitua son guide et son protecteur, sur les mœurs des Turcs avec lesquels il voyageait, sur leur gravité, leur franchise, leur esprit de discipline, sont de la plus grande exactitude. Il compare leurs qualités avec la mauvaise foi, l'avidité et le fanatisme des Arabes.

Je n'insisterai pas sur l'intérêt que présente la réception des ambassadeurs du roi de Chypre par Ibrahim bey, le grand Caraman, ni sur l'aventure qui lui arriva à Kutahieh, où il se trouva en rapport avec un officier de la maison d'Ala Eddin, fils du sultan Murad, qui avait fait la guerre en France, pendant les premières années du XVe siècle, sous les ordres d'un capitaine nommé Barnabo.

1. J'ai déjà cité l'ouvrage de M. Heyd ; je dois ajouter que M. Célestin Port a transcrit dans son Essai sur l'histoire du commerce maritime de Narbonne, Paris, 1854, p 123, ce que Bertrandon de La Broquière nous rapporte du khan, construit à Damas par le sultan Barqouq, et de la présence de Jacques Cœur, venu pour y acheter des épices et des marchandises de l'Inde.

La description de Constantinople, de quelques-unes de ses églises, celle de ses monuments et de l'Hippodrome méritent aussi une attention particulière. Bertrandon est séduit par les charmes de l'impératrice Marie Comnène, femme de Jean Paléologue, et il saisit toutes les occasions de la voir et d'admirer sa beauté. Il faut aussi noter ce fait que l'empereur, ayant appris son arrivée, le fit questionner sur Jeanne d'Arc. Il est regrettable que Bertrandon, serviteur du duc de Bourgogne, ne nous ait pas fait connaître les réponses qu'il donna à l'officier de l'empereur.¹ On ne doit pas négliger non plus cette information, que le duc de Berry avait envoyé en Abyssinie une mission, composée d'un poursuivant espagnol, d'un Français et d'un Napolitain, dans le but de découvrir les sources du Nil. Le Napolitain, que Bertrandon rencontra à Péra, avait seul survécu à ses compagnons.

Le voyage de Constantinople à Andrinople, le récit de l'audience accordée par Sultan Murad à l'ambassadeur du duc de Milan et les communications que celui-ci fit, de la part de son maître, ont une importance capitale. Il n'est point, à ma connaissance, de relation de voyage, écrite au xv° siècle, qui renferme des pages d'un intérêt aussi vif. Rien n'est à négliger dans le Voyage d'outremer : je dois surtout insister sur le soin avec lequel Bertrandon de La Broquière a étudié l'organisation et les ressources militaires des Turcs dont les succès frappaient alors l'Europe de terreur.

Notre voyageur, revêtu du costume turc fut, à Scutari et à son débarquement à Galata, l'objet des plus grands égards de la part des Grecs, qui voulurent lui faire un mauvais parti quand ils s'aperçurent qu'il était chrétien ; il en fut de même en Hongrie où le palatin Nicolas II de Gara, le supposant turc, le reçut avec une considération particulière qui prit fin quand il eut déclaré sa qualité de chrétien. Il faut signaler aussi la présence, à Pest, d'artistes et d'artisans français engagés probablement par le palatin de Hongrie[1].

L'accueil que reçut à Vienne notre voyageur de la part du duc Albert d'Autriche, qui fut le successeur de Sigismond dans l'Empire et dans les royaumes de Bohême et de Hongrie, nous prouve l'estime dont jouissait Philippe le Bon auprès des souverains des États de l'Europe centrale. Il faut noter aussi ce fait, que Bertrandon de La Broquière fut sur le point de voir, à Walsee, l'exécution d'un gentilhomme condamné comme parjure par le tribunal de la Sainte-Vehme.

Bertrandon de La Broquière parle, à la fin de son voyage, avec une certaine humeur, de Jean Germain, évêque de Chalon et chancelier de la Toison d'or, auquel le duc de Bourgogne avait remis l'Alcoran et la Vie de Mahomet, traduits par le chapelain du consul de Venise à Damas. Jean Germain qui fut envoyé en ambassade auprès de Charles VII, avec le seigneur d'Humières et Nicolas Galli, pour l'inviter à prendre part à une expédition contre les Turcs, était exactement informé de tous les événements qui se produisaient en Orient et l'Apologie de Philippe le Bon qu'il écrivit pour son fils, le comte de Charolais, nous en

---

1. Nous apprenons dans l'Index alphabeticus Codicis diplom. Hungariæ que Charles VI donna, en 1415, à Nicolas de Gara de nouvelles armoiries, et l'année suivante Sigismond ajouta à ces armoiries une nouvelle pièce, en récompense de services rendus en Aragon et à Paris.

fournit la preuve[1]. *Jean Germain s'est servi de l'ouvrage rapporté par Bertrandon de La Broquière pour composer son* Traité contre les musulmans et les infidèles, *dédié au duc de Bourgogne, pour son* Traité de la fausseté de la loi des Sarrazins *et pour ses* Cinq livres de la réfutation de l'Alcoran [2].

M. van Praet a émis l'opinion que Bertrandon de La Broquière aurait fait rédiger sa relation par Jehan Miélot, chanoine de l'église de Saint-Pierre à Lille, et traducteur attitré de la cour de Bourgogne. Il est hors de doute que ces deux personnages ont été unis par les liens de l'amitié; Bertrandon rapporte, dans les premières lignes de son récit, qu'il a rassemblé ses souvenirs, consulté les notes qu'il avait

1. *L'Apologie de Philippe le Bon fut achevée par Jean Germain le 2 novembre 1452*. Ad Kadrelesiorum comitem. Incipit liber de virtutibus sui genitoris Philippi Burgundiæ et Brabanciæ ducis, *manus. français de la Bibliothèque nationale, nº 4580.*

2. *Les ouvrages dus à la plume de Jean Germain sont nombreux : il a composé deux traités sur l'Immaculée Conception,* De conceptione beatæ Mariæ virginis; *un livre contre les mahométans et les infidèles,* Adversus Mahometanos et infideles; *Cinq livres contre l'Alcoran des Turcs,* Adversus Turcarum Alcoranum; *Sur la fausseté de la loi des Sarrazins,* De Saracenorum legis falsitate tractatus; *un autre livre contre les hérésies d'Augustin de Rome; un traité de la purgation des âmes,* De animarum purgatione; *un commentaire sur les quatre livres des* Sentences *de maître Pierre Lombard;* Thesaurus pauperum ad institutionum parrochorum; Iter cœli seu de regimine ecclesiasticorum et laicorum; Sermones et conciones; Orationes duæ latinæ in concilio Constantienci, nomine Philippi Boni ducis habitæ; Spiritualis mappa mundi.

consignées en « ung petit livre » et fait écrire la relation de son voyage, mais rien ne prouve que Jean Miélot ait été chargé de ce travail. Son nom figure seulement comme traducteur du mémoire italien de Jehan Torzelo qui, par ordre de Philippe le Bon, fut placé, avec les observations de Bertrandon, à la suite de son Voyage d'outre-mer.

Je n'ai pas cru devoir reproduire, dans ce volume, les notes qui figurent déjà dans des ouvrages de cette Collection de documents géographiques. Je me suis attaché à donner, sur les localités visitées par notre voyageur, ou sur les personnes auprès desquels il fut admis ou dont il entendit parler, des éclaircissements fournis, pour la plus grande partie, par des écrivains orientaux.

La Bibliothèque nationale possède trois exemplaires du Voyage d'outre-mer. *Le premier, coté sous le n° 9087, a été copié et historié pour Philippe le Bon. Il figure sous le n° 1525 dans les inventaires des livres de la maison de Bourgogne, faits en 1467 et en 1487.*

*Le second exemplaire, coté 5639, a fait également partie de la bibliothèque ducale de Bourgogne. On n'y trouve pas, comme dans les autres manuscrits, le texte de l'*Advis directif *de Frère Brochard l'Allemand. Le troisième manuscrit, coté 5593, est de provenance inconnue : c'est à la fin de ce volume que se trouve consignée la date de la mort de Bertrandon de La Broquière.*

La Bibliothèque de l'Arsenal possède aussi un bon manuscrit, orné de deux dessins assez grossièrement coloriés. La copie en a été achevée le 10 septembre 1460. Il a fait partie de la bibliothèque de La Gruthuyse, dont les armes, qui étaient peintes dans la première lettre majuscule, ont été couvertes d'une couche de couleur bleue. On lit au bas du premier feuillet : « *Au duc d'Arschot, 1584* » et sur le dernier « *au s' de Fœcstel* ».

Les planches, qui figurent dans ce volume, sont la reproduction de quelques-unes des miniatures qui ornent le manuscrit exécuté pour Philippe le Bon. La première représente ce prince sortant de l'abbaye de Pothières, où il avait établi son quartier général pendant le siège de Mussy-l'Évêque. Bertrandon, revêtu du costume turc, ayant sur la tête la huvette qu'on lui fit acheter à Brousse, est descendu du cheval qu'il monta depuis Damas ; le serviteur français qu'il recueillit à Pest en tient la bride, et Bertrandon, un genou en terre, présente à son maître le volume que lui a remis le chapelain des Vénitiens à Damas.

La seconde miniature est tirée de l'Advis directif; elle nous donne une vue de Jérusalem : elle est antérieure de vingt-cinq ans aux gravures que l'on trouve dans les premières éditions du voyage de Breydenbach, et elle nous donne une idée assez exacte des principaux monuments de la ville sainte. On y distingue l'église du Saint-Sépulcre et le clocher qui fut abattu jusqu'à la moitié de sa hauteur, lors de la réparation de la grande coupole en 1722, la Qoubbet es-Sakhra ou mosquée d'Omar, le Mesdjid el-Aqça, l'ancienne basilique de Justinien, le Cénacle et la Tour des Pisans.

La troisième miniature, représentant le siège de Constantinople, et sur laquelle sont figurés l'église de Sainte-Sophie et le palais des Blachernes, ne nous donne qu'une idée fort inexacte de la capitale de l'empire grec. Buondelmonti, a, heureusement pour nous, levé, dans le premier quart du XVe siècle, un plan de Constantinople qui a été placé, par Du Cange, en tête de la Constantinopolis christiana, et reproduit, tout récemment encore, par M. Mordtmann dans sa Topographie de Constantinople, *publiée par les soins de M. de Mély.*

La quatrième planche enfin, tirée du Supplément aux trophées du Brabant, *met sous nos yeux le château de Rupelmonde dont la garde fut, pendant près de vingt ans, confiée à Bertrandon de La Broquière.*

4 Juillet 1892.

VUE DE JÉRUSALEM EN

VUE DE JÉRUSALEM EN 1460

Bibl. nat., ms. franç. 9087, fol. 85 v°

*Cy commence le voyage de Bertrandon de la Broquiere
que il fist en la terre d'oultre mer, l'an mil iiij^c xxxij.*

Pour induyre et attraire les cueurs des nobles hommes qui desirent veoir du monde, par commandement et ordonnance de treshault, trespuissant et mon redoubté seigneur, Phelippe, par la grace de Dieu, duc de Bourgoigne, de Brabant, de Lembourg et de Lothier, conte de Flandres, d'Artois et de Bourgoigne, palatin de Haynauld, de Hollande, de Zeelande et de Namur, marquis du Sainct Empire, seigneur de Salins et de Malines, je, Bertrandon de la Broquiere, natif de la duchié de Guienne, seigneur du Viel-Chastel, conseillier et premier escuyer trenchant de mondict tresredoubté seigneur, ainsi que je puis avoir souvenance et que rudement l'avoye mis en ung petit livret par maniere de memoire, ay faict mectre en escript ce pou de voyaige que j'ay faict;

affin que si aucun roy ou prince crestien voulloit entreprendre la conqueste de Iherusalem et y mener grosse armée par terre, ou aulcun noble homme y voulsist aller ou revenir, qu'il peust sçavoir les villes, cités, regions, contrées, rivyeres, montaignes, passaiges ès pays et les seigneurs qui les dominent, depuis Iherusalem jusques à la duchié de Bourgoigne : et pour ce que le chemin de ce en Iherusalem est si notoire que plusieurs le sçavent, je m'en repasse legierement de le descripre jusques au pays de Surie par lequel j'ay esté tout au long, depuis Gazere, qui est l'entrée d'Egypte, jusques à une journée près de Halep, qui est la derniere ville quant on veult en Perse devers le North.

Pour accomplir doncques mondict voiaige affin de faire le sainct pellerinaige de Iherusalem, je me partis de la court de mon tresredoubté seigneur, lors estant dans sa ville de Gand, le mois de febvrier l'an mil quatre cens trente et deux; et puis que j'eus passé la Picardie, Champaigne et Bourgoigne, j'entray au pays de Savoye où je passay le Rosne, et par le mont du Chat, je arrivay à Chambery. Et quant j'eus passé grant pays de montaignes, je vins au pié de la plus grande et de la plus haulte de toutes que on nomme le mont Senys qui est moult perilleux à passer en temps de grans neiges pour deux raysons, ce dient ceulx du pays. L'une, pour ce que lors, il fault avoir bonnes guydes qu'ilz appellent marrons, pour trouver le chemin qui est couvert, affin qu'on ne se perde; l'autre raison, pour ce que faire voix estonne la montaigne et faict cheoir en bas la neige en grande impetuosité, ce dient lesdictz marrons. Et pour ce, nous deffendirent ilz le haut parler et faire voix. Ceste montaigne depart les pays de France et de Itallie.

Item, je vins de là au pays de Pyemont tresbel et plaisant, lequel de trois pars est enclos de haultes montaignes. Puis, je arrivay à Thurin. Et au plus prez, je passay une grande rivyere que on nomme le Po.

En apprez, je vins à Ast, qui est à Monseigneur le duc d'Orleans, et, de là en Alexandrie où, selon qu'on dist, il y a plus grande partie des usuriers.

Item, de là, je vins à Plaisance, qui est au duc de Millan. Là estoit l'empereur Sigemond qui avoit recheu sa seconde coronne à Millan, et s'en vouloit aller à Romme pour avoir la tierche[1].

Item, de là, je vins à Boloigne la grasse qui est au Pape; et de là passay par un pays de montaignes et entray en la seigneurie des Flourentins. Puis, je arrivay à Flourence, une moult bonne ville qui de soy mesme se gouverne par les communes de la ville qui, de trois mois en trois mois, eslisent aucuns hommes de mestier qu'ilz appellent Prieurs, et leur est faict assez d'honneur tant qu'ilz demeurent audict

---

1. L'empereur Sigismond avait reçu la couronne de fer à Milan, le 25 novembre 1431. Il fut couronné à Rome par le pape Eugène IV, le 31 mai 1433.

office. Et puis, chacun retourne à son mestier, comme l'on le dict.

Item, de là passay par la seigneurie desdictz Flourentins; je allay jusques à ung chastel que l'on nomme Mont Poulchan[1] qui est assis sur une petite montaigne et encloz de trois pars d'un grant lach[2] qui tient assez de pays.

Item, de là je m'en vins à Espolite[3] et à Montflascon[4] : en apprez, à une ville nommée Viterbe où gist le corpz de saincte Roze, et de là je vins en la cité de Romme.

Romme est une ville telle que chascun sçet. On trouve par vrayes escriptures que les Romains ont dominé tout le monde par l'espace de sept cens ans. Aussi le demonstrent bien les edifices qui y sont tant encores ès grans palaiz, arcz triumphans, columpnes, pilliers de marbre, comme ès statues d'hommes et chevaux qui, selon qu'il me sambloit, est une merveilleuse chose à veoir et à penser comment elles avoient eté faictes ne dreciées et plusieurs aultres choses qui seroient trop longues à escripre; et aussi plusieurs les ont veues comme moy.

A Romme a de moult belles reliques en plusieurs eglises, tant de choses à quoy Nostre Seigneur a touchié, que de corpz sainctz d'appostres, de martirs,

---

1. Monte Pulciano.
2. Le lac de Bolsena.
3. Spolète.
4. Monte Fiascone.

de confés et de vierges, soit en la ville ou au plus près. Et, en aucunes desdictes esglises, a plain pardon de peyne et coulpe que les sainctz papes y ont donné à l'honneur desdictz corpz sainctz qui y reposent. Et là vey je le pape Eugene quatriesme[1], natif de Venise, qui avoit esté créé pape l'an dessus dict mil quatre cens trente et deux et estoit accompaignié de plusieurs cardinaulx. Et en celle saison luy avoit faict guerre le prince de Salerne[2] qui fut nepveu du pape Martin qui estoit de ceux de la Coulompne[3] de Romme.

Item, pour faire et accomplir mondict pellerinaige, me partis de Romme le xxve jour de mars, puis m'en vins à une ville qui est au conte d'Avers qui estoit parent au cardinal des Oursins[4]. Et apprez j'entray en la terre du conte d'Urbin[5], et m'en vins à Urbin la cité, et de là en la seigneurie des Malatestes[6].

---

1. Gabriel Condolmieri, de l'ordre des Célestins; il était, avant son exaltation, cardinal du titre de Saint-Clément.

2. Antonio Colonna, prince de Salerne, marquis de Crotone, préfet de Rome, mort en 1471.

3. La maison des Colonna.

4. Giordano dei Orsini, évêque de Sabine, créé cardinal par Innocent VII, en 1405, sous le titre de Saint-Martin au delà des monts, titre qu'il échangea plus tard contre celui de Saint-Laurent in Damaso. Il fut successivement grand pénitencier, légat de Martin V, en France, en Bohême et en Hongrie, et envoyé du Saint-Siège auprès de Sigismond, à son arrivée en Italie. Il mourut doyen du Sacré-Collège, le 28 mai 1449. (Sansovino, *Storia della Casa Orsina*. Venise, 1595.)

5. Guid' Antonio de Montefeltro, comte d'Urbin.

6. Charles, fils de Pandolfe II Malatesta, était prince souverain de Pesaro et de Fossombrone depuis 1429. Il fut chassé de Pesaro, le 18 août 1432, par les habitants révoltés.

Item, je vins à une ville qu'on appelle Remigne[1] qui sciest sur la marine, et de là, à une autre nommée Ravenne[2] qui est aux Venissiens, et puis jusques à la rivyere du Po qui est une moult grosse rivyere laquelle je passay par trois fois sur bateaulx ; et, de là, vins à une ville desdictz Venissiens qui a nom Cioge[3] et est assise sur la mer, et eust jadiz bon havre. Et dict on que les Venissiens le rompirent du temps que les Jennevois tindrent le siege devant Venise[4]. Et de là m'en allay par mer jusques audict Venise où il y a trente et cinq milles.

Venise est une moult bonne ville, tresancienne, belle et marchande, toute environnée de la mer qui passe par ladicte ville en plusieurs lieux dont les aucuns sont ysles ; et ne peut on aller de l'un à l'autre que par bateaulx. En ceste ville a plusieurs corpz sainctz, comme saincte Heleyne qui feist tant de biens en Iherusalem et fut mere de Constantin l'Empereur, et plusieurs autres corpz sainctz que je y ai veu, comme aucuns Innoscens tous entiers qui sont en une ysle que on nomme Reault[5] ; et là faict l'on les verres de Venise, laquelle se gouverne moult

---

1. Rimini était gouverné depuis 1429 par Galeotto Robert Malatesta, fils naturel de Pandolfe III. Il mourut le 10 octobre 1432.

2. Ravenne était gouvernée par la seigneurie de Venise, pendant la minorité du fils d'Obizzo de Polenta, seigneur de Ravenne.

3. Chioggia.

4. En 1379.

5. Il faut lire Murano ; les voyageurs du moyen âge donnent le nom de Reault au Rialto.

saigement, car nul ne peust y estre du conseille ny avoir quelque office s'il n'est gentilhomme et natif de la ville. Il y a ung duc[1]; et quant il meurt, ilz en eslisent un d'entre eulx, celluy qui leur samble estre le plus saige et qui a plus à cueur le bien commun. Il y a tousiours en sa compaignie six notables hommes des plus anciens du conseille.

De Venise, je chevaulchay jusques à Padoue qui est ausdictz Venissiens et est tresbelle ville et grande. Et de là, m'en retournay en ladicte ville de Venise; et puis, pour achever mondict pellerinaige, je me partis de Venise le viij^e jour de may et montay sur une gallée avec plusieurs pellerins, et sur une autre gallée monterent les autres. Ainsi noz deux gallées en compaignie, alasmes à une ville qui est ausdictz Venissiens et s'appelle.......[2], et de là, à une autre nommée Polle[3] qui, à mon samblant, a esté jadis une moult belle ville et bonne, où il y a beau havre. Et de là, nous en alasmes à une ville qu'on nomme

---

1. François Foscari, élu doge en 1423 fut déposé en 1457.
2. Parenzo. Le nom de cette ville est laissé en blanc dans les trois exemplaires du *Voyage de la Broquière* qui se trouvent à la Bibliothèque nationale et à celle de l'Arsenal. Je le donne dans cette note, sur l'autorité de tous les pèlerins des xive et xve siècles qui ont laissé les relations de leur voyage en Terre Sainte. Les galères de Venise, qui se rendaient périodiquement sur la côte de Syrie, ont, pendant près de trois siècles, suivi un itinéraire déterminé et relâché dans les mêmes ports. « Parence est une cité au pays de Hystrie, assez grande province soubs et en la seigneurie de Venise, distante d'icelle l'espace de cent milles italiques, ayant siège épiscopal, et en la grande eglise a moult de nobles et sainctes reliques. » (*Le Grant Voyage de Hierusalem*, traduict par frère Nic. Le Huen. Paris, 1517, f° ix v°.)
3. Pola.

Jarre[1]. Ces trois villes cy sont en Esclavonye. En Jarre est le corpz de sainct Simeon auquel Nostre Seigneur Jhesus Crist fut presenté au temple. Elle est close de trois pars de la mer et a ung moult beau havre qui se ferme d'une forte chaysne de fer. Et de là nous alasmes tousiours par entre les ysles jusques à une ville d'Esclavonye qu'on nomme Sebenich[2] et est ausdictz Venissiens. Et tant exploictasmes par entre les ysles que nous venismes jusques à l'ysle de Corfo où il y a une asssez bonne ville qui a nom Corfo où est ung tresbeau havre et deux beaulx chasteaux, tout aux Venissiens. Et de là venismes jusques au pays de la Mourée à une ville des Venissiens qu'on nomme Moudon[3] qui est bonne et belle, ayant un moult beau havre. Et de là venismes en l'ysle de Candie qui est tresbonne ysle et moult fertile de biens. Et illec il y a un gouverneur de par la seignourie des Venissiens que len nomme duc[4]. Mais sa duchié ne luy dure que trois ans. Les gens de ceste ville sont bonnes gens de mer, et a en ceste ville ung petit havre fermé.

Item, de là, nous alasmes à Rodes l'une desdictes galées et l'autre s'en ala en Cypre. Je descendy

---

1. Zara, en slave Zadar.
2. Sebenico.
3. Modon.
4. Le duc de Candie était, en 1432, Marco Giustiniani, frère du patriarche de Venise et fils de ser Marco Giustiniani. Il gouverna l'île jusqu'en 1435. *Creta sacra, authore Flaminio Cornelio, senatore veneto.* Venetiis, 1755, pars quarta, pp. 376-377.

en Rodes seullement pour veoir la ville : et n'eus pas d'espace d'aller veoir le chastel pour ce que nostre gallée se partit tantost.

Item, de Rodes, nous alasmes en Cipre en une ville destruicte qu'on nomme Baffe[1] où il y a un havre non pas bel ny parfont pour gros navires.

Item, de là, nous venismes en la saincte terre de promission, et arrivasmes en un port qu'on nomme Jaffe[2].

Jaffe est une montaignete où jadiz fut une ville des Crestiens, par samblant moult forte; et est toute destruicte sans y avoir habitation nulle, senon caves où les pelerins se boutent pour les chaleurs du soleil. Là commencent les pardons de la Saincte Terre. Et entre la mer et la ville a deux fontaynes

---

1. Baffo, *Paphus nova*. « Paphe la Neuve est située au rivage de la mer, vis-à-vis d'Auster, loin de la première Paphe vers Orient, trois milles. » *Description de toute l'isle de Chypre*, par le R. P. Est. de Lusignan. Paris, 1580, f° 15 v°. — Les troupes égyptiennes, commandées par l'émir Tangriberdy, détruisirent cette ville en 1425.

2. Jaffa. « Jaffe siet en la coste de Surie sur la mer, à deux cens milles près du port de Thenes par mer et à trente milles de Iherusalem par terre. Et est le plus prouchain port qui soit près de Iherusalem, et fut jadis grant ville fermée, mais à present elle est toute desroquée, et n'y a que trois caves où nul ne demeure, où les pellerins se logent quand ils viennent au Sepulcre. Et est le païs comme plain et plat, mais le assiete de ceste ville qui fut, siet hault sur une montaigne et y feroit on bien lieu fort.

« Item, dessoubs ces trois caves y a ung petit port fait comme par force pour plattes et petites fustes comme gripperies et gallottes et à grant peine y peut une galée entrer... Item, à Jaffe y a deux fontaines sur la rive de la mer, et quiconques cave au sablon sur icelle rive, c'est toute bonne fontaine. Item, il y a gardes tousjours pour nonchier à Rames les marchands et pellerins quant ils y viennent. » *Voyages et ambassades*, dans les œuvres complètes de Ghillebert de Lannoy, éditées par M. Potvin. Louvain, 1878, pp. 139 140.

d'eau doulce dont l'une est couverte de la mer quant il y faict fort temps du vent de ponant.

En Jaffe, viennent les truchemens et autres officiers du Souldan pour sçavoir le nombre des pelerins et les conduyre et pour recevoir le tribut dudict Souldan, c'est assavoir ce qu'il prent des pelerins. Et a illec meschant havre et de peu de fondz, pourquoy il y faict perilleux attendre une fortune pour doubte de ferir en terre.

Item, partismes de Jaffe et alasmes à Rames qui est une bonne ville marchande, sans murailles et assise en beau pays et plantureux de biens[1]. Et de là, nous alasmes en ung villaige où Monseigneur sainct Georges fut martirié[2]. Puis nous retournasmes en ladicte ville de Rames, et de là, alasmes à la saincte

---

1. « De Jaffes à Rames, il y a dix milles de terre et est tresbeau plain païs et y a aucuns bons villaiges alant de l'un à l'autre desquelz aucuns y a puicts d'eaue doulce, mais moult escarcessement y a eaue, car peu y pleut. Et quant il y pleut largement, il y a de beaulz frommens et de beaulx gardins autour de Rames et arbres de tous fruits, selon la secheresse du pays assez largement. Et est l'aoust en ce païs là emmy juillet. Item, est Rames grosse ville non fermée, située en plain païs, edifiée de maisons, de belle, blanche, franche pierre taillée, combles et toutes à terrasse et sont basses communement. Et est cette ville au Soudan. » Ghillebert de Lannoy, *Voyages et ambassades*, p. 141.

Ramlèh fut fondée par le khalife Suleyman, fils d'Abd El-Melik, de la dynastie des Omeyyades, au commencement du VIIIe siècle. Les Croisés la trouvèrent abandonnée par ses habitants (1099). Elle tomba au pouvoir de Saladin, en 1187, après la bataille de Hattin. Les fortifications furent rasées en 1191. Elle fut de nouveau cédée aux chrétiens, qui l'occupèrent jusqu'en l'année 1266 ; elle fut prise alors par le sultan Melik Ed-Dahir Bibars.

2. Loudd, *Lydda*, *Diospolis*. L'église cathédrale, placée sous l'invocation de saint Georges, fut rasée par Saladin, en 1191, à l'approche de Richard d'Angleterre. On en voit encore les ruines aujourd'hui. Loudd fut le premier évêché latin créé en Palestine par les Croisés.

cité de Iherusalem où Nostre Seigneur JhesuCrist souffrit mort et passion pour nous, et y venismes en deux journées dudict Rames. Et quant nous fusmes venus en ladicte cité de Iherusalem et eusmes faict les pellerinaiges accoustumez à faire aux pelerins, nous nous en alasmes à la montaigne où Nostre Seigneur jeusna la quarantaine, et de là au fleuve Jourdain où il fut baptisié; et, en retournant, nous feismes les pellerinaiges accoustumez, c'est assavoir d'une esglise de Sainct Jehan qui est auprez dudict fleuve, en apprez, de Saincte Marie Magdeleyne et de Saincte Marte, là où Nostre Seigneur ressucita le Lazare[1], puis retournasmes en Iherusalem d'où nous partismes de rechief pour aller en Bethleem où Nostre Seigneur nasquit.

Bethleem est une ville où ne demeurent que Sarrazins et aucuns Crestiens de la saincture excepté en l'esglise où Nostre Seigneur nasquit où demeurent aulcuns Cordeliers qui font l'office divin, et sont en grande subjection desdictz Sarrazins.

Item, nous alasmes où sainct Jehan Baptiste nasquit[2]. Et illec a une roche qui s'ouvrist quant le roy Herode faisoit persecuter les Innoscens. Lors saincte Helizabeth y mist sainct Jehan : et adonc se cloyst ladicte roche, mais sainct Jehan y demeura deux jours entiers, comme l'on dict.

1. A Béthanie.
2. Le village d'Aïn-Karim. — Saint-Jehan-du-Bois des anciens pèlerins. — Aujourd'hui Saint-Jean-du-Désert.

Item, de là, nous alasmes à la maison de Zacharie, et puis à Saincte Croix[1], là où creust l'arbre de la croix. Et de là, retournasmes en Iherusalem comme dessus.

Iherusalem a esté une bonne et grande ville et meilleure par samblant qu'elle n'est de present. Elle est assise en fort pays de montaignes, et est en la subjection du Souldan, qui est grant pitié et confusion à tous les Crestiens. Car il n'y a que un peu de Crestiens francz, c'est assavoir Cordeliers. Et n'en demeurent que deux dedans ledict sepulcre où Nostre Seigneur receust mort et passion. Lesdictz Cordeliers sont en grant subjection des Sarrazins. Car je l'ay veu par l'espace de deux mois et pour ce, le puis je dire. Et dedans l'esglise dudict Sainct Sepulcre a aussi bien d'autres manieres de Crestiens comme Abecins qui sont de la terre du prestre Jehan, Jaccobites, Hermenins et Crestiens de la saincture. Et de tous ceulx cy les Francz sont plus subjectz que nulz des autres. Tous ces pellerinaiges cy dessus faictz et accomplis, nous nous appoinctasmes dix pelerins, c'est assavoir Messire Andrieu de Toulonjon[2], Mes-

---

[1]. Le couvent de Moussallebéh, qui appartenait aux Géorgiens. Les Grecs s'en sont emparés en 1812, à la suite de la conquête de la Géorgie par la Russie.

[2]. Andrieu de Toulonjon était le troisième fils de Tristan de Toulonjon, seigneur de Villeneuve et Gennagny, et de Jeanne de Châlon, dame de Montrichard. Il fut retenu premier écuyer du corps et grand maître de l'écurie du Roi, après que Bureau de Dicy en eut été déchargé, le 16 juillet 1418. Le 14 septembre 1419, il fut envoyé avec Jean, seigneur de Toulonjon et Jean de Toraise, seigneur de Torpes, vers le comte de Charolais.

sire Michiel de Ligne[1], Guillaume de Ligne son frere, Messire Sanse de La Laing[2], Pierre de Vauldrey[3],

Le 1er octobre de l'année suivante, il fut destitué de son office et passa au service du duc de Bourgogne, en qualité d'écuyer d'écurie : il fut, par lettres données à Bruges, le 11 décembre 1421, institué capitaine et châtelain du château de Rochefort, au comté de Bourgogne, en remplacement de Henry de Champdivers. Ses fonctions d'écuyer et les missions diplomatiques dont il était souvent chargé par le duc, ne lui permettant point de demeurer à Rochefort, il lui fut accordé, le 30 octobre 1423, d'y faire résider, à ses risques et périls et avec l'approbation du bailli de Dôle, un officier désigné par lui. A son retour du Portugal, où il avait été envoyé par Philippe le Bon, en qualité d'ambassadeur, il reçut la terre de Saint-Aubin, confisquée sur Louis de Chalon, comte d'Auxerre. Il fut créé chevalier de la Toison d'or au chapitre tenu le 2 décembre 1432, en remplacement de Renier Pot, et mourut pendant son voyage de retour de la Terre Sainte.

Il avait épousé Corneille, l'une des filles naturelles de Philippe le Bon, et en secondes noces Jacqueline de la Trémoille. Il mourut sans postérité.

1. Michel de Ligne, baron de Barbançon, pair et maréchal de Haynaut. Il épousa Bonne d'Abbeville, et mourut en 1468.

Guillaume de Ligne, dit le Jeune, son frère, était seigneur de Maulde et maréchal de Haynaut. Il mourut sans postérité.

Ils étaient l'un et l'autre fils de Jean, baron de Ligne, seigneur de Belœil, et de Eustache, dame et héritière de Barbançon.

2. Sanche de La Laing était le second fils d'Othon, seigneur de La Laing et de Montigny, grand bailli de Haynaut, et de Yolande, dame de Barbançon.

3. Pierre de Vauldrey, seigneur de Montjai, échanson et conseiller du duc de Bourgogne, avait été envoyé, en Portugal, avec Andrieu de Toulonjon, pour y négocier le mariage du duc avec Isabelle, fille du roi Jean Ier. Par ses lettres, données à Gand le 22 janvier 1429, Philippe le Bon reconnut ce service et lui accorda une gratification considérable. Il fut créé, le 15 décembre 1432, gruyer au comté de Bourgogne. En 1437, il assista au contrat de mariage, passé à Hesdin, entre Jean de Neufchastel, écuyer, seigneur de Montagu, et demoiselle Marguerite de Castro, qu'Isabelle de Bourgogne appelle sa cousine. Il épousa lui-même, l'année suivante, une fille du duc Sforza, et il reçut, à l'occasion de son mariage, 1,500 écus d'or du duc Philippe. Il fut envoyé, le 10 février 1440, à Langres, vers le Roy, « *pour plusieurs graves affaires touchant Monseigneur le Duc, ses païs et subjectz et pour savoir si le Roy avoit l'intention de mettre en sa main la place de Champlite.* »

Joffroy de Thoisy[1], Humbert Buffart[2], Jehan de la Roe[3], Symmonet...[4] et moy pour faire le pellerinaige de Saincte Katherine au mont Sinay, ainsi qu'il est accoustumé et traictasmes avec Nanchardin[5] lors grant truchement de Iherusalem.

1. Joffroy de Thoisy, seigneur de Mimeures, était écuyer et panetier du duc de Bourgogne. En 1441 et 1442, il prit le commandement à l'Écluse de la *navire et armée* que le duc de Bourgogne envoyait à Rhodes et dans les mers du Levant, *en ayde de la saincte chrestienté*. Nous retrouvons son nom parmi ceux des seigneurs de la cour de Bourgogne, qui, en 1454, firent le vœu du voyage de Terre sainte. Le 14 août 1456, il donna quittance de ses gages et des dédommagements qui lui avaient été accordés pour les frais de son voyage à Rome, devers le pape, et devers le roi d'Aragon, au royaume de Sicile, pour affaires secrètes du duc. Dans une pièce du 3 décembre 1468, il est qualifié de chevalier, seigneur de Mimeures, de La Mothe et de Chasoy, conseiller et chambellan de monseigneur le duc de Bourgogne et son bailli d'Auxois.

2. Humbert de Buffart, écuyer, appartenait à une famille de Franche-Comté. Il fut envoyé le 11 janvier 1432, avec Joffroy de Thoisy, vers le duc de Bourgogne, alors en son pays de Flandre et de Brabant, pour lui présenter certaines lettres closes, mémoires et instructions touchant les pays de Bourgogne. On le voit figurer en 1457 aux États tenus à Gray pour ouïr la réponse faite par le duc Philippe aux propositions que les mêmes États assemblés à Dôle, au mois de novembre de l'année précédente, lui avaient soumises au sujet du saint voyage, c'est-à-dire la rescousse de Constantinople.

3. Jean de la Roë, écuyer, seigneur de la Roë en la sénéchaussée de Boulogne, bailliage d'Amiens. Il avait accompagné en 1421 Ghillebert de Lannoy en Prusse, en Pologne, en Moscovie, en Crimée et à Constantinople, et avait fait avec lui le pèlerinage de Sainte-Catherine, au mont Sinaï. Il avait ensuite visité les églises et les couvents d'Égypte et avait terminé son voyage par la Palestine et la Syrie. (*Voyages et ambassades de Guillebert de Lannoy, 1399-1450*, publiés par M. C.-P. Serrure. Mons, 1841.)

4. Le nom de famille est laissé en blanc dans les trois manuscrits de la Bibliothèque nationale et dans celui de la Bibliothèque de l'Arsenal.

5. Nanchardin est la corruption du nom de Nasr Eddin ou Nassir Eddin.

Pero Tafur, qui l'appelle plus exactement Naçardin, nous apprend que ce personnage exerçait en 1428, les fonctions de truchement. Il fut attaché

Et pour advertir comment il se fault appoincter, on traicte avec ledict truchement tant pour le droict du Souldan que pour le sien à payer chascun par teste. Et ce faict, il envoye devers le truchement de Gazere auquel il mande qu'il appoincte les Arabes du desert qui ont puissance de conduyre les pelerins à Saincte Katherine, car lesdictz Arabes ne sont pas tousjours bien obeyssans audict Souldan. Il faut prendre leurs camelz et en paye l'on dix ducas pour le louaige de chascun[1]. Et quand ledict Nanchardin fut asseuré desdictz Arabes, il nous feist venir devant la chappelle qui est à l'entrée de l'esglise du Sainct

---

en cette qualité à la personne d'Éric, fils de Wradislas, duc de Poméranie, lorsqu'il fit le pèlerinage de Jérusalem. Nasr Eddin accompagna Pero Tafur et ses compagnons de Jérusalem à Jaffa. *Andanças e viajes de Pero Tafur por diversas partes del mundo avidas* (1435-1439). Madrid, 1874, p. 65.

1. « Et premier, diray la despence ordinaire et necessaire par chascune personne. Fault louer un chameau qui portera sa personne, s'il veult, les deux oyrres, l'une à mettre le vin et l'autre l'yaue, le biscuit pour sa provision avec un petit bagaige de ses mesmes choses et lui coustera vij ducas de Venise.

« Item, fault pour personne xxv mesures de vin qui cousteront v ducas de Venise.

« Item, galines en caiges, chair sallée, sucre en pain, sucre rosat, sucre candy, jullep de limons, jullep rosat, chandeilles de cire et aucunes aultres choses necessaires pour raffreschir, et pour ce, fault pour personne v ducas de Venise.

« Item, pour le louage de deux oyrres à porter le vin et l'yeaue deux ducas.

« Item, fautz paier pour le logis et pour l'ayaue, chascune personne ung ducas.

« Item, pour le louaige du pavillon, pour chascune personne ung ducas.

« Item, oultre les viij, ix ou x ducas que le trussement prend pour chascune personne, luy fault donner pour chascun jour pour sa bouche,

Sepulcre, à la main senestre[1]; et là, demanda à chascun de nous son propre nom et son surnom et son eaige et les feist tous mettre en escript, ensemble les philozommies et aucuns seignes de blesseures ou autrement s'il estoit au visaige, et la haulteur et la fachon de nous tous : et de toutes ces choses, il envoye le double au grand truchement du Caire. Tout cecy se faict pour la seureté des pelerins que lesdictz Arabes n'en retiegnent nulz, ou, comme je pense, affin que l'on ne feist aucun change pour doubte de perdre le tribut.

Et quant toutes noz choses furent prestes et que nous fusmes fourniz de vin qu'il faut prendre en Iherusalem, ledict Nanchardin nous bailha un truchement nommé Sadalia[2], et des asnes et muletz pour nous porter ensemble noz vivres, excepté le bescuyt que nous prinsmes à Gazerre. Ce faict, nous

deux gros, pour le louaige de son cheval, deux gros; et pour sa personne aultres deux gros de Venise, qui font en tout six gros ... vj gros.

« Item, quand on est à Saincte Katerine, fault au truchement donner sa courtoisie que monte par teste ij ducas.

« Item, fault aussy donner sa courtoisie aux asniers et chameliers, par teste ij ducas.

« Item, fault à Gazara louer une guide pour les Arabes du pays qui les fait retraire; car aultrement ilz viennent sy ennuyeusement truandant et robant s'ilz peuvent, dont, par ennuy, leur fault jetter une pièce de pain à chienz qu'ils manguent et tantost s'en vont; laquelle guide qui guide et monstre les chemins par tout coustera par teste ung ducas. » (*Voyaiges de Ierusalem et de Saincte Katerine*, de Claude Mirebel, de Besançon, ms. du xve siècle, à la Bibliothèque de Lille. — *Catalogue descriptif des mss. de la Bibliothèque de Lille*, par M. le Glay, pp. 108-109.)

1. La chapelle de Saint-Jean.
2. Saad-Allah. Ce nom répond à celui de Félix.

partismes de Iherusalem et alasmes assez prez d'illec en ung villaige nommé.....[1] et fut jadiz meilleur qu'il n'est à present. Et y demeurent des Crestiens de la saincture qui y labourent les vignes. Et de là, nous alasmes à une ville nommée Sainct Abraham et est au val d'Ebron[2] où Nostre Seigneur forma

1. Le nom de ce village a été laissé en blanc. C'est celui de Beit-Djala, situé près de Bethléem, et à une courte distance de Jérusalem sur la route d'Hébron et de Gazza. Les habitants de ce village sont chrétiens et appartiennent au rite grec. Ils se livrent, encore aujourd'hui, à la culture de la vigne et de l'olivier.

2. « Du chesne de Mambré, à demye lieue à dextre est Hébron, ceste ancienne cité appelée jadis Catharbe (Qariet-Arbaa) ville puissante et magnifique, en laquelle regna David VII ans et est située en une montaigne ferme et bien haulte, mais ad present, elle est toute destruite et sont ses ruynes moult grandes, jà soit ce qu'elle semble avoir esté glorieuse en son temps. De ceste cité presques autant que peut tirer ung arc loing, contre le midi, en declinant ung pou vers orient est la noeufve Hebron edifiée, en ce lieu où il y avoit doubles tumbes, c'est assavoir celles où sont ensevelis Adam et Eve, Abraham et Sara, Ysaac et Rebequa, Jacob et Lye. Les Sarazins ont edifié une moult ferme tour en la double caverne qui estoit en l'eglise cathedrale et ne veys jamais en lieu plain nul lieu si ferme. Je visetay le sepulcre des patriarches, et y demouray toute une nuit, mais les Sarasins ont fait une musquée de l'eglise cathedrale, et sont plus d'honneur à ce lieu cy que à la Mecque où Machomet est ensevely. » F. Brochard, *Description de la Terre Sainte*, ms. fr. de la Bibliothèque de l'Arsenal, 4798, f° 133 v°.

Hébron, Saint-Abraham des historiens des Croisades, est appelé par les Arabes *Elkhalil*. Cette ville fut érigée en évêché en 1167, sous la domination des rois latins de Jérusalem. Elle fut reprise par les musulmans en 1187, et l'église de Saint-Abraham fut convertie en mosquée. Suivant le témoignage de Aly El Hèrèvy, voyageur arabe qui visita Jérusalem en 1173, un éboulement, survenu en 513 (1119), ouvrit un passage dans la caverne où sont déposés les corps d'Abraham et de Sara, d'Isaac et de Jacob. Les Francs y pénétrèrent après en avoir obtenu la permission du roi Baudouin. On trouva les corps des patriarches appuyés contre la muraille; des lampes étaient suspendues au-dessus de leurs têtes. Les linceuls dont ils étaient enveloppés étaient tombés en poussière. Le roi Baudouin les fit

premierement Adam nostre premier pere¹. Et là
mesmes sont enterrez ensamble Abraham, Izaac et
Jacob et leurs femmes aussi, tout dedans une musquée de Sarrazins. Nous fusmes jusques à la porte,
car nous y eussions voluntiers entré et lors nous
dirent noz truchemens qu'ilz ne nous ozeroyent
mettre dedans que de nuyt, pour les perils, car nul
Crestien n'ose entrer dedans lesdictes musquées sur
peyne de mort ou de renoyer la foy catholicque, et
pour ceste cause, nous n'y entrasmes point.

Et de là, nous alasmes par une grant vallée² amprez la montaigne où sainct Jehan Baptiste feist sa

revêtir de linceuls neufs et fit murer l'ouverture qui avait donné accès dans la grotte. Aly El Hèrèvy tenait ce récit de la bouche des cheikhs d'Hébron. Yaqout, *Moudjem el-Bouldan*, tome III, art. *Khalîl*.

M. Quatremère a donné à la fin de la 2ᵉ partie du Iᵉʳ vol. de la traduction de l'*Histoire des Sultans mameluks*, par Makrizi, une notice qui renferme sur Hébron les détails les plus curieux fournis par les historiens orientaux et occidentaux. (V. *Hist. des Sultans mameluks*, tome I, 2ᵉ part., pp. 238 et suivantes.)

Les chrétiens et les israélites purent, jusqu'à la seconde moitié du XIIIᵉ siècle, faire leurs dévotions dans le sanctuaire d'Hébron. En 1266, le sultan Bibars, à son passage à Hébron, leur interdit l'entrée de la mosquée et cette défense subsiste encore de nos jours.

1. « De la double caverne vers Occident autant que peult tirer ung arc, est le champ Damascene où fut fourmé Adam. A la verité, ce champ cy a rouge terre qui se ploye comme fait cire ou terre de potier, dont j'en ay apporté une grande quantité, comme font les pelerins et aultres gens visitans ces lieux là. Les Sarrazins mesmes portent de ceste terre en Egipte sur les cameaux et en Ethiope et aux Indes et aux aultres lieux pour la vendre et changier à bonnes espices... On dist que quiconques porte de ceste terre avecques luy, nulle beste ne luy fait grief, ne il n'est point confondu. Et aussi elle preserve ung homme sain et alegre de toute male adventure. » F. Brochard, *Description de la Terre Sainte*, ms. franç. de la Bibliothèque de l'Arsenal, 4798, f° 134 r°.

2. Ouady Nounkour.

penitence, comme on dict, et alasmes logier en ung pays desert en une maison qu'ilz appellent Kan[1]. C'est une habitacion faicte par charité pour logier les passans en l'ombre, en celles marches. Et de là venismes à Gazere[2] qui est une bonne ville sans fer-

[1]. Le khan de Soukkarièh. Ce khan est désigné sous le nom de *Zucharia* dans l'*Evagatorium* de Félix Faber. « In occasu solis venimus ad quandam villam, quæ dicitur Zucharia et in diversorium, quod ante villam est, declinavimus... Erat autem diversorium spatiosum cum pluribus stabulis et habitaculis et munitum et muratum quasi castrum, nec unum hominem in eo reperimus. » Fratris Felicis Fabri *Evagatorium in Terræ Sanctæ, Arabiæ et Ægypti peregrinationem* edidit C.-D. Hassler, Stuttgardt, 1843, tome II, p. 358.

[2]. La ville de Gazza est située sur une colline peu élevée. Elle tomba en 634, au pouvoir de l'armée du khalife Aboubekr et elle fut totalement ruinée en 796, pendant les guerres des tribus arabes. Les Croisés la trouvèrent déserte. « Gaza, dit Guillaume de Tyr, urbs antiquissima, ab Ascalona decem distans milliaribus, diruta et habitatoribus carens. »

En 1152, un château fort fut bâti sur la colline et la défense en fut confiée aux Templiers. La ville fut saccagée en 1170 par les soldats de Saladin qui ne purent s'emparer du château. Mais elle tomba au pouvoir de ce prince après la bataille de Hattin (1187). Richard Cœur de Lion l'occupa pendant quelque temps ; puis elle retomba au pouvoir des musulmans. Les Francs subirent deux défaites sous ses murs en 1239 et en 1244.

« La cité de Gazeram est deux fois plus grande en longueur et en largeur que Hierusalem, mais n'est pas pareille en edifices, et est près de la mer une petite lieue françoise qui estoit jadis la cité principale et métropolitaine des Philistins apelée adonc Gaza. » (*Le voyage et pelerinage d'oultre mer au Sainct Sepulchre de la cité saincte de Hierusalem et de madame Saincte Katherine au mont de Synay, composé en latin par maistre Bernard de Breydenbach... et translaté de latin en françois par devot religieux frere Jehan de Hersin, docteur en theologie, humble prieur des frères hermites de Saint Augustin de la noble cité de Lyon.*) Lyon, 1489, in-f°, f° 130 v°.

Les pèlerins des xiv°, xv° et xvi° siècles qui firent le voyage du mont Sinaï se plaignent unanimement des mauvais traitements et des avanies qu'ils eurent à subir de la part des gouverneurs et de la population de Gazza. L'histoire nous a conservé le nom de deux religieux franciscains martyrisés à Gazza dans la dernière moitié du xiv° siècle. En 1364, Guillaume de Castellamare fut scié en deux et son corps fut brûlé. Quatre ans plus tard, Jean de Naples fut écartelé par ordre du gouverneur.

meure nulle et en beau pays tout autour, assise prez de la mer à l'entrée du desert. Et veut on dire que ceste ville fut jadiz à Sanson le Fort. Là veismes son palais et celluy qu'il abatty dont on y veoit encore les pilliers. Je ne sçay si ce sont ceulx là.

En cette ville de Gazere sont traictiez souvent les pelerins durement et mal et nous eust esté faict tort si ne fust le seigneur qui nous feist bonne chiere disant qu'il nous voulloit faire toute raison. Nous alasmes luy faire la reverence, et depuis fusmes vers luy par trois fois : la premiere fut pour ce que nous portions nos espées, et les autresfoyz, pour certaines questions que nous eusmes avec certains moucres qui sont Sarrazins, qui tiennent asnes pour louer, et ne voulloient point que nous en achatissions, ains nous voulloient contraindre à les louer. Et ne couste ung asne que deux ducas d'achet; mais ilz nous voulloient contraindre à les louer chinq ducas pour aller à Saincte Katherine. Et fut faict le procez devant ledict seigneur, en la presence duquel je demanday qu'ils m'aprinsent comment on devoit chevaulchier ung asne et ung camel ensamble. Nous voullions acheter des asnes, pour ce que camelz sont bestes qui font grant peyne à ceulx qui ne les ont point accoutumez à chevauchier, car ilz ont trop grant branle. Ces choses oyes, le seigneur qui estoit Chercais[1] et de

---

[1]. Le gouverneur de Gazza en 1432 était l'émir Seïf Eddin Inal surnommé El Adjroud (le chauve). Il était circassien d'origine et avait été l'esclave du sultan Barqouq, puis celui de son fils Faradj qui l'affranchit. Il fut

l'eage de soixante ans, nous feist toute raison, et ne nous contraindy pas à en prendre que à nostre bonne voulenté. Mais quant nous deusmes partir pour faire nostre voyaige, toute notre bonne despense et provision faicte de ce qui nous estoit necessaire, le jour devant, de nous dix, les III demourerent malades en ladicte ville de Gazere et de là retournerent en Iherusalem. Et moy, je partis en compaignie des autres six, et nous en alasmes logier en ung villaige nommé.....[1] qui est droit à l'entrée du desert. Et n'y en a plus jusques à Saincte Katherine, comme on dist. Et de ce villaige se retourna Messire Sanse de La Laing. Puis, en la compaignie desdicts Messire Andrieu de Toulonjon, Pierre de Vauldrey, Joffroy et Jehan de la Roë, je m'en allay avecques eulx deux journées dedans le desert. Et là me print une chaulde malladie si forte qu'il me faillit de mourir. Et ne vey chose en chevaulchant par celluy desert qui face à raconter, fors

remplacé à la fin de l'année 1433, dans le gouvernement de Gazza, par l'émir Djany bek El Hamzaouy, et appelé en Mésopotamie au près du sultan Boursbay qui, après la prise d'Amid, le nomma gouverneur de Roha (Édesse). Cf. Maqrizy, *Histoire d'Égypte*, mss. de la Bibliothèque nationale, fonds arabe, n° 673, f° 406 v°, et Aboul Mehassin, *Manhal Essafy*, mss. ar. 748, f° 49.

1. Le nom est resté en blanc dans tous les manuscrits. Il s'agit du village de Khoulassèh, l'ancien *Elusa*, depuis longtemps abandonné. Un oncle de l'Arioste, F. Alessandro Ariosto, qui fit en 1475, le voyage de la Palestine et du mont Sinaï, le désigne sous e nom de Chaalza. « Tantum quoque itineris profiscicentes casale Chaalza invenimus. Post hoc, satissimam campi heremive planiciem illico ingredimur ut neque domum uspiam, ne que arborem ullam prospectes, sed undique cœlum et undique terram. » *Viaggio nella Siria, nella Palestina, nell' Egitto fatto dal 1475 al 1478 dal Frate Alessandro Ariosto bubblicato dal professore Ferraro*, Ferrara, 1878, p. 47.

que par le matin, à l'aube du jour et soleil levant, je fus le premier qui veys courir une beste à quatre piedz qui pouvoit avoir une grosse poignée au plus de hault et pouvoit bien estre de trois piedz de long. Incontinent que les Arabes qui nous conduysoient la veirent, ilz s'en fuyrent et fuist ceste beste bientost. Et se mist à ung petit houppelet de brousces et failloit tousjours que la teste ou la queue fust dehors. Et descendirent lesdictz Messire Andrieu et Pierre de Vauldrey à tout leurs espées; et tantost qu'ilz aprochierent, celle beste commancha à crier comme ung chat quant ung chien lui veut courre sus. Et adonc, ledict Pierre de Vauldrey la frapa de la pointe de son espée sur le dos et ne peust luy faire nul dommaige, car elle estoit couverte de grosses escailles comme un esturgion. Adonc, la beste vint devers ledict Messire Andrieu et il luy frappa de son espée par le col dont il luy couppa le quart ou le tiers : et tourna les quatre piedz dessus et là fut tuée. Et avoit assez longue queue en la fachon de ces gros verdereaulx, et avoit les piedz comme les mains d'un petit enfant et la teste comme un grant lievre. Et disoient nos Arabes et nostre truchement que c'estoit une tresperilleuse beste[1].

Les quatre cy dessus nommez dollans et desplaisans de madicte malladie me laisserent en la

---

[1]. L'animal décrit par Bertrandon est le lézard appelé *Ouaran el-ard* par les Arabes et *Varanus scincus* ou *Tupinambis arenarius* par Merrem et Bory de Saint-Vincent. On le trouve dans les déserts de l'Égypte, du sud de la

compaignie de l'un de noz Arabes pour me ramener audict Gazere, si faire le pouvoit; lequel Arabe me feist tresbonne compaignie que ilz n'ont point accoustumé de faire aux Crestiens et me ramena logier une nuyt en ung de leurs logis qui estoient ensamblez en fachon d'une rue. Et y en pouvoit bien avoir quatre vingtz ou plus. Et pour advertir comment ilz sont faicts, ce sont deux perches fourchues aux deux boutz, plantées en terre, et sur ces deux fourches y a une perche qui va de l'une à l'autre, et sur celle perche est jectée une couverture de grosse layne ou de gros poil. Et là reposay environ six heures; et voyans ma forte malladie, vinrent quatre ou cinq de la congnoissance de celluy qui me conduysoit et me feisrent descendre de mon asne et me feisrent couchier sur ung matras que je portoys et me medecynerent à leur guyse, et me pestrirent et me pincherent tant de leurs mains que, de force de travail, je m'endormys. Et ne m'osterent riens, ne me feisrent nul desplaisir qu'ilz eussent peu faire s'ilz eussent voulu, car j'avois deux camelz chargiez de vin et de viandes et si avoys bien deux cens ducas. Et de là me partys le lendemain devant le jour pour aler à Gazere. Et illec je trouvay que les autres cinq cy dessus dictz s'estoient partis dudict

---

Syrie et de l'Irak. C'est, après le crocodile, le plus grand des sauriens. Sa taille est élancée; sa tête a la forme d'une pyramide quadrangulaire. Il a le cou allongé et arrondi, la queue très développée et triangulaire. Il a le dos couvert d'écailles d'un brun assez clair avec quelques taches d'un jaune verdâtre pâle.

Gazere et le truchement avec eulx pour aler en Iherusalem. Et ne trouvay que un Juif Cecilian[1] à qui je sçeusse parler lequel me feist venir ung Samaritain moult ancien qui me osta hors de la grant challeur où je estoys; et le segond jour que je me sentys mieulz, je me partys en la compaignie d'ung More qui me mena le chemin de la marine et passay au plus près d'Esclavonne[2] qui est sur la mer puis alay à ung beau chastel nommé.....[3].

Tout le pays qui est entre Gazere et Rames est moult bel et plaisant et fertile. Et d'illec, je m'en retournay audict Rames, puis m'en party pour aller en Iherusalem; et trouvay en mon chemin l'admiral de Iherusalem[4] qui venoit d'un pellerinaige; et avoit en sa compaignie envyron cinquante chevaulz et bien cent camelz sur lesquelz n'y avoit presque

---

1. Sicilien.

2. Ascalon, nommée par les Arabes *Askalan*. Ses fortifications furent une première fois détruites par Saladin, en 1191. Elles furent relevées et rasées une dernière fois, en 1270, par Melik Eddahir Bibars, à la nouvelle du départ de saint Louis d'Aigues-Mortes. Les débris des murailles et des tours servirent à combler le port pour ôter aux Croisés la possibilité d'un débarquement.

3. Le nom de ce château est resté en blanc dans tous les manuscrits Il s'agit, sans aucun doute, dans ce passage, du château de Beit Djibrin, l'ancienne *Yebna*, le château Ibelin des historiens des Croisades. Il s'élève sur une petite éminence à l'ouest du Ouad Roubin (rivière et val de Ruben) entre Ascalon et Ramlèh, à une heure de distance de la mer. Il fut construit en 1134, par le roi Foulques, sur les ruines d'une ancienne forteresse romaine, et il tomba au pouvoir de Saladin après la bataille de Hattin. Il fut repris par les Latins auxquels le sultan Bibars l'enleva en 1264.

4. Le gouverneur de Jérusalem était l'émir Orkmas El Djoulbany qui administrait la Palestine depuis l'année 1429. Il fut relevé de ses fonctions et mourut à Jérusalem en 1434. Moudjir Eddin, *Histoire de Jérusalem et d'Hébron*, éd. du Caire, 1283 (1866), t. II, p. 610.

que femmes et petis enfans qui venoient dudict pellerinaige¹. Je fus celle nuyt en leur compaignie et vins lendemain en Iherusalem. Et là demeuray pour cause de ma maladie jusques au xixe jour d'aoust en l'esglise du Mont de Syon, où demeurent les freres Cordeliers. Et illec retrouvay mes cinq compaignons cy dessus nommez. Et moy estant au lict de ma maladie, que je commençay à revenir à santé, me souvins que j'avois oy dire à aucuns que ce seroyt chose impossible à ung Crestien de revenir par terre jusques au reaulme de France. Et à mon entendement, lequel je ne dis point qu'il soit sçeur, il me samble que à ung homme assez bien complectionné pour endurer peyne et de moyenne force, mais qu'il ait argent et santé, que toutes choses luy sont possibles de faire; et prie Dieu que ce ne me soit tourné à oultrecuydance. Adonc me delibe-

---

1. Il y a dans la province de Ramlèh deux pèlerinages qui attirent un concours de monde considérable et donnent lieu à des foires importantes. Le premier est celui du prophète Roubil (Ruben), fils de Jacob, dont on montre le tombeau sur une éminence entre Yebna et Ramlèh. L'autre est celui d'Aly ibn Abeil dont le sanctuaire s'élève sur le bord de la mer à une courte distance au nord de Jaffa.

« Le tombeau d'Aboul Hassan Aly ibn Abeil, dit Moudjir Eddin, se trouve sur le bord de la mer non loin d'Arsouf; il est également l'objet de la vénération des chrétiens qui le saluent lorsqu'ils l'aperçoivent du haut de leurs navires, en se découvrant la tête et en s'inclinant. Ce pèlerinage a lieu pendant l'été; on s'y rend des parties les plus éloignées de la Syrie et on y dépense des sommes considérables. » Aly ibn Abeil mourut en 1077.

Après la prise de Jaffa et d'Arsouf en 1265, le sultan Bibars, fit une visite pieuse à ce tombeau, y distribua d'abondantes aumônes et assigna pour son entretien des revenus particulier.

Moudjir Eddin, *Histoire de Jérusalem et d'Hébron*, tome II, pp. 416-419.

ray à l'aide de Nostre Seigneur et de sa glorieuse Mere, qui oncques ne faillit à nul qui de bon cueur la requeist, de faire ledict chemin par terre depuis Iherusalem jusques au reaulme de France ou de y demeurer; et, de ma volunté, ne parlay à creature nulle jusques à Baruth que je le dis à Messire Andrieu de Toulonjon auquel paravant je feis promettre qu'il ne me descouvriroit point d'une chose que je avois en volunté de faire. Et, adonc, je parlay à Nanchardin, lors grant truchement par le Souldan en Iherusalem, et me debvoit baillir ung truchement pour faire le voyaige et pelerinaige de Nazaret et du mont Tabor. Et quant il pleust à Nostre Seigneur que je fus prest pour faire mondict pellerinaige, ledict truchement me faillit de convenant. Et me dist qu'il ne trouveroit nulz qui osast faire ledict pellerinaige pour la guerre que estoit entre les gens d'aucunes villes qui sont sur le chemin et qu'il n'avoit pas longtemps qu'ilz avoient murtry un Venissien et son truchement. Et aussi le gardien de Mont Syon[1] ne voult consentir que je feisse ledict pellerinaige, ains me destourna. Et apprez toutes ces besoignes, nous nous appoinctames ledict Messire Sanse de Lalaing, Humbert et moy affin de venir à Rames; et nous convoyerent ledict gardien de Hierusalem et ung frere cordelier du couvent de

---

1. Le gardien du couvent du Mont-de-Sion en 1433 était frère Giovanni de Beloro qui résida à Jérusalem de 1421 à 1434. Guarmani, *Gl' Italiani in Terra Santa*. Bologne, 1872, p. 416.

Beaulne nommé frere Symon et ung truchement jusques Jaffe, et de là s'en retournerent devers Michel de Ligne qui estoit demouré malade audict Mont de Syon et Guillaume son frere et ung leur serviteur demoura avec luy pour l'accompaigner. Et avant mondict partement, je allay le jour de la my aoust au sepulcre Nostre Dame avec ledict frere Simon oyr le servyce des Cordeliers et de ceulx qui se disent Chretiens qu'ilz y font, desquelz il y en a de bien estranges, selon nostre maniere. Et là me recommanday à elle de bon cueur. Puis que nous fusmes à Jaffe, nous montasmes à une barque de Mores qui nous menerent le chemin de Baruth de terre jusques à Acre et passasmes devant aucunes places[1] que jadis ont esté aux Chrestiens. Et quant nous fusmes en Acre pour faire nostredict pelerinaige de Nazaret que nous avions entreprins, nous y trouvasmes aucuns merchans venissiens qui encores nous destournerent.

Ladicte ville d'Acre a esté jadis une moult grande ville et bonne par semblant. Mais, pour le present, n'y a environ que trois cens maisons qui sont à ung

---

1. Les anciennes villes fortifiées situées sur la côte entre Jaffa et Saint-Jean d'Acre et occupées par les Latins pendant la période de leur domination en Syrie sont : Arsouf, l'ancienne *Apollonia*, Césarée, *Turris Stratonis*, *Cæsarea Palestinæ*, Qaïsserièh des auteurs orientaux; „Dora aujourd'hui Tantoura et Atlit, l'ancienne Medgel, le *Castellum peregrinorum*, le château pèlerin des historiens des Croisades.

Arsouf fut prise en 1265 par le sultan Bibars qui força les habitants à en démolir les fortifications et les édifices. Césarée fut complètement rasée en 1291 par le sultan Melik El Achraf Khalil.

bout de la ville assez longuet de la marine. Il y a un beau havre et parfont qui est bien fermé[1]. Puis, nous passasmes devant Sur qui est une ville fermée et a ung beau havre[2] et de là passasmes devant

1. La ville de Saint-Jean d'Acre était complètement ruinée au xve siècle. « Et fut jadis moult belle cité, de grans et notables edifices, esglises et pallais moult grans, de belle franche pierre tailliée et moult richement edifiée, mais à présent elle est toute desrochée jus et toute deshabitée, les murs et les tours renversez et minez et les fossez en pluisieurs lieux remplis des edifices qui sont abatus dedens, mais encores y sont les fondacions de pluisieurs belles tours et des murs de la ville en aucuns lieux, et y a grant foison de tresbelles caves en terre et entieres, qui ne sont point gastées. Et y a encores grant foison des grans pans des murs, drois tant des pallais comme des esglises, et qui voit ceste ville de loing, ce semble estre merveilles de beauté... Item, en ceste ville n'y a homme demourant, fors deux ou trois gardes sarrasins pour sçavoir quant il y arrive navire ; mais à deux milles près de là, il y a ung villaige bien habité nommé Acre la nœufve, où lesdictes gardes anoncbent ledit navire. Item, en Acre la vielle il y a, joignant ledit port, pluisieurs maisons et celiers fermez où les marchans veniciens mettent leur cotton, et en Acre la mendre, y a tousjours ung Venicien facteur des autres pour leur dit cotton. » *Voyages et ambassades de Ghillebert de Lannoy* (1421-1423), pp. 145-146.

Le roi Baudoin s'empara de Saint-Jean d'Acre au printemps de l'année 1104, après un siège de vingt jours. Cette ville se rendit à l'approche de Saladin, deux jours après la bataille de Hattin. Elle retomba au pouvoir des chrétiens le 12 juillet 1191, après l'arrivée sous ses murs de Philippe-Auguste et de Richard d'Angleterre. Le 5 avril 1291, elle fut prise d'assaut par le sultan Melik El Achraf Mohammed fils de Qelaoun.

2. « Et est à sçavoir qu'il y a devant la ville, en la mer, quatre ou cincq grosses roches et longues dont les aucunes apperent ung peu hors de l'eaue et les autres non, lesquelles roches font le port de Sur, et dedans icelluy port peuvent entrer nefz de soixante à quatre vins bottes et non plus grandes et toutes autres plates fustes. Et est tresbon port et sceur de tous vens.... Il y a à Sur une terre toute ronde qui se boutte en la mer, et ne s'en fault mie une mille que ce soit une isle enclosée de mer. Et là sus fut fondée jadis la belle et grant cité de Sur et toutes les tours d'environ dedens la mer. Et devers les champs, estoit fermée en icelle, mille de large, de deux paires de beaux murs, à grosses tours moult belles, et trois paires de fossez sans eau, dont les deux paires les plus prouchains des murs es-

Saiette[1] qui est pareillement sur la marine et y a ung assez beau havre. Et de là nous alasmes à Baruth qui est ung autre port de mer et semble avoir esté meilleur qu'elle n'est à present. Il y a ung chastel

toient cuiriez à plomb tresrichement. Et fut icelle ville, du temps des Cristiens, eddiffiée d'esglises grandes, de pallais et plaine de maisons riches haultes et belles, toutes de franche pierre tailliée comme en Acre, mais quant elle fut reprinse des Sarazins, elle fut toute abatue, les combles, les edefices et tous les murs, grosses tours, minées comme en Acre, dont les fossez, par les edefices qui furent dedens abatus, en furent fort remplis devers les champs, sy que à present elle est toute desolée, excepté la fondacion entour qui encores est tresbelle. » *Voyages et ambassades de Ghillebert de Lannoy*, pp. 147-150.

Sour commençait à se relever de ses ruines et à se repeupler dans la première moitié du xv⁰ siècle. Ghillebert de Lannoy nous apprend que « a esté la ville de Sur toute desbabitée depuis qu'elle fut ainsy abatue jusques à l'an mille quatre cens vingt et ung, que un grant amiral nommé Elboe, bon Sarrazin le commença à faire rehabiter. Et y avoit quand je y passay bien trois cens mesnaiges qui pou y reparoient, car la ville a bien huit milles de tour. » *Voyages et ambassades*, pp. 149, 150 et 151. Le « grant amiral Elboe » est l'émir Ilbogha, gouverneur général de Damas.

Les Latins se rendirent maîtres de Sour le 27 juin 1124, après un siège de quatre mois. Saladin l'assiégea inutilement pendant trois mois après la bataille de Hattin. Melik El Achraf emporta la ville d'assaut au mois de mars 1291.

1. « A III lieues (de Sarepte) est Sydon la grande cité de Phenice dont les ruynes tesmoingnent sa grandeur que nul ne creroit se on les mettoit par escript. Car ja pieça, elle fut assise en une moult grande champaigne tirant depuis midi vers septentrion soubz le mont de Lyban, moult grande et spacieuse entre ledit mont et la mer. Toutesfois apres touttes ces ruynes on en a edifié une petite bien garnye s'elle avoit qui la deffendit, car d'une part elle est située dedans la mer et a d'un costé et d'aultre deux chasteaux fors, l'un devers septentrion, sur une roche, assis sur la mer lequel edefierent les pellerins qui vindrent de la haulte Allemaigne. L'aultre est du costé de midy, assis sur une roche assez ferme lesquels deux chasteaulx et la cité tiennent maintenant les chevaliers Templiers. Toute la terre qui est voisine est moult fertile et habundant de tous biens, car il y a faisant de bonnes vingnes et caves à miel et sy y est l'air tressalutaire. » *Description de la Terre Sainte* dans l'*Avis directif*, f⁰ 90 recto.

fort destruict lequel une des parties est sur le havre qui est bel et perfont et bien sceur pour les vaisseaulx[1].

Moy estant audict Baruth, je parlay à ung marchant Genevois nommé Jacques Pervesin[2] auquel je demanday pour faire mon chemin, lequel me conseilla que je alasse à Damas et que là je trouverois plusieurs merchans genevois, venissiens, catelans, florentins et autres qui me ayderoient à conseiller et me adressa à ung marchant genevois nommé Hothe Bon[3].

---

1. « Baruth siet en la coste de Surie, sur la mer, à vingt six milles de Sayette par mer et par terre, et est bonne ville et bien marchande, non fermée, ediffiée de maisons en belle pierre tailliée, appartenant au Soudan et fut jadis, du temps des Cristiens, tresgrosse ville fermée, mais à present est ainsy diminuée combien qu'elle soit habitée avec les Sarrasins de grant nombre de marchans cristiens comme Venissiens, Genevois, Grigeois et autres. Et est asscavoir que audit lieu de Baruth y a deux chasteaux bons assis en la mer, l'un à ung des lez du port et l'autre à l'autre lez du port. Et est celluy dedens le plus grant comme la maison où l'admiral demeure et n'est pas fort ne gardé de personne, ainsi seroit abandonné si rien de puissance venoit. Et l'autre à l'autre lez du port, vers la Turquie et vers Tripoly est ung petit chastelet assis sur une roche fondée en la mer du lez de la marine et du lez des champs et assis en terre ferme bonne à miner.... Item, au dessoubz dudit chastel, plus près de la ville de Baruth, bas sur la mer, en lieu plat, y a une autre petite tour quarrée assez bonne, laquelle est emparée et gardée et font les Mores de nuyt, aux deux lieux le guait, especiallement pour la garde du port et de la ville, l'un en icelle tour et l'autre sur une tour dudit chastel, atout gros tambours : quant l'un sonne, l'autre lui respond et font trois guetz la nuyt, ceux du premier guait sonnent un cop, ceux du second guait sonnent deux cops et ceux du tiers trois cops. » Ghillebert de Lannoy, *Voyages et ambassades*, pp. 155-157.

2. Pervezin est le nom défiguré de Palavicino. Un membre de cette famille, Andrea Palavicino, avait été chargé en 1431 par la république de Gênes de traiter de la paix avec le sultan Boursbay. *Notices et extraits des manuscrits*, tome X, p. 71.

3. Ottoboni.

Adonc je priay ledict Messire Sanse que nous alissions vers la ville de Damas sans luy dire pourquoy faire, dont il fut content. Et nous partismes ensemble en la compaignie d'un moucre. Moucres sont gens qui louent asnes et mulletz et conduysent les pelerins par le pays de Surye. Et chevaulchasmes au partir de Barut tout traversant par ses haultes montaignes jusques à une grande playné qui peust bien avoir de large une lieue ou plus que on appelle le val de Noe et dict on que Noe y fist son arche[1]. Et y a deux rivyeres qui passent au long de ceste grande vallée, laquelle est belle, plaisante et fertile et si est bien longue[2]. Et y habitent plusieurs Arabes. Il y a grant foison de villaiges et de vignes au

1. Les écrivains et les voyageurs du moyen âge donnent le nom de *Val de Noé* à la plaine de la Beqa'a où ce patriarche aurait construit l'arche et planté la vigne. On désigne sous le nom de *Beqa'a el-Aziz* la plaine qui s'étend entre le Liban et l'Anti-Liban depuis le *Bilad* ou pays de Baalbek jusqu'au village de Kaukab au sud de Damas. Le Nahr Bardoun, affluent du Litany, qui arrose Zahléh la principale ville de la Beqa'a, forme la limite entre la Beqa'a et le Bilad Baalbek. On visite au village de Karak un tombeau que l'on prétend être celui du patriarche Noé. Cf. J.-L. Burckhardt, *Travels in Syria and Holy Land*, Londres, 1822, pp. 8 et suiv.

2. La Beqa'a est arrosée par deux cours d'eau le Nahr Andjar et le Litany, le *Leontes* des anciens. Le Litany prend sa source aux environs de Baalbek et traverse la plaine du nord au sud. A partir du pont naturel appelé *Djisr el-Kouwêh*, il se fraye un passage à travers les gorges du mont Liban. Il tourne brusquement à l'ouest près du château de Cheqif et va se jeter dans la Méditerranée au nord de Tyr. Il prend dans la dernière partie de son cours le nom de *Qassimléh* parce qu'il sépare le district de Cheqif du pays de Becharah. « Item, à cincq milles de Sur, à l'aultre lez, vers Sayette, il y a une moult belle riviere, clere et parfonde presque autant large comme le Lys, nommée Casseme (Qassimléh) qui, des montagnes, va cheoir en ce lieu là et la passe on au pont. » Ghillebert de Lannoy, *Voyages et ambassades*, p. 151.

pié des montaignes qui sont bien haultes d'ung costé et d'autre et ainsi nous arrivasmes à Damas où il y a deux journées de Baruth. Et pour advertir ceulx qui vouldroient passer par là, je y eus de nuyt aussi grant froit, si me samble, que le eus oncques comme ledict Messire Sanse scet. La cause si est pour la grant rouzée qui y choit de nuyct et ainsi comme par toute Surie et de tant que la chaleur y est plus grande de jour, la rouzée est plus grande et la nuyct plus froide.

Et quant nous fusmes venus à Damas, nous y trouvasmes plusieurs marchans françois, venissiens, genevois, florentins et catelans, entre lesquels y avoit ung françois nommé Jacques Cueur qui, depuis, a heu grant auctorité en France et a esté argentier du Roy, lequel nous dist que la gallée de Nerbonne qui estoit allée en Alexandrie devoit revenir à Baruth[1], et pensoyt que ledict Messire Andrieu et ses trois compaignons viendroyent sur la dicte gallée. Et estoyent lesdictz marchans françois allez pour achepter aucunes marchandises et danrrées comme espices et autres choses pour mettre sur ladicte grosse gallée qui estoit en Alexandrie et devoit venir à Baruth comme dict est.

Et a une coustume en Surye que nul Crestien qui

---

[1]. Le commerce de Narbonne avec l'Égypte, la Syrie et les ports de la Petite Arménie, avait perdu beaucoup de son importance au xv⁵ siècle. La galée de Narbonne ne faisait plus, à cette époque, qu'un seul voyage par an, dans les mers du Levant. Célestin Port, *Essai sur l'histoire du commerce maritime de Narbonne.* Paris, 1854.

soit cogneu n'oze aller à cheval parmi les rues és villes. Pour ceste cause, nostre moucre nous feist descendre ledict Messire Sanse et moy. Et à l'entrée de Damas, nous vindrent incontinent regarder x ou xii Sarazins; et pour ce que je portoye ung grant chappeau de feutre qui n'est point la coustume de par delà, il y en eust ung qui a tout ung court baston le fery pardessus et me le fist voler hors de la teste. Je hauchay le poing pour le ferir, mais mondict moucre se mist entre deux et me poussa avant, car incontinent en furent là xxx ou quarante. Et croy que si je l'eusse feru, nous eussions esté bien raverdis. Je dis cecy pour advertir qu'il n'est point besoin d'avoir debat à eulx, car ilz me samblent meschans gens et de petite raison et sy ne se fault point faire trop meschant entre eulx, ne povre, ne monstrer aussy qu'on aye paour ainsi que je les ay experimentez. Comme il me samble aussy ne fault il point monstrer qu'on soit riche, car ilz sont convoiteuses gens et les appaise on pour peu de chose et le peuvent bien aperchevoir les pellerins quant ilz viennent en Jaffe et qu'il fault louer les asnes pour aler en Iherusalem et aultres pellerinages accoustumez et pour ce, je m'en tais.

Et auprez de ceste ville de Damas, me fu monstrée la place où saint Pol trouva Nostre Seigneur et où il cheut de son cheval et perdy la veue, comme l'en dist, et le fist retourner en la ville soy baptysier en ung lieu où maintenant a une musquée[1] ; et veys la place où sainct Jeorge monta à cheval quant il ala combattre le dragon. Et illec a une pierre de deux piez en quarrure où il monta à cheval. Aucuns dient que les Sarazins l'ont plusieurs fois voulu oster, mais ilz n'ont peu en nulle maniere que ce soit.

Damas est ung plain pays de trois pars. L'autre qui est devers ponant est une grande montaigne où est la maison de Cayn au dessus de la ville dont les forbours sont edifiez contremont ladicte montaigne[2].

---

1. Le lieu de l'apparition de Notre-Seigneur Jésus-Christ à saint Paul se trouve en dehors de la porte de Damas appelée *Bab Chargy* (porte de l'Est) et non loin du cimetière chrétien. La mosquée dont parle Bertrandon de la Broquière est celle qui renferme le tombeau de Bilal El Habechy, le muezzin de Mahomet, mort à Damas.

Des écrivains du moyen âge et des voyageurs modernes placent la scène de la conversion de saint Paul au village de Kaukab, situé à six milles de Damas sur la route qui conduit de cette ville à Jérusalem. « Juxta prædictam civitatem, dit Jacques de Vitry, in loco qui hodie dicitur Melgissaphar, apparuit Dominus Saulo dicens : Saule, Saule, quid me persequeris. » *Gesta Dei per Francos*. Francfort, 1611, p. 1073.

Melgissaphar est la corruption des deux mots arabes *Merdj el-Asfar* (la prairie jaune).

M. Guérin a remarqué au bas du village de Kaukab, sur la route de Damas à Jérusalem les vestiges d'un édifice que les habitants de l'endroit appellent *el Kiniseh* (l'église) et, à cinq minutes du village, une colline qui, de temps immémorial, porte le nom de *Tell mar Boulos* (colline de saint Paul). *Description géographique, historique et archéologique de la Palestine. — Galilée*. Paris, 1880, tome II, p. 305.

2. Le Qassioun, dit Ibn Batouta, est une montagne au nord de Damas et au pied de laquelle se voit Salahiyeh. C'est une montagne célèbre par son caractère de sainteté, car c'est l'endroit d'où les prophètes se sont élevés au ciel. Parmi les nobles lieux de pèlerinage est la caverne où naquit Abraham, l'ami de Dieu. C'est une grotte longue et étroite près de laquelle existe une grande mosquée avec un minaret élevé..... Un autre sanctuaire du mont Qassioun, situé à l'occident, est la Grotte du sang; au-dessus d'elle, dans la montagne, se voit le sang d'Abel, fils d'Adam. Dieu en a

C'est une grande ville et spacieuse où il y a de tres-beaulx jardins et les plus grans que je veys oncques et les milleurs fruitz et grant foison d'eaues, car il y a peu de maisons en la ville qui n'ait sa fontaine, comme on dit. Il y passe une rivyere par plusieurs lieux et sy y a une belle muraille d'autant qu'elle contient, car lesdictz forbourgs contiennent beaucoup plus. Elle a esté arse et destruicte comme ou dist par le Tamburlant environ l'an mil cccc, car encores y voit on les enseignes comme il appert par ung quartier de la ville qui n'est point encores reffait devers une porte qu'on appelle la porte Saint Pol[1].

Il y a en ceste ville de Damas une maison où pluseurs marchans mettent leurs marchandises pour

---

fait rester dans la pierre une trace vermeille, juste à l'endroit où son frère l'a tué et d'où il l'a traîné jusqu'à la caverne. Ibn Batouta, *Voyages*, tome I, pp. 231-232.

Le faubourg de Salahiyèh s'étend sur la pente du mont Qassioun : il est arrosé par les eaux du canal de Yezid et entouré de jardins et de vergers. On y voit des bazars, une mosquée cathédrale et un hôpital. La population se compose de descendants de familles kurdes établies là par Saladin; à l'époque des Croisades, un grand nombre de musulmans originaires de de Jérusalem s'étaient fixés à Salahiyèh. Ils appartenaient au rite hanbalite. Yaqout, *Moudjem oul-bouldan*, tome III, p. 363; Ibn Batouta, *Voyages*, tome I, p. 320.

1. La ville de Damas fut incendiée par Timour le 2 du mois de chaaban 803 (mars 1400). L'historien officiel de Timour, Cheref Eddin Aly Yezdy, prétend que le feu prit par accident. « Le feu prit par accident, dit-il, et tout le monde s'appliqua à l'éteindre, mais ce fut en vain. Il s'augmenta en telle sorte que l'on sentait partout l'odeur du bois d'ébène et celle de la sandaraque dont était composé le vernis de ces belles maisons qui devinrent noires comme l'enfer. Timour, dont le respect pour la religion était sans pareil, envoya l'émir Châh Melik, pour préserver du feu la mosquée célèbre des Oumiades mais, comme la voûte était de bois revêtu de plomb au lieu de plâtre huilé, Dieu fit voir qu'il était courroucé contre ces peuples,

estre seurement, et l'appelle on le Kan Berkoc laquelle ledict Tamburlant fist garder, quant il fist bruller le demourant, pour honneur de celluy Berkoc, lequel aussy longuement qu'il vesqui, en son temps et puis qu'il eult auctorité, les Persiens ne les Tartres ne peurent oncques vaincre ne riens gaigner en Surye. Car, incontinent qu'il savoit qu'ilz se preparoient pour y venir, il aloit tousjours au devant jusques à une rivyere qui est oultre Halep, laquelle separe la Surye de la Perse, et croy, par advis de pays, que c'est celle grosse rivyere qui vient cheoir à Misses en Turquemanie, qu'on appelle Jehon[2].

Ce Berkoc fu vaillant homme[1], car encores en est

car, quelque soin que les soldats apportassent pour l'éteindre, ils ne purent empêcher que le minaret oriental de cette mosquée ne fût réduit en cendres, quoiqu'il fût bâti de pierres. » *Zafer Naméh*, édition persane. Calcutta, 1888, tome II, p. 318; *Histoire de Timurbec connu sous le nom du grand Tamerlan écrite en persan par Cheref Eddin Aly, natif de Yezd, auteur contemporain, traduite en françois par feu Petis De La Croix*, etc. Paris, 1712, tome III, pp. 345-346.

Le quartier de Damas situé près de la porte de Saint-Paul ou Bab Charqy était habité par les chrétiens qui furent tous passés au fil de l'épée. Une seule famille dont les descendants existent encore à Damas put échapper au massacre.

1. La grosse rivière qui sépare la Syrie de la Perse est non point le Djihan comme le suppose Bertrandon de la Broquière, mais l'Euphrate, le *Fourat* ou le *Murad Souy* des géographes arabes et turcs. Le Djihan, le *Pyramus* des anciens, se jette dans la Méditerranée à Ayas et a formé aux xive et xve siècles, la limite entre l'Arménie et les possessions des sultans mamelouks.

2. Berkoc est le nom très légèrement altéré du sultan Melik Eddahir Abou Sayd Barqouq. Il n'était ni français comme le suppose Bertrandon de la Broquière, ni florentin comme l'ont allégué d'autres voyageurs du xive siècle. Barqouq était originaire de la Circassie et il fut amené de Crimée en Syrie par un marchand turc nommé Osman et vendu à l'atabek

renommée audit pays. Et croy qu'il fu du royaulme de France, car il y a entaillié en une pierre de ladite maison les fleurs de lis et samble qu'elles y soient depuis que ladite maison fu faicte premierement[1]. De où qu'il fust, il est homme de grande recommendacion et samble bien à ceulx du pays que s'il eust vescu quant ledit Tamburlant y fu, qu'il

Ilbogha. Il devint successivement émir de Tabl khanêh, commandant de mille hommes, grand écuyer et enfin atabek ou généralissime des armées d'Égypte... Il fut élevé au pouvoir suprême après la déposition de Melik Essallh Hadji, le 29 ramazan 784. (8 décembre 1382.)

Impuissant à réprimer la révolte de l'émir Ilbogha, gouverneur général de la Syrie, il abdiqua entre ses mains et fut relégué au château de Karak, le *Montréal* des historiens des Croisades, le 5 djoumazi oul-akhir 792 (22 mai 1389).

Il remonta sur le trône l'année suivante. En 1394, le sultan Barqouq fit mettre à mort des ambassadeurs de Tamerlan venus au Caire pour réclamer la remise entre leurs mains d'Ahmed ibn Ovéis Djelair, souverain de Bagdad. Tamerlan marcha sur la Syrie pour punir cette violation du droit des gens, mais Barqouq se jeta dans Alep et fit avancer son armée jusqu'aux bords de l'Euphrate et du Djellab. Tamerlan se retira devant elles et ajourna ses projets sur la Syrie. Sultan Barqouq, qui vit son alliance recherchée par le sultan ottoman Bayezid Ildirim et par les princes de l'Azerbaïdjan et de l'Iraq, mourut au château du Caire dans la nuit du jeudi au vendredi 15 du mois de chewwal 801 (21 juin 1399). Il était âgé de plus de soixante ans. Il fut enterré en dehors de la porte appelée Bab Ennasr. Cf. Maqrizy, *Histoire d'Égypte*; Aboul Mehassin Youssouf ibn Taghry Berdy, *Elmanhal essafy*, ms. de la Bibliothèque nationale, n° 748, ome II, fos 61-75.

1. Cette pierre a fixé l'attention des voyageurs européens qui ont visité Damas et Thévenot la mentionne aussi dans la seconde partie de son *Voyage en Levant*, Paris, 1674, p. 27. Elle provenait fort probablement d'un des édifices construits par les Latins et dont les matériaux ont été transportés à Damas après la ruine des colonies franques. M. Wetzstein, autrefois consul de Prusse à Damas, a remarqué les fleurs de lis françaises sur les murs de la mosquée de Salkhat qui était primitivement une église latine. Elles existent encore sur une pierre carrée placée au-dessus de la porte de ette ville. *Reisebericht über Hauran*. Berlin, 1860, p. 70.

ne fust point venu jusques là. Il y a aussi ung moult beau chasteau grant et fort, en plaine terre, encloz de beaux fossez grans et parfondz qui sont curez. Leans a ung cappitaine de par le Souldan lequel ne laisse point entrer dedans le seigneur de ladite ville plus fort que luy, jaçoit ce qu'il soit le plus grand seigneur de Surye et d'Egypte aprez le Souldan, et pour ce que, aultresfois, se sont rebellez contre ledit Souldan, comme on dit, il fait ainsy garder ledit chasteau.

Damas est la milleure ville que le Souldan ait, excepté le Caire, et m'a l'en dit que en ceste ville se treuvent bien cent mil hommes. Elle est aussy moult riche et bien marchande et où les Chrestiens sont fort haïs, selon qu'il me sambloit; car il y a gens commis à fermer les portes de tous les marchans, tantost que le soleil est couchié, et reviennent ouvrir landemain quant bon leur samble.

Item, nous partismes ledit Messire Sanse et moy de Damas et retournasmes par le mesme chemin à Barut. Et pendant le temps que nous attendions la galée de Narbonne qui devoit là venir, les Mores faisoient une feste ainsy que aultresfois ilz avoient accoustumé comme on dit, et commencerent à l'entrée de la nuit et estoient grant foison de gens ensemble qui chantoyent et huyoient. Et ceulx du chasteau tiroyent des canons et ceulx de la ville tiroyent une maniere de feu bien hault et bien loing, plus gros que le plus gros fallot que je veisse oncques alumé. Ilz dient qu'ilz s'en aident aucunes fois en la mer, encontre les ennemis à bruler les voilles d'un vaisseau. Il me samble que on en bruleroit bien ung logis ou une ville couverte d'estrain. Et quant à une bataille à cheval, ilz espoventeroient fort les chevaulx. C'est une chose bien aisiée et de petite despense à qui le scet faire.

Je feis requerir par le varlet de mon hoste celluy qui le faisoit qu'il me le voulsist apprendre. Il dist qu'il n'ozeroit, car s'il estoit seu, il en seroit en grant dangier. Je lui feis presenter ung ducat pour l'amour duquel il m'en apprit tout autant qu'il en savoit et me bailla des maoulles de bois et aultres choses que je apportay par dechà. Et comme j'ay dit par avant, il me samble qu'il n'est riens que ung More ne fist pour gaignier argent. Au bout de trois ou quatre jours, ladicte galere arriva à Barut où estoit ledit Messire Andrieu, Joffroy de Thoisy et Jehan de la Roe lesquelz nous trouverent là. Et celle mesme nuit, je descouvry et dis audit Messire Andrieu ma voulenté du chemin que je vouloye faire, lequel m'en eust voulentiers destourbé s'il ne le m'eust promis paravant et me mist au devant presque tous les dangiers qui me sont survenus en chemin, excepté que je ne fus pas contraint de laisser la foy de Ihesucrist, de quoy il faisoit grand doubte; et samblablement m'en fist parler par les aultres et ce fait, ilz se partirent lendemain et je demeuray. Je veys en ceste ville de Barut une musquée et disoit on que saincte Barbe y avoit fait premierement une eglise et les Sarazins y ont fait depuis ceste musquée. Et quant ilz ont volu monter dessus pour crier ainsy qu'ilz ont acoustumé, ilz se sont trouvez tant batus qu'il n'est ores nul qui y ose aler.

Item, y eut ung aultre miracle d'un imaige de Nostre Seigneur qui estoit en la maison d'un Juif qui pour lors estoit où est maintenant l'eglise des Cordeliers en ladite ville; et fu revelé par les Juifz qui lapiderent ledit imaige ainsy qu'ilz avoient volu faire Nostre Seigneur. Et quant ilz le veirent saignier, ilz en furent tous esbahis. Et dist on que ilz le alerent dire à ung evesque qui là estoit pour lors et donnerent adont la maison où maintenant sont les Cordeliers[1]. Je demouray là. Adont me conseillay à

---

[1]. « Il existe dans la ville de Beyrout un couvent de notre saint ordre placé sous la juridiction de celui du Mont-de-Syon. L'église que nous y possédons était anciennement une synagogue dans laquelle un crucifix fut de la part des juifs l'objet des mêmes épouvantables traitements qu'ils firent subir à la personne du Christ. Lorsqu'ils frappèrent le flanc de cette image insensible faite de bois ou de toute autre matière, il en jaillit une si grande quantité de sang que les juifs, au comble de la confusion, confessèrent le Christ et la foi catholique. Le sang recueilli dans un vase rendit la vue aux aveugles et la santé aux malades quelles que fussent leurs souffrances. Il suffisait de leur oindre les yeux avec ce sang béni et miraculeux ou de le leur faire toucher. Les juifs embrassèrent le christianisme et furent baptisés par Déodat qui était, à cette époque, évêque de Beyrout. Il convertit la synagogue en une église qu'il consacra. Elle existe encore de nos jours et porte le nom de Saint-Sauveur. Elle est un second Calvaire et nos frères la desservent pour donner satisfaction aux marchands chrétiens établis dans ces quartiers. » *Verdadera informacion de la Tierra sancta compuesta por fray Antonio de Aranda.* Tolède, 1545, f° 105 v°.

Au dire de Sigebert, ce miracle eut lieu en l'année 765, sous le règne de Constantin Copronyme. Le vase dans lequel avait été recueilli le sang

ung marchant venissien où j'estoie logié qui s'apelloit Paule Barberigo comment je pourroie faire le pellerinage de Nazareth et du mont de Thabor lequel me fist avoir ung moucre pour moy conduire; lequel me fist habillier ainsy que les Sarazins sont habilliez, car le Souldan a donné congié et licence aux Francs d'aler habilliez en guise de Sarazins pour leur seureté et me party en la compaignie dudit moucre.

Je me party de Baruth lendemain que ladite galée fut partye, avec ledit moucre, lequel respondy à mon hoste Barberigo de me mener sauvement jusques à Damas et luy en rapporter certiffication. Et au partir de Baruth, environ une lieue prez pour tirer la voye de Saiette, je trouvay un tresbeau petit bois de haultz sappins que on garde bien chierement et ne seuffre on point de les abattre ; pour quoy faire je ne scay [1].

miraculeux fut apporté de Beyrout à Constantinople et placé par l'ordre de Nicéphore Phocas dans l'église de Tous les saints. Cette relique, fut enlevée et transportée en Europe vers l'année 1206. Du Cange, *Constantinopolis christiana*. Paris, 1687, livre IV, page 131.

Lambecius et Surius ont donné le texte et la traduction d'un récit de ce miracle écrit par Athanase ainsi que ceux d'une relation anonyme.

1. Le bois de pins dont parle Bertrandon de la Broquière s'étend au sud-est de Beyrout et porte le nom de *Hourch Essanouber*. Il est entretenu avec soin dans le but d'arrêter les sables mouvants et de mettre la ville à l'abri de leurs empiétements. Les voyageurs du XVIIe siècle, Monconys, le chevalier d'Arvieux et Maundrell, en attribuent la plantation à l'émir Fakhr Eddin Maan. Mais ce bois est mentionné au XIIe siècle par le géographe Édrisy qui nous apprend qu'il occupait une vaste étendue de terrain au sud de Beyrout et atteignait presque le pied du Liban. *Géographie d'Édrisy traduite par M. Jaubert*. Paris, 1836-184', tome II, p. 355.

« Li est asscavoir, dit Ghillebert de Lannoy, que autour de Baruth y a beaulx gardinaiges et tous bons fruits et abondance de sappins, especiale-

Puis m'en alay entre la montaigne et la marine et passay à ung pont de pierre une rivyere assez parfonde et me dist mon moucre qu'elle n'est pas bonne à boire aux gens et que c'est celle qui vient de la vallée de Noe[1] et me logeay la nuit à un kan qui est empres ledit pont, et lendemain vins à Saiette et sont aulcunesfoys les montaignes sy près de la mer qu'il faut aler dessus la grefve et en aultres lieux est le chemin spacieux d'une demie lieue ou d'un quart et là sont aulcunes maisons et le pays bon et fertile.

Saiette est une ville sur la mer qui est fermée du costé de la terre et les fossez curez mais ilz ne sont gayres parfonds. Item, de là me party et passay entre nuit et jour devant Sur que les Mores appellent Sour qui est une petite ville sur la mer comme dit est; et me sambla la place assez belle en tant que je la peus veoir, car je ne m'y arestay point. Et assez près comme d'un quart de lieue ou environ devers midi a une belle fontaine[2] et de bonne eaue qui va

---

ment à quatre milles de la ville vers Sayette. » *Voyages et ambassades*, p. 157.

1. Le Damour, le *Tamyras* des anciens, prend sa source dans le mont Liban à l'est de Deir el-Qamar. En 1413, une flotille partie de Chypre avait débarqué un corps de troupes à l'embouchure du Damour. Le gouverneur de Damas, l'émir Daoud El Djerkessy, accouru pour les repousser, les battit avec l'aide de l'émir Qassim Chehab. Les Francs échappés au massacre parvinrent à grand'peine à se rembarquer. Thannous Echchidiaq, *Histoire des émirs du mont Liban*. Beyrout, 1859, page 48.

2. Les puits de Salomon, le *Puteus aquarum viventium* de la Bible, portent aujourd'hui le nom de *Ras el Aïn*. L'eau des sources est reçue dans quatre bassins ou réservoirs qui se trouvent à un quart d'heure de distance de la

par dessus arches cheoir dedans la ville et ne sont gayres fortes villes Sur ne Saiette, car elles ont esté autresfoys destruictes comme il me samble pour veoir les murailles qui ne valent gayres pour le present, selon celles de pardechà. Item, je veis de bons villages par samblant au long de la montaigne qui va en archonnant comme ung croissant jusques à la mer, car en la plaine selon la marine n'en a nulz. Et ultre ceste ville de Sur environ une lieue, je passay selon la marine qui est du costé de la mer comme une faloise et est le chemin bien estroit. Et

mer et à une heure de marche de Sour. L'aqueduc de construction romaine avait été réparé sous la domination musulmane.

« Et d'illec (de Sour) en tirant plus avant une bonne lieue, est celluys merveilleux pays d'eaues vives empres le chemin qui va à Tyr à ung trait d'arc. Et comme il est escrit au IIIIe chappitre des *Cantiques*, les eaue sourdent impetueusement du mont Liban et jà soit ce que on le dye seulement ung puys, toutesfois, il y a IIII disposicions de puys entre lesquelles l'une est la souveraine qui a x coutez de longeur et de largeur, ainsy que moy mesmes l'ay mesuré et est tout quarré. Les autres trois ont environ xxv coutez et sont tous clos à l'entour de la largeur d'une lance ou plus de tresfors murs fais de tresdures pierres et d'ung ouvrage à tousiours durer. Et leans sourt et sault en hault l'eaue en si grant randon qu'elle court de touttes pars par dessus les murs; et y a des conduitz grans et parfonds par où l'eaue s'en va en son canal. De ces eaues se arousent les jardins, les prés et les vingnes de toute la plaine de Tyr dont vient ung moult grant prouffit. Certes, les eaues de ceste fontaine sont loing de la grant mer un pou plus que le trait d'ung arc et non obstant, en ce sy petit espace, elles font torner VI assez grandes roes de mulin et puis elles sont tantost emburtées de la grant mer. » *L'Advis directif*, ms. de l'Arsenal, f° 88.

« Item, en dehors de Sur quatre milles sur les champs, vers les montaignes, il y a une tresgrant habundant fontaine, faicte moult richement, ouvrée de marbre que jadis fist faire Salomon; laquelle du temps des Cristéens, couroit par conduitz et abreuvoit la ville, mais, à présent, les conduitz sont rompeus ». Ghillebert de Lannoy, *Voyages et ambassades*, p. 150.

au plus hault a une forte et assez haulte tour et grosse pour garder ledit passage[1] et ne pevent passer nulz chevaulx par terre de Sur jusques à Acre, ce n'est par ce destroict. Depuis ladite tour jusques à Acre sont toutes montaignes basses, et y a aulcunes maisons et sont lesdites montaignes plus peuplées d'Arabes que d'aultres gens. Et de là, je me vins à Acre où je trouvay ung grand seigneur du pays qu'on appelloit Faucardin et estoit là venu et estoit là voisin et s'estoit logié aux champs en ses pavillons qu'il portoit avec luy[2].

Acre est en ung moult beau pays et assez grande plaine de bien III ou IIII lieues à la ronde. Et aprez toute ceste plaine sy est enclose tout autour de haultes montaignes des trois pars et de l'aultre est la mer. Je trouvay en ceste ville ung marchant de Venise qui s'appelloit Aubert Franc lequel me fist assez de plaisir et me aida à conduire et à drecier mon pelerinaige à Nazareth et au mont de Thabor.

1. « Cette tour porte le nom de *Bourdj Ennaqoura* ou de *Bourdj el-Ghaffar*. Assise sur le roc et surplombant d'un côté la mer, elle a été construite avec des blocs antiques, mais elle-même ne remonte pas au delà du moyen âge... C'était une ancienne tour de garde, destinée à surveiller la côte comme l'indique le nom de *Bourdj el-Ghaffar* qu'on lui donne aussi quelquefois. » Ce passage portait sous la domination latine, le nom de « Pas de Passepoulain. » Cf. *Gestes des Chiprois*, Paris, 1887, p. 92. V. Guérin, *Description de la Palestine*, etc. Galilée, tome II, p. 169.

2. Faucardin est le nom altéré de l'émir Fakhr Eddin Osman, troisième fils de l'émir Seïf Eddin El Arslany qui avait reçu en fief, du sultan el Moueyyed Cheikh El Mahmoudy le pays qui s'étend entre Choueïfat et Sour pour le concours qu'il avait prêté à l'effet de repousser les Francs qui, en 1413, avaient débarqué à l'embouchure du Damour. Cheikh Thannous ben Youssouf Echchidiaq, *Histoire des émirs du mont Liban*. Beyrout, 1815, p. 673.

Item, je me party d'Acre et pour aler en Nazareth et passay par une grant plaine, puis vins à la fontaine[1] où Nostre Seigneur fist de l'eaue vinace, aux noches de Archeteclin; et est prez d'un villaige là où on dist que sainct Pierre nasqui.

Item, de là m'en alay à Nazareth qui est un gros villaige entre deux montaignes et est la place où l'angele Gabriel fist l'annunciation à la Vierge Marye qui est une pitié à veoir, car l'eglise qui y souloit estre est toute ruée jus et n'y a que la place qui est une petite chose là où Nostre Dame estoit quant l'angele luy apparut[2].

1. La fontaine de Saffouriêh, l'ancienne *Sephoris* et *Diocæsarea*, se trouve à peu de distance de Cana et à une heure et demie de Nazareth. Saffouriêh, où l'on voit les ruines d'un vaste château et d'une grande église, n'est plus aujourd'hui qu'un humble village.

En 1187, l'armée des Latins partit de Saffouriêh pour aller attaquer Saladin à Hattin. Après cette fatale journée, Saladin occupa Saffouriêh dans sa marche sur Saint-Jean d'Acre. Saffouriêh passait, au moyen âge, pour avoir été la résidence de Joachim et de sainte Anne. « Apprès Acre, en allant contre le midi à III lieues est la Cane de Galilée où Nostre Seigneur mua l'eaue en vin et voit on là encores le lieu où estoient les taoles. Tous ces lieux cy comme apa'nes tous les aultres où Nostre Seigneur a fait aulcune operation sont soubz terre et y descent on comme dans une croutte à plusieurs degrés. » F. Brochard, *L'Advis directif*, etc., mss. de la Bibliothèque de l'Arsenal 4798, f° 100 v°. Cf. Ed. Robinson, *Biblical researches in Palestine and the adjacent regions*. Londres, 1867, tome II, pp. 346-349; V. Guérin, *Description géographique, historique et archéologique de la Palestine*, 3° partie, *Galilée*. Paris, 1880, tome II, pp. 390-392.

2. « De Sephor à deux lieues contre midi en tirant un pou vers orient est Nazareth la cité de Galilée où la Vierge Marye conchupt du Saint Esperit par la salutation angelicque le benoît fruit de son ventre Nostre Seigneur Jhesucrist. Ceste cité de Nazareth est à VII lieues loing d'Acre et est encores leans aujourdhuy permanent le lieu où l'ange Gabriel apporta à la glorieuse Vierge le messagerie salutaire en disant: *Ave, gracia plena*. J'ay dit plusieurs messes en ce lieu cy et le jour de l'Annunciacion mesmes quand le Fil de

Item, de là me party pour aler au mont de Thabor où fu faite la Transfiguracion de Nostre Seigneur et plusieurs aultres miracles comme il se treuve par la Saincte Escripture. Et me failli prendre à Nazareth encores deux hommes pour les Arabes qui sont en celle contrée tresgrant foyson et venismes de nuyt jusques au pié du mont, et illec a ung villaige[1] où me convint encores avoir deux hommes. Ainsy furent six dont les deux mesmes estoient arabes, et montasmes ladite montaigne qui est moult haulte et dangereuse à monter, car il n'y a nul chemin. Je la montay sur ung mulet et mis bien deux heures à la monter. Nous ne trouvasmes nulz Arabes en hault où ilz se tiennent par cous-

---

Dieu print char humaine. Il y a en ceste chappelle III autels et est entaillié en la pierre de la roche comme est le lieu de la Nativité et de la Resurection. La plus part aussy de la cité de Nazareth estoit anciennement entaillié en roche comme il appert encores aujourdhuy. Il y a encores leans une sinagoge, mais on l'a commuée en une eglise où fu baillié à Nostre Seigneur le livre de Ysaye le prophete quant il lut dedans: *Spiritus Domini super me*. Encores au bout de la cité est l'eglise Saint Gabriel et une fontaine que ceulx du pays tiennent en grant reverence et dont Nostre Seigneur enfantet puisa souvent de l'eaue comme on dist pour administrer à sa mère. » F. Brochard, *L'Advis directif*, etc., f° 102.

L'église de l'Annonciation à Nazareth fut détruite par les musulmans après la bataille de Hattin. Niccolò Poggibonsi, qui visita Nazareth en 1346, ne trouva intact que la chambre de la Vierge dont les dimensions étaient fort petites et dont les parois étaient couvertes de mosaïques. *Viaggio d'oltramar*, Bologne, 1881, tome I, p. 271.

1. Le village de Dabouriêh (*Daberoth* de l'Ancien Testament, la *Dabira* de saint Jérôme et d'Eusèbe). Ce village, peu considérable, s'étend en amphithéâtre sur un monticule au pied du mont Thabor. On y voit encore les ruines d'une ancienne église. Guillaume de Tyr mentionne cette localité sous le nom de *Buria*: « Locus sub monti Thabor cui nomen Buria juxta Naim, » *Willermi Tyrensis archiespiscopi historia*, lib. XX, cap. XIV; cf.

tume pour l'amour de leurs bestes qui y treuvent largement herbes, car il y a belle place. Je fus par toutes les places où les eglises souloyent estre autour de ladite place qui est près toute ronde et peult avoir environ deux traitz d'arc de long et ung de large au plus, et samble avoir esté fermé de belles murailles, car on y voit encores les fondemens et sy y avoit assez beaulx fossez[1]. Et du bout de la

Ed. Robinson, *Biblical researches*; V. Guérin, *Description de la Palestine. Galilée*, tome I, pp. 140-142.

1. Le mont Thabor est appelé par les Arabes *Djebel Elthour*. La relation d'Antonin de Plaisance (570) est le premier document dans lequel il soit fait mention de trois églises élevées à la place où saint Pierre voulut que trois tentes fussent dressées. Arculf vit, près d'un siècle après Antonin, les mêmes églises et un grand monastère renfermant de nombreuses cellules. Nous retrouvons ces indications dans le récit des pèlerinages de saint Willibald (765) et de Sœwulf (1103).

Tancrède, qui reçut en fief le comté de Galilée, construisit sur le sommet de la montagne une église latine sous le vocable du Saint Sauveur, ainsi qu'un monastère dans lequel s'établirent des moines Bénédictins réformés de Cluny. En 1113, un corps de troupes venant de Damas détruisit le couvent et massacra les religieux. Il fut bientôt rebâti. En 1183, une partie de l'armée de Saladin campée à Aïn-Djalout atttaqua le Mont-Thabor, mais elle fut repoussée par les religieux et par la population qui s'y était refugiée. Quatre ans plus tard, les édifices qui s'élevaient sur le mont Thabor furent saccagés par les musulmans vainqueurs à Hattin.

En 1212, le sultan de Damas Melik El Adil, frère de Saladin, fit construire sur le sommet de la montagne un château fort qui fut, en 1217, l'objet d'une attaque infructueuse de la part des chrétiens. Enfin, en 1263, le sultan Bibars campa au pied du Thabor et fit raser au niveau du sol toutes les constructions qui avaient échappé à la destruction.

« De Nazareth à deux lieues contre Orient est le mont Thabor où Nostre Seigneur se transfigura et où l'on voit jusques à aujourd'huy les ruines des trois tabernacles que souhaida saint Pierre. En y voit en après les ruines de plusieurs palais royaulx, de tours et de maisons où se muchent maintenant ours, lyons, et aultres bestes sauvages et y a garennes royales.

« Ceste montaigne a roide et difficile montée et est moult convenable pour y edifier chasteaulx. » P. Brochard, *L'Advis directif*, etc., f° 102 v°;

place où il y a eu anchiennement une eglise en laquelle il y a plain pardon de paine et de coulpe, on voit la cité de Thabarye au pied de ladite montaigne, devers soleil levant[1]. Et passe ledit fleuve de Jourdain entre ledit mont de Thabor et une aultre montaigne qui est aultre la cité de Thabarye[2]. Et de l'aultre bout, devers soleil couchant, on voit une grande plaine[3] et ung pays plaisant de jardins de palmiers portans les dates et aultres places comme en fachon de vignes sur quoy le coton croist. Et sambleroit à qui ne sçauroit que c'est envers soleil levant qu'il eust negié sur celles places pour ce que les feuillez sont verdes comme feuilles de vigne, et le coton est au dessus. Et quant j'eus tout veu, je descendis en bas au pié de la montaigne devers soleil couchant et là, me menerent mes guides en une maison pour ung pou reposer et pour disner, car

Cf. comte Melchior de Vogüé, *Les églises de Terre Sainte*, Paris, 1860, pp. 352-355.

1. « Sur la mer de Galilée, entre orient et midi, est Thiberye, la glorieuse cité de Galilée. De ceste Thiberye prent aucunesfois son nom la mer de Galilée et s'appelle la mer Thibériade. Ceste cité anciennement avoit nom Genesareth et pour ce la mer de Galilée se appeloit la mer de Genesareth. Mais depuis qu'elle fu reedifiée de Herode, tetrarche de Galilée, en l'onneur de Tybere Cesare, on l'appela Tyberie. Elle est moult longue et assise au long sur le rivage de la mer. Il y a aussi leans vers les parties de midi de beaulx baings medicinables et plusieurs ruines. Il y croit moult de palmes et y a de belles vingnes d'oliviers et figuiers et est la terre moult grasse. » F. Brochard, *L'Advis directif*, f° 101.

2. Les montagnes du Djaoulan, l'ancienne *Galan* de la Bible, la *Galonitis* des auteurs grecs ; elles s'élèvent à l'est du lac de Tibériade.

3. La plaine d'Esdrelon qui porte aujourd'hui le nom de *Merdj Ibn-Amir*.

j'avoie apporté du vin et des pouchins cuitz. Et pour ce qu'il sambla au seigneur de la maison que j'estoie homme de bien pour ce que je portoye vin, il me volu festoyer et me fist bonne chiere et me apporta une escullée de lait et une aultre de miel. Et fu là où je veis premierement mettre à point le cotton aux hommes et aux femmes. Et là me fu donné ung grant rain de nouvelles dates tenans à l'arbre et furent les premieres que je veis oncques. Et au partir de celle maison, ceulx qui m'avoient convoyé de Nazareth audit mont de Thabor me vouldrent ranchonner et faire ung nouveau marchié. Et veritablement, si j'eusse eu alors une espée, je me fusse debattu à eulx, de quoy j'eusse fait folye et feroyent ceulx qui le feroyent. En conclusion, il me failly baillier xii dragmes de leur monnoye qui valent demy ducat. Et incontinent qu'ilz m'eurent ainsy laissié seul avec mondit moucre, nous encontrasmes deux Arabes, chacun sur ung beau cheval qui chevauchoyent en armes à leur maniere. Et portent robes à grans manches d'un pié et demi de large et plus longues beaucop que leurs bras, et avoient chascun une longue perche de couldre ou de bois semblable et aussy menues que nos lances sont vers le fer et estoient ferrées lesdictes perches à deux boutz de petis fers l'un tranchant et l'aultre sur le ront de plusieurs quarrez et cours, d'un arpent de long. Et portoit aussy chascun ung tresbel escu rond et avoit une pance de la fachon d'une telle de terre et une grosse pointe de fer ronde au milieu. Et entre la pointe et l'escu estoit frangié de longues franges de soie houchue. Et leurs tocques estoient premierement ung chappeau agu en rond de laine velue cramoisy et leurs tocques non point grosses dessus comme les aultres Mores les portent, mais elles leur pendoient de deux costez des oreilles bien bas de la largeur de la toille[1]. Et en eut mondict moucre tresgrant paour et me dist que s'ilz eussent sceu que j'eusse esté chrestien que nous estions en dangier d'estre tuez ou au moins d'estre destroussez. Puis, nous alasmes logier aux jardins d'une ville nommée Samarie[2] et là me laissa tout seul mondit moucre tout le jour, jusques ad ce qu'il fu heure de soupper et fu les Quatre temps en septembre. Puis, au jour faillant, nous entrasmes en la ville

1. « Les Madyanites qui maintenant s'appelent Bedouins..... sont vaillans champions en guerre et ne usent en leurs batailles que d'espées et de lances. Ilz ne vestent que d'ung fort pellicon vermeil et par dessus d'une chemise de lin grande et ample et usent de povre drap comme font les femmes d'oultremer. Ces gens cy ont rempli toute la Syrie où ilz habitent en grand nombre autour du fleuve de Jourdain et depuis le mont de Liban jusques au desert Pharan. » F. Brochard, *L'Advis directif du voyage d'oultremer*, f° 144.

Jacques de Vitry décrit dans les mêmes termes le costume des Arabes ou Bédouins de la Syrie au moyen âge. « Beduoini..... nunquam ad pugnam armati procedunt, sed solummodo camisiati: peplis more fœminarum capita involventes, lanceis et ensibus tantummodo utentes,..... portant autem in capitibus plleos rubeos cum peplis. »

Le *peplum* de Jacques de Vitry et la toile de Bertrandon de la Broquière sont le *keffieh* en soie rouge, à raies jaunes, dont les Bédouins de Syrie se couvrent la tête et dont ils laissent flotter les bouts sur le cou et sur les épaules.

2. Au lieu de Samarie, il faut, sans aucun doute, lire Tabarie ou Thiberye.

qui est sur le bout d'une montaigne où nous demourasmes jusques environ la mynuyt. Lors, nous montasmes à cheval et descendismes une montaigne non pas trop haulte jusques sur la mer de Thabarye où on dist que saint Pierre souloit preschier et y a aulcuns pardons. Mondit moucre me y mena de nuyt pour eschiever aulcun tribut qu'on y paye. Et pour ce ne peulz je point veoir quel est le pays autour de ladite mer. Et de là nous alasmes au puy de Jacob[1] auquel il fu jetté de ses freres et a illec une belle musquée en laquelle je entray avec mondit moucre, faignant que

---

1. Au lieu : *du puy de Jacob* il faut lire : *le puy de Joseph*.

Le puits ou la fosse de Joseph est situé, dit Yaqout dans son Dictionnaire géographique, entre Banias et Thabarièh, à douze milles de cette dernière ville, dans la direction de Damas.

Selon d'autres auteurs, Jacob demeurait à Naplouse, et le puits dans lequel Joseph fut jeté par ses frères se trouve entre cette ville et le village de Sindjil. On a construit à l'endroit dont parle de la Broquière un khan qui porte le nom de Khan du puits de Joseph. On trouve la description du puits et du khan dans Brocard, *Avis descriptif*, f° 98 v°, dans Fürer von Haymendorf, *Itinerarium Ægypti, Arabiæ, Palestinæ*, etc. Nuremberg, 1620, p. 98; et dans le voyage de Radziwil, Anvers, 1614.

« Le khan tombe en ruines. Tout auprès se trouve un grand bassin. On montre le puits dans lequel Joseph fut jeté par ses frères. Il se trouve dans une petite cour à côté du khan ; il a environ trois pieds de diamètre et au moins trente pieds de profondeur. On m'a dit que le fond en était taillé dans le roc : les parois sont revêtues de maçonnerie aussi bien que j'ai pu le voir et l'eau n'y tarit jamais, circonstance qui rend difficile à croire que Joseph y ait été jeté.....

« Le puits de Joseph est vénéré par les musulmans aussi bien que par les chrétiens. Les premiers ont élevé à côté une petite mosquée et les voyageurs des caravanes passent rarement par là sans réciter quelques prières en l'honneur de Joseph. » J.-L. Burckhardt, *Travels in Syria a Holy Land*. Londres, 1822, p. 318.

j'estoie Sarazin. Et de là vins à un pont de pierre qu'on appelle le pont Jacob[1] et a une maison au dessoubz assez près qu'on dit que ce fu la maison dudit Jacob, et sur cedit pont, passe on le fleuve Jourdain qui part d'un grant lac qui est au dessoubz au pié d'une haulte montaigne[2] vers north west sur laquelle a ung bel chastel qui est audit Faucardin[3],

1. Ce pont porte le nom de Pont des filles de Jacob (*Djisr benat Yaqoub*). Il fut réparé à la fin du xive siècle par le sultan Melik Eddahir Barqouq.

« A treize heures de Safed, on rencontre le Pont des filles de Jacob, jeté sur le Jourdain..... Le lit du fleuve est très étroit et le courant rapide, car le lac de Houlèh, dont l'extrémité sud-est à environ trois quarts d'heure au nord du pont, est à un niveau considérablement plus élevé que celui du lac de Tibériade. Le pont est d'une construction solide ; il a quatre arches. A l'est, on trouve un khan très fréquenté par les caravanes. Au milieu sont les ruines d'un ancien bâtiment carré construit en basalte, avec des colonnes aux quatre angles. » J.-L. Burckhardt, *Travels in Syria*, p. 315.

2. Le lac de Houlèh ou de Banias, les eaux de *Merom* de la Bible, le *palus Semechonitis* de Josèphe.

« Il (le Jourdain) passe par une vallée où il fait ung grant estang qui s'appelle aujourd'huy les eaues de Maron où Josué se combaty contre le roy Jabin, roy de Asor et contre aultres xxx roys et les desconfy tous et puis les chaça jusques à la grande cité de Sidon, presques viii heures loings. Ces eaues de Maron se seichent en temps d'esté pour une grant partie et illec croissent de petis arbrisseaux et de herbes grandes et espesses où se mussent des lyons et des ours et pluisieurs autres bestes sauvages, et sont guarennes royales. » F. Brochard, *L'Advis directif*, f° 95 v°.

3. Le château que désigne Bertrandon de la Broquière est celui de Banias appelé *Qalaat Soubeïbèh* par les historiens orientaux. Joinville le mentionne aussi sous ce dernier nom. Selon Abderrahman ibn Mohammed bin Mounqid cité par Ibn Cheddad, le château de Soubeïbèh aurait été construit par les Francs après l'année 500 (524).

Les musulmans ayant réparé les ruines de Banias, après le sac de cette ville par Tancrède, prince d'Antioche, le gouverneur de Damas Zehir Eddin Toughteguin fit don du château de Banias à Khadjèh Behram, day ou missionnaire des Ismaïliens en Syrie, qui fut tué dans un combat qu'il livra à Zahhaq ibn Djendel, chef du Ouady-Etteim (522 = 1128). Son lieutenant Ismayl offrit aux Francs de leur livrer le château de Banias. Soubeïbèh resta

auquel Faucardin toute celle marche de pays jusques en Hierusalem est fort obeyssant, comme on me dist. Et de là, je prins le chemin de Damas. Et est le pays assez plain et spacieux entre deux montaignes où peult bien avoir deux lieues ou plus de l'une à l'aultre, et en celluy chemin bien une lieue de long ou environ et de largeur autant que je povois bonnement choisir, y a plus de gros cailloux que je ne

---

au pouvoir des Latins jusqu'au jour où la ville leur fut enlevée par Melik El Adil Nour Eddin Mahmoud en 559 (1163). Il passa ensuite successivement aux mains de Saladin et de ses successeurs et à celles des sultans Mamelouks d'Égypte. Le château de Soubeïbèh commande la route de Sayda à Damas.

M. V. Guérin a donné, après Burckhardt, une description détaillée de l'état actuel du château de Soubeïbèh, dont la plus grande partie est en ruines. Un autre château, qui s'élève à proximité de Banias, est appelé par les auteurs orientaux *Cheqif Arnoun* et par les historiens occidentaux des Croisades *Belfort* ou *Beaufort*. Le mot *Arnoun*, qui me semble être la corruption du nom d'Arnold ou Arnaud, indiquerait que cette forteresse a été bâtie pour un seigneur croisé.

Guillaume de Tyr nous apprend qu'après la défaite infligée aux chrétiens près de Banias en 1179 par Saladin, les chevaliers et les soldats qui purent s'échapper, se réfugièrent à Belfort. Deux ans après la bataille de Hattin, (avril 1189), Saladin mit le siège devant cette place, alors au pouvoir de Renaud de Sidon. Ce chevalier qui, au dire des chroniqueurs orientaux, parlait l'arabe avec facilité et connaissait les annales de l'islamisme, essaya de gagner du temps en négociant avec Saladin. Mais ce prince, irrité de ses subterfuges, le fit arrêter, charger de chaînes et conduire à Damas. Le château se rendit au mois d'avril 1190 à la condition que Renaud serait mis en liberté et que la garnison pourrait se retirer sans être inquiétée.

Le château de Belfort fut rendu aux chrétiens en 1240 en vertu du traité conclu avec le sultan Eyyoubite de Damas, Melik Essalih Ismayl.

Les Templiers l'acquirent à prix d'argent ainsi que Sidon en 1260. Huit ans plus tard, le sultan Bibars se présenta devant Belfort et s'en empara après quelques jours de siège. Les hommes furent vendus comme esclaves et les femmes et les enfants conduits à Tyr. Depuis cette époque jusqu'à la fin du XVIIIe siècle, Cheqit a été possédé par un des chefs des familles féodales du mont Liban.

veis oncques¹. Et sont sy espes par le chemin que nul n'y peult chevauchier se n'est par ledit chemin qui n'est point encores bien large. Et qui le voit ung bien pou de loing, il samble qu'on y mettroit bien cent mil hommes en bataille et sont ces drois cailloux comme cailloux de rivyere, gros comme queues de vin ou ung pou moindres et de beaucop plus moindres. Et au partir de cestuy pays on trouve un kan, tresbeaux ruisseaux et fontaines. Et plus approche on de Damas, de tant est le chemin plus plaisant. Environ quatre ou chincq miles de Damas est le plus beau kan que je veis oncques², et assez prez passe une petite rivyere toute de fontaines³; et là trouvay ung More tout noir qui venoit du Caire sur ung camel courant et n'avoit mis que VIII jours à venir du Caire jusques là où il y a XVI journées, comme on dist; lequel camel luy eschappa et mondit moucre et moy luy aidasmes à le prendre. Il avoit une selle à leur guise qui estoit bien estrange et sont assis dessus à jambes croisiées et se font lyer les testes et le corps quant ilz vont tost, pour l'air et la grant

1. Ce pays est le district de Ouady el-Adjem.
2. On rencontre sur la route qui conduit du Pont des filles de Jacob à Damas, trois grands khans aujourd'hui ruinés. Celui de Keraneh au village de Kouneitirah, celui qui se trouve un peu à l'ouest de Sa'sa et enfin, à cinq heures de Damas, le khan de Zoulnoun qui porte aussi le nom de khan de Terkhaneh, à cause de la distribution de lait aigre que l'on y faisait jadis aux pèlerins. Ce khan est la première station où s'arrête la caravane de la Mekke à sa sortie de Damas.
3. Le Ouad el-Awadj, le *Pharphar* de la Bible, qui prend sa source dans le Djebel Ech-Cheikh (le mont Hermon) et se jette dans le lac Heidjaneh à l'est de Damas.

raideur de quoy les camelz courrans vont. Et sceus par mondit moucre que ledit More venoit pour faire prendre de par le Souldan tous les Catelans et Jennevois qui estoient à Damas et par toute la Surye pour ce que une galée et deux galiotes du prince de Tarente[1] avoient prins une griperie de Mores devant Tripoly en Surye[2]. Et arrivay devant soleil couchant en ladite ville de Damas et pour ce que j'estoie habillié comme eulx, je entray à cheval dedans la ville avec eulx. Et fut sept journées que je mis à venir jusques à Damas où je trouvay de bien mauvais chemin, comme dit est cy dessus.

Item, lendemain que je fus venu à Damas, je y veis entrer la carvane qui venoit de la Mecque et disoit on qu'ilz estoient trois mil camelz et mirent près de deux jours et de deux nuitz à entrer à Damas et fu une chose de grant solempnité, selon leur fait. Car le seigneur et tous les plus notables de la ville

1. Jean-Antoine Orsini, prince de Tarente, duc de Bari, comte de Lecce, grand connétable du royaume de Naples. Il mourut le 26 décembre 1462 à l'âge de soixante-dix ans.

2. « Le samedi dixième jour du mois de moharrem 836 (3 septembre 1432), les Francs surprirent le port de Tripoli et se saisirent d'un navire à bord duquel se trouvaient un grand nombre de musulmans et une énorme quantité de marchandises précieuses et ils s'emparèrent également d'un navire qui arriva de Damiette sur ces entrefaites. Ils s'éloignèrent après avoir fait main basse sur sa cargaison. Quand ces faits furent connus au Caire, on expédia des lettres enjoignant de séquestrer les biens des Francs génois et catalans. Les Vénitiens furent exceptés de cette mesure qui reçut son exécution en Syrie et à Alexandrie. » Maqrizy, *Histoire d'Égypte*, ms. de la Bibliothèque nationale, fonds arabe n° 673, f° 410 r°.

La *gripperie* était un bâtiment de commerce léger, à un seul mât. Les gripperies étaient renommées pour la rapidité de leur marche.

alerent au devant pour cause de leur Alkoran qu'ilz portoient. C'est la loy que Machommet leur a laissié et le portoyent sur un camel vestu d'ung drap de soye et le dit Alkoran estoit dessus et estoit couvert d'un aultre drap de soye paint et escript de lettres morisques. Et avoit devant ceste chose quatre menestriez et moult grant foyson de tambours et naquaires qui faisoyent ung hault bruit. Et avoit devant ledit camel et autour de luy bien xxx hommes qui portoient, les ungs arbalestes et les aultres espées nues en leurs mains et aucuns petis canons de quoy ilz tiroient plusieurs fois. Et après ledit camel, venoient VIII anchiens hommes quy chevaulchoient chascun un camel courant. Et emprès eulx, ilz faisoient mener leurs chevaulx bien habilliez de riches selles, selon le pays. Et après, venoit une dame de Turquye qui estoit parente du Grant Turc. Elle seoit en une litiere que portoient deux camelz bien habilliez et bien couvers et sy en y avoit couvers de drap d'or.

Et pour advertir que c'est de ceste carvane, ce sont gens Mores, Turcz, Barbares, Tartres et Persans, touttes gens tenans la secte et loy de Machommet qui tous ont une foy et creance que, puis qu'ilz ont esté une fois à la Mecque, ilz tiennent qu'ilz ne pevent faire chose dont ilz puissent estre dampnez, comme il me fu dit par ung esclave renyé qui estoit à ceste grant dame et estoit vulgairement nommé Hayaldoula[1], qui est autant à dire en turc

---

1. Abdallah ou Abdoullah.

commes en nostre langaige, servant de Dieu. Et celluy esclave me dist qu'il avoit esté trois fois à la Mecque, avec lequel je fus plusieurs journées et me tenoit souvent campaignie de jour et de nuit. Et plusieurs fois je luy demanday entre nous deux que c'estoit de Machommet et où estoit son corps. Il me dit qu'il estoit à la Mecque en une chappelle toute ronde et y a ung grant pertuis dessus. Et quant les aulcuns montent dessus pour le veoir en bas en une fierte et qu'ilz voient le lieu où est ledit Machommet, ilz se font crever les yeulx, disans qu'ilz ne pevent ny ne veullent jamais veoir plus digne chose. Et de ceulx cy, j'en veis deux; l'ung de environ de xviii ans et l'aultre de xxii à xxiii ans qui, en ce dit voyaige, se avoient fait crever les yeulx. Il me dit aussy qu'ilz ne gaignent point les pardons à la Mecque, mais vont à une aultre ville qui a nom Meline où saint Abraham fist faire une maison qui y est encores et vont autour de ladite maison qui est en maniere d'un cloistre[1]. Et me dist qu'il y failloit avoir tous les ans viie mil pelerins. Et s'il y a aulcune faulte qu'ilz n'y soient trestous, ilz dient que le grant Dieu tout puissant y envoye de ses angeles pour accomplir le nombre affin qu'il n'y ayt point de faulte. Et quant viendra le jour du jugement, le-

---

[1]. Bertrandon de la Broquière confond dans son récit les deux villes de Mecque et de Médine. Tout ce qu'il dit de Médine doit s'appliquer à la Mecque. Varthema, qui visita la Mecque et Médine en 1503, nous a donné une description exacte de ces deux villes.

dit Machommet mettra autant de gens en paradis que bon luy samblera; et auront des femmes, du lait et du miel autant qu'ilz en voudront.

Et est ceste ville sur le bord de la mer[1]; et là amainent ceulx de la terre du prestre Jehan en gros vaissaulx les espices et aultres choses qui viennent du pays et là les chargent toutte ceste secte de gens sur cameaulx et aultres bestes et les mainent au Caire, à Damas et aultres lieux comme chacun scet. Et me dist que depuis Damas jusques à la Mecque a XL journées de desert et y sont les challeurs moult grandes et que, en celle saison, y avoit estouffé plusieurs gens. Et pour ce que on parloit tant de choses du fait de Machommet, je parlay à ung prestre qui servoit le consul des Venissiens à Damas lequel disoit souvent messe à l'ostel dudit consul et confessoit et ordonnoit lesditz marchans en leurs necessitez; auquel aussy je me confessay et ordonnay et luy demanday s'il savoit à parler dudit Machommet. Il me dit que oyl et qu'il savoit bien tout leur Alkoran. Je luy priay bien chierement que ce qu'il en savoit qu'il me le volsist baillier par escript et que je le porteroie à monseigneur le duc. Il le fist tresvoulentiers et ainsy je l'apportay avec moy.

Le Grand Turc a une coustume, ne sait se les aultres princes l'ont, que quant les gens de son pays vont

---

1. Il s'agit dans ce passage non point de la Mecque mais, de Djedda qui est le port auquel abordent les navires venant des côtes de la mer Rouge, de l'Inde et des îles de la Malaisie.

à la Mecque, il ordonne ung chief tel quy luy plaist auquel tous ses subgectz obeyssent en toutes choses comme à luy mesmes. Et pour ce qu'on m'avoit trouvé appoinctement avec ung More de Damas qui me conduiroit avec ladite carvane jusques à Bourse pour xxx ducatz et ses despens, je fu adverty que les Mores sont fausses gens et ne tiennent pas ce qu'ilz promettent. Je dis cecy pour advertir ceulx qui en auront à faire, car je les cuide telz. On me adrecha audit Hayaldoula lequel me adrecha à aulcuns aultres marchans du pays de Karman. Adont, je priay à mondit hoste et à Jehan de Myne qu'ilz me menassent parler audit Hoyarbarach[1] quy estoit chief de ladite carvane et des plus grans de la cité de Bourse et ainsy le firent ilz. Et luy remontray comment je vouloye aler à Bourse veoir ung frere que j'y avoye et lui priay qu'il me volsist prendre en sa compaignie et me faire conduire seurement. Lequel leur demanda se je savois parler arabich, ne turc, ne hebrieu vulgaire, ne grec. Je dis que non. Il demanda lors que j'entendoye à faire. Il luy fu dit, maiz qu'il luy pleust et fu content que je alasse en sa compaignie et que je feroie le mieulx que je pourroye, car je n'osoye aler par mer pour les guerres qu'on y faisoit. Adont mist il les deux mains sur sa

---

1. Hojarbarach est la transcription altérée des mots *Khodja Baraq*. Le terme de *Khodja* désignait les marchands notables et *Baraq* est un nom turc commun au xv⁰ siècle et qui a été porté par plusieurs princes des dynasties turques de l'Asie centrale.

teste et se prist par la barbe; sy dist en son langaige turcois que je venisse seurement en la compaignie de ses esclaves, mais il failloit que je fusse vestu et habillié à leur guyse. Et incontinent, ledit Jehan de Mine me mena en une place que on appelle Bathzar là où on vent robes, tocques et aultres besoignes et y achetay ce qui m'estoit necessaire touchant cela, c'est assavoir deux robes blanches longues jusques au pié et la tocque de toile acomplie, une courroye de toile et unes brayes de fustenne pour ployer ma robe dedans et ung petit tappis pour couchier sur, unes besaches pour mettre mes choses dedans, unes besaches pour pendre aux oreilles de mon cheval pour mengier son orge et sa paille. Et feis faire ung paletot de panne blanche, lequel je feis tout couvrir de toile qui me fu après tresproffitable de nuyt.

Et puis, allay acheter ung tarquois tout blanc, tresbien garny. Je achetay aussy une espée et des cousteaulx pour y pendre, à leur guise, ung cullier et une saliere de cuir. Et me failly acheter ladite espée et le tarquois garny secretement, car se ceulx qui ont l'administration de la justice l'eussent seu, ceulx qui les me avoyent vendu et moy eussions esté en dangier. On dit que les espées de Damas sont les plus belles et les milleures de Surye. Et estrange chose est à veoir comment ilz les burnissent, car ainchois qu'elles soient trempées, ilz ont un fer assis sur une piece de bois de quoy ilz enleivent les rabotures au long, tout ainsy que on feroit de bois à tout ung rabot. Et après leur donnent leur trempe et les pollissent par maniere qu'ilz se misrent dedans quant ilz veulent faire leur tocque et les font tranchier mieulx que nulles aultres espées que j'aye vues.

Item, fait on des miroirs d'achier en celle ville de Damas et au pays, qui font ressambler toutes choses grosses, comme ung miroir ardant. Et ay veu que de xiiii ou de xvi piés loing, quant on l'avoit mis à l'encontre du soleil, il faisoit ung partuis dedans ung ays de bois et le brusloit comme plusieurs pevent avoir veu.

Après, je achetay ung petit cheval que je trouvay tresbon et le feis ferrer à Damas et ne me failly riens touchier jusques à Bourse qui feurent près de L journées fors seullement en ung pié de devant où il avoit esté encloé à celle fois, et environ trois sepmaines après, il commencha à clochier. Et pour advertir leur maniere comment ilz ferrent leurs chevaulx, ilz forgent les fers tresdeliez et legiers et sont longs sur les talons, plus deliez que la pointe et n'ont point de retour; et n'y font que quatre pertuis dessus, chascun quartier, deux. Et font les clous quarrez et la teste bien grosse et lourde et parent les piez des chevaulx d'une serpe de la fachon de celles dont on taille les vignes par dechà. Et quant ilz veulent asseoir le fer, s'il a besoing d'amendement, ilz le battent tout froid, sans mettre au feu, car ilz sont desliez et legiers comme dit est. Et achete on par delà les chevaulx qui vont le plus grant pas ainsy que on fait par dechà ceulx qui trottent bien aysé. Et ne vont jamais les chevaulx en icelluy pays que le pas ou le cours; et sont moult bons chevaulx et courent longuement, et sont de petite despense, car ilz ne menguent que de nuit ung pou d'orge et de la paille piquadée, et ne boivent jamais qu'il ne soit après midy. Et ont toudis la bride en la bouche comme une mulle, mesmes où ilz sont en l'estable. Et sont tous hongres, se ce ne sont ceulx que l'on garde pour les jumens; et ont les narines fort fendues. Et qui a à besoignier à ung homme de bien qui se tient en sa maison, il vous menera en l'estable de ses chevaulx pour parler à vous, lesquelz il tient tresnettement et freschement et atachiez par le pié de derriere et les tiennent tousjours sur le magre. Et sont chevaulx et jumens tous ensamble, desquelles j'ay veu de plus belles que de chevaulx. Et n'a point de honte ung grand maistre de chevaulchier une jument et le poullain vient après. Et ainsy que nous aimons bien les chevaulx, quant ilz sont filz d'ung bon estalon, les Mores n'ont regart que aux jumens et les vendent deux ou trois cens ducatz, ce me dit on, quant elles sont bien belles et que elles vont bien tost. Apprez, je achetay ung tabolzan pour mettre à l'archon de ma selle ainsy que les gens de bien le portent, selon la coustume du pays[1].

---

1. Tabolzan est la corruption des deux mots *Table zin*, طبل زين (timbale

Et me fu depuis dit que ledit tabolzan sert quant ilz sont en une bataille ou en escarmuche qu'ilz s'en fuyent, aucunesfois pour eulx assambler, et portent ung petit baston de cuir plat pour ferir sus. Et n'est homme de bien à cheval qui n'en porte. Je achetay aussi ung esperons et unes bottes vermeilles jusques au genoul, selon la coustume du pays.

Je donnay audit Hoyarbarach un pot de gingembre vert lequel il ne voult prendre que à grant priere et depuis je y trouvay grant franchise et leaulté, plus par adventure, que je n'eusse fait en beaucop de Chrestiens et n'eus oncques aultre parole ne seurté de luy. Et ainsy que je eus tout apointié mon faict, comme dit est, Nostre Seigneur qui, de sa grace, me aida à paracomplir le demourant, m'envoya ung Juif de Caffa qui parloit bon tartre et ytalien, lequel me ayda à mettre par escript en turc et en ytalien toutes les choses qui me povoient estre necessaires en mon chemin pour moy et pour mon cheval. Et dès la premiere journée que je me trouvay en la compaignie devant Balbec, je regarday en mon escript comment on appelloit l'orge et la picquade pour mon cheval; dix ou douze Turcs s'assemblerent autour de moy et se prindrent à rire quant ilz virent ma lettre et en furent aussy merveilliez que nous sommes de la leur. Depuis celle heure, ils furent s'y embesoingniez de m'apprendre à parler qu'ilz me disoient

---

de selle). Ces petites timbales placées à l'arçon de la selle servaient, à la chasse, à rappeler le faucon et, à la guerre, à rallier les cavaliers.

tant de fois une chose et en tant de manieres qu'il falloit que je la reteinsse. Et quant je me party d'eulx, je savoye demander la pluspart de toutes les choses qui m'estoyent necessaires pour moy et pour mondit cheval.

Et le jour de devant que je party de ladite ville de Damas, je me ordonay et disposay de ma conscience, tout ainsy comme je deusse aler mourir. Et tandis que ceulx de ladite carvane sejornoient à Damas, je me party pour aller en pelerinaige à une place devers le north à bien xvi miles de Damas que l'on nomme Nostre Dame de Serdenay. Et durent les jardins de Damas jusques assez près de une montaigne que on traverse qui peut avoir ung quart de lieue de descent en une vallée tresbelle où il y a tres grant foyson de vignes et jardins et sy y a une tres belle fontaine et de bonne eaue et sont les raisins tresbons et le vin, ce dist on. Et a là ung petit chastel sur une roche où il y a une eglise de Gallogrecz en laquelle a une ymaige de Nostre Dame painte, ce dit on, en une table de bois qui a là esté portée par miracle; la maniere je ne sçay, et dist on qu'elle sue toudis et que celle sueur est uyle. Toutesfois, quant je y fus, on me monstra tout au bout de l'eglise, derriere le grant autel, ainsy que une fenestre dedans le mur, en laquelle je veis ladite ymaige, une chose plate; et peut avoir ung pié et demy de long et ung de large. S'elle est de bois ou de pierre je ne sçay, car elle est toute couverte de drappeaulx et sy a une traille de fer au devant. Et aubout de ceste table, y a ung petit vaisseau où il y a de l'uyle [1]. Là vint

1. Le couvent de Sidnaya est appelé par les écrivains du moyen âge, *Sardenay, Sardan, Sardenal* ou *Notre-Dame-à-la-Roche*. « Sidnaya, dit Pockoke, est un village situé sur la pente orientale de l'Anti-Liban, dans le canton de Djoubbet oul-Assal. Le couvent, bâti sur le sommet d'une montagne escarpée, présente l'aspect d'une forteresse. Il a été fondé par l'empereur Justinien, qui assigna pour son entretien des revenus considérables et lui donna pour vassaux trois cents esclaves géorgiens dont les descendants habitent le village et sont catholiques romains. Le couvent ressemble à un château et est entouré de hautes murailles, mais les bâtiments sont fort irréguliers. Il y a, au bas de la montagne, un logement pour les étrangers.

L'église conserve encore la forme qu'elle avait anciennement, bien qu'elle ait été souvent détruite et réparée. Elle est composée de cinq nefs séparées par quatre rangs de colonnes avec un portique à l'entrée. Il y a derrière le maître-autel, un portrait de la Sainte Vierge, qu'on dit avoir été peint par saint Luc, mais qu'on ne montre à personne. Le couvent est gouverné par une abbesse dont la charge est à vie. C'est le patriarche qui la nomme, et elle choisit ses religieuses au nombre de vingt. Ces couvents sont des espèces d'hopitaux, habités par des vieilles femmes qui s'occupent à travailler, et surtout à élever des vers à soie. Les religieuses ne font leurs vœux qu'au bout de sept ans, et souvent même, elles n'en font aucun. Une grande portion des revenus du couvent vient des vignobles dont le vin est rouge et excellent. » *Voyages de Richard Pockoke en Orient*, etc. Paris, 1712, tome III, p. 393. — On trouve sur l'image de Notre-Dame de Sardenay une série d'extraits de différents voyageurs du moyen âge dans les *Itinera Hierosolymitana et descriptiones Terrœ sanctœ bellis sacris anteriora* publiés par la Société de l'Orient Latin. Paris, 1885, tome II, p. 259-266 et dans la *Romania*, tome XI, p. 519-537, et tome XIV, p. 82-92.

Tiethmar donne quelques détails sur la légende de Notre-Dame de Sardenay et sur les miracles qu'elle opéra en 1204, à Damas, dans les prisons du Soudan. *Magistri Tiethmari peregrinatio*. Hambourg, 1857, pp. 14-15. Niccolò Poggibonsi a consacré un court chapitre à la visite qu'il fit en 1362 au couvent et à l'église de Santa Maria de Sardena. *Viaggio d'oltramar*. Bologne, 1881, tome III, pp. 18-20.

Frescobaldi, qui visita l'Egypte, la Palestine et la Syrie en 1384, parle avec de grands détails du couvent et de l'image de Notre-Dame de Sardenay. L'huile miraculeuse que l'on donnait aux pèlerins dans de très petites fioles, avait la vertu, disait-on, de calmer les flots de la mer et de

une femme qui me voult faire la croix sur le front, aux temples et en la poitrine qui, à tout ung cuillier d'argent, mesla lesdictz drapeaulx et me samble que c'est ung pratique pour avoir argent, non obstant que je ne veulx point dire que Nostre Dame n'ait plus grant puissance que ceste n'ait.

Item, m'en retournay à Damas et me mis à point pour partir, quant les dessusdictz Turcz seroyent pretz. Mais le Souldan avoit mandé par un More tout noir et fu celluy que je trouvay dès ce que retournay du mont de Thabor, assez près de Damas, sur ung camel courant sellé en leur maniere qui est bien estrange, lequel n'avoit mis que VIII journées, comme il dist à mon moucre, à venir depuis le Cayre jusques là, les autres camelz et chevaulx y mettent plus de XVI journées, comme ilz dient. Et mandoit ledit Souldan par les lettres que tous marchans Catelans et Jennevois fussent prins et leurs marchandises aussy pour aucun dommaige qui avoit esté fait aux Mores sur la mer entre Barut et Tripoly en Surye,

---

guérir les maladies pestilentielles. Frescobaldi cite son exemple et celui de son fils Francesco, qu'il guérit d'une grave infirmité à son retour à Florence. *Viaggio di Lionardo di Niccolò Frescobaldi, Florentino, in Egitto et in Terra Santa*. Roma, 1818, pp. 167-170.

On trouve l'huile de Notre-Dame de Sardenay fréquemment mentionnée, au moyen âge, dans les inventaires des reliques conservées dans les églises. « De oleo Sanctæ Mariæ de Sardiney, quod fluit de pectore et de mamillis cujusdam ymaginis Beatæ Mariæ Virginis. » Dart, *Histoire de la cathédrale de Cantorbéry*. Inventaire des reliques dans l'Appendice, p. 47. Les vins récoltés à Sidnaya étaient renommés au moyen âge, et le géographe arabe Yaqout en parle avec éloge dans son *Moudjem oul-bouldan*, tome II, p.

comme ilz disoient, par une galere et deux galiotes qui estoient au prince de Tarente, laquelle chose fut faite ainsi que le Souldan avoit mandé. Et pour ce que j'estoye logié en l'ostel dudit Jennevois et que je aiday à sauver ses biens après qu'il fut prins et enyvray ung More qui les gardoit, affin qu'il ne s'apperceut de riens, je fu pris et mené devant l'un des cadis qu'ilz tiennent comme nous faisons noz evesques et ont l'administration de la justice. Celluy là me renvoya à ung aultre lequel me renvoya avec lesdis marchans, non obstant qu'ilz savoient bien que je n'estoye ne l'ung ne l'aultre. Mais ce faisoit ung trucheman pour me raençonner comme autresfois l'avoit voulu faire audit Messire Xance de Lalaing et à moy se n'eust esté le consul des Venissiens que l'on nomme...[1]. Toutesfois, je demouray pris avec lesdictz marchans.

Cependant, ladite carvane des Turcz se party et fallu que ledit consul et aultres me pourchassassent devers le roy de Damas[2] en disant qu'on m'avoit

1. Le consul de Venise à Damas, en 1432, était ser Giovanni Dolfin qui fut remplacé l'année suivante par ser Lorenzo Muazzo. Berchet, *Relazioni dei consoli Veneti nella Siria*. Turin, 1866, p. 55.

2. Le gouverneur général de la Syrie en 1432 était l'émir Tcharqouthlou. Ce personnage, circassien d'origine, avait été l'esclave et l'affranchi du sultan Barqouq. Sous le règne de son fils, le sultan Faradj, il fut nommé naïb ou gouverneur de Hamah, puis envoyé à Safed en la même qualité. Appelé en Égypte, il fut arrêté à son arrivée à Qathiah, chargé de chaînes et conduit à Alexandrie où il fut jeté en prison (15 avril 1418). Rendu à la liberté, il reçut une seconde fois le gouvernement de Hamah et, en 826 (1422), le sultan Barsbay le nomma gouverneur d'Alep. Il résida pendant deux ans dans cette ville et fut rappelé au Caire pour y remplir la

prins à tort et sans cause et que ledit trucheman le sçavoit bien. Lors me fist ledit seigneur venir devant luy et avec moy y vint ung Jennevois nommé Gentil Emperial qui estoit comme on dit marchant de par le Souldan pour aler acheter des esclaux en Caffa¹. Et quant je fus devant ledit seigneur, il enquist d'où j'estoye et que je estoye venu faire. Je luy respondy que j'estoye du royaulme de France et que j'estoye venu en pelerinaige en Hierusalem et adont dist il qu'on faisoit mal de moy detenir et me dist que je m'en alasse, quant bon me sambleroit. Lendemain qui fu le xi⁰ jour d'octobre, je me partis de ladite ville de Damas en la compaignie d'un moucre lequel porta tous mes habillemens turquois hors de

---

charge d'atabek ou généralissime des troupes d'Égypte. Il remplaça en 835 (1431), l'émir Soudoun dans le gouvernement de Damas. Après le départ de Bertrandon de la Broquière, il accompagna le sultan au siège d'Amid. Il mourut à Damas, le 19 du mois de redjeb 837 (2 mars 1434). L'émir Self Eddin Tcharqouthlou, dont le nom a la signification de « quatre fois heureux » ou « quatre fois béni » était de petite taille ; sa barbe était blanche. Il avait un grand luxe de vêtements et de chevaux. Il était généreux envers ses officiers et ses esclaves et il respectait les biens de ses administrés. Ces détails nous sont fournis par Aboul Mehassin Youssouf ibn Taghry Berdy dans son ouvrage biographique intitulé *Manhal Essafy*, ms. de la Bibliothèque nationale, fonds arabe, n° 749, f⁰⁸ 144-145.

1. Pendant tout le moyen âge, les Vénitiens et les Génois firent le commerce des esclaves qu'ils vendaient aux musulmans. Les statuts connus sous le nom d'*Officium Gazeræ*, qui réglaient la situation des Génois en Crimée, leur défendaient, sous peine de fortes amendes, de transporter en Égypte, en Barbarie et dans les États musulmans de l'Espagne, des hommes ou des jeunes filles esclaves. Malgré ces défenses, les Génois de Caffa vendaient aux xiv⁰ et xv⁰ siècles, aux sultans d'Égypte, les enfants circassiens enlevés par les Tatars. Gentile Imperiale était un des pourvoyeurs de la cour du sultan Barsbay. *Officium Gazeræ* dans les *Monumenta historiæ patriæ. Leges municipales*. Turin, pp. 371-377.

la porte, car nul Chrestien n'ose porter la tocque blanche parmy ladite ville; et saillis par la porte auprès du chastel contre le north[1]. Et ledit Hoyarbarach, avec lequel je devoye aler, s'estoit party le jour de devant; et me convoya ledit moucre, lequel porta tous mes habillemens turquois jusques à une ville nommée Balbec qui est à deux journées de Damas. Et quant je me party de ladite ville de Damas, je passay par une montaigne au dessus de la ville où estoit la maison de Cayn comme on dist et descendy entre deux montaignes et montay contre le mont de la rivyere qui passe à Damas[2]. Et est assez beau pays de montaignes qui durent environ une journée. Et le demourant jusques à Balbec est beau pays et plaisant. Et quant je vins à Balbec, je trouvay ladite carvane et ledit Hoyarbarach avec qui je devoye aler qui me dist que je vinse avec luy et que je ne partisse pas de ladite compaignie qui estoit logié aux champs en pavillons sur une rivyere[3], car de jour, le pays est moult chault et ne creroit nul qui ne l'auroit essayé le grant froid et la grande rousée qu'il fait de

1. La porte qui s'ouvre au nord de la ville, à côté du château, porte le nom de *Bab el-Faradj* (la porte de la joie).

2. Le Barada (le *Chrysorhoas* des anciens) est formé de deux cours d'eau descendant de l'Anti-Liban et qui prennent leur source l'un à Aïn-Barada, l'autre à Aïn el-Hawar. Ils se réunissent à la distance d'une heure de marche, au sud de Zebdany, et la rivière prend alors le nom de Barada. Après avoir traversé Damas, elle va se jeter dans le Boheyrèh el-Oteibèh, à l'est de cette ville.

3. Le Wady Nahlèh, qui arrose le village de ce nom situé à l'est de Baalbeck.

nuit tout au long de celluy pays, comme dit est. Et environ xi heures du matin, je donnay à boire à mon cheval et de la paille, ainsy qu'on a accoustumé par dechà. Les Turcz le me souffrirent celle fois. Je cuiday ainsi faire le soir, vers vi heures; quant mon cheval eust beu, je luy voulu donner à mengier. Ilz me osterent ma besache et me failly attendre qu'il fust environ viii heures et adont je veis leur maniere de faire qui est telle comme j'ay dit par avant, et ne donnent jamais à mengier aux chevaulx les uns devant les aultres, senon qu'ilz leur fassent paistre de l'erbe [1].

Et avec ledit chief venoit un des mamelus du Souldan lequel estoit Cerkaisis et aloit pour querir ung sien frere qui estoit au pays de Carman, lequel mamelu, quant il me vey ainsy seul et sans savoir parler la langue du pays, il me acompaigna par charité et me prist avec luy. Et pour ce qu'il n'avoit point de pavillon, aucunesfois nous logeasmes dedans jardins dessoubz les arbres et là commenchay à apprendre à couchier sur la terre et à boire de l'eaue sans vin et me seoir à terre les jambes croisiées ce qui me fu ung pou dur au commencement. Mais le plus dur me fu le chevaulchier aux cours estriers; et me trouvay aulcunesfois en telle nécessité que

---

[1]. Les Turcs prétendent que la jalousie, inspirée à un cheval par la vue d'un autre cheval mangeant son orge pendant que lui-même en est privé, lui cause une grave maladie des yeux qu'ils désignent sous le nom de *guëuzindëh*, كوزندة.

quant j'estoye descendu, je ne pouvoye monter sans avantage pour la grant doleur des jaretz. Et aprés que je l'eus acoustumé, il me fu plus aisié que nostre maniere. Et ce premier soir que je soupay avec luy, nous ne mengasmés que du pain, du formage et du lait et fist mettre une nappe telle que touttes gens de bien ont acoustumé de porter par delà. Elle estoit environ de quatre piez de quarrure en rondeur et a des corions autour pour la clore comme on fait une bourse. Et quant on a mengié on la ferme et ne pert on riens, ne mye de pain, ne raisin s'il y est, et enferment tout dedans. Et quant on veult remengier, on la met tout ainsy qu'on la lieve. Et ne veys oncques nulz Turcz quelque pou ou assez qu'ilz mengassent qu'ilz ne rendissent graces à Dieu tout hault.

Et dès la premiere fois que partismes dudit Balbec, en allant à Hamos, nous logeasmes sur une petite rivyere dans un jardin pour ce que mon dit mamelu n'avoit point de pavillon et avec nous deux Turquemans de Satalye qui revenoient de la Mecque; et là je veis leur maniere de faire leurs logeis et de tendre leurs pavillons qui ne sont point grans ne trop haulx et n'y fault que ung homme pour en tendre ung et peut logier dedans six ou huyt personnes pour estre bien en l'ombre et à couvert. De jour, ilz ostent le dessoubz pour estre à leur aise et avoir le vent, et de nuyt, ilz le reboutent pour la frescheur. Et portera ung camel vi ou viii de ces pavillons ou plus, ensamble les mastz, et sont tresbeaux. Et soupasmes illec de haulte heure et pour ce qu'il sambla auxdis Turquemans que j'estoye bien habillié et que j'avoye bon cheval, belle espée et beau tarquois, ilz dirent audit mamelu comme il me fist dire quant je party de luy, que ce seroit bien fait qu'ilz me tuassent, veu que j'estoye Chrestien et non digne d'aler en leur compaignie, ausquels ledit mamelu respondy que ce seroit mal fait et pechié contre leur loy puisque j'avoye mengié pain et sel avec eulx et que Dieu faisoit les Chrestiens comme les Sarazins. Et moy qui ne savoye riens de cecy, fus tout entredeux de m'en aler à Halep la milleure ville de Surye après Damas avec ces deux Turquemans lesquelz me pressoient fort de y aler et croy que ce n'estoit que pour me copper la gorge. Et pour ce, ledit mamelu ne voult point qu'ilz ne venissent plus avec luy.

Ceste ville de Balbec est bonne et assez marchande et bien fermée[1]. Et au millieu d'elle a ung chastel

---

1. Tous les voyageurs européens, qui ont parcouru le nord de la Syrie depuis Belon, ont donné une description de la ville de Baalbek et des ruines du temple du Soleil. Baalbek, l'ancienne *Héliopolis*, est le chef-lieu du Bilad Baalbek ou partie septentrionale de la Cœlesyrie. Elle fut prise par les Arabes en l'an 15 de l'hégire (février 636).

En 1085, elle tomba au pouvoir des Seldjoucides d'Alep, qui la défendirent contre les attaques des troupes des califes fatimites d'Égypte. Elle succomba cependant en cette année, puis elle fut reprise en 1090 et assiégée de nouveau en 1091. L'atabek Zenguy s'en rendit maître en 1139 après un siège de cinquante-cinq jours.

Baalbek fut bouleversée par des tremblements de terre en 1157 et en 1170. En 1175, elle tomba au pouvoir de Saladin qui fit reconstruire le

de moult grosse pierre et m'a len dit qu'il y a une musquée en laquelle a une teste d'homme et que dedans les troux des yeulx y pourroit en chascun estre la teste d'un des hommes qui sont aujourdhui. Je ne sçay s'il est vray, car nul n'y entre s'il n'est Sarazin.

Nous nous partismes dudit Balbec environ deux heures devant le jour. Et pour advertir de leur maniere de faire qui est telle, il y a ung grant naquaire que, aulcunesfois, le chief de tous fait ferir trois cops à l'eure qu'il veult partir; et sans plus dire mot quelconque, chascun se apointe et met à chemin à la file; et feront plus de bruit x d'entre nous que mil de ceulx là, se ce n'est aulcun qui veuille dire aulcune chanson de geste de nuyt en chevaulchant. Et au point du jour, ilz crient deux ou trois loing l'un de l'aultre et respondent l'ung après l'aultre en la maniere qu'ilz font quant ilz crient sur leurs musquées aux heures acoustumées; et puis, entre le point du jour et soleil levant, ceulx qui sont gens de devocion font leurs oroisons et lavemens ainsy qu'ilz ont acoustumé, c'est assavoir s'ilz sont à

---

château avec des matériaux provenant du temple du Soleil. L'année suivante, les Croisés, sous la conduite de Baudouin IV, envahirent et saccagèrent la plaine de la Beqa'a. Les Mogols s'emparèrent de Baalbek en 1260, et en 1400 cette ville fut occupée par Timour lors de son expédition contre Damas. Baalbek fut, de l'année 533 de l'hégire (1138) jusqu'en 644 (1246), la capitale d'une principauté constituée par Imad Eddin fils de Zenguy, au profit du chef Eyyoubite Nedjm Eddin, fils de Chady. Ibn-Batouta donne quelques détails sur l'industrie de Baalbek au milieu du xive siècle. *Voyages*, tome I, pp. 186-187.

costé de aulcun ruisseau, ilz descendent de leurs chevaulx et illec lavent leurs mains et leur visaige et tous leurs conduitz et leurs piez sont deschaussiez. Et s'ilz n'ont loisir, ilz passent leurs mains par dessus et puis, en derrenier, lavent le conduit d'en bas et puis la bouche, et ce fait, il se dreschent et tournent le visaige vers le midi et là dreschent les deux dois de leurs deux mains amont et puis s'agenoullent et baisent la terre et ainsy le font trois fois et puis se lievent tout droit et puis disent leurs oroisons. Et leur a len ordonné ce lavement au lieu de confession. Et les notables qui ont gens soubz eulx font porter des bouteilles de cuir plaines d'eaue moult belles pour faire leurs lavemens, lesquelles ilz mettent pendre soubz le ventre de leurs chevaulx ou de leurs cameaulx. Ilz pissent en toutes manieres comme femmes et jamais ne torchent leur derriere, mais s'ilz ne pissent que de l'eaue, ilz torchent leur chose d'une pierre ou contre une muraille ou quelque aultre chose.

Item, nous partismes toute la compaignie et me samble que pouvyons estre environ de IIII à v° personnes et le tiers plus de camelz que de muletz qui portoient les espices pour nous en aler en une ville nommée Hamos qui est à deux journées dudit Balbec et est tout beau pays et plain pour la plus grant partie.

Item, nous venismes à Hamos qui est assez bonne ville et est moult bien fermée de murailles et les fossez sont tous glacissez. Il y a ung beau chastel à ung bout de la ville qui est assis sur une mote assez haulte et est toutte glacissé jusques au pié du mur qui n'est guyeres hault. Et est ceste ville sur une petite rivyere et siet en une grande plaine et vient ferir là le plain de Noe et dure, ce dist on, jusques en Perse[1]. Et par là vint le Tamburlant qui print et

---

[1]. Hamos est la ville de Hims ou Homs, l'ancienne Émèse. Elle est située non loin des bords de l'Oronte, dans une plaine couverte de jardins, de vergers et de plantations d'oliviers. Les revenus du district, dont elle est le chef-lieu, atteignaient le chiffre de 300,000 dinars sous le gouvernement des sultans Mamelouks d'Égypte. Le château, s'élevant sur une éminence située au sud de la ville, est construit en pierres basaltiques et entouré d'un large fossé de deux cents pieds de profondeur. On y conservait l'exemplaire du Coran ayant appartenu au calife Omar; il avait été mis en dépôt dans le château par Khalid fils de Welid, et on ne pouvait l'en faire sortir, prétendent les géographes orientaux, sans voir s'abattre sur la ville une violente tempête accompagnée de torrents de pluie. Ces mêmes auteurs affirment que l'on ne trouve à Hims ni scorpions, ni serpents, et ils attribuent cette particularité à un talisman placé au-dessus de la porte de la mosquée. C'est une figure humaine dont le corps se termine par une queue de scorpion. La terre qui se trouve au bas de ce talisman, appliquée sur une piqûre faite par un animal venimeux, ou délayée dans de l'eau et bue, suffit pour arrêter immédiatement les effets du poison. *Djihan Numa*, p. 590. Belon visita Hims pendant son voyage en Orient, et il donne de cette ville une description détaillée : « et passasmes par la ville que les Arabes appellent *Hamza*, les Turcs *Hamous* et anciennement *Emissa*. Cette ville estoit anciennement bien murée de pierres de taille, et encore pour le présent, l'on voit les murailles debout ; il y a aussi un tertre élevé, moult hault dans le circuit des murs que l'on voit aisement de toute la plaine, dessus lequel est situé un chasteau qui fut anciennement édifié par les Romains... Il y a grand trafic de soye en Hamouz; aussi nourrissent-ils les vers moult diligemment, car ilz ont les jardins arrousez commodement des ruisseaux venans des montagnes et rendans la plaine fertile. Ilz cultivent les arbres fruictiers. Leur commun ouvrage est de faire des mouchoirs et couvre-chefz bigarrez, meslez en partie de soye et de fil d'or, aussi en font de soye blanche, rouge et jaune, entremeslée de fil d'or que l'on sçait nommer par toute la Turquie mouchouers de Hamouz. La ville est située en

destruit toultes ces villes et des aultres aussy. En après, je me party de Hamos et vint à Hamant tout au long de ce beau pays où habitent pou de gens se ce ne sont Arabes qui refont aulcuns villaiges qui ont été destruictz. Et passay à ung pont une riviere qui va à Hamant[1]. Il souloit jadis avoir une forte place sur le dit passaige qui est toute abatue[2].

une spacieuse et plaine campagne, où passent des beaux ruisseaux par dedans. Le tour des murs est quasi entier, mais le dedans est ruiné, et n'y a rien de beau à voir que le Bazar, c'est-à-dire le marché et le Bazestan qui est fait à la façon de Turquie. Les murailles monstrent bien que la ville a esté autresfois quelque grande chose, aussi est-elle assise en bon pays ». *Les observations de plusieurs singularitez et choses mémorables trouvées en Grèce*, etc., Paris, 1588, pp. 345-346.

Les musulmans, conduits par Khalid, s'emparèrent de Hims en 636. Cette ville ouvrit ses portes aux Croisés en 1099 ; en 1130, elle repoussa les attaques de l'atabek Nour-Eddin fils de Zenguy. Elle fut en partie détruite par les tremblements de terre qui désolèrent la Syrie en 1157 et en 1170. En 1281, l'armée égyptienne infligea une sanglante déroute aux Mogols non loin de Hims. Hims se rendit à discrétion en 1400 à Tamerlan qui épargna la ville et ses habitants.

1. L'Oronte, *Nahr el-Assy*, « le fleuve rebelle », ou *Nahr el-Maqloub*, « le fleuve renversé », est ainsi nommé par les Arabes, parce que seul de tous les cours d'eau de la Syrie, il coule du sud au nord. L'Oronte prend sa source à environ huit lieues au nord-est de Baalbek, au pied du versant oriental du village de Hermel et du monastère de Mar-Maroun. Il traverse le lac de Kades, arrose les villes de Hims, de Hamah et Derkouch, puis se dirigeant vers l'ouest, il passe à Antioche et se jette dans la mer Méditerranée, près de Souediëh, l'ancienne Séleucie.

2. La forte place dont il est question dans ce passage est l'ancienne ville d'*Arethusa* qui porte aujourd'hui le nom de *Restan*. Elle s'élevait au sommet d'une colline sur la rive orientale de l'Oronte que l'on franchit sur un pont de treize arches. Arethusa a été le siège d'un évêché. Le village de Restan est bâti au milieu de ruines qui couvrent un espace considérable.

« Une ville ancienne et connue, dit Aboul Féda, est celle de Restan. Jadis florissante, elle est aujourd'hui en ruines. On y voit encore des maisons formant comme une bourgade, des édifices dégradés, des vestiges

Et quant je fus venu à Hamant, je y trouvay ung marchant de Venise qui se nommoit Laurens Sanranze[1] qui me fist bonne chiere et me logea en sa maison et me mena au bathzar pour acheter les choses que mondit mamelu m'avoit dit qu'il me failloit avoir comme les aultres, c'est assavoir le bonnet qu'on met soubz la tocque et aultres petites coiffes de soye à la maniere des Turquemans et des cuilliers de Turquye, ung fusil et des cousteaulx, ung pigne et l'estuy et une chose de cuir à boyre de l'eaue. Et touttes ces choses se atachent à une espée et n'empeschent à porter neant plus que font coulpes attachiées à la courroye d'une trompe. Et achetay ung capinat qui est une robe de feutre tresdelié blanc, que la pluie ne perche point[2] et ung tarquois tout garny pour espargnier le mien qui estoit tresbeau et le fis porter jusques à Bourse sur ung camel. Je achetay aussy des poulciers pour tirer de l'arc. Et me monstra ledit Laurens Sanranse

---

de murs; quelques arcades sont encore visibles ainsi que quelques-unes des portes de la ville, et partie des murailles qui l'enceignaient et des aqueducs qui l'alimentaient. Elle est située au sud du fleuve Oronte, sur une élévation formée presque entièrement de poussière, et dont la pente aboutit à la plaine qui s'étend vers Hims. Restan est à mi-chemin de Hims à Hamah. » *Géographie d'Aboul Féda, traduite de l'arabe en français*, par M. Stanislas Guyard. Paris, 1883; t. II, 2º partie, p. 10.

1. Lorenzo Soranzo. La famille des Soranzo a fourni à la seigneurie de Venise des magistrats qui ont été investis des plus hautes fonctions. Un Nicolò Soranzo était consul de Venise à Damas en 1441. S. Berchet, *Relazioni dei consoli Veneti in Soria*. Turin, 1866, p. 55.

2. Capinat est le mot turc *kepenek*, كپنك, qui désigne une étoffe de feutre.

toutte la ville et le chastel qui estoit une belle chose à veoir, car elle est estrangement située sur une roche de la fachon de Provins et les fossez sont fais au cyseau bien parfontz en ladite roche et sy est tresbien fermée de tresbelles murailles et bien espesses et de tours. Et à ung bout y a ung tresbeau chastel et fort sur une haulte mote vers soleil levant, laquelle est toute glacissée jusques au pié du mur[1]. Et a autour dudit chastel une citadelle dequoy ledit chastel est maistre et passe par le pié dudit chastel une rivyere selon les murs, laquelle on me dit que c'est ung des fleuves qui vient de paradis terrestre. S'il

---

1. Hamah, l'ancienne *Epiphania*, est bâtie sur les deux rives de l'Oronte que l'on franchit sur quatre ponts. Elle était, au moyen âge, entourée de fortes murailles et d'un fossé très profond. Le château était construit sur une éminence. Hamah est célèbre pour les énormes roues hydrauliques qui élèvent l'eau de l'Oronte et la distribuent dans toute la ville. Les plus grandes portent, l'une le nom de *Mohammedyéh*, l'autre celui d'*Osmanyéh*. Elles ont plus de soixante pieds de hauteur. Hamah fut, depuis 1178 jusqu'en 1341, la capitale d'une principauté gouvernée par des princes Eyyoubites de la famille de Saladin. A son retour de Damas, Tamerlan la livra au pillage et réduisit ses habitants en esclavage pour les punir d'une sédition qui avait eu lieu pendant son séjour dans la capitale de la Syrie. « Ce qui reste aujourd'huy de cette ville mérite encore l'attention des curieux : on y voit plusieurs grandes mosquées et un bon nombre de maisons bâties de grandes pierres blanches et noires qui sont entremêlées. Un grand château fort ruiné et construit de ces mêmes pierres s'élève sur une éminence à l'un des bouts de la ville : l'Oronte baigne les murs de ce château et il remplit de très-beaux fossés qui sont taillez dans le roc... Vis-à-vis du château il y a une belle mosquée, accompagnée d'un jardin presque sur le bord de la rivière, au devant de laquelle est une haute colomne de marbre, ornée de bas-reliefs d'une excellente sculpture qui représentent des figures humaines, plusieurs espèces d'animaux, des oyseaux et des fleurs. » De la Roque, *Voyage de Syrie et du mont Liban*. Amsterdam, 1723, t. I, p. 196.

est ainsy, je n'en say riens. Elle descend contre soleil levant et midi et plus près de soleil levant et va cheoir en Antioche. Et en ceste rivyere a une roe que ladite rivyere fait tourner, la plus haulte et la plus grande que je veisse oncques qui puise eaue de la rivyere assés pour toute la ville, qui est bien grande et la jette dedans ung auge qui passe parmi la roche dudit chasteau et descent dedans ladite ville et là entre dedans grans pilliers quarrez qui sont au long des rues. Et peut avoir chascun pillier deux piés en quarure et xii piés de hault et vont ainsy tout au long de ladite ville et prent qui veult de ladite eaue.

Aulcuns des Turcz de qui j'estoye jà acointé sceurent que j'estoye logié à l'ostel d'un Franc et me poursieuvirent fort pour leur faire avoir du vin pour en boire à part, car ilz n'en ozoient boire devant les gens, pour ce qu'il leur est deffendu en leur loy et sy venoient de la Mecque. Adont j'en parlay audit Laurens lequel me respondy qu'il ne l'ozeroit faire, car s'il estoit seu que ung Franc donnast à boire vin à ung Sarazin, qu'il en seroit reprins et en dangier. Et lors je leur feis ceste responce, lesquelz ne s'en attendirent point à moi, mais en avoient jà trouvé à vendre en la ville en l'ostel d'un Grec et ne say s'ilz le firent pour avoir coulleur de boire du vin ou pour me faire bonne chiere. Ilz se prindrent eulx v Turcz et moy le vi^e qu'ilz menerent en la maison dudit Grec, lequel nous mena en une petite galerye; et là nous asseismes tous à terre en ung ront. Adont celluy Grec nous aporta une telle de terre qui tenoit bien viii los de vin et le mist au millieu de nous six et ala querir pour chascun ung grant pot de vin et le mist dedans ladite telle. Et puis nous apporta deux escuelles de terre et les mist dedans le vin. Et lors commencha le premier et beut à son compaignon selon leur maniere de faire, et puis après, les aultres. Et commenchasmes tres bien à boire l'un après l'aultre, tour à tour, sans cesser et sans mengier, quant j'eus tant beu que je n'en povoye plus, je me doubtay que le boire ne me feist mal; je me commenchay à rendre et leur priay à jointes mains que je ne beusse plus. Ilz commencerent estre mal contentz de moy pour ce que je ne buvoye comme eulx et leur sambloit que je leur faisoye grant tort. Adont l'un d'eulx de qui j'estoye le plus acointé lequel me appelloit kardays, c'est à dire frere[1], dist qu'il beuveroit pour moy affin que les aultres fussent contens de moy. Il beut à son tour et au mien jusques ad ce que la nuyt vint qu'il nous en failly aler à nostre kan là où nous trouvasmes ledit Hoyarbarach seant sur ung siege de pierre, à tout ung fallot devant luy qui congnut bien et s'appensa dont nous venismes. Et des v les iiii s'en alerent et n'en demoura que ung avec moy.

Je dis ces choses affin que s'aulcun demain ou

---

1. *Qardach*, قرداش, frère.

après se trouvoit en leur compaignye qu'il ne se pregne point à boire avec eulx, s'il ne veult boire jusques ad ce qu'il se couche; et ne savoit riens de cecy mondit mamelu, qui, ce mesme jour, nous avoit fait acheter une oye et l'avoit fait boullir et en lieu de verjus pour la mengier, il acheta de verdes foeilles de poreaulx et mangiasmes tous ensamble, et nous dura jusques à trois jours. Et lendemain, me party avec luy pour tirer la voye d'Anthioce, ensamble IIII marchans Turcz et laissasmes là le chemin de Halep qui est droit contre le north, pour ce que ladite carvane n'y aloit point, et ne partit que ung jour après nous. Et ce feist ledit mamelu pour trouver nos logeis plus aysié. Et demie lieue au dessoubz Hamant, passasmes icelle rivyere dessus ung pont de pierre[1] et estoit icelle rivyere hors de rive et s'y n'avoit point pleu. Je y eusse esté en dangier de noyer se n'eust esté mondit mamelu pour ce que je m'en alay boutter dedans le bort qui est roide et parfont pour

[1]. Ce pont est celui de Cheïzer au nord de Hamah. Il se compose de treize arches, et il est placé au point où l'Oronte sort d'entre des montagnes abruptes et dénudées..., Les méandres du fleuve dans cette vallée étroite et rocailleuse où il n'existe aucun espace entre l'eau et le pied des montagnes ressemblent à ceux de la Wye dans le comté de Montmouth; au pont de Cheïzer, la rivière est aussi large que la Wye à Chepstow. J.-L. Burkhardt, *Travels in Syria and the Holy Land*, Londres, 1822, p. 143.

« Cheïzer, dit Aboul-Féda, est munie d'une forte citadelle. Au nord de cette ville coule l'Oronte, franchissant en cet endroit une levée de plus de dix coudées de hauteur, qu'on nomme Khartalah. Cheïzer possède des arbres, des vergers et produit des fruits, principalement des grenades. L'auteur de l'*Azizi* dit que Cheïzer est entourée d'une muraille de briques et qu'elle a trois portes. Il ajoute que l'Oronte coule devant ses murs, au nord. » *Géographie d'Aboul-Féda*, t. II, 2º partie, pp. 39-40.

abreuver mon cheval. Et puis, nous traversasmes celle grant plaine qui est large et longue [1], et en chevaulchant, trouvasmes vi ou viii Turquemans et avoient en leur compaignie une femme; et chascun d'eulx portoit le tarquais et la femme aussy [2]. Et me dist on qu'elles sont vaillantes femmes et qu'elles combattent aussy bien que font les hommes, de quoy je fus bien mervellyé. Et me fu après dit qu'elles sont bien xxx mille femmes portans ainsy le tarquais, subjectes à ung seigneur qu'on appelle Surgadiroly, lequel se tient ès montaignes d'Armenie sur la marche de la Perse [3]. En après, je chevaulchay par

---

1. La plaine qui s'étend de Famia (Apamée) à Maarrat-en-Na'man.

2. « Item, autour de Damasq et de Halep en la dicte Surie, y a encores une autre maniere de gens nommez Turquemans, natifz de Turquie, qui par le congiet du Souldan habitent le païs et changent souvent habitacion de lieu à autre, ayans femmes, enffans et bestiaulx lesquels sont en grant quantité montés sur d'assés bons chevaulx, ayans bons arcqs, flesches, epées et tambours et maches et aucuns ont targes. Et sont iceulx Turquemans sans comparoison meilleurs et plus vaillans aux champs que les Arrabes ne que les Sarrazins du païs, ne encores que les esclaves et sont grandement et trop plus doubtez et sont iceulx Turquemans pretz au plaisir dudict Turc et Souldan. » Ghillebert de Lannoy, *Voyages et ambassades*, p. 122.

Khalil Eddahiry, dans son ouvrage, intitulé *La crème de l'exposition détaillée des provinces et du tableau des chemins et des routes*, ms. arabe de la Bibliothèque nationale, n° 695, donne les noms de toutes les tribus de Turcomans établis en Syrie.

Hadji Khalfa donne la liste de celles qui résident dans la province d'Alep. *Djihan Numa*, p. 592.

3. La dynastie turkomane des Zoulqadr Oglou, ou Zoul Qadrièh, gouverna pendant cent quatre-vingts ans les provinces de Marach, de Malathiah, d'Aïntab, de Kharpout et de Husn-Mançour, et posséda les places fortes situées sur les frontières de Perse. Le prince qui régnait à l'époque du voyage de Bertrandon de la Broquière était Nassir Eddin Mohammed Bey, qui mourut en 1442, à l'âge de quatre-vingt-trois ans, après quarante-quatre années de règne.

ce beau pays une journée et puis, passay par ung pays de montaignes assés bel, mais il y a trespeu d'eaues et grant foison de villages detruictz[1]. Et en chevaulchant par celluy pays, mon mamelu m'apprenoit à tirer de l'arc à cheval. Et me fist acheter des aneaulx et des poulciers pour tirer. Et venismes à une ville champestre qui est en ung tresbeau pays de toutes choses, c'est assavoir de blés, de vins, de boys et de hayes, mais il n'y a point de rivyeres, ne nulles fontaines, se ce ne sont caves de cisternes. Et souloit estre ce pays aux Chrestiens, et la plus grant feste qu'ilz me faisoient, c'estoit qu'ilz me disoient que cela avoit esté aux Francz et me monstroient les eglises qui y estoient abatues. Et nous logeasmes ce soir à ung logeis de Turquemans et veis je les visages de leurs femmes descouvers; et portent ung drappeau quarré d'estamine noir devant leur visage, et selon ce qu'elles sont riches, elles y portent des monnoyes et des pierres precieuses. Et fu le premier logeis que je veis des Turquemans et en veis VI ou VIII tirer de l'arc, et sont bons archiers et sy tirent assis et sont leurs buttes courtes; et pour un pou d'espace, leurs flesches vont bien tost.

Item, quant je partis du pays de Surie, j'entray au pays de Turquemanie que nous appellons Armenie

1. La route suivie par les caravanes et les voyageurs qui se rendent de Hamah à Antioche est donnée par l'auteur du *Guide des pèlerins à la Mekke*. Il y a de Hamah à Medik douze heures de marche, de Médik au pont de Choughr douze heures, du pont de Choughr à Zenbaquièh sept heures, de Zenbaquièh à Antioche dix heures.

dont est le chief une grant ville qu'ilz nomment Entequeyé et nous l'appelons Anthioce[1]. Et est ceste

1. Antioche, nommée par les Arabes *Anthakièh*, avait été enlevée à l'empire de Byzance par Abou Obeïdah Amir ibn el-Djerrah en 636. Elle resta au pouvoir des musulmans jusqu'en 969, époque à laquelle elle fut conquise par Nicéphore Phocas, après Tarse, Messissèh et les autres villes de la Cilicie.

Yaqout a inséré dans son *Moudjem oul-bouldan* le texte d'une lettre écrite par Ibn Bouthlan à Hilal ibn Mouhssin Essaby, et renfermant une description de la ville d'Antioche vers l'année 450 de l'hégire (1058).

Le prince Seldjoucide Suleyman l'arracha aux Grecs en l'année 478 de l'hégire (1078) et les Croisés s'en emparèrent en 1098.

Willibrand d'Oldenbourg nous a laissé une intéressante description d'Antioche. *Itinerarium Willibrandi ab Oldenborg* dans les *Symmicta* d'Allatius, Cologne, 1653, p. 132.

Le sultan Bibars l'enleva aux Latins en 1265, et l'historien Aboul Mehassin nous apprend que les murailles d'Antioche avaient, lors de la capitulation de cette ville, douze milles de tour, qu'elles étaient flanquées de cent trente-six tours et percées de vingt-quatre mille meurtrières.

« La ville d'Antioche, dit Belon, est en telle situation qu'on ne la sçauroit bonnement descrire en peu de parolles : car la structure des murs la rend grandement admirable à la contempler, plus qu'une autre ville qui seroit édifiée en la plaine..... Le tour des murailles de la ville n'est rien moins grand que de Nicomédie ou Constantinople. Il y a plusieurs habitans en la ville, Grecs, Armeniens et Turcs. Elle est moult abondante en eaux de fontaines qui sortent des rochers enfermez au circuit des murailles. Il y a ung des costez de la muraille qui enceinct une montagne. L'autre costé s'estend par la sommité de deux montagnes qui luy servent de fossez : car il y a trois hautes montagnes comprinses au circuit des murailles, qui ne sont petits tertres comme à Constantinople ou à Rome, ains sont vrayes hautes montagnes. Nous ne sçachons ville en France à qui puissions comparer Antioche que la ville de Lyon. Car comme Lyon enferme les hautes montagnes de Sainct Jus, tout ainsi la ville d'Antioche va enceindre des hautes montagnes, sur lesquelles est situé le palays d'Antiochus qui n'est pas du tout ruiné, car l'on y voit plusieurs choses en leur entier comme de grandes salles et chambres et aussi des cisternes faites à la façon de celles du palais de Philippe en Macédoine de desmesurée grandeur. La massonerie du chasteau d'Antioche et du tour des murailles de la ville sont encore en leur entier. L'on y voit des tours quarrées près à près l'une de l'autre, moult hautes, où les ouvriers n'ont pas espargné la pierre à les

ville moult grande et fu jadis bonne, mais ad present les murs sont encores beaulx et entiers et tiennent ung tresgrant pays. Et a dedans d'assez grandes montaignes, mais maintenant, il n'y a point plus de trois cens maisons. De l'une part est la montaigne devers midi et devers le north y a ung grant lac[1] et au dessus a un tresbeau pays et bien plain. Et passe, selon les murs, la rivyere qui vient de Hamant et n'y demeure que Turquemans qui sont, la plus grant part sy que les Arabes, car ilz ont grant foison de bestes, c'est assavoir camelz, vaches, brebis et les plus belles chievres que je veis oncques, qui portent la laine longue et doulce et crespée ainsi que s'elle estoit trechée. Et n'ont point les oreilles pendans comme celles de Surie, et en ay veu plus de blanches que d'aultres. Et tous les moutons ont les queues larges et bien grosses et longues. Et ont des asnes sauvaiges apprivoisiez et avoient les testes et les pieds fendus comme un cerf; ils ont les oreilles et le poil tout tel. Je ne say s'ilz crient comme les autres, car je n'en oys oncques nulz crier, mais ilz sont moult beaulx

fortifier. Les murailles qui sont du costé de l'occident sont de tel artifice qu'on peut mener les charettes et chevaux du bas de la ville au haut du chasteau touz chargez et monter à cheval par l'entre-deux des deux voûtes par le dedans de la muraille. Chaque tour a sa cisterne. » *Les observations de plusieurs singularitez*, etc., pp. 357-358.

1. « Le lac d'Antioche est appelé par les Arabes *Bohairat Abiad*, et par les Turcs *Aq-Deniz*. Ce lac reçoit les eaux de trois rivières, qui reviennent du nord, à l'orient l'Afrin, à l'occident la rivière Noire *Qara-sou* et au milieu celle de Jagra, ainsi nommée d'un village qu'elle traverse. Ces trois rivières n'en forment qu'une avant de se jeter dans le lac. » Corancez, *Itinéraire d'une partie de l'Asie Mineure*. Paris, 1816, p. 143.

et vont avec les aultres bestes. Je n'en veys oncques nul chevaulchier et sont moult grans[1]. Et la plus grant partye de leurs marchandises, lesdis Turquemans la font porter sur beufz et buffles comme nous faisons sur chevaulx, et en ay veu plusieurs chargiez de leurs marchandises, et d'aultres que l'on chevaulchoit.

1. La description que Bertrandon de la Broquière fait de cet animal me paraît indiquer l'âne sauvage ou hémione. Le pied fourchu semblerait, cependant, plutôt désigner une gazelle, mais je crois que notre voyageur a été mal servi par ses souvenirs.

J'extrais de la *Description de l'Asie Mineure* par M. de Tchihatchef la notice que ce savant a consacrée à l'hémione et qui me paraît corroborer ma supposition.

« Il est très probable que l'onagre ou âne sauvage des anciens que Pallas croit avoir retrouvé dans son *Equus onager* ainsi que l'hémione (*Equus hemionus* L.) aient jadis habité l'Asie Mineure où, d'après les savantes recherches de M. Dureau de la Malle, les auteurs anciens indiquent la dernière espèce à l'état de domestication. Malgré tous mes efforts, il m'a été impossible de constater l'existence de l'une ou de l'autre de ces deux espèces. Ce n'est que dans la région boisée du Pont entre Niksar et Sele-yaïlassi que les habitants m'ont signalé un animal sous le nom d'âne sauvage (*yabani echek*) qui, d'après la description qu'ils m'en firent, pourrait bien être l'onagre de Pallas, car entre autres traits par lesquels il le caractérisent, figure une bande noire en croix sur le dos, une robe blanchâtre et des oreilles presque aussi longues que celles de l'âne domestique ; ils m'assurèrent qu'il se montre assez fréquemment lorsque la neige encombre les épais taillis dont est hérissée cette partie montagneuse du pays. Quoi qu'il en soit, les auteurs anciens mentionnent très fréquemment en Asie Mineure et l'onagre qu'ils nomment également l'âne sauvage et l'hémione qu'ils en distinguent positivement, comme une espèce différente. Ainsi Strabon (livre XII) et Pline (*Hist. nat.*, l. VIII, 44) disent que la Lycaonie abondait en ânes sauvages, et Varron (*De re rustica*, l. XI, 2-3) assure que, de son temps, on voyait des troupeaux entiers dans cette région ainsi que dans la Phrygie, Pline (l. VIII, 69) signale dans la Cappadoce des mulets féconds qui peut-être étaient des hémiones, car Aristote parle des mulets féconds de la Syrie qu'il désigne par le nom d'ἡμίονος. » De Tchihatchef, *Asie Mineure*, tome II, pp 663-664.

Et souloit estre seigneur de ce pays ung que on nommoit Ramedang qui estoit moult grand homme, riche et vaillant[1] et pour ce, ne l'osoit courouchier le Souldan et trouva maniere avec le Karman duquel il avoit une sienne seur à femme, qui s'estoit alié pour le faire prendre. Et m'a esté dit qu'il le prist mengant ensemble, puis l'envoya audit Souldan qui l'a fait mourir. Et les dessusdis ont departy ledit pays de Turquemanie, duquel le Souldan a eu le plus grant part, comme on me dit.

Item, au partir d'Anthioce, devers ponant, je passay une montaigne que l'on nomme Negre[2], en

[1]. Ce prince est Sarim Eddin Ibrahim Bey Ramazan Oglou, qui transporté au Caire et menacé de mort, mourut en prison peu de temps après son arrivée. Il était le fils de Ahmed Bey Ramazan Oglou qui s'empara d'Adana en 1378 et mourut en 1416.

Les princes de cette petite dynastie gouvernèrent pendant deux siècles la province d'Adana et la partie septentrionale de la Syrie qui s'étend jusqu'à Alexandrette.

L'histoire assez obscure de ces Turcomans présente le tableau d'une longue série de luttes contre les soudans d'Égypte et les princes de la Caramanie. Les Ramazan Oglou cessèrent de posséder leur principauté sous le règne du sultan Suleyman. Ils reçurent le titre de pacha et furent investis du gouvernement de provinces de l'empire ottoman. Le dernier descendant des Ramazan Oglou mourut gouverneur d'Alep à la fin du XVIe siècle.

[2]. La montagne Negre est le Djebel-Moussa qui forme l'extrémité du *Ghiaour-daghy* ou montagne des Infidèles qui s'étend depuis le cap Ras el-Khinzir jusqu'à Beïlan. « Qui vero, dit Guillaume de Tyr, a septentrione, verbo vulgari et consueto Montana Nigra dicitur, mons videtur pinguis et uber fontibus et rivis irriguus, in sylvis et pascuis, multas suis habitatoribus præbens commoditates, ubi et priscis temporibus multa traduntur fuisse virorum religiosiorum monasteria et usque in præsens Deum timentium loca plura fovet et nutrit venerabilia. » *Willermi archiepiscopi Tyriensis historia*, l. IV, cap. x, p. 168.

Marino Sanuto donne pour le nom de *Montana Nigra* l'étymologie suivante : « Habet quoque (Antiochia) a parte septentrionis montem qui vulla compaignie de mondit mamelu et en la montant, on me monstra trois ou quatre beaulx chasteaux par semblance destruictz, qui autresfois avoient esté aux Crestiens, laquelle montaigne est assez belle et aysiée à passer et plaine de lauriers qui sentent moult bon. Et descendis la moittié plus depuis le hault jusques sur le goulfe de Layaste que je n'avoye fait en montant depuis Anthioce jusques au plus hault. Et quant je l'eus passée, je vins en bas sur ledit goulfe de Ayas que nous appellons le goulfe de Laiaste, car la ville a à nom Ayas. Ce goulfe cy entre entre deux montaignes bien xv milles dedans la terre et peult bien avoir xv milles de large devers ponant, comme il me samble et de ce, je m'en rapporte à la carte marine.

Assez près du chemin, quant on vient au pié de ladite montaigne, sur le bort de la mer, a un fort chasteau [1] lequel du costé de la terre est tout enclos de marescages de plus d'un trait d'arc de large. Et

gariter Montagna Nigra dicitur : in quo multi sunt heremitæ ex omni genere et natione, et pluria monasteria monachorum, tam Græcorum quam Latinorum. Est enim totus fontibus et rivulis irrigatus, ideo dicitur Mons aquosus. Neros enim Græcè aqua dicitur, licet, rudes pro nigro accipiunt. » *Liber secretorum fidelium Crucis*, etc., typis Wechelianis, 1611, p. 174.

« Le mont Amanus est vulgairement nommé Monte Negro, c'est à dire noir... Il nous fallut monter la montagne moult droite et precipiteuse et plus fascheuse que nulle autre que nous eussions encore trouvé... Nous mismes plus de six heures avant qu'arriver à la sommité de la montagne... La descente de cette montagne ne fut si fascheuse que la montée, car elle n'estoit pas si droite en descendant qu'en montant. » Belon, *Les observations de plusieurs singularitez*, etc. Paris, 1588, p. 360.

1. Le château entouré de marécages est celui d'*Iskender* (Alexandre). Le château d'Alexandrette (*Iskenderoun*) fut construit sous le règne du khalife

n'y peult on venir que par une chaucié estroitte¹ ou par la mer et ne demeure nul dedans, car autresfois, il a esté destruit. Et fu devant ledit chasteau le second logeis que je veis desdis Turquemans qui y povoient estre environ vi˟ pavillons les plus beaulx qu'on pourroit veoir, tant de cottonis blancs et bleus comme de feutre. Et sont grans pour logier xiiii ou xvi personnes dessoubz. Et sont leurs mesnages dedans, tout ainsy que nous faisons en noz maisons, excepté de feu. Et là descendismes, et nous apporterent une pareille nappe comme celle dont j'ay cy devant parlé, en laquelle estoient encores les mies de pain, de fourmage et de raisin. Et nous baillerent une grande telle de lait quaillié qu'ilz appellent yogourt et environ une xiie de pains platz et desliez plus que oublies et d'un pié de rondeur et le ploye on comme ung cornet de papier sur la fachon d'une oublye à pointe, pour mengier le lait².

Et de là nous partismes et alasmes logier environ une lieue loing en ung petit karvanssera, qui sont maisons ainsy que les kans en Surye. Et sy est dessus

---

Waciq billah (227-233 = 841-847) par Ibn Abî Daoud. Iskenderoun se trouve au-dessus de la chaussée de Saqal Toutan.

1. Cette étroite chaussée porte, à cause de son peu de largeur, le nom de *Saqal Toutan* (le lieu qui saisit la barbe). Elle longe la mer et il est pénible et difficile de la franchir. On y voit, dit l'auteur du *Guide des pèlerins*, un château en ruine. Au sommet de la montagne s'élève celui de Merkez. Ce défilé est celui des anciennes *Pylæ Ciliciæ. Guide des pèlerins à la Mekke*, traduit par M. Bianchi. Paris, 1825, p. 104.

2. Cette espèce de pain porte en arabe le nom de *marqouq*, مرقوق ou de *rouqaq*, رقاق, et en turc celui de *pita*, ﭘﻴﺘﻪ.

ledit goulfe ladite ville qu'on nomme Ayas[1]. Et celluy jour, en chevaulchant, trouvay ung Ermin qui parloit ung pou d'ytalien, lequel congneust tant à ma maniere que aultrement que j'estoye Crestien. Et me dist et raconta beaucop de celluy pays et de leur maniere de faire et comment il est en la subjection du Souldan jusques à Tarse et la maniere comment il avoit pris et deceu par cautele, n'avoit pas longtemps devant, le seigneur d'icelluy pays de Turquemanie qu'on appelloit Ramedang, lequel estoit tresgrant personne d'homme et treshardy et la plus vaillante espée de tous les Turcz et le mieulx ferant d'une mache. Et avoit esté filz d'une femme crestienne laquelle l'avoit fait baptisier à la loy gregiesque pour luy enlever le flair et le senteur qu'ont ceulx qui ne sont point baptisiez. Il n'estoit ne bon crestien ne bon sarazin. Et quant on luy parloit des deux prophetes, c'est assavoir de Jhesus de Nazareth et de Machomet, il disoit qu'il vouloit tenir de celluy qui estoit en vie, car il luy sembloit qu'il luy pourroit mieulx ayder que celluy qui estoit mort. Il estoit voisin du Souldan devers Surye, car toutes et quantesfoys que ses gens passoient par son pays, marchans ou aultres, il leur faisoit payer

---

1. Il s'agit dans ce passage non point de la ville d'Ayas, mais de celle de Payas. Payas est une petite ville située sur le bord de la mer, renfermant des mosquées, des caravansérails et des bazars construits en pierre. Au milieu de l'un d'eux on a construit deux grands caravansérails placés l'un vis-à-vis de l'autre. Plus loin se trouve un bain et à l'extrémité de la ville s'élève le château. *Guide des pèlerins à la Mekke*, p. 104.

les paiages. Et ne l'osoit ledit Souldan courouchier comme dit est. De l'aultre costé, il estoit voisin du Karman duquel il avoit espouzé la seur, par le moyen duquel ledit Souldan trouva maniere d'avoir ledit Ramedang. La maniere fu que en tenant une jornée au pays dudit Karman qui, pour lors, estoit jeune homme et en mengant ensamble, il fist prendre ledit Ramedang et l'envoya par mer audit Souldan lequel le fist tantost morir. Et adont se partirent icelluy pays de Turquemanie ledit Souldan et ledit Karman; mais ledit Souldan tient tout jusques à Tarse et encores une journée. Ledit Ermin vint avec nous celluy jour à ung logeis de Turquemans là où nous alasmes encores mengier du lait. Et là, je veis la maniere comment on fait le pain cy devant dit. Et cuydoie veritablement qu'il eust esté cuit au soleil, mais non est. Et le veis faire à deux femmes et la maniere est telle. Ilz ont une petite table ronde, bien ounye et prendent ung pou de farine ainsy comme s'ilz vouloient faire ung gasteau et de l'eaue; et là, le destrempent et font une paste assez mole, plus que pour faire pain, et de cela font plusieurs loppiens ronds et l'aplatissent le plus deslyé qu'ilz pevent; et ont ung baston rond moindre que le rondeur d'un oef et a un pié de long ou environ; et mettent ladite paste ainsy aplatie autour dudit baston et le roullent aux mains sur ladite table jusques ad ce qu'il soyt ainsy deslyé, comme j'ay dit; et le font habilement et tost et plus que ung oublieur ne fait une oublie.

Et après, ilz ont là une piece de fer eslevée par dehors et la mettent sur un trepié et ung petit feu legier dessoubz et mettent celluy pain dessus, tout estendu et ne font que le mettre sus et retorner et sont plustost cuis deux que une oublye.

Item, je chevaulchay deux journées autour de ce dit goulfe qui est un moult beau pays et sy a beaucop de chasteaux destruitz qui souloient estre crestiens anciennement. Il y en a ung à l'encontre de Ayas devers soleil levant qui a esté moult belle place et est sur ledit goulfe d'une part et de l'aultre sont marescages ung grant trait d'arc. Et est ledit pays entre la mer et ladite montaigne moult bel, et ne y habite que celles nations de Turquemans qui sont belles gens et logent tousiours aux champs et portent leurs maisons avec eulx qui sont toutes rondes en maniere de pavillons et sont couvertes de feutre. Ilz sont moult de gens et de pou de despence et sont tous archiers et ont ung chief auquel ilz obeissent, car ilz ne sont point toudis en une place. Et quant ilz sont en la seignourye du Souldan, ilz obeissent à luy et pareillement aux aultres seigneurs, c'est assavoir quant ilz se tiennent en ung pays et le seigneur a guerre, ilz le doivent servir; et après s'ilz se trouvent soubz ung aultre, ilz seront après encontre. Et de ce ne leur sçavent mal gré, car la coustume est telle et qu'ilz ne s'arestent point en ung pays, ainsy que l'on m'a dit et raconté.

Item, en chevaulchant mon chemin selon ledit

goulfe, je trouvay ung des dessusdis seigneurs des Turquemans qui s'esbatoit à enoiseler faulcons et leur faisoit prendre des oyes privées et me fu dit qu'il avoit dessoubz luy bien deux mille des dessusdites gens. Et y a assez de petites rivyeres qui descendent de la montaigne et entrent dedans ledit goulfe. Et en après, je passay environ le milieu dudit goulfe par terre, ung fort passage par dessus une roche[1]. Et auprès a ung chastel là où ne demeure nulluy et est bien à deux traitz d'arc de la mer[2]. Et autour y a ung beau pays de chasse, par especial de sengliers dont il y a grant foison.

Item, de là j'entray en ung beau pays et plain[3] où il y a moult de ces Turquemans et passay près d'ung chastel que l'on nomme.....[4] qui est sur une montaigne et me fu dit par ung Ermin qu'il n'y avoit dedans que Ermins ou Armeniens. Et passe au pié

---

[1]. Ce fort passage est celui des *Amanicæ pylæ* : il porte aujourd'hui le nom de *Demir-Qapy* (la porte de fer), à cause de la porte qui, anciennement, fermait la voûte sous laquelle on devait passer. La route, dit Mehemmed Edib Effendy, est un peu boisée et dangereuse.

[2]. Le « chastel où ne demeure nulluy » est celui de Qourd-Qoulaghy (l'oreille du loup). On y faisait payer un droit de passage aux marchands et aux voyageurs.

[3]. Le « pays beau et plain » est la plaine de Tchiqour-Ova ; elle est encore de nos jours habitée par des Turcomans qui fabriquent les tapis connus sous le nom de tapis de Caramanie.

« C'est une vaste plaine, dit Mehemmed Edib Effendy, et la demeure ordinaire des Turcomans. Ces lieux, du reste, assez dangereux, produisent de bons chevaux et des tapis recherchés. » *Guide des pèlerins à la Mekke*, p. 103.

[4]. Le château de Serfendkiar, construit au sommet d'un rocher qui s'élève au milieu d'une vallée. Le Djihan coule au pied de ce château. *Djihan Numa*, p. 602.

dudit chastel une grosse rivyere que l'on nomme Jehon[1] et alay toudis selon ladite rivyere qui est moult beau pays jusques à une ville que l'on nomme Misses[2] et furent iiii journées depuis Anthioce et de là je vins à ceste ville de Misses sur Jehon, pour ce qu'on appelle la rivyere Jehon, qui est grande et large et la passe on à ung pont qui a esté rompu et mis à point de bois. Ceste ville de Misses a esté grande, comme il me samble, et passe ladite rivyere parmy et l'une des parties est toutte destruicte et d'aultre part ilz font les murs tous drois et sont beaulx et haultz. Et a esté ceste ville aux Crestiens, car il y a encores aulcunes eglises à moittié destruictes. Et sy y est encores le cueur de la grant eglise qui est bel par dehors, car, par dedans, ilz y ont fait une musquée[3]. Et ne habite dedans ceste ville que

---

1. Le Djihan, le *Pyramus* des anciens, prend sa source à une lieue à l'est de la ville d'Elbistan dans le district de Marach et se jette dans la baie d'Ayas.

2. Messis ou Messisseh est l'ancienne Mopsueste, la *Mamistra*, *Malmistra* de Guillaume de Tyr et des écrivains des Croisades. Elle soutint, à l'époque du Bas-Empire, un long siège contre Nicéphore Phocas et Jean Zimiscès qui s'en emparèrent et en firent transporter les portes à Constantinople. C'est sous les murs de Messis que les soldats de Baudouin et ceux de Tancrède en vinrent aux mains en 1097.

Messis fut au moyen âge le siège d'un évêché important. Les Vénitiens y possédaient une église. Cette ville s'élevait autrefois sur les deux rives du fleuve reliées par un pont de pierres de neuf arches qui fut restauré par Justinien. Elle n'est plus aujourd'hui qu'un village de cent cinquante maisons bâties sur la pente d'un mamelon qui s'élève sur la rive droite du fleuve et occupées par des Turcomans et des Arméniens.

Les ruines qui couvrent la rive gauche portent le nom de *Kufur bina* (construction des infidèles).

3. L'église convertie en mosquée dont parle de la Broquière est l'*Oulou*

Turquemans en bien III cens maisons et est en beau pays. De ceste ville de Misses, je m'en alay à une autre ville que l'en nomme Adene[1] qui est à une journée dudit Misses et chevaulchay par ung tresbeau pays et plain qui est fort peuplé de Turquemans.

Nous estans devant ceste ville de Adene en atten-

Djami, réparée à la fin du XIV° siècle par Ahmed Bey Ramazan Oglou.

1. « Adana est une grosse ville, c'est-à-dire un grand bourg et grand passage. Il y a un beau pont de pierre fort large et spacieux. La rivière est nommée en Turc *Schelikmark* qui vient d'Arménie mineure passant par Lydie et Cilicie et vient tomber en la mer Mediterranée au-dessous de Rhodes. La ville d'Adana n'est pas close de muraille. Il y a un chasteau qui a quatre tours quarrées, qui ne sont guères fortes. » Belon, *Les observations des singularitez*, etc., p. 365.

La ville d'Adana, entourée de vignobles et de vergers, s'élève en amphithéâtre sur la rive droite du Sihan. L'air y est tellement malsain pendant les chaleurs de l'été que les habitants sont obligés de chercher un refuge dans les montagnes et qu'il ne reste dans l'intérieur de la ville que les gens préposés à la garde des quartiers et quelques marchands qui vendent des provisions aux voyageurs. Au rapport de Raoul de Caen, Adana était entourée, à l'époque des Croisades, de murailles flanquées de tours : sa population était nombreuse et elle était bien approvisionnée d'armes.

A la fin du XII° siècle, les rois Roupéniens d'Arménie augmentèrent encore ses fortifications. Elles sont aujourd'hui détruites. Adana renferme plusieurs anciennes églises et plusieurs mosquées. Les plus remarquables sont celles qui portent le nom d'*Esky Djami* (vieille mosquée) et d'*Oulou Djami* (grande mosquée). La première était une église autrefois dédiée à saint Jacques, la seconde qui est revêtue de magnifiques carreaux en faïence de Perse a été construite au XV° siècle par un prince de la famille de Ramazan Oglou.

L'origine d'Adana remonte à la plus haute antiquité. Cette ville était tombée en ruines; les géographes orientaux rapportent qu'elle fut relevée et entourée de formidables travaux de défense en 190 (805) par un eunuque turc du khalife Haroun Errachid, nommé Abou Souleym. Hadji Khalfa, *Djihan Numa*, p. 601; V. Langlois, *Voyage dans la Cilicie et les montagnes du Taurus*. Paris, 1861, pp. 289-337; Th. Kotschy, *Reise in den cilicischen Taurus*. Gotha, 1858, pp. 23 et suivantes.

dant laditte carvane, ledit mamelu et iiii ou vi grans marchans et aultres gens, logasmes près du pont entre la rivyere et les murs. Et là veis leur maniere de aourer et de faire leurs sacrifices, car ilz ne se gardoyent point de moy et estoient bien contentz quant ilz veoient que je disoye mes patrenostres qui leur sambloient une merveille. Je leur oy dire aulcunesfois leurs heures en chantant, à l'entrée de la nuyt; et se assient à la ronde et branlent leurs corps et la teste et chantent bien sauvagement en leur maniere de faire[1]. Et me menerent ung jour, en celle ville là, aux baings et aux estuves. Je ne me osay desvestir pour me baigner comme eulx, pour doubte que on ne veist mon argent. Ilz me baillerent à garder leurs robes. Et sont leurs dites estuves et baings moult beaulx, clers et netz. Et est une haulte maison faicte à la ronde et ung grant pertuys ront dessus qui est esclairé par tout. Il n'y a nul lit, mais il y a des sieges de pierre tout autour, sur lesquelz a de petites cloies d'osier bien deslyé sur quoy on se ressuie et pignent leurs barbes. Et tousiours depuis, fus je plus acointé d'eulx que je n'avoye esté.

Ilz sont moult charitables gens les ungs aux aultres et gens de bonne foy. J'ay veu souvent, quant nous mengions, que s'il passoit un povre homme

---

[1]. Cet exercice religieux porte le nom de zikr. La description qu'en fait Bertrandon de la Broquère est fort exacte. On peut consulter sur les différents zikr : *An account of the manners and customs of the modern Egyptians* by Edw. W. Lane. Londres, 1836, tome I, pp. 328-329, et tome II, pp. 172-173.

auprès d'eulx, ilz le faisoient venir mengier avec nous. Ce que nous ne ferions point. Et fu la premiere fois que je veis les deux jeunes hommes qui s'estoient fait crever les yeulx après ce qu'ilz avoient veu la fierte de Machomet.

Les Turcz sont liés et joyeulx et chantent volentiers chansons de geste, et qui veult vivre avec eulx, il ne fault point estre pensif ne melancolieux, ains fault faire bonne chiere. Ilz sont gens de grant paine et de petite vie et couchent à terre comme bestes par là où je les ay veuz en chemin.

Le pain que on y mengue en aulcune marche est estrange à qui ne l'a accoustumé, car il est tresmol et samble qu'il ne soit point à moitié cuit, selon nostre coustume. Ils menguent de la char crue sechiée au soleil[1]. Se une de leurs bestes, camel ou cheval, est en dangier de mort qu'ilz n'y sachent remede, incontinent lui coppent la gorge et puis ilz l'escorchent et menguent, mais non pas sans le cuire, ains le cuisent ung pou. J'ay veu par les villes où ilz appointent tresnettement leurs viandes, mais ilz les menguent tresordement. Ilz ne lavent jamais

---

1. La viande séchée porte en turc le nom de *pastourma*, دَ لَمَاي. La plus estimée est celle de Césarée d'Anatolie. « Aussi ont (les Turcs), dit Belon, la viande salée en grand usage; et quand elle a pris sel, ils la pendent au sec et jectent de la poudre de cumin dessus... La chair entrelardée de gresse, tant de bœufs que moutons y est taillée en lesches fort desliées et tenues et quelque peu salées, puis seichée. Cette chair est grandement estimée, tant en paix comme en guerre, laquelle ils mangent en allant par chemin avec des oignons. » *Observations de plusieurs singularitez*, etc., p. 366.

leurs mains, senon quant ilz lavent leur derriere, quant ilz font leurs oroisons ou aux estuves ou qu'ilz lavent leurs barbes en aulcun ruisseau ou fontaine, lesquelles barbes ilz tiennent tresnettement.

Adene est tresbonne ville marchande et est bien fermée de murailles et en beau pays et assés prés de la mer[1]. Et passe selon les murs, d'une part une grosse rivyere que on nomme Adena et vient de ces haultes montaignes d'Armenie, sur laquelle a ung pont assés long et le plus large que je veis oncques[2]. Et est ceste ville à ung admiral qui est Turqueman et les gens de la ville aussy. Et fu celluy admiral frere d'icelluy vaillant seigneur Ramedang que le Souldan fist morir, ainsy que j'ay dit cy devant. Et encores, tient ledit Souldan le filz dudit seigneur, qu'il ne l'oze laissier retourner audict pays de Turquemanie, comme il m'a esté dict[3].

Item, de là je alay à une ville appellée Therso laquelle nous appellons Tarse, et passay encore par moult beau pays et moult plain, et, en ce pays, a moult de Turquemans logiés en villaiges de pavil-

1. Ce *beau pays* est la plaine appelée *Aga-tchaïry*; elle s'étend entre Adana et Tarsous et est bornée d'un côté par le Tchakid-souy ou Cydnus et de l'autre par le Sihan.

2. Le Sihan ou Adana-souy, le *Sarus* des anciens, prend sa source dans la montagne de Qormez non loin de Qaïçariêh (Césarée). Le pont d'Adana, construit par Hadrien et réparé à différentes époques, reposait sur dix-huit arches. L'approche en était défendue par un château construit en l'année 165 de l'hégire (781) par Haroun Errachid, sous le règne de son père le khalife Mehdy.

3. Hamzah Bey succéda à son père Ibrahim Bey, et reconnut la suzeraineté du soudan d'Égypte.

lons comme dit est, car ledit pays est tresbeau et assés prez de la montaigne. Ceste ville de Tarso est une ville bien fermée de deux murailles et en aulcun lieu de trois et est grande, et sont les fossez tous glacissez. Et à ung bout y a ung chastel[1]. Et passe auprez de ceste ville une rivyere et parmy la ville une petite[2]. Je feis en ceste ville provision pour moy et pour mon cheval, par le conseil de mon mamelu, de pain, de fourmage, de paille et d'orge, pour quatre journées. Et croy que c'est celle Tarse où Bauduin, frere de Godefroy de Buillion, mist

---

1. Tarse, *Tarsous* des écrivains orientaux, était autrefois défendue par une double enceinte de murs percée de six portes et protégée par un fossé d'une grande profondeur. Le château, d'origine byzantine, était construit sur une éminence au nord-est de la ville. Selon le géographe Yaqout, la ville fut rebâtie après l'année 190 (805) par Abou Souleïm, eunuque au service de Haroun Errachid. On voit à Tarsous le tombeau du khalife Mamoun qui y mourut pendant une expédition contre les Grecs. En l'année 965, l'empereur Nicéphore Phocas, après la prise de Messissèh, se présenta devant Tarsous qui était considérée comme un des boulevards de l'Islamisme. Ibn Zeyyat qui y commandait pour Seïf Eddauleh, prince feudataire d'Alep, capitula et Tarsous fit partie de l'empire de Byzance jusqu'à l'époque de la première Croisade.

Willibrand, dans sa description de Tarsous qu'il visita lorsqu'elle était soumise aux Roupéniens, cite parmi ses principaux monuments l'église de Saint-Pierre et de Sainte-Sophie dans laquelle Léon III fut sacré par Conrad de Wittelspach, archevêque de Mayence.

A la fin du xive siècle, Tarsous tomba au pouvoir des Ramazan Oglou, puis elle passa sous la domination des sultans d'Égypte et enfin sous celle des Ottomans. L'église de Saint-Pierre et Sainte-Sophie, convertie en mosquée, porte aujourd'hui le nom de *Oulou Djami* (la grande mosquée).

2. Le Tchakid-souy ou *Cydnus* coule à l'est de Tarsous : un bras dérivé de cette rivière traverse la ville. *Voyage en Cilicie en 1874*, par MM. C. Favre et B. Mandrot, dans le *Bulletin de la Société de géographie de Paris*. 1879, p. 140.

jadis le siege[1]. Et sy y a ung admiral de par le Souldan, et y demeurent plusieurs Mores. Et est assés bonne ville, nonobstant qu'il samble qu'elle ait esté tresbonne, car elle a de tresanciens edefices et sy est en tresbeau pays de blez, de vin, de bois et de rivyeres et est à soixante milles de Korkene qui est ung chasteau sur la mer, lequel est au roy de Cypre[2].

Je trouvay en ceste ville un marchant de Cypre que l'on nomme Anthoine qui me dist et conta de l'estat dudit pays, car il y avoit demouré longtemps et parloit tresbien le langaige et me donna tresbien à boire du vin, car il y avoit assés de jours que je n'en avoye beu. Et là attendy ledit Hoyarbarach, chief de ladite carvane, pour avoir toutes ses gens à traverser touttes les haultes montaignes d'Armenye, et fu la veille de Tous les Sains et le jour ensuyvant.

En celluy pays se parle Turc et commence ledit langaige à Anthioce qui est le chief de Turque-

---

[1]. En 1097.

[2]. Korkene est le château de Gorighos, aujourd'hui *Qara-Hissar* (le château noir). Il a porté au moyen âge les noms de *Corycus*, *Churco*, *Churc* et *Corc*. Gorighos était un bon port sur la côte de Cilicie, défendu par de puissantes fortifications, très fréquenté autrefois par les Génois et les Vénitiens. Les Latins s'en rendirent maîtres à la fin du xie siècle et y établirent un siège archiépiscopal relevant du patriarche d'Antioche. Cette place tomba successivement au pouvoir des Seldjoucides, des rois d'Arménie et des rois de Chypre.

Seize années après le passage de Bertrandon de la Broquière, en 1448, Ibrahim Bey, de la dynastie des Qaraman Oglou, s'en empara, grâce à la trahison du gouverneur chypriote Philippe Attar. Barbaro, qui visita Gorighos en 1471, en a donné une description intéressante dans la relation de son voyage en Perse, *Viaggi alla Tana*. Venise, 1545, f° 26.

manie ainsy que j'ay dit, et est tresbeau langaige et brief et assés aysié pour apprendre.

Je me party de celle ville de Tarse et chevaulchay bien trois lieues françoises de beau pays et plain et peuplé de Turquemans. Et après, je entray dedans les montaignes d'Armenye qui sont les plus haultes que je veis oncques, et vont autour des trois pars à celluy plain pays que j'ay chevaulchié depuis Anthioce et la mer est de l'aultre part devers midi.

Et chevaulchay bien encores une journée entre ces montaignes[1], par ce pays qui est en l'obeissance du Souldan.

Et pour advertir de l'entrée des dictes montaignes, au commencement, sont bois, et n'est pas le chemin malaisié, et environ une journée dedans, là où nous logasmes la nuit, a un estroit passaige et samble que aultresfois y ait eu forteresse[2]. Et de là nous venismes à un carvansera[3], qui sont maisons comme ung kan de Surie, parmy lesdites montaignes où nulles gens ne habitent. Et ne trouvasmes celluy jour rien de mauvais chemins, ne montaignes mal aysiées à chevaulchier. Et de là venismes sur une petite rivyere[4] qui est entre ces haultes montaignes et chevaulchasmes tout au long du jour ladite rivyere jusques sur le vespre et oncques ne veis autant de

---

1. Les montagnes du Taurus, aujourd'hui *Ala-dagh* et *Boulghar-daghy*.
2. Le défilé de Dulek, dominé par un château portant le même nom. *Guide des pèlerins à la Mekke*, p. 39.
3. Ce caravansérail porte le nom de Tchakid-Khany.
4. Le *Mezarlik-souy* (Le cours d'eau du cimetière).

perdris griaches que je veis entre lesdictes montaignes. Et venismes celluy vespre logier en une plaine qui peult bien avoir une bonne lieue de long et un quart de large. Et se rencontrent quatre grandes combes ; l'une est par où nous venismes, l'autre s'en va par la tremontaine en tirant en la Perse et vers le pays d'icelluy seigneur qu'on appelle Surgadiroly[1], l'autre va contre le soleil levant. Je ne sçay si elle tire audit pays de Perse. L'autre s'en va vers soleil couchant, par là où je vins au pays du Karman. Et par chascune de ces combes vient une rivyere qui descent vers celluy pays.

Et celle nuict, neyga tresfort entre ces montaignes et couvry mon cheval d'un capinat qui estoit ma robe de feutre que je avoye en guise d'un manteau.

Et eus froit celle nuict, dont me prist une malladie qui est malhonneste, et fus en grant dangier; et se n'eust esté mondit mamelu, je eusse esté en plus grant, lequel me secouru et emmena le plustot qu'il peult.

Et au partir de ceste vallée, nous partismes lendemain matin tirant contre ces haultes montaignes où il y a ung chasteau nommé Cublech, le plus hault assis que je veisse oncques, et le voit on de deux journées loing[2]. Et aulcunefois on luy tourne le dos en alant,

---

1. Ce nom est défiguré; il faut lire *Zoulqadrogly*, v. la note 3, p. 82.
2. Le château de Kulek (le *Gouglaq* des Arméniens) commande le défilé de ce nom. Hadji Khalfa le mentionne dans son *Djihan Numa* et ce qu'il en dit confirme la scrupuleuse exactitude du récit de Bertrandon de la Broquière. Le château de Kulek est situé sur une montagne non loin de celle qui porte

pour ce qu'il faut aler selon la montaigne, et aultrefois, on en pert la veue pour la grant haulteur desdites montaignes. Mais, qui veult venir au pays du Karman, il fault passer au pié de la montaigne où ledict chastel est assis. Et est en icelluy endroit la montaigne bien estroitte, et là est fait le chemin en aucuns lieux au cizel. Et est celluy passaige au dangier dudit chastel. Et est le dernier que les gens Ermins ont perdu. Et ledict Karman l'a gaignié depuis le trepas dudit Ramedang.

le nom de *Kulek-bely* (croupe de Kulek) et se trouve à l'extrémité orientale de la Caramanie. Pendant deux journées de marche, on traverse une série de hauteurs couvertes de sapins et de rochers taillés au ciseau pour y ménager une route qui se déroule ensuite dans des vallées bordées des deux côtés par des hauteurs escarpées. A droite de cette route, se dresse sur un pic élevé le château de Kulek auquel on ne peut arriver que par un chemin difficile à gravir. On trouve ensuite le *yilaq* (campement d'été) de Ramazan Oglou, en laissant toujours à sa droite le château de Kulek. Après une journée de marche, on arrive d'Oulou-Qichla à Tchiftèh-Khan en descendant une pente rapide. La route est traversée près de ce khan par un ruisseau d'une eau délicieuse ; tous les ruisseaux qui descendent des montagnes se réunissent et forment une rivière appelée *Qirq-Guetchid* (les quarante gués). On la traverse à plusieurs reprises. De Tchiftèh-Khan au caravansérail qui se trouve sur le bord du Tchaqid-souy, on ne voit que des montagnes couvertes de forêts de chêne. A une demi-journée de marche de Tchiftèh-Khan, le Qirq-Guetchid grossit considérablement et passe sous un pont appelé *Aq-kupru* (le pont blanc). Un peu plus bas, cette rivière reçoit le *Qara-sou* (eau noire) qui descend des montagnes. A un jet de pierre du confluent de ces deux cours d'eau, la route est coupée par le *Cheker-bouniar* (source de sucre) qui va tomber dans le Qirq-Guetchid. Au delà du pont jeté sur le Cheker-bouniar, on commence à gravir les montagnes du yilaq de Ramazan Oglou pour gagner le khan de Tchaqid. Les montagnes percées de nombreuses cavernes renferment des mines d'or, d'argent et de cuivre. On y remarque encore des traces d'exploitation. Toutes les rivières que nous venons de nommer suivent le cours des vallées et vont se jeter dans le Tchaqid-souy.

Item, chevaulchasmes quatre jours par celle montaigne, sans y trouver nulle habitacion. Et est ce pays tresperilleux de Turquemans qui habitent par lesdictes montaignes. Et y est la neyge en tous temps, et n'y a aultre passaige que celluy pour chevaulx, et y a de moult belles petites plaines entre les susdictes montaignes. Et quant nous partismes de ces dictes montaignes d'Armenye, à l'entrée du pays du Karman, de celle part, y a aussy montaignes. Et en ung aultre passaige a un chastel sur une montaigne que on appelle Leve[1]. Et avions laissié la carvane derriere, mondit mamelu et moy. Et en celluy passaige on paye paiage audit Karman. Et l'avoit prins à ferme un Grec lequel me recongnut à ma philozomie que j'estoie Crestien et me vouloit faire retourner, mais mon mamelu me fist passer oultre, moyennant deux ducas que je donnay audit Grec et me dist on que se je feusse retourné demie lieue arriere, qu'ilz m'eussent coppé la gorge, car ladite carvane estoit encores loing.

Item, de là je vins à Araclie et passay devant ung chastel que l'on nomme Essers[2]. Et au partir de ces montaignes on entre dans un pays qui samble estre la mer tant est plain. Et en aulcuns lieux parmy, a des montaignes qui samble à les veoir de loing, que ce soient isles en la mer[3]. Du costé devers la tre-

---

1. Il faut, au lieu de *Leve*, lire *Zeïveh*.
2. Ce nom est défiguré : il doit être écrit *Ivris*.
3. Le chapitre consacré par M. de Tchihatchef à la description du plateau de la Lycaonie confirme l'exactitude des assertions de Bertrandon de

montaine et de l'aultre, sont de treshaultes montaignes et y a moult de Turcquemans.

Ceste ville de Araclie a esté aultrefois fermée et est fort gastée, mais on y treuve à mengier et est en ce plain pays [1]. Et a grant foison de villages autour et tous habitez de Turquemans ou au moins la plus grant partie. Je mis IIII journées de Tharse jusques cy sans trouver nuls vivres que de l'eaue.

Item, je me party de celle ville d'Araclie en la compaignie de mondit mamelu et trouvasmes sur le chemin deux gentilshommes du pays qui sambloient bien estre gens de bien, lesquels firent tresbonne chiere audit mamelu et le menerent festoier en ung villaige qui est tout dedans cavernes de roche [2] et là demourasmes la nuyt et me laissa la plus grant partie du jour en une caverne dedans une roche y gardant nos chevaulx. Il me dit après qu'ilz luy avoient demandé qui j'estoye et il leur avoit repondu que j'estoye Cerchais et que je ne savois point encores parler le arabich. Et laissasmes

la Broquière, *Asie Mineure*, 1re partie, *Géographie physique comparée*, pp. 544 et suivantes.

[1]. Eregly, l'ancienne *Cybistra*, est une petite ville entourée d'un mur en terre; elle est divisée en vingt-deux quartiers. Elle renferme une grande mosquée construite par le prince Seldjoucide Qilidj Arslan (1155-1193), une autre bâtie par Qaraman Oglou Ibrahim Bey, le contemporain de Bertrandon de la Broqùière, deux bains publics et plusieurs khans. Les cours d'eau qui arrosent les environs de la ville ont une propriété pétrifiante. Erekly fut annexée à l'empire ottoman en 1457. Les pèlerins qui se rendent à la Mekke séjournent un jour dans cette ville.

[2]. Ce village est celui de Divlèh situé sur la pente de l'Ivris-daghy et sur le bord d'un torrent qui se jette dans le lac de Bektik ou Aq-gueul.

ladicte caverne et alasmes à une ville qui est à deux journées d'Araclye et s'appelle Larende qui est bonne ville[1] et en beau pays et est bien marchande et assés grande, mais elle n'est point fermée de nulle chose et au millieu y a ung chastel bien grant qui aultrefois a esté bien fort, car, pour le present, les murs sont abbatus en aulcunes places; les portes y sont encores de fer qui sont moult belles et est le pays entre ces deux villes moult bel et plain, ainsi que j'ay dit. Et ne trouvay depuis Leve jusques cy ung tout seul arbre que tout belle champaigne.

Item, trouvay en ceste dite ville de Larende un gentilhomme de Cypre que l'on nomme Lyachin Castrico et ung aultre que l'on nomme Lyon Maschere qui parloient assés bon françois[2]. Et me de-

---

1. *Larenda* ou Qaraman fut pendant quelque temps la capitale des États des princes de la dynastie des Qaraman Oglou; elle est située dans une plaine sillonnée de nombreux cours d'eau et plantée de vignes et d'arbres fruitiers. La décadence de Larenda commença à l'époque où le siège du gouvernement fut transporté à Qoniah. Les maisons y sont construites en briques séchées au soleil. On fabriquait à Larenda des étoffes de laine et de coton. La grande mosquée de Larenda a été construite par Aly Bey Qaraman Oglou. Lors de la prise de Larenda par Mahmoud Pacha en 1460, tous les artisans furent transportés à Constantinople et, dès lors, la ruine de cette ville fut complète.

2. Je pense qu'il faut lire *Castrisio* au lieu de *Castrico*. Nous voyons, en effet, le nom de cette famille figurer plusieurs fois dans l'histoire de Chypre. Un Janot Castrisio se signala dans les combats qui furent livrés aux troupes égyptiennes, lors de leur débarquement sur la côte de Chypre en 1426.

Léonce Macheras est l'auteur d'une chronique rédigée en grec qui, publiée une première fois, a été éditée de nouveau et traduite par feu M. Miller, et par M. C. Sathas.

La Chronique de Léonce Macheras prend fin à l'année 1440; l'auteur

manderent dont j'estoye et comment j'estoye là venu. Je leur respondy que j'estoye serviteur de monseigneur le duc de Bourgoingne et que je venoye de Jerusalem et de Damas avec la carvane, de quoy ilz furent bien esmerveilliés comment j'estoye passé jusques là. Ilz me demanderent où je voulloye aller. Je leur dy que je m'en venoye en France devers mondit seigneur, par terre. Ilz me dirent que ce seroit chose impossible et que se je avoye mille vies, je les perdroye aincois; et que se je vouloye retourner avec eulx, il y avoit là deux galées qui estoient venues querir la seur du roy qui estoit mariée au fils de monsieur de Savoye et, pour l'amour et honneur de mondit seigneur de Bourgoingne, ilz savoient bien que le roy de Cypre me feroit voulontiers ramener. Je leur respondy que puisque j'estoye venu jusques là, que à l'aide de Dieu, je poursuivroye mon chemin ou je y demeureroye. Adont, je leur demanday où ilz aloyent; ilz me respondirent que le roy de Cypre estoit mort n'avoit pas longtemps et, en son vivant, il avoit tousiours eu treves au grant Karman devers lequel le jeune roy de Cypre et son conseil les envoyoient pour reprendre et refremer lesdites aliances[1]. Je leur priay que se j'estoye là quant

---

n'y mentionne pas son ambassade à la cour d'Ibrahim Bey. De courtes additions insérées postérieurement relatent des événements survenus jusqu'à la mort du roi Jean de Lusignan en 1458.

1. Jean III, fils de Janus ou Jean II, mourut le 19 juin 1432, laissant de son mariage avec Charlotte de Bourbon deux fils, Jean, qui lui succéda et Jacques, sénéchal de Chypre, et deux filles Marie et Anne. Celle-ci épousa

ilz y seroient, que en leur compaignie, je peusse veoir celluy grant prince qu'ilz tiennent comme nous faisons le roy. Ilz me respondirent qu'ilz le feroient tresvolontiers.

Mondit mamelu seut qu'il y avoit des Crestiens en la ville, et pensoit bien qu'ilz avoient du vin. Si me pria que je luy en feisse avoir pour festoyer v ou vi jeunes esclaves cerchais que nous trouvasmes là et les menoit on au Souldan. Je feis tant que j'en eus demi peau de chievre qui me cousta demy ducat et l'aportay à mondit mamelu qui en fist grant chiere. Et beurent tant celle nuyt que ledit mamelu cuida mourir lendemain en chevaulchant. Et ont une maniere, quant il commença à desgorgier et à mettre le vin dehors, il avoit une bouteille plaine d'eaue, et incontinent qu'il avoit mis le vin hors, il remplissoit arriere son estomach de celle eau autant qu'il y en pouvoit et tout ainsy qu'on laveroit une bouteille. Il ala bien demie journée, tout lavant son estomach et se garist ainsy.

Louis de Savoie, comte de Genève, second fils d'Amédée VIII le Pacifique. Le contrat de mariage fut dressé à Nicosie, le 1ᵉʳ janvier 1432, en présence de Jean de Lusignan, prince d'Anticche, de Pierre de Lusignan, comte de Tripoli, des évêques de Famagouste, de Baffo et de Tortose. Les seigneurs de Montmajeur, d'Aix et de Rivière furent chargés d'aller chercher la jeune princesse dont le mariage fut célébré à Chambéry, au mois de février 1433. Guichenon, *Histoire de la royale maison de Savoie*. Lyon, 1660, tome I, p. 364.

M. de Mas-Latrie, dans son *Histoire de Chypre sous le règne des princes de la maison de Lusignan*, a reproduit les instructions données au héraut et aux ambassadeurs au sujet du mariage d'Anne de Chypre avec le comte de Genève et le journal de ces derniers, depuis le 17 septembre jusqu'au 16 novembre 1432 (tome III, pp. 12-15 et 17-23).

Je trouvay en ceste dite ville ung marchant de Cypre que len nomme Perrin Passerot lequel est de Famagosthe, qui est en la main des Jennevois; et estoit bany de ladite ville pour ce que luy et son frere avoyent volu mettre ladicte ville de Famagosthe en la main du roy de Cypre et a demouré longtemps en ce pays comme il me dist[1].

Item, de ceste ville de Larende m'en alay à une ville que l'on nomme Quhongne que les Grecz appellent Quhongnopoly. Et chevaulchay deux journées en ce beau pays en la compaignie dudit mamelu et trouvay assés de villaiges, mais il y a peu d'eaue, car il n'y a nulles rivyeres jusques auprez de ladite ville de Quhongne[2], et n'y a nulz arbres que ceulx

---

1. Ce Perrin Passerot et son frère étaient du nombre de ces exilés qui durent s'éloigner de Famagouste à la suite de la conspiration ourdie contre les Génois, au commencement du règne de Jean II.
Le complot, à la tête duquel se trouvait l'évêque de Famagouste, fut révélé au gouverneur génois Antonio Guarco par la fille du général Fregose, qui avait épousé Jean, baron de Nores. Après la tentative malheureuse de Jean II contre Famagouste, tous ceux qui avaient trempé dans la conspiration furent mis à mort, emprisonnés ou bannis. *Delle imprese del dominio dei Genovesi nella Grecia*, libri quattro di Carlo Pagano. Gênes, 1851, pp. 117 et suivantes.

2. Qoniah, l'ancienne *Iconium*, est située au pied d'une montagne à double sommet. La plaine qui l'entoure est couverte de jardins et de vignobles arrosés par de nombreux canaux. L'eau des sources voisines est distribuée dans tous les quartiers de la ville par trois cents tuyaux placés dans des conduits souterrains. Le château qui défend Qoniah a été bâti par Qilidj Arslan (1155-1193) sur un monticule à l'ouest de la ville. Les murailles de l'enceinte de la ville ont été rebâties en pierres de taille par Ala Eddin Key Qobad en 1222 : elles sont percées de douze portes et flanquées de cent huit tours carrées. Le palais des princes Seldjoucides construit par Qilidj Arslan et rebâti par Ala Eddin Key Qobad s'élevait près des murailles au sud de la ville. Ce dernier prince éleva, en outre, une magnifique

que on trouve auprez des villes que on y a plantez pour porter fruict. Et est ceste ville la milleure que ledit Karman ait. C'est une ville bien marchande, et sy est tresbien fermée de bonnes murailles et assés bons fossés tous glacissez et sont les murs bien furnis de tours. Et à ung des boutz de la ville est ung petit chastel, et ainsy que au millieu de la ville, y souloit avoir ung grant chastel et tresfort par samblant, car à present, il est tout rué jus. Et en ce lieu est le palais du Roy. Je demouray en ceste ville quatre

---

mosquée à côté de laquelle il fit bâtir son tombeau. Qoniah fut prise en 1189 par Frédéric Barberousse. A la chute de la dynastie des Seldjoucides, elle tomba au pouvoir de la dynastie des Qaraman Oglou. Le sultan Bajazet s'en rendit maître en 1392 et, après sa défaite à Angora, Qoniah retomba sous la domination des Qaraman Oglou : ceux-ci la perdirent définitivement sous le règne de Mahomet II.

« La muraille de Cogne, dit Belon, est faite de plusieurs sortes de pierres comme aussi sont celles de Constantinople... Le circuit des montagnes est en rondeur, mais les tours sont quarrées, rares et peu fréquentes. La partie de la ville qui est tournée à la campagne regarde le levant... Elle est habitée de Grecs, Turcs, Arabes et Arméniens. » *Singularitez observées en Grèce*, etc., p. 374.

Cette ville, autrefois siège des sultans Seldjoucides, est grande et bien peuplée : elle est située dans une vaste plaine riche en jardins et en vignobles. Un grand nombre de ruisseaux, qui sortent des montagnes du côté de l'Occident, se rendent à la ville après avoir arrosé les jardins et les champs et forment ensuite un lac dans la même plaine. La ville a de bonnes murailles et un fossé : les douze portes sont flanquées de tours; son terroir produit du coton et différentes sortes de fruits, parmi lesquels il y a une espèce d'excellents abricots appelés *qamar eddin qaissy*..... on y cultive une plante qui porte une fleur bleue : sa graine sert à teindre en bleu le maroquin qu'on y prépare. Il y a sur une de ses portes quantité de figures faites du temps des Grecs, entre autres une représentant un soleil soutenu par deux anges et une figure d'Hercule dont la tête manque. Hazret Mevlana Djelal Eddin Roumy y a son tombeau. Ibn Batouta, *Voyages*, etc., tome II, p. 281; *Djihan Numa*, p. 615, et *Guide des Pèlerins*, page 14.

jours, et entrementes ledit ambassadeur vint, car ledit roy demoure en celle ville et appointay avec ledit ambassadeur que quant il yroit faire la reverence audit seigneur que je iroye en sa compaignie et ainsy fu, non obstant qu'il y avoit quatre Grecz de Cypre qui estoient reniez. L'un estoit huissier d'armes, lequel demanda audit ambassadeur ce que je avoye à faire de veoir ce roy et cuida destourner que je n'y alasse point. Touteffois, ledit ambassadeur dist que je iroie, car il veist que j'avoie grant volenté de le veoir et il desiroit moult à me faire plaisir, et dist à ces esclaves que ce ne seroit point de mal que je veisse le roy.

Item, fut mandé querir ledit ambassadeur pour aler faire reverence au roy et dire son ambassade et pour porter les presens qu'il portoit, car la coustume est par delà que nul ne parle aux princes, s'il ne porte quelque present. Et le vindrent querir deux huissiers d'armes et luy firent mener des chevaulx de ceux qui estoient venus accompaignier ledit roy, qui estoient devant le palais, attendans leurs maistres, et aussy firent venir gens pour porter les presens, c'est assavoir six pieces de camelot de Cypre, et ne sçay quantes aunes d'escarlate et environ quarante pains de sucre, deux arbalestres et une douzaine de vires et ung faulcon pelerin. Et vint ledit ambassadeur à cheval jusques à la porte du palais, et là descendy. Et entrasmes dans une grande salle où il pouvoit y avoir environ trois cens hommes et alasmes au long de ladite salle, puis entrasmes en une chambre là où estoit ledit roy[1]. Et le trouvasmes en ung coing assis sur tappis, car leur coustume est telle. Et estoit appuyé de costé sur ung quarreau de drap d'or et son espée d'encosté luy. Et estoit vetu d'un drap d'or cramoisy, et assés près de luy avoit assis trois hommes de ladite ville, ainsy qu'il me fu dit. Et sy y avoit trente de ses esclaves qui estoient autour de ladite chambre, tous en piés et son chancellier estoit aussy en piés devant luy. Et avant que ledit ambassadeur y entrast, lesdis presens passerent devant ledit seigneur, de quoy ne fist à paine samblant qu'il les veist. Et puis ledit ambassadeur s'avança ung pou avant et luy fist la reverence et luy fist dire par ung trucheman ce qui s'ensieult, car il ne sçavoit pas la langue de Turquie. Et avant que ledit trucheman parlast, le chancellier demanda la lettre qu'il portoit; et quant elle luy fut baillée, il la leut tout hault, puis fu dit par ce trucheman comment le roy de Cypre l'envoyoit saluer et qu'il luy envoyoit ces presens et qu'il les volsist prendre en amitié; et ledit roy ne respondit oncques ung seul mot, mais fist on seoir ledit ambassadeur tout bas à leur guise et assés loing et au dessoubz de ceulx qui estoient assis. Et adonc ledit roy demanda

---

1. Ibrahim Bey, huitième prince de la dynastie des Qaraman Oglou, succéda à son oncle Moussa Bey. Son père Mehemmed Bey fut tué en 1426, par un boulet de canon, devant la ville d'Anthalich (Adalia) dont il faisait le siège. Ibrahim Bey mourut en 1458 après un règne de trente-deux ans.

comment le faisoit son frere le roy de Cypre. Et ilz respondirent que bien. Et luy dirent que son pere estoit mort, et qu'il envoyoit devers luy pour le visiter et savoir s'il vouloit entretenir la paix qui estoit par avant entre son dit pere et luy et leurs pays et, en tant qu'il touchoit audit roy de Cypre, qu'il en estoit bien content. Adonc, ledit roy respondy qu'il en estoit aussy content et demanda combien il avoit que le roy de Cypre son frere estoit mort, et on luy dist. Puis il demanda de l'eage de cestuy et on luy dist. Apprez, il demanda s'il estoit sage, et on luy dist que oyl et demanda si son pays luy estoit obeissant, et on luy dist que oyl, sans quelque contredit. Et lors, le roy dist qu'il estoit bien content. Et prestement on dist auxdits ambassadeurs qu'ils se levassent, et ainsy le firent et prirent congié du roy, lequel se bouga aussy pou à l'aler qu'il avoit fait au venir. Et se partirent lesditz ambassadeurs et quand ilz furent à la porte dudit palais, on prist arriere des chevaulx qui estoient là et les firent monter sus jusques en leur hostel. Et apprez, vindrent lesditz huissiers d'armes demander de l'argent et il leur en fu donné par ledit ambassadeur, car la coustume est telle.

Item, pareillement furent lesdits ambassadeurs mandez par l'ainsné filz du roy[1] auquel aussy il

---

1. Le fils aîné d'Ibrahim Bey portait le nom de Ishaq Bey : sa mère était une esclave. Il avait toutes les préférences de son père qui, de son vivant, le proclama son héritier présomptif et lui donna en apanage la province d'Itch-Ily. Après la mort d'Ibrahim Bey, la guerre éclata entre

portoit presens et lettres. Et quant il luy fist reverence, ledit filz se leva en piés et puis s'assist et fist seoir ledit ambassadeur au dessus des trois hommes qui estoient assis prez dudit filz et entre nous, qui estions avec luy; on nous fist seoir aussy bien arriere. Et je me voulsis asseoir sur ung banc qui estoit derriere nous, mais on me fist tantost ployer le jarret et seoir à terre tout bas, et tantost retournasmes à l'ostel. Et pareillement vint ung huissier d'armes, comme avoient fait ceulx du roy auquel fu donné de l'argent; et se contentent de peu de chose.

En apprez, envoya ledit roy de l'argent audit ambassadeur pour despendre, car leur coustume est telle; c'est assavoir, cinquante aspres qui est la monnoie du pays. Et ledit aisné filz du roy luy en envoya trente, de quoy un ducat venicien en vault cinquante.

Item, je veis ledit roy chevaulchier par la ville et avoit en sa compaignie bien cinquante hommes à cheval dont la plus grant partie estoient ses esclaves, et avoit bien quatorze ou seize archiers qui aloient à pié à costé de luy. Et portoit son espée chainte et un tabolzan à l'archon de sa selle, selon la guise du

---

Ishaq Bey et son frère Pir Ahmed qui s'empara de Qoniah; mais il en fut chassé par Ishaq Bey secouru par Ouzoun Hassan, de la dynastie du Mouton blanc de l'Azerbaïdjan. En 1466, Mahomet II envahit la Caramanie; son vizir Mahmoud Pacha battit, sous les murs de Larenda, Ishaq Bey qui se réfugia à la cour d'Ouzoun Hassan et mourut peu de temps après son arrivée à Tauriz.

pays ; et aloit faire ses oroisons, et estoit vendredi qui est là leur feste.

C'estoit un tresbeau prince de trente deux ans, et estoit bien obey en son pays. Il avoit esté baptisié en la loy greguesque pour oster le flair, aussy duquel la mere avoit esté crestienne, comme on me dist. C'est un grant seigneur. Je chevaulchay bien seize journées au long de son pays lequel marchist sur la Perse du costé devers northost comme on me dist. Et dure son pays depuis une journée de Tarse, jusques au pays de ce Karman[1] que j'ay dit cy devant qui est à Mourat bay que nous disons le Grant Turc, qui sont bien seze journées de long comme j'ay dit, et en a vingt ou plus de large, comme on m'a dit.

Item, m'ont dit gens qui sont à luy, qu'il est moult cruel homme et qu'il est pou de jours qu'il ne fasse aucune justice ou qu'il ne fasse morir gens ou taillier piés ou mains ou nez, ou s'il y a aucun riche homme en son pays, il le fait mourir pour avoir le sien. Et avoit fait mourir une de ses femmes, six jours avant que je y fusse venu, laquelle estoit mere de son aisné filz, lequel n'en sçavoit encores rien, quant je le veis. Il avoit espousé la seur de l'Amourat bay qui est le Grant Seigneur de Turcquie[2].

---

1. Le « pays de ce Karman » est la province de Guermian dont la capitale était Kutahlèh. Elle était l'apanage de la dynastie turcomane des Guermian. Le dernier prince Yaqoub Bey, n'ayant point de postérité, avait, en 1427, fait don de ses possessions à Sultan Murad II.

2. Ibrahim Bey eut, de son mariage avec la sœur de Sultan Murad, six fils : Pir Ahmed, Qaraman, Qassim, Ala Eddin, Suleyman et Nour Soufy.

Et sont les gens de ce pays tresmauvaises gens et grans meurtriers, car ilz tuent tresbien l'ung l'autre, non obstant la grant justice qu'il en fait. Et sy sont larrons et soubtilz. Et me dist on qu'il n'y avoit point encores huict jours que je y fus, qu'il avoit faict tuer ung des plus grans de son pays et l'avoit fait estrangler aux chiens. Et me fu dit aussy qu'il fait morir tous les plus grans de son hostel.

Item, me a esté dit que une marche de pays nommé les Farsacz[1] est à luy et est sur la mer, et sont les milleurs gens de mer qu'il ait, lesquelz se sont rebellez contre luy. Et est ce dit pays depuis Tharse jusques au Corco qui est au roy de Cypre jusques à .... qui est dedans le pays trois lieues[2]. Et sy a ung port que l'en nomme Zabari[3].

Après la mort de leur père, Suleyman et Nour Soufy se réfugièrent à Constantinople. Qaraman et Qassim embrassèrent le parti d'Ouzoun Hassan et se joignirent aux troupes turkomanes, lorsque Youssoufdjèh Mirza envahit l'Asie Mineure.

1. Le nom de ce district est singulièrement altéré : c'est celui de *Qara-Tach* qui fait partie de la province d'Itch-Yly sur la côte de Cilicie.

2. La « ville qui est dedans le pays trois lieues » me semble être Seleſkèh, l'ancienne *Seleucia*.

3. Zabari est l'ancienne Zéphyrie, appelée au moyen âge, *Porto Cavaliere* ou Port Cavalier. Thevet en a donné une longue description. Après avoir traversé le Salefe, « on voit, dit-il, un rocher nommé Picele fait tout ainsi qu'une eschele faite à force de l'art et main des hommes par laquelle on va à Seleuce de Cilicie et au promontoire de Zephyrie dist, à present, Cavalier, le long duquel y a un goulphe assés peu abordable. Or ce nom de Cavalier est escheu à nostre promontoire, à cause de nostre isle laquelle, quoique elle ne soit trop grande, ne laisse pourtant d'estre belle et bonne pour ce qu'elle contient de tour. Elle est esloignée de terre environ demye lieue; en quelques endroits elle est plus prés. De la part de nord-est, elle est assés basse de terre. Sa coste est fort montueuse et

Item, trouvay en ceste ville de Cuhongne ung homme nommé Anthoine Passerot, banny de Famagoste, comme dit est, lequel avoit servi le pere de cestuy roy de Cypre. Et quant il fu mort, il servit depuis le filz. Il m'a conté tout l'estat du pays et le gouvernement de ce seigneur et la maniere comment il avoit pris Ramedang qui estoit seigneur de Turquemanie. Ledit Anthoine estoit de Famagoste, et fu banny de ladicte ville pour ce qu'on luy mist sus qu'il voloit remettre ladite ville en la main du roy de Cypre et a demouré longtemps au pays du Karman. Et par male adventure, ainsy que pechié tient les gens, depuis ung pou de temps, il fu trouvé avec une femme de leur loy, parquoy ledit roy luy a fait renier la foy catholicque, non obstant que, sans doute, il me sembloit bon chrestien. Il me conta toutes ces choses et pour ce que ledit Souldan n'osoit faire guerre audict Ramedang, il manda devers cestuy Karman que s'il ne le prenoit, qu'il feroit aller son frere contre luy pour luy faire guerre, lequel ledict Karman avoit chassé hors de son pays et s'es-

grasse plus qu'elle n'est devers soleil couchant, aussy fait il bon mouiller l'ancre à un quart de lieue avant qu'entrer au port qui est de la part de l'ouest, qui peut avoir dix brasses d'eaue. A l'entrée du port, y a plusieurs roches à gauche et à droite, à cause des montagnes du continent de la Cilicie qui sont fort hautes et souvent couvertes de neiges; le vent du nord maistrise d'une estrange façon, plus de ce costé que des autres parties. » Le *Grand Insulaire*, ms. français de la Bibliothèque nationale, 15542, tome II, p. 105. Le nom de *Port Cavalier* a été donné à cette ville parce qu'elle était possédée par les chevaliers de Saint-Jean de Jérusalem qui la reçurent du roi Léon d'Arménie, après sa soumission à l'Église romaine. Cf. M. Leake, *A tour in Asia Minor*. Londres, 1824, pp. 179-205.

toit retraict par devers ledict Souldan à refuge[1]. Et pour ce dobte, il ayma mieux faire trahison que estre en adventure que son frere luy feist guerre. Il me dist aussy qu'il est lasche de cueur et qu'il n'est point hardy. Et toutesfois sont les gens de son pays bonnes gens et des plus vaillans de Turquye.

Item, je suis passé près du pays de Gazerie et en est seigneur un moult vaillant homme, comme ilz nous ont dict, que l'on nomme Surgadiroly, lequel a en sa compaignie trente mil hommes d'armes Turquemans et bien cent mil femmes qui sont vaillantes femmes et aussi bonnes que les hommes, ce veullent ilz dire. Et est cestuy pays touchant au pays de Turquemanye et ces haultes montaignes qui sont devers Tarse et devers le reaulme de Perse. Et confine aussy devers l'autre part au pays dudict Karman. Et m'ont dict aussi qu'ilz sont là quatre seigneurs qui font guerre l'un à l'aultre: c'est assavoir cestuy Surgadiroly et ung aultre qui a nom Quharaynich et ung aultre qui a nom Quharaychust et le filz du Tamburlant qui tient toute la Perse, comme il m'a esté dict[2].

1. Je n'ai point trouvé trace dans les historiens orientaux, d'un frère d'Ibrahim Bey Ramazan Oglou qui se serait réfugié auprès du Soudan d'Égypte.

Deux de ses frères Aly Bey et Issa Bey se retirèrent en Turquie. Le sultan Murad donna à chacun d'eux une de ses sœurs en mariage et leur accorda de vastes domaines en Bulgarie, aux environs de Sofia.

2. Le pays de Gazerie est la province de Bouzouk dont Césarée est la capitale. Bertrandon de la Broquière désigne sous le nom de Surgadiroly Nassir Eddin Mohammed, quatrième prince de la dynastie turkomane des

Et est le nom de cestuy seigneur du Karman Imbreym baï; mais ilz l'appellent Karman pour ce que son pays a ainsy nom. Et est baptisié à la loy greguesque ainsi qu'il m'a esté dict, et son filz aussi. Et tous les plus grans se font là baptisier, affin qu'ilz ne puent point.

Et me dist ledict Anthoine et promist de s'en venir devers monseigneur le duc et qu'il ne demeureroit point sarrazin et que le mot qu'il avoit dict, c'estoit pour eschivier la mort et qu'il craignoit fort d'estre circoncis et l'attendoit de jour en jour, car son maistre le voulloit. Il est belle personne et grant, de l'eage de trente six ans. Et me dist que ainsy que nous faisons les prieres aux dimenches ès esglises parochiales pour les princes crestiens, ilz prient par de là en leurs musquées que Dieu les garde d'un tel homme comme fu Godeffroy de Buyllon. Et me dist qu'il luy sambloit que n'y auroit point guieres à faire à ung prince puissant de les faire tourner à nostre loy, car ilz ne se laisseroient guieres batre, mais qu'on leur laissast leur chevanche. Cest Anthoine me dist aussy que à l'issue des montaignes

---

Zoulqadr Oglou, qui avait reçu du Soudan d'Égypte, Melik el-Moueyyed, l'investiture de la province de Césarée. Il mourut en 1442, à l'âge de quatre-vingt-trois ans, après un règne de quarante-quatre ans. *Quharaynich* est l'altération du nom de Qara Yuluk, fondateur de la dynastie turcomane des Aq Qouïounlou ou du Mouton blanc qui régna sur l'Azerbaïdjan. Qara Yuluk mourut en 1435. *Quharayschut* est la transcription défigurée de Qara Youssouf, premier prince de la dynastie du Mouton noir de l'Iraq.

Le fils du *Tamburlant* est Mirza Châhroukh, quatrième fils de Tamerlan, qui mourut en 1437.

d'Armenye, par delà Eraclye j'estoie passé à une demie journée prez d'une grosse ville où le corps saint Basille gist[1]. Il me cuida faire retourner, dont je fus tout entre deux de y aler; mais on me dist que je me mettroye en grant dangier d'estre seul et, que de grant temps, je ne trouveroie sy bonne et sy seure compaignie pour passer le chemin que j'avoie entreprins. Et me dist que ledit Karman haioit fort le Grant Turc, combien qu'il eust sa seur à femme, pour ce qu'il luy avoit osté le pays du Karman[2], lequel luy appartenoit et tient à un des boutz du pays qui est sien, mais le Grant Turc luy est trop fort et ne l'oze assaillir. Et me samble bien que se ledit Grant Turc estoit mis au bas du costé de par decha, que ledit Karman ne le laisseroit point en paix du costé de par delà.

Item, cedit pays de Karman ainsy que j'ay dit cy devant est devers le midi, avironné de moult haultes montaignes et devers le north tresplain pays et a aucunes montaignes parmy, ains que sont petites isles en la mer et sans quelconques arbres qui ne les y a plantés, se ce n'est bien avant ès montaignes.

Et là, je prins congié de mondit mamelu qui avoit

1. Le corps de saint Basile est vénéré dans la ville de Césarée de Cappadoce.
2. Il s'agit encore du pays de Guermian. Ibn Batouta, qui parcourut l'Asie Mineure vers 1333, mentionne les Djermian, tribu turcomane, qui désolaient par leurs brigandages la province de Kutahièh. Ibn Batouta, *Voyages*, tome II, p. 271.

nom Mahommet, lequel m'avoit fait moult de biens. Et ce faisoit il par grant charité; et s'il n'eust esté, je n'eusse peu faire mon chemin que à grant peine, car on ne trouvoit riens senon ès bonnes villes et eusse eu grant faim et grant froit et mon cheval encores plus, car il faisoit pour moy ainsy que pour luy, et pour mon cheval ainsy que pour le sien. Je escrips cecy affin que il me souviengne que ung homme hors de nostre foy, pour l'onneur de Dieu, m'a faict tant de biens. Avec ce, il faisoit volontiers aulmosne à ceulx qui la luy demandoient pour l'amour de Dieu. Et au partir de luy, il ne voult riens prendre de moy que ung couvre chief deslié de nos toilles de par dechà, de quoy il feist grant feste, et me fist dire tous les dangiers en quoy je avoie esté d'estre murtry qu'il avoit sceu et que desoresmais, je advisasse bien en quelle compaignie de Sarrazins je me boutteroie, car on en trouve d'aussy maulvais que les Frans. Et encores à celluy jour que la carvane se party et moy avec, quant je alay prendre congié des ambassadeurs du roi de Cypre, ilz me cuiderent ramener avec eulx; et en firent grandement leur devoir, cuidans que je ne deusse jamais passer le chemin que je avoie entreprins.

Item, je me party de ceste ville de Cuhongne en la compaignie de mon capitaine, le chief de ladite carvane. Et là se departirent tous ceulx de ladite carvane et ne demoura avec luy que ses gens et sa femme et deux de ses enfans qu'il avoit menez avec luy audit voyaige. Et vinsmes par ung tresbeau pays jusques à une ville que on nomme Athsaray[1] et trouvasmes des villaiges asses bons. Et fusmes logiez en ung villaige où ilz me deffendirent que je ne alasse pas hors du logeis pour doubte que les gens dudit villaige ne me tuassent, car ce sont tresmauvaises gens. Et amprez de ce villaige, je passay une rivyere au long d'une grant plaine; et y a ung baing où viennent plusieurs mallades pour avoir guerison, comme on me dist[2]. Et y treuve on des maisons qui furent jadis à l'hospital de Jherusalem. Et vins depuis Quhongne jusques à Athsaray en trois journées.

Athsaray est une petite ville au pié d'une mon-

1. Il faut, au lieu de *Athsaray*, lire *Aq-cheher* (la ville blanche) ainsi nommée à cause du grand nombre de fleurs de couleur blanche qui émaillent les prairies des environs de la ville. Aq-cheher est entourée de jardins et de vignobles arrosés par de nombreux cours d'eau. On y remarque une belle mosquée élevée, au XIIIe siècle par le sultan Ala Eddin Key Qobad. La haute montagne, au pied de laquelle la ville est bâtie, porte le nom de *Sultan-daghy* (la montagne du sultan).

« Les villes de Turquie, dit-il, ne sont pas communement murées, non plus qu'est Achara... Nous y avons veu des pierres inscrites de lettres latines qui, anciennement, servoient de sepulchres, mais maintenant elles servent de vaisseaux à tenir l'eau des fontaines, pour abbreuver les chevaux des passans. Nous logeasmes au Carbaschara. Cette ville est près d'un grand estang, large et spacieux, lequel nous costoyasmes longtemps. » *Les observations de plusieurs singularitez*, etc., p. 376. Ce lac porte le nom de Aq-cheher Gueuly.

2. Ce village est celui d'Ilghoun, situé à neuf heures de marche d'Aq-cheher. On y voit deux mosquées dont l'une est une ancienne église et un beau bain appelé Tchiftèh-Hammam construit en 660 (1261), par le sultan Ghias Eddin Key Khosrau.

L'air d'Ilghoun est malsain. A un mille de distance se trouve une source

taigne haulte qui est au midi. Et est en beau pays plain et mal peuplé. Et ceulx qui y demeurent sont tresmaulvaises gens.

Et là me fu deffendu que de nuit je ne saillisse hors de mon logeis. Et depuis ceste ville, je chevaulchay encores une journée par le pays dudict Karaman entre deux montaignes[1]. Et est le pays assés peuplé et le plus de Turquemans, car c'est pays de marescaiges et d'erbes et y voit on aucun pou de bois, selon la montaigne en hault. Et là, passay une petite rivyere[2] qui partist le pays du Karman de celluy de l'Amorath bay que nous nommons le Grant Turc. Et là commence le pays de Karman qui est bel, ainsy que l'aultre pays plain et a aulcunes montaignes. Et passay d'encosté une ville et ung chastel que on appelle Acchary[3]; et le soir devant, nous avions cuidé logier en ung karvansera moult beau; mais nous y trouvasmes bien vingt et cinq Arabes. Pour ceste cause, ledict Hoyarbarach ne voult point là logier, car ilz sont trop fors larrons; et retournasmes environ une lieue pour logier en ung gros villaige qui est au pié d'une montaigne: et treuve

---

d'eau minérale chaude qui guérit la paralysie et la lèpre. Hadjî Khalfa, *Djihan Numa*, p. 619. La rivière mentionnée par Bertrandon de la Broquière est le Ilghoun-souy qui se jette dans le lac qui se trouve près du village.

1. L'Emir-daghy au nord-est et le Sultan-daghy au sud-ouest.
2. Cette rivière est celle de l'Aqar-sou qui se jette dans le lac d'Ebergueul.
3. Cette « ville » et ce « chastel » me paraissent être le bourg d'Aqar qui a donné son nom à la rivière de l'Aqar-sou.

on en icelle marche assés à mengier du pain, du fourmaige et du lait. Et de là, je vins à Karassar[1] en deux journées en venant de Quhongne. En ceste ville treuve on assés de vivres. Le pays d'entre deux est plain et beau. Je descendy par trois fois et à chascune fois, une grant demie lieue ou plus et à cela m'a il samblé que nous sommes en France plus bas que n'est celluy pays, car en aultre maniere, je ne m'en suis point grandement apercheu. De ce qu'il en est, je m'en rapporte aux geometriens qui sçavent la fourme de la terre.

Carassar est à l'Amorath bay lequel ensamble le pays du Karman. Il l'a prins par force, car le Karman veult dire qu'il doit estre sien et de son heritaige.

Et est ledit Carassar le chief du pays du Karman et est bonne ville et bien marchande et n'est point

___

1. « Cette ville est située au pied des montagnes, autour d'un rocher escarpé d'environ un demi-mille de circuit, sur le sommet duquel on a bâti une forteresse. Ce rocher est d'une espèce de granit bâtard d'un noir bleuâtre qui a fait donner à la ville le nom de Carahisar ou de château noir. Il paraît avoir un demi-quart de mille de hauteur mesuré à plomb et il est si escarpé que la place serait imprenable s'il y avait de l'eau et des vivres. La ville a près de trois milles de circuit, et il s'y fait un très grand commerce, parce que c'est un lieu de passage. On y trouve toutes sortes de marchandises et les denrées y sont abondantes... Il y a des mosquées avec des dômes, dont l'une a un très beau portique. » *Voyages de Richard Pococke en Orient*, etc. Paris, 1772, tome V, pp. 163-164. Niebuhr dans ses *Reisen durch Syrien und Palästina nach Cypern und durch Klein Asien und die Türkey nach Deutschland und Dännemark*, Hambourg, 1837, p. 133 et Olivier dans son *Voyage dans l'Empire ottoman, l'Égypte et la Perse*, Paris, 1807, tome VI, p. 402, ne donnent que peu de détails sur la ville d'Afioun Qara-Hissar.

fermée; mais il y a ung des plus beaux chasteaulx que je veisse oncques, et est assis sur une roche moult belle et toutte ronde. Et samble qu'elle ayt esté tailliée au ciseau. Et au plus hault est le chastel bel et grant, et la ville est de trois pars autour. Et de l'autre part a une haulte montaigne[1] qui enclost ledit chastel ainsy que en croissant, depuis grec jusques à mestre et de l'autre part a une plaine, et passe la rivyere parmy[2]. Et m'a l'en dist qu'il n'y a point d'eaue au chastel que de cisterne; et n'avoit pas longtemps que les Grecz l'avoient gaignié et par leur lascheté le perdirent depuis. Carassar c'est à dire en turc pierre noire, et y fait on les pierres noires plattes dont les barbiers affilent leurs rasoirs[3]. Je veis en ceste ville apprester des piés de mouton, le plus que je veisse oncques et le mieux et les milleurs que je mengasse jamais, et n'avoye mengié de char cuitte depuis Quhongnopoly jusques icy. Et là nous failly faire provision pour deux jours de pain et fourmaige, car la char crue ne me plaisoit plus.

Et trouvay une viande qu'on fait en ceste marche, de noix nouvelles pelleez et parties par millieu et enfilleez en une corde, et jettent du vin cuit par dessus qui se prent et congelle comme cole. Et est tres-

---

1. Cette montagne porte le nom de *Qaldyr-daghy*.
2. Cette rivière est l'Aqar-sou.
3. *Qara-hissar* ne signifie point pierre noire, comme le dit Bertrandon de la Broquière, mais bien château noir.

bonne viande à mengier quant on a faim, comme char crue et les aultres vivres[1].

Item, nous partismes de là pour aller à Cotthay[2] où nous meismes deux journées; et venismes logier à ung carvansera loing de tous aultres logeis, et y trouvasmes de l'orge et de la paille; et n'y avoit que ung varleton qui le gardast. Et en eust bien pris qui eust voulu, mais il n'y eust oncques si hardy d'en prendre une poignié sans payer.

Et de là, venismes audit Cotthay par un bel pays bien furny d'eaue et de basses montaignes et trouvasmes une fourest toute de chesnes les plus haultz, beaulx et gros que j'aye veu partout où j'ay passé, et sont les plus droictz que je veisse oncques; et n'avoient nulles branches jusques au plus hault, neant plus que sappins. Et ne passay que par ung

---

[1]. On ne peut rien ajouter à l'exacte description que Bertrandon de la Broquière fait de cette préparation qui porte le nom de *djeviz-soudjoughy*, جوز سجوفی (saucisses de noix).

[2]. Kutahièh, l'ancienne *Cotyæum*, est bâtie au pied d'une colline, entre l'Adernas-Tchay (*Rhyndacus*) et le Pursaq. « Kutahièh, dit Hadji Khalfa, est située au bas d'une montagne, et le château qui la défend se trouve au sommet d'un rocher remarquable par sa hauteur. On attribue la fondation de la ville et la construction du château à un prince de la dynastie des Guermian. Kutahièh renferme sept medressèhs ou collèges, sept grandes mosquées, neuf bains publics et un bezestein. Les bazars sont abondamment approvisionnés. Les caravansérails sont fort nombreux. Les beaux vergers et les vignobles qui entourent Kutahièh sont arrosés par plusieurs ruisseaux. Au nord et à l'orient de la ville s'étend une plaine verdoyante traversée par le Pursaq qui se jette dans le Saqarièh, non loin d'Eski-Cheher. La plus grande partie de Kutahièh est bâtie au pied du château et quelques quartiers y sont contigus. Le territoire de Kutahièh produit en abondance des poires, des pommes et toutes sortes de fruits. Le raisin est de qualité médiocre. Hadji Khalfa, *Djihan Numa*, p. 617.

des boutz, et descendy bien une grande demie lieue, et estoie venu par là tout le plain pays jusques à l'entrée. Et au pié de la descendue, trouvay une petite rivyere[1] qui descent d'une montaigne devers le midi, de tresbonne eaue, delaquelle ledit Hoyarbarach, sa femme, ses enfans et ses gens alerent boire, et m'en fist boire avec luy, et fu la premiere fois qu'il me donna à boire en la chose de cuir à quoy il buvoit, quant il aloit à cheval.

Cotthay est une bonne ville sans nulle fermeture, mais il y a un beau chastel et grant, et sont trois forteresses l'une dessus l'autre, le contremont de la montaigne; et est tresbien fermé de doubles murs. En ceste place estoit l'aisné filz du Grant Turc[2] et vey là ses gens qui vindrent au devant d'une dame qui venoit de la Mecque avec ladite carvane où j'estoie venu, comme dit est. Et estoit ceste dame femme de ung seigneur que on appeloit Camussat bayscha[3] qui estoit le plus grant gouverneur du Turcq et celluy qui, en partie, l'a mis en seignourie.

Nous nous logeasmes en ceste ville de Cotthay

1. Cette petite rivière est le Pursak, le *Thymbres* des anciens. Il prend sa source dans le Murad Daghy et se jette dans le Saqarièh.
2. Le fils aîné de Sultan Murad portait le nom d'Ala Eddin : il était gouverneur de la province d'Amassia.
3. « Camussat bayscha » dont il sera question plus loin, lors du séjour de La Broquière à Brousse, est Hamzah Pacha, beylerbey d'Anatolie. Hamzah Pacha était le fils de Firouz Bey, gouverneur d'Anthalia et frère d'Awzy Pacha, vizir de Sultan Murad II. Il joua un rôle considérable sous le règne de ce prince. Il fut chargé de détacher Djouneïd du parti du faux Mustafa qui se donnait comme un fils de Sultan Bajazet et disputait le trône à

en ung carvansera où il y avoit logiés des gens du Turc; et estoient tous pesle mesle nos chevaulx, ainsy qu'ilz ont de coustume. Et lendemain qui fu dimenche matin, que nous devions partir, je trouvay que l'on m'avoit emblé l'une des couroyes qui estoit sur ma selle, deriere, dont je troussoie mon tappis et aultres besoingnes que je portoie. Je me commenchay à debatre et à courouchier. Il y eut un esclave du Turc, d'environ cinquante ans, qui estoit ung des serviteurs dudict filz du Turc et estoit homme d'auctorité et entendy que je ne parloie pas bien la langue turquesque. Il me feist venir devant luy, à la porte du carvansera. Il me demanda en ytalien qui j'estoie. Je fu tout esmervellié quant je l'oys parler ytalien. Je luy respondy que je estoie Franc. Il me demanda d'où je venoie. Je luy respondy que je venoie de Damas en la compaignie dudict Hoyarbarach. Il me dit que je estoie une espie, et que je venois là espier ce pays, et pour quelle raison je ne m'en alloie par mer. De quoy je fu bien

---

Sultan Murad, les armes à la main. Il réussit dans cette mission et la fuite de Djouneïd à Aïdin amena la dispersion des troupes de Mustafa et débarrassa Murad d'un compétiteur redoutable. Hamzah Pacha commanda, en 1428, l'armée qui assiégea Salonique et enleva cette ville aux Vénitiens.

Scalamonti rapporte, dans la Vie de Cyriaque d'Ancône, insérée par Colucci dans le tome XV des *Antichità Picena*, que celui-ci, accompagné par Memnon de Céphalénie, fut, en 1431, accueilli avec bienveillance, par Canuzabegh, beylerbey d'Anatolie. Scalamonti prétend à tort que Hamzah Pacha était grec d'origine. « Nam et ille, dit-il, natione græcus græceque perdoctus erat. Et multa sibi de antiquis et nobilibus in ea provincia rebus, et de insigni Cyzicenorum delubro egregie periteque commemorabat. »

esbahy. Je luy respondy que les guerres estoient grandes entre les Veniciens et les Jennevois et que nul ne se ozoit boutter dessus la mer. Il me demanda où je aloie : je luy dis que je m'en aloie à Bourse veoir ung mien frere qui estoit marchant de martres. Il me demanda d'où je estoie. Je luy respondy du royaulme de France. Et me demanda si je estoie de Guevres prez de Paris[1]. Je luy dis que non. Adonc, je luy demanday s'il sçavoit bien où Paris estoit. Il me respondy que oyl et que, autreffois, il y avoit esté avec un cappitaine nommé messire Barnabo. En verité, je cuide qu'il fu de ceulx qui furent prins en la bataille de Honguerye, quant monseigneur le duc Jehan y fu prins. Adoncques, me dit-il que je alasse querir mon cheval qui estoit dedans ledit carvansera et que je le luy menasse, car il y avoit des Albaniens esclaves qui me embleroient encores le demourant, ce que je feis. Puis me dist qu'il me failloit aller achepter et faire provision pour moy et pour mon cheval pour cinq jours, car je ne trouveroie riens et que je me desjunasse et mengasse de la char, car je n'en avoie point mengié depuis deux jours devant. Et me fist aprez du plaisir beaucop, et me adrecha ad ce que j'avoie à faire.

Item, me party dudit carvassera de Cotthay et m'en alay le chemin de Bourse où je trouvay d'assés haultes montaignes, et laissay le chemin qui aloit

---

1. Gesvres, dans la Brie champenoise, diocèse et élection de Meaux (canton de Dammartin [Seine-et-Marne]).

à Troye la grant entre le midy et le soleil couchant, et passay un pou de montaigne, et prés de deux journées de bois; et entray en une belle plaine où avoit assés de villaiges, et assés bons selon le pays. Et vins en cinq jours de Cotthay jusques à Bourse. Et demie journée par dechà Bourse, trouvay ung assés beau villaige[1] là où nous trouvasmes de la char et du raisin qu'ilz gardent freiz tout au long de l'année, comme ilz sont à vendenges. Et avant que je vinsse audit villaige, environ soleil levant, vint à cheval ung Turc de Bourse qui dist à la femme dudit Hoyarbarach que son pere estoit mort. Adoncques, elle descouvrit son visaige lequel, jusques là, je n'avoie veu et estoit tresbelle femme, laquelle faisoit ung bien estrange doel, selon nostre maniere de faire.

Nous trouvasmes aussy audit villaige de la crayme de buffle qui est tresbonne et doulce qu'ilz appelent Kaymac[2] et en mengay tant que je cuiday crever, car depuis Cotthay je n'avoie guieres mengié. Et me firent les Turcs mengier char rostie, ce soir, qui n'estoit point cuitte à moittié à beaucop, et la trenchions en rostissant en la broche. Et quant ilz m'eurent fait

---

1. Ce village est celui de Aqsou situé au pied du mont Olympe, à une étape de Brousse : « Aqsou, dit Hadji Khalfa, est un joli village traversé par une rivière qui porte le nom de Douraq. » *Djihan Numa*, p. 658.

2. Belon fait aussi mention du qaïmaq. « Il y a tout un bourg en Constantinople au bout du port du costé de Thrace, qui ne fait aultres choses que du Melca, du Caimac et d'Axygala. Le Caimac est fait de cremme et en fait on de diverses manieres. C'est ce que les Grecs ont nommé anciennement Aphragala. » *Les observations des singularitez*, p. 424.

tresbonne chiere, il y eut ung esclave Vulgaire renié, pour contrefaire le bon Sarazin, qui dist que ce seroit grand pechié qu'ilz me laissassent aler en leur compaignie, veu qu'ilz venoient du sainct pellerinaige de la Mecque, et me fu ordonné qu'il failloit que je m'en alasse devant à Bourse, et me y failly aler tout seul, une heure devant le jour. Et ainsy que Dieu m'avoit conduit par avant, ainsy me conduisit il bien ce jour jusques à Bourse, sans en riens faillir que une fois que je demanday le chemin à ung Turc. Et en trouvay plusieurs sur le chemin qui me baisoient la main et la robe, cuidans que je venisse de la Mecque, lesquelz aloient au devant de ladite carvane, et y vont à bien grande solempnité et tous les plus notables. Et quant je vins à l'entrée de ladite ville de Bourse, je vins à une place, là où il se assamble trois ou quatre rues. Dieu m'adrecha à celle dont j'avoie besoing de trouver et me mena devant le bathzar de ladite ville où tous les marchans sont, et où toutes les marchandises se font. Et là devant, le premier Crestien que je rencontray, ce fu celluy à qui Parvezin de Barut m'avoit baillié lettres pour luy porter, lequel estoit des Espignolins de Jennes[1], lequel fu bien esmerveillié quant il me ouy parler à luy et me fist mener à l'ostel d'ung Florentin, là où je logay moy et mon cheval et y fu l'espace de dix jours et visetay la ville de Bourse bien à mon aise.

---

1. *Espignolins* est l'altération du nom de la puissante famille des Spinola de Gênes.

Ceste ville de Bourse est bien bonne ville et bien marchande, et est la milleure ville que le Turc aye[1]. Et est tresgrande ville qui est située au pié d'une grant montaigne que l'en nomme Olimpea, qui est devers le midi[2]; et de là descent une rivyere qui

---

1. Brousse, chef-lieu de la province de Khoudavendkiar, fut, jusqu'à l'époque de la prise d'Andrinople, la capitale des princes ottomans. Elle fut conquise en 1317 par Orkhan, fils d'Osman Ghazy, qui est enterré dans le *Gumuchly Goumbed* (la coupole argentée). Trente ans avant l'arrivée de Bertrandon de la Broquière, Brousse avait été pillée et incendiée par Mohammed Sultan, petit-fils de Tamerlan.

« C'est l'une des villes de tout le monde de la plus merveilleuse situatuation; car, comme elle est creue, elle s'est espandue par la montagne, aussi n'y a il point de muraille. Elle est de plus grande estendue que Lyon, car elle est separée en divers lieux par les racines de la montagne. Elle a ses vallons qui la separent faisans ses parties distantes l'une de l'autre..... Et encores de present Bource est aussi riche et aussi peuplée que Constantinople et osons dire d'avantage qu'elle est plus riche et mieux peuplée. La grand espée de Roland pend encore pour l'heure presente à la porte du chasteau de Bource. Les Turcs la gardent chere comme quelque reliquaire, car ils pensent que Roland estoit turc, au moins s'il peut estre vray ce que le vulgaire en pense. La richesse de Bource provient de la soye, car il ne passe année que mille chameaux venant de Syrie et d'autres pays du Levant apportant la soye en Bource n'y soyent deschargez, et y sont accoustrées, filées, tissues et mises en divers ouvrages, en diverses teinctures, en diverses façons, car les Turcs portent leurs habits de velours figurés de diverses couleurs, comme aussi sont entremelez d'or et d'argent et proprement façonnez. » Belon, *Les observations des singularitez*, pp. 450-451.

On trouve une description très complète de Brousse et de ses monuments dans la relation des voyages d'Evliya Efendy, *Narrative of travels in Europe, Asia and Africa in the seventeenth century*, etc., translated from the Turkish by the Ritter Joseph von Hammer, 1850, tome II, pp. 1-28.

On peut consulter, pour la description de Brousse et de ses monuments, l'ouvrage publié à Pesth, en 1818, par M. de Hammer, sous le titre de *Umblick auf einer Reise von Constantinopel nach Brussa und dem Olympos*, etc., pp. 47-54 et Hadji Khalfa, *Djihan Numa*, pp. 657-558.

2. Le mont Olympe porte en turc le nom de *Kechich-dagby* (la montagne des moines) à cause des nombreux ermitages bâtis sur ses flancs et qui, à l'époque de la conquête, étaient occupés par des moines grecs.

passe par plusieurs lieux de ladite ville qui, pour ceste cause, samble encores plus grande qu'elle n'est, car elle est faicte par villaiges, ainsy que ladite rivyere passe parmy[1]. Et est ceste ville où les seigneurs de la Turquie se enterrent[2]. Et sont assés beaulx lieux ainsy que hospitaulx, et de ceulx cy, en a trois ou quatre où on donne souvent du pain, de la char et du vin à ceulx qui le veulent prendre pour Dieu.

Là trouvay des marchans dessus ditz qui me firent grande chiere et me menerent partout. Et quatre ou cinq jours apres que mondit cappitaine fu

1. Le Niloufer-souy (la rivière des nénuphars) appelée vulgairement *Ulfer*.

« C'est un petit torrent résultant de l'adjonction de deux ruisseaux, dont l'un vient de l'est de Brousse, à cinq lieues environs de cette ville et l'autre à deux lieues au sud-ouest de cette dernière. A une lieue et demie au nord de Brousse ils se réunissent et prennent le nom d'*Ulfer-sou*. L'Ulfer se dirige à l'ouest-nord-ouest et se jette dans le Moualitch-tchaï à environ une lieue de son embouchure. Les ruisseaux qui lui servent de source et surtout celui qui sort du massif central de l'Olympe ont un cours assez rapide. Après être descendu dans la plaine de Brousse, l'Ulfer y décrit beaucoup de détours tout en conservant même dans sa partie inférieure un certain degré de rapidité. » De Tchihatcheff, *Asie Mineure, description physique de cette contrée*. Paris, 1866, tome I, pp. 205-206.

2. Les six premiers princes de la dynastie ottomane sont enterrés à Brousse : Osman Ier et Orkhan dans le mausolée appelé *Gumuchly Goumbed* (la coupole argentée) ; Murad Ier, Bayezid Ier et Murad II, le contemporain de Bertrandon de La Broquière, dans celui de *Djekirgueh* et Mehemmed Ier dans le *Yechil imaret* ou édifice vert, qui doit son nom aux plaques de faïence verte dont la coupole et les minarets sont revêtus. M. Parvillée a dessiné les détails de ces monuments et les a fait paraître sous le titre de *Architecture et décoration turques au XVe siècle avec une préface de Viollet-le-Duc*, Paris, 1874, in-f°. Cf. Evliya Efendy, *Narrative of travels*, etc., part. III, p. 7.

venu, ilz me accompaignerent pour le remercier de la bonne compaignie qu'il m'avoit faite, puis luy dis adieu. Il estoit assis sur ung hault siege de pierre ainsy que estoient plusieurs aultres en celluy bathsar, car il y seoit des plus notables de la ville. Et treuve on là à vendre draps de soye de toutte sorte, riche pierrerie et tresgrande quantité de perles et à bon compte, et toiles de cotton et beaucop aultres choses qui seroient trop longues à raconter [1].

1. Le bazar et le bezestein de Brousse ont été épargnés par les incendies qui ont dévasté la ville à différentes reprises. Evliya Efendy qui visita Brousse au mois de moharrem 1040 (août 1630), a donné du bazar et du bezestein la description suivante : « Le bazar renferme neuf cents boutiques ; le bezestein est un grand édifice, fermé par quatre portes en fer dont la solidité est encore augmentée par des chaînes de même métal. La coupole qui le recouvre est supportée par des colonnes massives ; il contient trois cents boutiques occupées chacune par un marchand aussi riche qu'un roi d'Égypte. Le bazar des orfèvres se trouve en dehors du bezestein dont il est séparé par un certain espace ; toutes les boutiques sont en pierre. En dehors du bezestein se trouvent aussi le bazar des tailleurs et ceux des cardeurs de coton, des marchands de bonnets, d'étoffes, de draps et de toiles. On trouve là le bazar nommé bazar de la Fiancée où se vendent l'essence de roses, le musc, l'ambre gris, etc. L'odorat des passants est agréablement rafraîchi par ces odeurs ravissantes et nul ne consent à s'éloigner à cause des délicieuses exhalaisons de ces parfums et de la politesse des marchands qui les vendent. Ces bazars entourent le bezestein et les boutiques sont disposées en files. Dans chaque encoignure se trouve une fontaine dont l'eau s'écoule par deux tuyaux. Pendant les mois d'été, les serviteurs des marchands arrosent le sol du bazar qui ressemble alors à un serdab de Bagdad. Les principaux habitants de Brousse viennent s'asseoir dans le bazar pendant les heures les plus chaudes de la journée. Selon le récit des voyageurs, on ne trouve nulle part un bazar aussi beau et aussi agréable que celui de Brousse. Celui d'Alep et celui d'Aly-Pacha à Andrinople jouissent d'une grande célébrité, mais aucun d'eux et pas même ceux de Constantinople ne peuvent être comparés au bazar de Brousse. » *Narrative of the travels in Europe, Asia and Africa by Evilya Efendy*, translated from the Turkish by the Ritter Joseph von Hammer. Londres, 1834, III° partie, p. 12.

Et assés prez de là a ung aultre bathzar où on vend les cottons et du savon blanc qui est là une tresgrande marchandise. Et sy y veis vendre des Chrestiens, hommes et femmes, dans une halle moult haulte, qui est une chose piteuse à veoir et les assiet on sur les bancz. Et ceulx qui les veulent achepter ne voient que le visaige, les mains et un pou des bras des femmes. Je avoie veu à Damas vendre une jeune fille de quinze à seze ans, noire. Et la menoit on toute nue, fors que le ventre et le derriere et ung pou au dessoubz, et la menoit on au long des rues. Et fu en ceste ville de Bourse où je mengay premierement du cavyaire avec l'uyle d'olive, lequel, quant on n'a aultre chose que mengier, ne vault gueires que pour les Grecz. Je attendy sy longuement en ceste ville pour avoir compaignie d'aulcuns marchans qui devoient aler en Pere mener des espices qu'ilz avoient acheptées des gens de la carvane. Et pour ce que nul ne passe le destroict que nous nommons le bras Sainct Georges de la Turquie en la Grece, s'il n'est homme de congnoissance, et ledit destroict est devant Constantinoble ou devant Pere, ilz me firent avoir une lettre dudit seigneur de la Turquie qui estoit en ceste ville de Bourse comme dit est, de laquelle je ne me aiday point et la portay tousiours avec moy et trouvay maniere de passer avec lesdis marchans Jennevois.

Il y a aussy en ceste ville ung tresbeau chasteau et grant sur une basse montaigne qui est en l'un des boutz de la ville devers ponant; et y a bien mil maisons dedans. Et là est la maison du seigneur, tresbelle et y avoit, comme l'en me dist, bien cinquante des femmes du Grant Turc et est ladite maison de grande plaisance par dedans, car il y a ung jardin et ung tresbel petit estang où le seigneur se ebast, quant il luy plaist, avec aulcune de ses femmes, dedans une barquette ainsy que l'en m'a dist, car je ne l'ay pas peu veoir que par dehors.

Et estoit en ceste ville le seigneur de la Turquie que l'on nomme Camussat bayscha qui est ainsy que nous dirions gouverneur ou lieutenant. Et est cestuy cy tresvaillant homme que le Turc ayt et de plus grant entreprinse. Et pour ceste cause et pour aultres, l'a il mis en ceste seignourie. Je demanday comment il tenoit celluy pays et s'il y estoit obbey; il me fu dist qu'il y estoit obbey comme le seigneur Amorath, et avoit dessus cinquante mil ducatz de pension chascun an. Et toutes et quantesfois que le Turc avoit à faire, il luy menoit vingt mil hommes à ses despens. Lequel Camussat, samblablement, avoit gens ses pensionnaires, lesquelz luy amenoient l'un mil, l'autre deux mil, l'autre trois et chascun de degré en degré, selon leur fait[1]. Pour ceste cause, quant il avoit à faire de gens, il les trouvoit incontinent pretz et ne leur donnoit nulle aultre chose.

1. On comptait dans la province de Khoudavendkiar, dont Brousse est la capitale, mille cinq *timars* ou fiefs militaires dont le feudataire devait fournir un cavalier pour chaque trois mille aspres de revenu, et quatre cent vingt

Item, je prins charge en ceste ville de Bourse à la requeste d'aulcuns marchans florentins de mener avec moy ung Espaignol, et croy qu'il fu renié et estoit esclave du Souldan, et s'en estoit fuy jusques là; lequel je menay à mes despens jusques à Constantinoble, et là le laissay. Je ne sçay ce qu'il devint depuis.

Je me party de ceste ville de Bourse en la compaignie de trois marchans Jennevois qui menoient leursdites espices à Pere. Et pour aler plus seurement, me feisrent achepter un rouge chapeau hault et une huvette de fil d'archal, lequel habillement je portay jusques à Constantinoble. Et traversasmes une plaine qui est devant ladite ville de Bourse devant la tremontaine¹. Et trouvay une rivyere moult parfonde qui court parmy ladite ville, laquelle nous passasmes sur ung pont et va cheoir en la mer dedans le goulfe qui est entre Constantinoble et Galipoly environ quatre lieues au dessoubz de Bourse. Et puis je passay une journée de montaignes pour la terre qui estoit argilleuse et pleine de bois². En la-

---

ziamet, fiefs qui devaient mettre sur pied un certain nombre de cavaliers armés de cuirasses. Cf. M. de M. d'Ohsson, *Tableau général de l'Empire ottoman*, t. VII, pp. 275 et 374.

1. La plaine qui s'étend au nord-ouest de Brousse et au pied de l'Olympe, sur une longueur de deux lieues et une largeur d'une lieue et demie, porte le nom de *Gueuk-dereh* (la vallée verte). Hadji Khalfa, *Djihan Numa*, p. 655. On y voit une source appelée *Assa-tchechmessy* qui jaillit sous le bâton d'Émir Sultan. Le cheikh Chems Eddin Mohammed, de Boukhara, plus connu sous le nom d'Émir Sultan, exerça la plus grande influence sur Sultan Bayezid Iᵉʳ dont il épousa une des filles.

2. Ces montagnes portent le nom de *Qatirly-dagh* (les montagnes des mulets).

dicte montaigne, a de petis arbres qui portent un fruit plus gros que grosses cerises et de la fachon et goust de freses, excepté qu'il est ung pou aigret et est tresplaisant à mengier, mais qui en mengue beaucop, il enteste les gens comme qui seroit yvre et le treuve on en novembre et en decembre[1].

Item, je descendy de ceste montaigne et vins à une plaine entre deux montaignes[2]. Et au bout de ceste plaine a ung moult grant lach et il y a je ne sçais quantes maisons[3]. Et fu le lieu où je veis premierement faire les tappis de Turquie. Et croist en ceste vallée granf foison de riz. Et voit on du dessus de ladite montaigne devers ponant, ledit goulfe de Gallipoly. Et couchay la nuict en celle vallée.

Item, au partir de là, trouvay arriere pays de montaignes et vallées et pays d'erbaiges. Et trouvay une forest de haulte fustoye tresmal aysiée à passer à cheval, car, sans guide, à peine y sçauroit on tenir le chemin, lequel est tant parfond que, à grant peine, les chevaulx s'en peuvent tirer hors. Et croy que c'est la forest que on treuve au livre de Goddeffroy de Buyllon, qu'il eust sy grant peine à passer. Celle nuict, je logay oultre la forest en ung villaige, environ quatre lieues au dessoubz de Nichomedie[4] qui

1. L'arbre, dont il est dans ce passage question, est l'arbousier dont le fruit très apprécié par les Turcs porte le nom de *Khodja yemichy*. On le vend glacé dans du sucre candi.
2. La plaine de Guemlik entre le Qatirly-dagh et le Samanly-dagh.
3. Le lac de Nicée, en turc: *Iznik-gueuly*.
4. Nicodémie, aujourd'hui Izmid, est située au fond du golfe qui porte

est une bonne ville et y a ung havre qui part du goulfe de Constantinoble que on appelle le Lenguo lequel s'en va jusques audit Nichomedie et a environ ung traict d'arc de large. Et est tout celluy pays mal aysié à passer.

Item, de l'aultre costé, tirant vers Constantinoble a ung tresbeau pays et assés bon et y treuve on plus de Grecz que de Turcqs qui haient plus les Chrestiens que ne font les Turcs et logay à ung villaige nommé...[1]

Item, de là me party et passay par ung tresbeau pays, et laissay le chemin de Nique qui est près de la mer Maiour devers le tremontaine et tiray costoiant le goulfe de Constantinoble et me logay en une ville où n'a nulles gens que Grecs laquelle a esté

---

son nom. Elle est le chef-lieu du district de Khodja-Ily ; on y compte environ trois cents maisons. « Nicomédie estoit située dessus un coustau. Le tour de ses murailles estoit fort grand, qui commençoit au bas du port et comprenoit tout le haut faiste, par dessus une colline. La ville est totalement ruinée, mais le tour du chasteau est en son entier, situé en haut lieu dessus le coustau, compris dedans le circuit des murailles. Il n'y a pas plus de trois toises de distance d'une tour des murailles du chasteau jusques à l'autre tant il estoit de grande forteresse : lesquelles sont faictes de tuilles cuictes et joinctes de fort ciment. L'assiette est en plaisant lieu dessus la sommité d'une petite montagne. Il y a grande commodité d'eau des fontaines qui sont cause de le rendre habité, parla de Turcs, partie de Grecs. » Belon, *Les observations de plusieurs singularitez*.

Le village que l'on rencontre à quatre lieues au-dessous de Nicomédie est celui de Qara-Mursal.

1. Ce village est celui de Qartal : « il est situé sur le bord de la mer, à trois heures de marche de Scutari ; il renferme un grand nombre de maisons et de boutiques, deux grandes mosquées, un caravansérail et un bain public. » *Itinéraire des pèlerins à la Mekke*, p. 2.

destruicte et n'est pas de grant valeur[1]. Et de là je vins logier en ung villaige assés prez de Scutary et tout ce pays là est bel et plaisant et assés fertile.

Item, lendemain nous venismes à Escutary qui est ung villaige sur le destroict que nous appelons le bras Sainct George, au droit de Pere. Et là passay ledict destroict avec lesdis marchans, et y avoit des Turcs qui gardoient le passaige et recepvoient l'argent du tribut qu'il failloit bailler pour passer et passasmes en deux vaisseaulx qui estoient aux Grecs. Et a audit Escutary assés bon lieu pour chargier et deschargier gens et chevaulx, mais aussy est il bien aisié à deffendre la descendue, et y a des roches que on fortefieroit bien pour garder ledit passaige. Et de là arrivay à Pere, et par la carte marine peut on veoir la largeur dudit destroict.

Pere est une ville moult grande[2] qui est à la seignourie de Jennes, qui adont se gouvernoit de par le duc de Milan qui s'en disoit seigneur. Elle ne me samble point à veoir bien forte du costé de la terre, devers une eglise qui est prez de la porte qui tire

---

1. Le village habité exclusivement par des Grecs est celui de Pandik, le Pantichion des Byzantins.

2. « Avant de parler de Constantinople, nous a semblé bon escrire premierement de la ville de Pere qui est à par soy separée de Constantinople, du travers d'un canal comme sont plusieurs autres villes que nous voyons estre vis à vis l'une de l'autre au rivage de quelque riviere; comme pourroit estre la cité de Carcassonne, Beaucaire et Tarascon; tellement que pour aller de Constantinople en Pere, il faut passer le port. C'est de là qu'elle a pris son nom, car Pere n'est à dire autre chose que oultre, ou de là. Elle est située en pendant, dessus une colline. » Belon, *Les observations de plusieurs singularitez*, pp. 150-151.

VUE DE CONSTANTINOPLE ASSIÉGÉE PAR LES TURCS

Bibl. nat., ms. franç. 9087, fol. 207 v°

selon le bout du havre devers la terre[1]. Et sont en ceste ville tout la pluspart de Jennevois marchans, qui gouvernent ladite ville. Il y a ung potestat et aultres officiers à leur maniere. Et y demeurent aussi des Grecz et Juifz; et est une ville bien marchande et ont grant hantise avec les Turcs, lesquelz ont en ladite ville une telle franchise comme il me fu dist que se ung Crestien esclave se eschappoit desdis Turcs et s'en venist là à refuge et lesdis Turcs l'envoient requerir, il fauldroit que ilz leur rendissent[2]. Il a, en ceste dicte ville de Pere, le plus beau havre que je visse oncques et croy qu'il soit és Crestiens. Car les plus grosses carraques de Jennes y peuvent venir mettre escale en terre comme plusieurs gens sçavent; et pour ce, je m'en deporte de en plus parler. Je trouvay en ceste dicte ville de Pere ung ambaxadeur que le duc de Milan envoioit devers le

---

1. Cette église est celle de Saint-Benoît de Galata, dont l'origine est assez obscure. Selon une tradition locale recueillie par Tournefort, Saint-Benoît aurait été possédé du temps des Génois par les Bénédictins. Pierre Gylles, dans sa description de Constantinople (Édit. de Lyon, 1561, p. 228), se borne à citer le nom de cette église et à signaler sa magnifique citerne soutenue par trois cents colonnes. M. de Germigny, ambassadeur de Henri III près la Porte ottomane, fit concéder en 1583 l'église de Saint-Benoît aux PP. Jésuites. Cf. Du Cange, *Constantinopolis christiana*. Paris, 1682, IV, p. 120; Comidas de Carbognano, *Descrizione topografica di Constantinopoli*. Bassano, 1794, pp. 59-61; Belin, *Histoire de l'église latine de Constantinople*. Paris, 1872, pp. 38-55.

2. L'histoire de la colonie génoise établie à Galata et à Péra a été écrite par L. Sauli, *Della colonia dei Genovesi in Galata libri sei*. Turin, 1831, in-8°. Les lois et règlements qui régissaient la colonie ont été publiés par M. Vicenzo Promis, *Statuti della colonia genovese di Pera*. Turin, Imprimerie royale, 1872.

Grant Turc et l'appelloit on Messire Benedic de Fourlino, lequel pour l'onneur de Monseigneur me fist bonne recueillote et l'envoioit ledit duc de Milan pour trouver ung appaisement entre l'empereur Sigemond et son royaulme de Honguerie et entre le Grant Turc pour ce que, celluy temps, ledit duc de Milan se aidoit de l'Empereur encontre les Venissiens[1]. Et me dist ledit Messire Benedic qu'il avoit esté cause de faire perdre Salonique aux Venissiens pour leur faire dommage et la faire gaignier au Turc; de quoy il fist grant dommaige. Car j'en veys depuis des gens de celle ville renier la foi de Jhesucrist et prendre la loy de Mahommet que les Turcs tiennent. Et en veis de ceulx qui samblablement avoient faict ung peu paravant.

Je trouvay en ceste ville de Pere ung Neapolitain de la ville de Napples qu'on appeloit Pietre de Napples lequel estoit marié en la terre de Prestre Jehan, comme il me dist. Il me tempta fort pour moy emmener avec

---

1. Le duc de Milan, François Sforza, fit rédiger, à la date du 4 décembre 1431, des lettres de créance à l'effet d'accréditer un gentilhomme de sa maison, Benedetto Folco da Forli, auprès de l'empereur de Constantinople, du sultan Murad II, du despote de Rascie, du seigneur de Métellin, son capitaine délégué dans le Levant et des communautés de Péra et de Chio. Le but de la mission de Benedetto Folco da Forli était de réconcilier l'empereur Sigismond avec Sultan Murad et d'exciter les princes d'Orient contre les Vénitiens. Pareille tentative avait eu lieu en 1426. Philippe-Marie Visconti avait envoyé, avec le caractère d'ambassadeur auprès du sultan, Federico de' Pezzi pour engager ce prince à conclure une trêve avec l'empereur, afin qu'il pût combattre les Vénitiens.

Ces lettres de créance ont été publiées dans les *Documenti diplomatici Milanesi*, tome II, p. 242 et tome III, p. 49.

luy; auquel je demanday des choses beaucop, que cy après j'ay mis en escript; s'il me dist vérité ou non, je m'en rapporte à ce qu'il en est et n'en fais riens bon.

Premierement : il me dist que quant il ala en ce dit païs du Prestre Jehan, il y ala avecques deux hommes que Monseigneur du Berry y envoyoit devers ledit Prestre Jehan, c'est assavoir ung poursuivant et ung aultre homme de bas estat, lesquelz sont mors depuis deux ans, c'est assavoir l'an mil CCCC et XXX, et estoient l'un d'Espaigne et l'aultre du royaulme de France.

Item, il me dist que quant il ala audit pays d'Etioppe et qu'il s'en ala par Alexandrie au Caire, le contremont de la rivyere du Nil xv jours, et puis entra en la mer.

Item, me dist que ledit Prestre Jehan est bon catholique et obeissant à l'eglise de Romme et qu'il est ung moult grant seigneur et qu'il tient un moult grant pays. Et que quant il veult faire armée, il assemble bien IIII millions d'hommes. Et me dist qu'ilz sont gens de grant estature, et qu'ilz sont ne blans ne noirs, mais sont de coulleur fauve et qu'ilz sont gens vertueulx et saiges.

Item, me dist qu'il fait tousiours guerre contre ung grant seigneur qui est prez de son pays, devers le soleil levant, lequel ils nomment Chinemachin[1], et nous l'appelons le Grant Can.

---

1. Les mots *Tchin* et *Matchin* désignent, dans les auteurs persans, la Chine du nord et les provinces méridionales de cet empire.

Item, me dist que ledit Prestre Jehan a xii grans seigneurs autour de son pays lesquelz luy paient tous les ans, certain nombre d'esclaves et d'or et sont ainsi que esclaves audit seigneur.

Item, me dist que l'or croist audit pays d'Ethioppe et qu'il y en a largement et aussi le gingembre, et nulles autres espices n'y croissent. Et me dist qu'il y a moult d'estranges bestes comme lyons, elephans, sçarafes, licornes et goristes ainsi que ung homme sauvaige, excepté qu'ilz ont bien deux piez et demi de queue et est moittié blanc et moittié noir. Et si y a d'autres bestes moult merveilleuses. Par especial, il dist qu'il y a serpens qui ont cent et L braches de long et sont moult perilleuses bestes : et quant ilz veullent, ilz portent la teste bien v toyses hault et le corps est ainsi que l'arbre d'une carraque et porte un esperon dessoubz la queue que, qui le porte en guerre, son ennemy ne peut avoir durée contre luy. Et me dist que ce seigneur n'a nulles navires, ne homme qui les sache faire et qu'il estoit venu par deçà en partie pour en y mener aucuns.

Item, me dist que celluy grant seigneur que l'on nomme Chinemachin a bien viii^x grosses naves trop plus grosses qu'il n'en y a nulle par deçà : et que en son pays se treuvent les pierres precieuses et les espices et les autres merveilles que Alixandre raconte.

Item, me dist que nul ne pourroit aler en yceluy pays par mer pour plusieurs raisons : l'une que le pays est trop loing, l'autre que le courant est trop fort, car nul vaisseau n'y pourroit aler ne approchier la terre devers le midy; l'autre, que la tramontaine ne s'y voit point. L'autre qu'il dist que obscurité y est si grande, en tout temps, en une partie de cette mer, qu'il n'est vaisseau que, tout aussi tost qu'il y touche, que jamais plus en soit nouvelles.

Et dist que ceste obscurité se boutte encore en sa terre, et que elle est si grande que se deux hommes y estoient l'ung d'en costé l'autre, qu'ilz ne se verroient point l'un l'autre. Et me dist aussi que, en celluy pays d'Ethioppe, sont les plus haultes montaignes de tout le monde. Je le viz achepter des miroirs pour ce qu'il dist qu'il n'y en a nulz par delà et que ce qui luy couste deux perpres[1] par dechà, luy vauldroit par delà v ducatz ou plus.

Item, me dist que en ycelluy pays, l'yver y est depuis le my may jusques en my septembre et qu'il y pleust moult fort et que, en decembre, on y sayme les blez et que on y vendenge au mois de fevrier. Et me dist que le pays y est moult fertille de tous biens et de tous vivres. Et de ce que nous disons que les pierres precieuses viennent de celluy pays, il dist qu'il ne s'y en treuve nulles, se elles ne viennent d'autres pays, mais on en treuve assés au pays de celluy grant seigneur Chinemachin, comme dit est. Et dist que la rivyere qui passe au Caire que nous ap-

---

1. Le perpre est l'hyperpère, monnaie d'or byzantine. « Sic appellata, dit Du Cange, quasi ex auro eximio rutilo et recocto confecta esset. » *Glossarium mediæ et infimæ latinitatis*, sub voce : *Hyperperum*.

pellons le Nil, ilz l'appellent le Gyon. Et dist qu'elle vient de celluy pays, par entre deux montaignes, et dist pour ce que l'on treuve en escript que elle vient de paradis terrestre, ensamble le Tygre et Euffrates que, saulve la grace de ceulx qui le dient, il est de là dont ilz viennent tous quatre. Toutesfois, il dist que le Nil passe par d'entre ces deux montaignes et n'est que une petite rivyere, et part d'une grant caverne. Et auprez du passaige, le Prestre Jehan a fait faire deux grosses tours et une grosse chaisne de l'une à l'autre, affin que nul ne voise dedans celle caverne, car il dist que l'en y soulloit entrer et que, puis que ung homme estoit dedans, que jamais il n'en partoit. La cause pourquoy, car il me dist que l'en dist que là dedans, a ung tresdoulz chant qu'ilz ne s'en veullent plus partir. Et me dist qu'il a esté jusques audit passaige, mais on ne l'a pas laissié aler plus avant, et cecy fait ledit Prestre Jehan, pour ce qu'il ne sçavoit où ilz aloient ou en enfer ou en paradis. Et me dist que on oist bien ledit chant, et que s'il plaisoit au Prestre Jehan, qu'il feroit bien aler la rivyere autre part. Mais il la laisse pour ce que il y a moult de Crestiens demourans sur ladite rivyere du Nil.

Item, il dist que quant il a quatre ou cinq enfans, que il les fait nourir en ung pays qu'il a, encloz de moult haultes montaignes. Et quant ilz viennent à congnoissance, que le plus devot et le plus bien condicionné est celluy qui est seigneur après le pere. Et les autres vivent en celluy pays en moult de delices. Et quant ilz en partent hors, ilz portent une chaisne d'or au col en signifiance qu'ilz ne sont point seigneurs. Et cecy se fait affin que le pays ne se departe et que la seigneurie s'entretienne tousiours.

Item, il me dist que, de son temps, depuis qu'il estoit allé audit pays, il a veu conquerre sept royaumes. Et me dist aussi que quant ledit grant seigneur Prestre Jehan chevaulche, qu'il fait porter la croix devant lui.

Item, me dist qu'ilz se baptisent ainsi que fist Nostre Seigneur és rivyeres et dient les paroles telles que nous faisons, excepté qu'ilz ne font point les cerimonies telles que nous et dient : Je te baptise au nom du Pere, du Filz et du Sainct Esperit. Et ont du sainct huylle. Et les enseignes qu'ilz portent au visaige, ils les font d'un rasoir pour estre plus beaux; et dist que d'ancieneté, ilz sont ainsi et que Alixandre leur fist faire cette enseigne la premiere fois, pour ce qu'ilz se rebellerent deux ou trois fois. Et depuis ont tousdis ainsi continué.

Item, me dist qu'ilz disent la messe à la loy grequesque quant est à celebrer le corps Nostre Seigneur de pain levé, mais quant aux parolles, ilz dient ainsi que nous disons, mais ilz ne dient pas toutes les cerimonies. Et dist que ilz se acommunient tous les dimenches. Et me dist que toutes fois que ung de ces seigneurs meurt, qu'il ordonne à son filz que tousdis, il face obeissance au pape de Romme.

Item, me dist que quant le Roy de Cypre conquist Alixandrie, le grant pere de celluy seigneur qui est aujourdhuy se partit de sondit pays pour venir en Jherusalem et avoit en sa compaignie trois millions de gens. Et quant il vint sur la rivyere du Nil, nouvelles luy vindrent que ledit roy avoit habandonné ladite ville d'Alixandrie. Il me dist qu'il fist adviser combien de gens il avoit, et trouva l'en qu'il en avoit perdu deux millions de mortalité et de chault, et conclud de s'en retourner.

Item, dist que en soy retournant, il conquist deux royaulmes. Et de tout ce qu'il conqueste, il fait les plus jeunes Crestiens, et tout le demourant il fait mourir. Et me dist aussi qu'il n'est point criminel et qu'il ne fait mourir nulles gens par justice se ne sont ydolatres ou trahitres.

Et pour revenir à mon chemin, quand je montay au vaisseau des Grecz à Escutari, ilz cuiderent que je fusse Turc et me firent de l'onneur beaucop. Et quant ilz me eurent descendu en terre, je alay en la ville demander ung marchant de Jennes à qui je portoys lettres, et s'appelloit Cristofle Parvezin. Lesditz Grecz sceurent que j'estoye Crestien et quant je retournay vers mon cheval que j'avoye laissié à la porte en garde, je trouvay iceulx Grecz qu'ilz n'estoient que deux et là me vouldrent raençonner et faire paier plus que je ne devoys pour mon passaige; ils me eussent voulentiers batu, si je l'eusse volu souffrir, car en cestuy temps, ilz heoient fort les

Crestiens et fus en dangier d'estre bien escous, mais j'avoye encores mon espée et mon bon tarquais et ne me firent riens. Et me vint à la rescousse ung cordouannier Jennevois qui demouroit emprez de la porte.

Je escrips ces choses pour advertir aucun autre si demain ou après il avoit affaire à eulx. Car autant que j'ay hanté lesditz Grecz et que m'a peu touchier et que j'ay eu affaire entre eulx, j'ai plus trouvé d'amitié aux Turcz et m'y fieroye plus que auxditz Grecz. Car, comme il m'a peu sambler, ilz ne aiment point les Crestiens obeyssans à l'eglise de Romme. Et l'obeissance qu'ilz ont depuis faicte, je croys qu'ilz l'ont plus faicte par povreté et disette que pour amour qu'ilz eussent à l'eglise de Romme. Combien qu'il me fu dit que ung pou par avant que je passasse, ilz estoient venus à la derniere maudicion du Pape qu'il leur avoit donnée à ung conssile general où ilz furent tenus pour scismatiques et les maudit, que tous fussent serfs à ceux qui estoient serfs. Et vueult on dire que, en icelluy temps, toute la Turquie et la Rommenie estoient obeissans à l'empereur de Constantinople et aux Grecz. Et avant que je passasse par icelle contrée, le Grant Turc avoit conquis toutes les deux Vallaquies, c'est assavoir la grande et la petite et n'y avoit plus nulle cité, ville ne fortresse qui fust en l'obeissance de l'empereur de Constantinople que tout ne fust subgect ou tributaire au Turc.

Le 11ᵉ jour que je fus arrivé en Pere, je traversay le havre qui n'est point large, mais il est bien parfond pour aler veoir ladite cité de Constantinople. Et illec avoit des marchans Venissiens, Jennevois et Cathelans entre lesquelz il y eust ung Cathelan qui m'avoit autresfois veu à Bruges et l'appeloit on Bernard Carmer, lequel me recongneust à ma parole et me fist tresbonne chiere et grant recueillote. Et me pria que je me voulsisse partir de ladite ville de Pere pour aller logier en son logeiz en Constantinople et visiter ladite cité à loisir. Et ainsi le feiz je.

Si nous apprestasmes tous deux pour traverser ledit havre à la premiere marine et venir en ladite cité de Constantinoble qui jadis estoit appellée Bizance la grant.

Constantinoble est une cité moult grande et spacieuse, faicte comme ung escu à trois poinctes de quoy l'une est sur le destroit que nous appellons le bras Sainct Georges. Et a de l'un des costés devers le midi, ung gouffre assés large qui dure de là jusques à Gallipoly, et de l'autre, vers le north est le havre. Et vueult on dire qu'ilz sont trois grosses citez et en chascune a vii montaignes. C'est Romme, Constantinoble et Anthioce. Au regard de moy, il me samble que Romme est plus grande et plus reonde que Constantinoble. Et quant à Anthioce, je ne la veiz que en passant et ne peus sçavoir combien elle comprent, fors que les montaignes sont plus grandes que celles de Romme et de Constantinoble. On dist aussi que ceste cité a xviii milles de tour en ses trois quarrés. Et l'autre tiers est sur la terre devers soleil couchant. Et est tresbien fermée d'assés bonnes murailles tout autour et, par especial, la part qui est vers la terre; laquelle premierement de l'un coing à l'autre qui sont vi milles, comme dit est, a ung fossé tout curé, excepté à ung des boutz devers Pere, environ ii^c pas du palais qu'on appelle la Blaquerne pour ce que d'eulx mesmes les fossés sont assés parfons pour une montaignete qui est au devant. Et me fu dit que autresfois l'ont cuidié prendre par icelle place. Et après ces fossés, environ xvi ou xx piez, il y a une fausse braye de bonne muraille et haulte. Et après sont les haultz murs de la ville, lesquelz sont beaulx et bons et fors de ce costé. Et y souloit avoir aux deux deboutz deux beaulx palais et fors, comme encoires il y peult apparoir par les murailles et edefices qui y sont. Et me fu dit que ung Empereur les fist abatre pour ce qu'il se trouva en dangier et prisonnier du Grant Turc, lequel le volt contraindre de rendre la cité de Constantinoble ou de le faire mourir. Lequel Empereur respondi qu'il amoit mieulx mourir que faire ung si grant dommaige à la Crestienté et que sa mort ne seroit point si prejudiciable comme seroit la perte de Constantinoble, et ainsi eslut il la mort. Et quant le Turc vit cecy, il luy fist dire qu'il fist abatre les deux palais et la place qui est devant Saincte Sophie et il le delivreroit, pensant mais que les ditz palais feussent abbatus, que aisement après il concquesteroit ladicte cité. L'Empereur l'accorda et ainsi le fist faire comme il appert encoires[1].

Il y a dedans ladite cité ung petit havre[2] pour mettre III ou IIII galées du costé du midi, assés près d'une porte où il y a une montaignette des os des Crestiens qui partirent de Jherusalem et de la terre de promission et d'Accre après Gaudeffroy de Billon, lesquelz Crestiens estoient en grant nombre et vinrent sur le destroit de Constantinoble et les Grecz qui les aloient passer, à mesure que ilz les avoient menés en icelle place qui est bien avant en la ville, hors de la veue des autres, ilz les tuoient tous[3]. Et

---

1. Le récit de Bertrandon de La Broquière n'est point, dans ce passage, exactement conforme à la vérité : ce qui lui a été dit a trait aux travaux de fortification exécutés en 1391 par l'empereur Jean Ier Paléologue. Ce prince était incapable de résister au sultan Bajazet Ier; craignant que sa capitale ne fût enlevée par surprise, il résolut de la mettre à l'abri d'un coup de main. Il fit publier, pour ne point éveiller les soupçons du sultan, qu'il allait décorer Constantinople d'édifices nouveaux, et sous ce prétexte, il fit transporter à la porte Dorée une grande quantité de blocs de marbre provenant des églises des Quarante Martyrs, de celle de Tous les Saints bâties par l'empereur Léon le Philosophe, et d'autres édifices religieux et, s'en servit pour relever deux tours en ruines. Il ajouta même aux fortifications d'autres ouvrages qui s'étendaient jusqu'à la mer. Bayezid ne se trompa pas sur la nature de ces travaux. Il fit sommer l'empereur de faire raser ces constructions, le menaçant, en cas de refus, de faire crever les yeux à son fils Manuel, qui se trouvait alors à sa cour. Jean Paléologue s'empressa d'obéir, mais cette humiliation lui causa un chagrin cuisant et hâta sa mort.

2. Le port de Bucoléon (le *portulus Imperatoris* de Bondelmonti); la porte qui se trouve à proximité est désignée aujourd'hui sous le nom de *Akhor Qapoussy* (la porte des écuries).

3. La « montaignette », dont parle Bertrandon de La Broquière n'était point formée par les ossements des Français revenant de la Terre sainte, mais par ceux des Francs massacrés dans Constantinople lors de l'entrée de

eussent tout tué, se n'eust esté ung page qui repassa devers les autres, et leur dist vraiment que tous ceulx qui estoient passés estoient mors. Et ainsi le demourant s'en ala autour de la mer Maiour en bien grant nombre. Et vueult on dire que ce sont ceulx que l'on appelle maintenant Cercays, Zigues[1], Gothlans[2], Avar[3] et Mingrelins. Et sont toutes ces gens cy gros Crestiens habitans autour de la mer Maiour. Je n'en sçay que par ouy dire, car il y a grand piece que ce fu.

Tout ainsi que les grosses carraques peuvent venir devant Pere, semblablement font à Constantinoble. Et est ceste cité cy faicte par villaiges et y a beaucop plus de vuyde que de plain. Il y a de moult belles eglises, c'est assavoir l'eglise de Saincte Sophie qui est la maistresse eglise où le patriarche se tient et autres gens comme chanoines, laquelle eglise est assés prés de la poincte, devers le soleil levant,

---

Michel Paléologue dans la capitale de l'empire d'Orient (1261). Nous avons, à ce sujet, le témoignage de frère Brochart l'Alemant qui se trouvait à Constantinople quelques années après la chute de l'Empire latin. « Certes, quant Paleologus occupa l'empire, comme dit est, il fist morir cruelement tous les Franchois qu'il peut trouver par tout l'empire de Constantinoble fust prez ou loing. Et de combien grande foursenerye les Grecz se soyent exercez alors et aulcunes fois contre les Franchois, la champaigne des os des morts qui est en une crette emprès les murs de la cité le demonstre manifestement à tous ceulx qui le veulent veoir, lesquelz ilz n'ont nullement souffert d'estre ensevellis pour la detestacion de nostre foy et pour la hayne qu'ils ont aux Franchois. » *L'Advis directif*, fº 46 vº.

1. Les Zigues sont les *Zygi* de Strabon, peuple féroce qui habitait une partie de la côte du Pont-Euxin.
2. Les *Gotteni* de Constantin Porphyrogénète.
3. Les Avares.

et est grande eglise faicte sur le reond[1]. Et dist on, anciennement, elle souloit avoir trois milles de tour. Mais maintenant, elle n'est pas si ample; et estoit faicte par cloistres, dont il y en a encoires trois et sont pavez de larges marbres, blancz et lambroissiez. Et y a des portes d'airain haultes et larges. Et puis y est le corps de l'eglise de trois estages tous d'une fachon. L'ung est dessoubz terre, l'autre sur la terre et le tiers est hault. Et va on tout autour ainsi que en maniere d'un cloistre et est tout lambroissié et pavé de large marbre. Et sont les pilliers gros et de plusieurs couleurs. Et dist on que, en ceste eglise, est une des robes de Nostre Seigneur et le fer de la lance et l'esponge dont il fu abreuvé et le rosel marin. Mais je y ay veu derriere le cuer les grandes bendes de fer du gril sur quoy sainct Laurent fu rosti. Et je y ay veu une pierre large comme ung lavoir où on dist que Abraham donna à mengier aux trois angels qui aloient pour destruire Sodome et Gomorre. Je veiz un jour ledit patriarche[2] faire le

1. Du Cange, Banduri, MM. de Salzenberg dans ses *Alt-Christliche Baudenkmale von Constantinopel*. Berlin, 1864, et Jules Labarte, dans son *Palais impérial de Constantinople et ses abords, Sainte-Sophie et le forum Augustéon* ont donné, d'après les auteurs byzantins, d'excellentes notices sur l'église de Sainte-Sophie.

Grelot, pendant son séjour à Constantinople, a levé le plan et dessiné les principales parties de la mosquée de Sainte-Sophie dont il a donné une bonne description. *Relation nouvelle d'un voyage de Constantinople*. Paris, 1689, pp. 95-173.

2. Le patriarche de l'Église d'Orient était, en 1433, Joseph II. Il était métropolite d'Éphèse lorsqu'il fut, en 1416, élevé à la dignité patriarcale. En 1438, il accompagna l'empereur Paléologue à Florence et mourut dans cette

service à leur maniere auquel estoient l'Empereur[1], sa mere[2], sa femme qui estoit une tresbelle dame, fille de l'empereur de Trapezonde[3], et son frere qui estoit dispot de la Mourée[4]. Je attendi tout le jour pour veoir leur maniere de faire, et firent un mistere de trois enfans que Nabuchodonosor fist mettre en la

ville. Il eut pour successeur, en 1440, Métrophane II. Zacharias Mathas, *Catalogue historique des premiers évêques et des patriarches de l'église de Constantinople*. Nauplie, 1837, pp. 148-150.

1. Jean II Paléologue, fils de Manuel, fut associé à l'empire par son père en 1419; il lui succéda en 1426 et mourut d'une attaque de goutte le 31 octobre 1448. Il fut enterré dans le monastère de Pantocrator. Il était âgé de cinquante-sept ans et dix mois, et avait régné pendant vingt-trois ans et trois mois.

2. La mère de Jean II Paléologue était Hélène ou Irène, fille du despote Constantin Dragasès. Cette princesse mourut le 13 mars 1450, et fut ensevelie dans le tombeau de son mari. Elle avait revêtu, peu de temps avant sa mort, l'habit monastique et s'était enfermée dans un couvent, après avoir pris le nom d'Hypomène.

3. L'impératrice était Marie Comnène, fille d'Alexis Comnène, empereur de Trébizonde. Jean II Paléologue avait épousé en premières noces : Anne, fille de Basile, grand-duc de Russie, qui mourut de la peste à Constantinople l'an 1417, à l'âge de onze ans; en secondes noces, le 21 janvier 1420, Sophie, fille de Jean II de Montferrat, qu'il répudia. Il épousa enfin en troisièmes noces Marie Comnène, qui arriva à Constantinople le 29 août 1427. Les cérémonies du mariage eurent lieu au mois de septembre suivant. Marie Comnène mourut pendant le séjour de l'empereur son époux à Florence.

4. Il s'agit fort probablement dans ce passage de Thomas Paléologue, sixième fils de l'empereur Manuel, qui, en 1430, épousa Catherine, fille d'Azan Zacharia Centurione, noble génois et reçut le titre de despote de Morée. Il s'enfuit de la Morée en 1460, lorsqu'elle fut envahie par les Turcs, se réfugia à Sainte-Maure auprès du despote d'Arta, puis à Rome, où il fut accueilli avec distinction par le pape Pie II qui lui accorda une pension mensuelle de trois cents ducats, à laquelle les cardinaux ajoutèrent une somme de deux cents ducats. Thomas Paléologue mourut à Rome le 12 mai 1465, à l'âge de cinquante-six ans. Sa femme était morte à Corfou le 2 août 1462. Du Cange, *Familiæ augustæ byzantinæ*, pp. 246-247; Finley, *History of Greece*. Londres, pp. 284-296.

fournaise[1]. Et fus tout le jour sans boire et sans
mengier jusques au vespre, bien tard, pour veoir
l'Emperix, laquelle avoit disné en ung hostel prez de
là pour ce qu'elle m'avoit samblé si belle à l'eglise,
pour la veoir dehors, et la maniere comment elle
aloit à cheval; et n'avoit avec elle que deux dames
seulement et deux ou trois hommes anciens d'estat,
et trois de telz gens comme les Turcz font garder
leurs femmes. Et quant elle vint hors de l'hostel, on
apporta ung banc sur lequel elle monta et puis luy
amena on ung tresbeau ronchin sellé d'une belle et
riche selle. En alant près dudict banc, print ung de
ces anciens hommes notables ung long manteau
qu'elle portoit et s'en ala de l'autre costé du cheval
et sur ses mains estandi ledict manteau le plus hault
qu'il peut. Elle mist le pié en l'estrier, et tout ainsi
que ung homme, elle monta à cheval et puis luy
rejecta le manteau sur ses espaules et luy bailla ung
de ces longz chapeaulx à poincte de Grece, sur lequel
au long de ladicte poincte avoit trois plumes d'or
qui luy seoient tresbien. Elle me sambla aussi belle
ou plus que paravant. Et me approchay si près, que

---

1. Bertrandon de La Broquière est le seul auteur qui fasse mention de la représentation d'un mystère dans une église du rite grec. Il est probable que le goût de ces représentations religieuses avait été apporté à la cour de Byzance par Anne, fille d'Aimé V, comte de Savoie, qui épousa en 1327, Andronic Paléologue III. Cantacuzène, cité par Guichenon, nous apprend que les gentilshommes qui accompagnèrent cette princesse donnèrent aux Grecs le goût de joutes, de tournois et de fêtes qui leur étaient inconnus. Guichenon, *Histoire généalogique de la royale maison de Savoie*. Lyon, 1660, tome I, p. 372.

on me dist que je me traisse arriere et me sambloit qu'il n'y avoit riens à redire, fors qu'elle avoit le visaige painct, qui n'estoit ja besoing, car elle estoit jeune et blanche. Et avoit en ses oreilles, pendu en chascune, ung fermail d'or large et plat où il avoit plusieurs pierres et plus de rubis que d'autres. Et semblablement, quant l'Emperix monta à cheval, firent ainsi les deux dames qui estoient avec elle, lesquelles estoient aussi bien belles et estoient habiliées de manteaulx et de chapeaulx, et puis s'en alla au palais de l'Empereur qu'on appelle la Blanquerne, vers la terre[1].

Il y a devant ceste eglise de Saincte Sophie une

1. Les historiens byzantins ne nous apprennent pas le nom du prince qui jeta les fondements du palais des Blachernes. Manuel Comnène abandonna, en 1143, le Bucoléon pour s'établir au palais des Blachernes qui, depuis cette époque, devint la résidence des empereurs d'Orient. « La demeure des empereurs, dit M. J. Labarte, n'était autre chose qu'une accumulation d'édifices de différentes époques plus ou moins heureusement agencés. On ne doit pas perdre de vue, non plus, qu'au Xe siècle, il avait été disposé pour la défense. C'était une vaste enceinte entourée de murailles fortifiées comme l'est le Kremlin de Moscou et comme l'était autrefois le Sérail des sultans et qui comprenait de vastes jardins, des cours, des portiques, d'immenses appartements de réception; de nombreuses habitations pour le souverain, sa famille, les grands officiers du palais, les gardes, enfin une profusion d'édifices religieux, églises, chapelles, oratoires pressés les uns sur les autres et dont la Rome papale peut seule donner une idée. » On peut consulter, au sujet du palais des Blachernes: Du Cange, *Constantinopolis christiana*, liv. II, pp. 130-131; Petrus Gyllius, *De topographia Constantinopoleos et de illius antiquitatibus, libri VI*. Lyon, 1561, pp. 203-205; Banduri, *Imperium orientale*. Paris, 1711, tome I, pp. 357 et suivantes; J. Labarte, *Le Palais impérial de Constantinople et ses abords*, etc. Paris, 1861; Schlumberger, *Les Iles des Princes, le palais et l'église des Blachernes*. Paris, 1884, pp. 335 et suivantes; Paspastis, Τὰ Βυζαντινὰ ἀνάκτορα. Athènes, 1885, *passim*.

moult belle place, où anciennement souloit avoir ung beau lieu en maniere d'un palais cloz de belles murailles, comme il samble, où ilz souloient faire leurs esbatemens comme il me fu dit[1]. Et je y veiz le frere de l'Empereur dispot de la Mourée, à xx ou xxx chevaulx. Chascun portoit son arc et couroit au long de ladite place à cheval. Et jettoient leurs chapeaulx devant et puis celluy qui povoit ferir le plus prés en courant, par derriere, c'estoit le mieulx fait à leur guise. Aussi est ce une de leurs habiletez et qu'ilz aprenent des Turcz. Et il y a auprès de ceste poincte l'eglise de Sainct George qui est belle[2]. Et y

1. Outre les descriptions de l'Hippodrome, appelé depuis la conquête ottomane *At Meydan*, que nous ont laissées les auteurs byzantins, on peut consulter celles plus récentes de Buondelmonti (1420) et de Pierre Gylles (1525) ainsi que la notice insérée par Du Cange dans sa *Constantinopolis christiana*, la *Constantiniade* et enfin les pages que lui a consacrées M. Jules Labarte dans son *Palais impérial de Constantinople et ses abords, le forum Augustéon et l'Hippodrome*. Tous les voyageurs qui ont donné au public la relation de leur voyage à Constantinople ont décrit plus ou moins exactement l'At Meydan. M. Bourquelot a publié dans le xxvii° volume des *Mémoires de la Société des Antiquaires de France* un mémoire sur la colonne serpentine qui décorait l'Hippodrome. Les marbres des murailles, des gradins et de la loge impériale ont servi à la construction de plusieurs édifices et, en dernier lieu, à celle de la mosquée de Sultan Ahmed.

2. L'église de Saint-Georges *in Mangana* fut construite dans la première moitié du xi° siècle par Constantin Monomaque, à l'instigation de Scleræna qui y fut enterrée, ainsi que Hugues, comte de Saint-Pol, qui mourut à Constantinople après la prise de cette ville par les Croisés. « Et fu enterrez, dit Villehardouin, à mult grant honor au mostier monseignor Sainct George de la Mange. » La situation de cette église est fort exactement donnée par de La Broquière; Guillaume de Tyr la donne également avec une grande précision. « Formam habens (Constantinopolis) anguli trium inæqualium laterum, cujus primum latus ab eo angulo qui inter portum et Hellespontum continetur, ubi est ecclesia Sancti Georgii quæ dicitur Mangana. » Du Cange, *Constantinopolis christiana*, p. 124; Willermi Tyrien-

a devers la Turquie au plus estroict une tour. Et me samble que à cest endroict, le passáige n'est pas bien large. Et en alant de l'autre costé devers le ponant, il y a ung moult hault pillier de pierres quarrées où il y a des lettres escriptes, lequel est bien hault et dessus est Constantin l'Empereur, de metail sur ung grand cheval tout de fondure et tient le sceptre en l'enchlenche main et a le bras droit tendu et la main ouverte devers la Turquie et le chemin de Jherusalem par terre, en signe que tout celluy pays jusques en Jherusalem luy souloit estre obeyssant, et ne sçay point en quelle maniere on l'a peu mettre là dessus, veu la grandeur et le poix de quoy il est [1]. Et assés près dudit pillier en a III autres d'un renc,

---

sis *Historia*.... etc., dans la *Collection des historiens des Croisades*, tome I, p. 87.

[1]. Ce n'est point la statue de l'empereur Constantin, mais celle de Justinien, qui se trouvait au sommet du piédestal élevé dans l'Augustéon, en face du palais du Sénat. « Sur ce cheval de bronze, dit Procope, est placée la statue colossale de l'empereur aussi en bronze. Elle est également remarquable par son costume qui est celui d'Achille ; ses brodequins ne couvrent pas le talon, la cuirasse est celle que portent les héros : sa tête est couverte d'un casque. L'empereur a le visage tourné vers l'orient comme pour marcher contre les Perses. Il tient un globe de la main gauche .... et étend la main droite vers l'orient pour commander aux barbares de ne pas sortir de leurs limites. » Cf. Procope, *De ædificiis*. Paris, 1663, t. II, c. 11, p. 10; *Bondelmontii Florentini librum Insularum Archipelagi edidit L. de Sinner*. Leipzig, 1824, p. 122; P. Gyllius, *De topographia Constantinopoleos*, p. 102-107; Labarte, *Le Palais impérial de Constantinople et ses abords*, etc. Paris, 1861, p. 35.

Le piédestal et la statue furent abattus en 1525. Pierre Gylles en vit des fragments à la fonderie de Tophanèh. C'est entre les jambes du cheval de la statue de Justinien que fut placée la tête de l'empereur Constantin Paléologue lorsque son corps eut été retrouvé parmi les morts, après la prise de Constantinople.

chascun d'une pierre sur lesquelx souloit avoir trois chevaulx dorez lesquelz sont maintenant à Venize[1]. Il y a encoires une belle et gente eglise qu'on appelle Pantheacrator[2] où il y a des religieulx qu'on appelle Kalogiros et sont comme nous dirions moynes de l'Observance. En ceste eglise est la lame ou pierre que Nichodeme avait faicte pour mettre sur son

1. Les quatre piliers de porphyre sur lesquels on avait placé les quatre chevaux en bronze doré, enlevés à Chio, s'élevaient non loin de la colonne de Justinien et de la colonne de la Croix. « Et primo, dit Buondelmonti, columna Justiniani dicta, secunda Crucis, quo in loco IV erectæ porphyreæ videntur. In quibus quidem equi quatuor ænei aureati positi erant et Veneti illos Venetiis apud Sanctum detulere Marcum, columnis remanentibus. » *F. Christophori Bondelmontii librum Insularum Archipelagi*, edidit de Sinner p. 123.

2. L'église de Pantocrator s'élevait sur la quatrième colline de Constantinople ; après la conquête musulmane elle fut convertie en mosquée et reçut le nom de Zeirek Mehemmed Efendy qui en fut le premier muderris. L'église de Pantocrator fondée par l'impératrice Irène, fille de Coloman, roi de Hongrie, et femme de Jean Comnène, fut terminée par son fils Manuel Commène qui se fit peindre dans l'intérieur, présentant au Sauveur le plan de l'église. La plaque de marbre remarquée par Bertrandon de La Broquière était placée sur la tombe de Manuel Comnène et avait été enlevée de l'église de Saint-Jean Théologue à Éphèse. L'église de Pantocrator se faisait remarquer par quatre coupoles dont les arcades étaient soutenues par quatre colonnes de granit. Les murailles étaient recouvertes de brillantes mosaïques. Pendant l'occupation latine, l'église de Pantocrator fut convertie en palais.

Bertrandon de La Broquière s'est trompé en plaçant dans cette église le tombeau de sainte Hélène. Il a confondu la mère de Constantin avec l'impératrice Irène, mère de Manuel Comnène, qui y fut enterrée.

« In supercilio quarti collis, dit Pierre Gylles, vergente ad solis ortum, visitur templum Pantocratoris illustre memoria recentium scriptorum, cujus parietes interiores vestiti crustis marmoreis varii, quod duplices porticus habet. Alterum hœmispherium sustentatur quatuor columnis pyrropædlis quarum perimeter habet septem pedes. Alterum hœmispherium sustentatur quatuor arcubus quos fulciunt quatuor columnæ marmoris thebaici. » Petrus Gyllius, *De topographia Constantinopoleos*, etc., l. IV, c. II.

monument, sur laquelle pierre de diverses couleurs Jhesucrist fut mis, quant on le descendit de l'arbre de la croix et que Nostre Dame le mist sur son giron. Et est une moult devote chose, comme il me samble, car on y voit toutes les larmes que Nostre Dame ploura, qui cheoient sur ladite pierre et non mie sur le corps de Jhesucrist. Et veritablement, je cuiday de prime face que ce fussent gouttes de cire et y mis la main pour les touchier et puis me abaissay bas pour veoir contre le jour et me sembla que c'estoient gouttes d'eaue engelées. C'est une chose que plusieurs gens ont vue. Il y a aussi en ceste eglise les sepultures de saincte Helaine mere de Constantin et de Constantin qui sont elevées de environ viii piedz de hault, chascune sur un reond pillier sur la fachon d'un diamant pointu de iiii quarrés. Et autresfois que on dist que les Venissiens eurent grant puissance à Constantinoble, ilz emporterent le corps de saincte Helaine à Venize lequel est tout entier[1]. Et dist on qu'ilz ne peurent oncques ouvrir celluy de Constantin et est assés vraysamblable, car

---

1. « Octavo ducis anno (1211), Aycardus, regularis canonicus Venetus, de Constantinopoli corpus sancte Helene, ex monasterio suo nomine dedicato, subtiliter abstulit, quod, Venetias translatum, in suo recondidit monasterio. » Andreas Dandulus, *Chronicon Venetum*, Muratori, t. XII, dans les *Exuviæ sacræ Constantinopolitanæ* du comte Riant. Paris, 1878, tome II, p. 262.

Le corps de sainte Hélène repose dans l'église que fit bâtir, dans l'île qui reçut le nom de la mère de Constantin, un riche Florentin nommé Alexandre Borromeo (1420). Le couvent annexé à l'église fut occupé par des religieux du mont Olivet.

on voit deux grosses pierres qui sont rompues par
là où on le vouloit ouvrir. Et sont lesditz deux
sepultures de la couleur de jaspre sur le vermeil
comme une brique. Il y a encoires une autre eglise
que on appelle Sainct Apostole[1] où il y a ung tronchon
plus hault qu'ung homme de la coulompne où
Jhesucrist fust attachié pour estre batu en la maison
Pilate, laquelle est de pareille pierre que les deux
autres tronchons que j'ay veuz, l'ung à Romme et
l'autre en Jherusalem; mais cestuy cy est plus grant
le tiers que les deux autres ne seroient ensamble. Et
est ceste eglise cy aussi bien belle et y a des corps
saincts grecz tous entiers que voit qui vuelt. Et sont
eslevés en sarcus de bois et y en a l'ung qui eut la
teste coppée et on luy a mis la teste d'un autre sainct
à l'endroict de la sienne. Ilz sont tous entiers et y a

---

[1]. L'église des Saints-Apôtres fondée par Constantin devait servir de lieu de sépulture aux empereurs d'Orient. Elle fut démolie par Justinien qui la reconstruisit et l'agrandit en lui donnant la forme d'une croix. Elle fut réparée à différentes reprises par les empereurs Justin, Basile le Macédonien et Andronic le Vieux. L'église des Saints-Apôtres pouvait rivaliser avec Sainte-Sophie pour la beauté et la hardiesse de l'architecture, ainsi que pour la beauté des matériaux employés à la construction. Après la prise de Constantinople, elle fut transformée en palais patriarcal et servit de résidence au patriarche Gennadius. Ce prélat ayant, deux ans plus tard, fixé sa résidence dans l'église de Pammakariste, celle des Saints-Apôtres fut abattue par l'ordre de Mahomet II et ses matériaux servirent à édifier, sur le même emplacement, la mosquée qui porte son nom et qui fut construite sur le modèle de Sainte-Sophie par l'architecte Christodule. Selon Zonaras, le tombeau de Constantin s'élevait sous le porche et non point dans l'intérieur de l'église qui possédait les reliques de saint Timothée, disciple de saint Paul et premier évêque d'Éphèse, et celles de saint André et de saint Luc.

longtemps qu'ilz y sont, mais ilz ne les tiennent point en telle reverence que nous faisons les corps sainctz par dechà. Et ainsi ne font ilz ladite pierre ne la coulompne, laquelle n'est seulement que couverte d'aix autour et est toute droicte près d'un pillier à la dextre main, quant on entre en l'eglise par la porte de devant. Il y a encoires une autre eglise que on appelle la Blaquerne près du palais de l'Empereur et des murs du costé de la terre, envers Pere, là où sont les fossés que je dis qui ne sont pas glacissez[1]. Et me samble que ceste eglise cy, qui n'est pas grande, d'autant qu'elle contient, est aussi belle ou plus que nulle de toutes les autres, car elle est pavée, paincte, lambroissiée et tout ce que faire se peut. Il me samble qu'il n'y a riens à redire fors qu'elle est ung pou mal couverte. Je croy bien qu'il y a des autres eglises où je n'ay point esté. Il y en a une où on celebre et dist on, chascun jour, messe selon l'ordonnance de Romme, où les marchans

---

1. L'église de la Vierge des Blachernes, dont la construction fut commencée par l'impératrice Pulchérie et achevée par Léon le Grand, fut réduite en cendres une année après le séjour de Bertrandon de La Broquère à Constantinople (29 janvier 1434 v. s.). Après la conquête ottomane, on tira des ruines de cette église des matériaux qui servirent à la construction de plusieurs édifices. Il en reste aujourd'hui quelques traces et une arcade élevée près de l'Ayazma ou fontaine sacrée qui fournissait l'eau à la baignoire de porphyre où les empereurs, revêtus du lentium d'or, allaient se plonger trois fois après les cérémonies de leur couronnement. On conservait dans l'église de la Vierge des Blachernes la tunique de la Vierge apportée de Jérusalem à Constantinople, sous le règne de Léon le Grand, par les patrices Galbien et Candide. Cf. Du Cange, *Constantinopolis christiana*, p. 83; Schlumberger, *Les Iles des Princes, le palais et l'église des Blachernes*, etc., pp. 313-332.

vont tous les jours à l'endroit du passage de Pere [1].

Je veiz en ceste ville plusieurs marchans et de plusieurs nations, mais les Venissiens sont ceulx qui ont plus d'auctorité. Ilz y ont ung officier que on appelle baillé, lequel n'a de riens à respondre à l'Empereur, ne à ses officiers et n'ont quelque congnoissance sur eulx; et ont eu ceste franchise passé longtemps, comme on dist. Et me fu dist que ce ne feussent lesditz Venissiens, Constantinoble eust esté gaignée des Turcz, par deux fois, l'une que leurs galeres aloient à la Tane où ilz envoient tous les ans, vindrent si à poinct devant Constantinoble que les Turcz assailloient la cité et estoient bien cent mille, ce dist-on, au coing où les fossés ne sont point glacissez, ceulx desdites galeres ne firent que descendre et venir pour deffendre la ville qui estoit en tresgrant dangier, ce dist on, et croy que Dieu l'a plus gardée pour les sainctes reliques qui sont dedans que pour autre chose. Et samblablement, longtemps après, on dist qu'elle fut une autre fois rescousse des galeres qui revenoient de la Tane.

L'Empereur de Constantinoble est en grande subjection du Grant Turc, car il me fut dict qu'il luy

---

[1]. Cette église est celle des Frères mineurs ou de Saint-François à Galata. On y voyait le tombeau de Philippe d'Artois, comte d'Eu, connétable de France qui, fait prisonnier à Nicopolis, mourut à Mikhalitch le 15 juin 1398. Ismael Bouillaud a relevé l'inscription gravée sur son tombeau et l'a donnée dans ses notes sur le XIII° chapitre de Ducas. Du Cange l'a reproduite dans la courte notice qu'il a consacrée à l'église de Saint-François dans sa *Constantinopolis christiana*, p. 123.

paye tous les ans xᴍ ducatz de tribut seulement pour le corps de la ville de Constantinoble, affin qu'il ne luy demande riens et ne tient plus autre chose en toute la Grece que une petite cité que on appelle Salubrie et ung chastel à iiii heures de Constantinoble devers le north. Et samblablement que les Venissiens ont, est de par le Turc, à Constantinoble, ung officier pour le fait de la marchandise que les Turcz font à Constantinoble; et n'ont les Turcz riens à respondre aux gens de l'Empereur. Et, se d'aventure, aucun esclave crestien eschappoit de la maison des Turcz et s'en venoit à Constantinoble, il fauldroit que l'Empereur ou ses gens le rendissent au Turc[1].

Le marchant Cathelan chez qui j'estoye logié dist à ung des gens de l'Empereur que j'estoye à Monseigneur le duc de Bourgongne, lequel me fist demander s'il estoit vray que le duc de Bourgongne eut prins la Pucelle, car il sambloit aux Grecz que c'estoit une chose impossible. Je leur en dis la vérité tout ainsi que la chose avoit esté, de quoy ilz furent bien esmerveilliez.

---

1. Il avait été réglé en 1396, entre le sultan Bayezid Iᵉʳ et l'empereur Jean Paléologue, que le tribut annuel de Constantinople s'élèverait à la somme de dix mille ducats. Il fut, de plus, stipulé qu'un *mehkemèh* ou tribunal, présidé par un cadi ayant juridiction sur tous les musulmans, serait établi à Constantinople. Enfin, le sultan fit construire une mosquée et fit installer dans un des faubourgs de la ville une colonie de Turcomans amenés de Koïnik et d'Indjèh-Taraqtchy. Cette colonie, chassée de Constantinople après la défaite de Bayezid par Timour, se réfugia dans les environs de Rodosto.

Les marchans Cathelans et autres me menerent ung après disner au palais de l'Empereur veoir une solennité que on faisoit ainsi que nous faisons le jour de la Chandeleur et celebrent après disner. Et veiz l'Empereur en son estat, assis sur une couche au bout d'une sale. Et l'Emperix regardoit de dessus une chambre en hault et ne vint point en bas venir veoir l'office. Et sont les chappelains qui chantent l'office estrangement habilliez et chantent par cuer, selon leurs dois. Environ iiii ou v jours aprez, ilz me menerent encoires veoir une feste qui se faisoit d'ung des parens de l'Empereur qui se marioit. Et y jousta on à leur maniere qui est bien estrange ce me samble. La maniere est telle : il y avoit planté ung grant pal au millieu d'une place et y avoit là attachié ung grant aix d'environ iii piés de large et de v de long. Et estoient bien là xl chevaulx qui venoient courant l'un après l'autre, chascun ung petit baston en sa main et firent assés de manieres et n'avoient piece de harnois. Et quant ilz eurent couru environ demie heure, on apporta environ lx ou iiii[xx] perches toutes telles que on faict par dechà pour couvrir les maisons d'estrain, mais elles estoient plus longues. Et le sire de nopces commencha le premier et en print une qui ployoit tresfort en courant et courut tant que le cheval pouvoit aller et ferit à celle quintaine, à la forte course, tant qu'il rompy sa perche sans grant branle. Et alors commencerent à huer et à jouer de leurs instrumens qui sont nacquaires comme ceulx des Turcz. Après chascun prenoit sa perche et les rompoit trestoutes, excepté que, en la fin, le sire des nopces en fit lyer deux ensamble qui n'estoient pas trop fortes et les rompy sans se bleschier, qui sambla que fut bien faict. Et estoit l'Empereur aux fenestres et l'Emperix aussi, laquelle estoit tousiours tresbelle fille, ce me sambloit. Ainsi la feste se departy qu'il n'y eust nul bleschié et s'en ala chascun à son logeis.

Je me partis de la dicte ville de Constantinoble le xxiiɪᵉ jour de janvier l'an M.CCCC,XXX.III, en la compaignie d'un gentilhomme nommé Messire Benedic de Fourlino lequel aloit en ambaxade de par le duc de Milan devers le Turc, comme dist est. Et estoit en sa compaignie ung gentilhomme qui estoit aussi au duc de Milan et l'appelloit on Jehan Visconte, et avoit ledit ambaxadeur en sa compaignie vii personnes et x chevaulx, car il fault porter par la Grece tout ce de quoy on a nécessité par le chemin.

Et au partir de Constantinoble a ung passage qui est sur la mer que l'on nomme Rigory[1] qui fut jadis

---

1. Rigory, l'ancienne *Rheglum*, porte aujourd'hui le nom de *Kutchuk Tchekmedjth* (*Ponte piccolo*). Ce petit bourg est situé au delà de San Stefano, à dix milles de Constantinople, au bord d'un lac qui communique avec la mer. On a jeté sur l'embouchure de ce lac un pont de bois. « Nous arrivasmes dans un bourg qui prend encore son nom d'un petit pont qui est sur un détroit plus petit que le premier (celui de *Ponte grande*) par où la mer s'engolphe et fait encore en cet endroit un étang salé qui s'unit avec le précédent où il se pesche une quantité de poisson..... Il y a dans le bourg un petit karvansaraï, mais fort beau. » Hadji Khalfa, *Rumeli und Bosna*,

assés fort, car la mer y entre au long d'une vallée bien xx miles et illec a ung pont et une tour; mais les Turcz l'ont abbatue et y a une moult longue chaucié et ung villaige de Grecz; et qui vuelt venir à Constantinoble par terre, il fault passer par là ou à ung autre passaige qui est ung peu au dessus sur une rivyere qui vient là cheoir en la mer, lequel me fu dit qu'il est aussi fort ou plus que cestuy.

Item, de là je vins à Athyra[1] qui souloit estre bonne ville, mais les Turcz l'ont toute destruicte et si avoit ung moult fort passage, car la mer se boute samblablement que j'ay dit de l'autre et le pont qui y est est grand et fort et à chascun bout y a une belle tour et forte. Ce nonobstant, les Turcz l'ont tout gaignié et gasté et sont encoires tous Grecz en ladite ville.

Item, de là je vins à une cité que l'en nomme Salubrie qui est à l'Empereur de Constantinoble[2].

---

trad. par M. de Hammer. Vienne, 1812, p. 60; Quiclet, *Les Voyages de M. Quiclet à Constantinople par terre*, 1654, p. 159.

La rivière dont parle Bertrandon de La Broquière est le Qara-sou qui vient du nord-ouest, des environs de Qara-saqal. Ami Boué, *Recueil d'itinéraires dans la Turquie d'Europe*. Vienne, 1854, tome I, p. 46.

1. Athyra porte aujourd'hui le nom de *Buyuk Tchekmèdjèh* et est appelé par les Européens *Ponte grande*. Ce village principalement habité par des Grecs est situé à dix milles de *Ponte piccolo*, sur le bord d'un lac dont les eaux se déversent dans la mer de Marmara. Le pont de bois fut remplacé en 970 de l'hégire (1562) par les ordres de Sultan Suleyman, par un long pont de pierres qui ne fut achevé que sous le règne de son successeur Selim II. Hadji Khalfa, *Rumeli und Bosna*, p. 60.

2. Silivry, l'ancienne *Selembria*. « Selivree ne peut bonnement estre appelée ville, d'autant qu'il n'y a pas de murailles. Les maisons, les baings, les mosquées sont au-dessous du chasteau. Tout le bourg est situé en pen-

Et tout depuis la ville de Constantinoble jusques à ladite cité de Salubrie qui sont deux journées, si est en l'obeissance de l'Empereur, mais il n'y a que villaiges bien povres. Et est ceste ville de Salubrie celle que le Turc n'a oncques peu prendre, et toutes fois n'est elle point trop forte de la part qui est sur la mer; et il y a ung pou de havre qui est sur le gouffre entre Constantinoble et Gallipoly.

Item, de là je vins à une ville que l'on nomme Chourleu qui a esté assés bonne par samblant, car les Turcz l'ont abatue et est repeuplée de Grecz et de Turcz [1].

Item, de là je alay à une ville que l'on nomme Misterio qui est une petite place fermée et n'y demeurent que Grecz excepté ung Turc à qui le Grant Turc l'a donnée [2].

dant, qui est fort semblable à la ville de la Rie en Angleterre, comme aussi est Galipoli. De Selivrée voulans aller au grand chemin de Constantinople, il faut achever de monter sur le coustau et continuer la campagne. La plus grande partie des montagnes de Selivree sont quelque peu loing du port. Les grands navires arrivent communement à Selivrée pour achever de se charger des marchandises qui leur sont apportées d'Andrenople et de terre ferme de Thrace et Bulgarie ». Belon, *Observations de plusieurs singularitez, etc.*, p. 149.

1. Tchourlou, *Tzurullum*, le *Churlot* de Villehardouin, est la troisième étape sur la route de Constantinople à Andrinople. Elle est située dans une large vallée, riche en paturâges, mais peu boisée. On compte quarante-six milles et demi de Constantinople à Tchourlou. Le sultan Murad Ier mit le siège devant cette ville en 763 (1361) et la prit d'assaut. Le gouverneur de la ville fut décapité, la garnison massacrée et le château rasé. C'est près de Tchourlou que Selim livra, le 3 août 1511, à son père le sultan Bayezid, la bataille dans laquelle il fut vaincu. Hadji Khalfa, *Rumeli und Bosna*, p. 19.

2. Misterio me paraît être le petit bourg qui porte aujourd'hui le nom

Et de là, je vins à une ville que l'en nomme Pirgasi qui est aussi tous les murs abbatus[1] et n'y demeure que Turcz[1].

Item, de là je vins à une ville nommée Zambry qui est aussi toute abattue[2] et depuis Constantinoble jusques à Andrenopoly sont vi journées à tresbeau pays, montées et vallées fertiles de tous biens excepté de boys, car il n'en y a nulz, ne nulz arbres et y a moult de rivyeres et est assés mal peuplé de gens.

Item, de Zambry, je alay avec ledit ambaxadeur à Andrenopoly qui est une tresbonne ville et la millieure que le Turc ayt en la Grece[3]. Ceste ville

---

de Qarichturan, l'ancienne *Drizipera* et qui est occupé par une population grecque. Du temps des Byzantins cette ville s'appelait Messine (Μεσσήνη); elle était le siège d'un archevêché; cf. Jirecek, *Die Heerstrasse von Belgrad nach Constantinopel*. Prague, 1877, p. 100.

1. Pirgasi (*Bergola*) est la ville de Bourgas, quatrième étape sur la route de Constantinople à Andrinople. Elle est généralement désignée sous le nom de *Tchatal Bourgas*.

Les habitants abandonnèrent, en 763 de l'hégire (1361), la ville à l'approche de Sultan Murad Ier. Ce prince la fit détruire de fond en comble. Hadji Khalfa, *Rumeli und Bosna*, p. 20.

Bourgas est la corruption du mot grec πύργος (tour).

2. Je n'ai pu trouver ni dans les auteurs byzantins, ni dans les géographes ou historiens turcs, la moindre indication relative à une localité appelée Zambri. Les deux dernières stations situées avant Andrinople sur la route de Constantinople sont celles d'Eski-Baba et de Havça ou Hafça qui n'offrent aucune particularité méritant d'être signalée.

3. Andrinople porte en turc le nom d'*Edirnéh*. Moukhlis Abderrahman Efendy, qui vit le jour dans cette ville, rapporte dans son ouvrage intitulé *Enis oul Moussamirin* (le Compagnon familier des conteurs) que Ghazy Suleyman Pacha fut le premier général ottoman qui se rendit maître des environs d'Andrinople. Après sa mort, le sultan Murad Ier chargea Lala Chahin Pacha, en 762 (1361), d'ouvrir la campagne contre les Grecs.

cy est tresgrande et bien marchande et fort peuplée de gens. Et cy se tient le Seigneur plus que en nulle autre ville de la Grece. Et est ceste ville sur une moult grosse rivyere que l'on nomme la Marisse[1]. Et demeurent en ceste ville plusieurs marchans Venissiens, Cathelans, Jenevois et Flourentins. Cy se tient le seigneur de la Grece comme nous disons ung lieutenent, et avoit esté esclave du Turc.

Item, je me party de ceste ville de Andrenopoly avec ledit Messire Benedicto pour aler devers le Turc qui estoit à Lesseres[2], une grosse ville en

---

Lala Chahin Pacha les battit à Sazly-Derèh et le sultan se présenta devant Andrinople; la ville, abandonnée par le gouverneur qui se réfugia à Énos, s'empressa de capituler. Lala Chahin Pacha en fut nommé gouverneur et Murad Ier établit sa résidence à Dimotica. En 768 (1367), le sultan se fixa à Andrinople et vint habiter le sérail qu'il y avait fait construire. Andrinople est divisée en cent soixante quartiers : elle est arrosée par trois rivières, la Maritza, la Toundja et l'Arda. Sur la rive de la Toundja s'élève un château de forme carrée, flanqué sur ses angles et ses côtés de tours rondes. Andrinople possède quarante mosquées. Sultan Murad II fit construire au milieu de la ville celle qui porte son nom.

1. La Maritza (*Hebrus*), appelée par les Turcs *Meridj*, prend source dans le Despot-daghy (le mont Rhodope) et se jette à Énos dans la mer Égée, après avoir reçu les eaux de l'Arda (*Harpessus*) et celles de la Toundja (*Tonus*). « La rivière va si lentement, dit Belon, qu'il semble qu'elle ne se bouge. L'eau en est trouble, toutefois fort douce, et si froide au cœur d'esté, qu'on diroit qu'elle est glacée; et y a beaucoup de tamarisques par ses rivages. Elle se courbe souvent et se retourne ainsi que fait la Seine entre Paris et Pontoyse. Il descend tant d'eau des montaignes en hiver, qu'elle en est ravissante et inonde une prairie de moult grande estendue, qui a esté nommée Doriscus, en laquelle Xerxes nombra son exercite allant en Grèce; pour autant que celle grande prairie est plongée l'hyver comme un lieu marescageux, on n'y bastit nuls villages, mais on y nourrist, l'esté, grand nombre de chevaux. » Belon, *Les observations des singularitéz*, etc., p. 141.

2. Lessere (*Lassere, Seres*) est le nom de Siroz, ville ouverte, traversée

Pirrhe vers où fu la bataille de Thessale de Jule Cesar et de Pompée, et passay ceste rivyere que l'on nomme la Marisse à bateaulx et alay en ung villaige qui est près de ladite rivyere et là, trouvay bien L des femmes du Turc accompaignées d'environ de XII à XVI esclaves chastrez dont les deux vindrent parler à nous et nous dirent que le Turc se devoit partir pour s'en venir et aloient lesdites femmes à Andrenopoly, car le Turc y devoit venir.

Item, de là je alay à Dimodicque¹ qui est assés bonne ville et y a tresbeau chastel et grant sur une montaigne presque toute reonde et si est tresbien fermé de doubles murailles et y passe par une part une rivyere² et puet bien avoir dedans ledit chastel

---

par le Doutly-tchay (*Pontus*) et située au nord-ouest de Salonique dans une vallée qui s'étend au pied des monts Rhodope. Siroz est séparée de Constantinople par une distance de trois cents milles que l'on franchit en douze jours. Lala Chahin Pacha, un des généraux de Sultan Murad, s'empara du château de Siroz en 784 de l'hégire (1382).

Siroz n'est point située en Épire, comme le dit Bertrandon de La Broquière, mais bien en Macédoine. Cette ville est le chef-lieu du liva de ce nom et le siège du métropolite de toute la Macédoine. Il faut lire *Pharsale* au lieu de *Thessale*.

1. Dimotica (*Didymotiches*) est située à une petite journée de marche, c'està-dire à sept heures au sud d'Andrinople sur le bord du Qizil-Delytchay. Hadji Ilbeguy, un des généraux de Murad Ier, s'empara de Dimotica en 762 (1361). Sultan Murad y établit sa résidence et y construisit un élégant palais. Le château est bâti sur une colline, de forme conique et le palais s'élève au milieu de son enceinte. La ville s'étend au pied de la colline. On a, par des travaux d'art, amené l'eau dans une grande citerne qui se trouve dans le château et on l'a creusée si profondément qu'il faut descendre cent marches pour arriver à son niveau. Hadji Khalfa, *Rumeli und Bosna*, p. 65.

2. Le Qizil-Dely-tchay, qui prend sa source dans le versant méridional

IIII^c maisons et y a ung dongon où le Turc tient son tresor, ainsi que l'en m'a dist.

Item, je alay de ceste ville de Dimodicque à une ville que l'en nomme Ypsala[1] qui est assés bonne ville et est aussi toute abbatue et passay encoires la rivyere de la Marisse en bateau, ainsi que j'avois faict autrefois, et est ceste marche de pays tout marescage et mal aysiée à chevaulchier[2] et furent deux journées depuis Andrenopoly.

Item, de cy je alay à une ville que l'en nomme Ayne qui fu jadis une grant cité du temps de Troye la grant et y souloit avoir ung roy et maintenant en est seigneur le frere du seigneur de Matelin, lequel est tributaire au Turc; et est ceste dite ville sur la mer et entre ceste grosse rivyere cy en la mer, qui a bien deux milles de large[3].

du Qodja-Yaïla et se jette dans la Maritza. Cette rivière passe au pied de la colline sur laquelle la ville est bâtie.

1. Ipsala, *Cypsela*, la *Capesale* des historiens français des croisades, est un bourg située au bord de la mer, à l'entrée d'une longue vallée.
Cette ville fut enlevée aux Grecs par Ghazy Suleyman Pacha. La Maritza, que l'on traverse au bac de Karlerskos, coule entre Ypsala et Feredjik.

2. Ce marécage portait dans l'antiquité le nom de *Palus Stentoris*.

3. Énos (*Inoz*) est un gros bourg situé non loin de l'embouchure de la Maritza, sur l'un des deux caps qui s'avancent dans la mer Égée.
En face d'Énos se trouve l'île de Samothrace (*Semendrek*). La plage d'Énos, semée de bas-fonds, n'est abordable que pour de petits bateaux. Énos et les îles de Samothrace, de Thasos et d'Imbros formaient au XVe siècle une principauté possédée par la puissante famille génoise des Gattilusio qui avait reçu, en outre, de l'empereur Jean Paléologue Ier, la souveraineté de l'île de Métélin. Le gouverneur de Gallipoly, Balta Oglou, avait, sous Murad II, fait une expédition contre Métélin et contraint Dorino Gattilusio à reconnaître la suzeraineté du sultan et à payer pour Métélin et Lemnos un tribut annuel de quatre mille cinq cents ducats.

Item, il y a une sepulture qui est sur une petite montaigne reonde et dient que jadis le Roy Priam envoya ung sien filz moinsné qu'on appelloit Polidoire avec grant foison de tresor à ce roy de Ayne, lequel, aprez la destruction de Troye, tant pour crainte des Grecz que pour la convoitise du tresor, l'avoit faict morir.

Item, devant ceste ville, je traversay en gros vaissel la Marisse et alay envers ponant en une ville que l'en nomme Macry qui jadis, par samblant, a esté bonne ville et grande et, de present, est toute abbatue, excepté une partie du chastel qui souloit estre bel et fort. Et est habitée de Grecz et de Turcz et est sur la mer et est près de l'isle de Samandra qui est au seigneur de Ayne[1].

Item, de là je passay une montaigne non pas trop grande et vins en une ville que l'en nomme Caumussin qui est assés bonne petite ville et est bien fermée de murs et est assise sur une petite rivyere

---

Palamède Gattilusio, seigneur d'Énos, avait dû subir les mêmes conditions et payer un tribut de deux mille ducats pour sa principauté. Palamède Gattilusio gouverna Énos, Samothrace et Imbros de 1409 à 1445. Il avait succédé à son père Nicoletto, frère de Francesco Gattilusio, qui fut seigneur de Métellin et dont le petit-fils Dorino (1427-1449) reçut de l'empereur de Constantinople Lemnos et Thasos et, des Mahonais, la seigneurie de la Vieille-Phocée. Schlumberger, *Numismatique de l'Orient latin*. Paris, 1878, pp. 432-444.

1. Macry ou Megry (*Drya, Serrum*) est situé sur le bord de la mer au delà de l'embouchure de la Maritza et à sept journées de marche de Constantinople. La route qui conduit à Salonique se bifurque près de Macry. La route carrossable traverse cette ville ; le chemin pour les cavaliers et les piétons longe la montagne, passe par Guverdjinlik et Chapdjiler. Ces deux voies se réunissent à Koumoultchina, à une journée de marche de Macry.

en tresbeau pays et bon et plain et près des montaignes devers ponant[1].

Item, de là je passay par une ville nommée Mussi[2], qui fu jadis, par samblant, bonne et bien fermée, mais elle est ores toute destruicte, et une partie des murs abbatus et n'y habite personne.

Item, de là, je vins à une ville que l'en nomme Peritoq[3] qui fu jadis bonne et est une ville ancienne et est sur ung goulfe de la mer qui se boute entre la terre jusques devant ladite ville bien LX milles et

---

1. Caumussin est le gros bourg de Koumoultchina ou Komourtchina (*Dycœa*) qui se trouve sur la route de Salonique, à huit jours de marche de Constantinople. Evrenos bey s'en empara en l'année 763 de l'hégire (1361). Il y construisit un caravansérail et un imaret ou hospice pour les pauvres. La population juive de cette localité habite le château.

2. Mussy désigne, à mon sens, la ville de Cavala. Qaval a en turc la signification de « musette », de « flûte de berger »; Bertrandon de La Broquière a quelques fois noté sur son calepin, comme on le verra dans la suite, la traduction qu'on lui a donnée du nom de certaines localités.

« Cavala est une ville fortifiée, située sur le bord de la mer en face de l'Ile de Thasos : il y a des mines dans ses environs. Il y a neuf jours de marche de Constantinople à Cavala : les localités voisines de cette dernière ville sont Berekety, Tchalayq et Qara-Sou. Lala Chabin Pacha fit la conquête de Cavala en 777 (1375). La forteresse de Cavala bâtie par Sultan Selim n'a point d'égale. Les montagnes escarpées et presque inaccessibles qui l'environnent descendent jusqu'à la mer. Elle est semblable à un nid de faucon et elle s'élève sur le sommet d'une colline isolée. L'eau y est amenée des montagnes voisines par un aqueduc que protège une muraille. Cavala a deux portes. Le marché se tient dans la ville, mais les caravansérails sont en dehors des murs, près du port. » Hadji Khalfa, *Rumeli und Bosna*, p. 71. Non loin de Koumoultchina se trouvent les ruines de la ville de *Maximianopolis* qui reçut, dans les premiers temps du moyen âge, le nom de *Mosinopolis* et plus tard celui de *Messin Qalèh*. Jirecek, *Die Heerstrasse von Belgrad nach Constantinopel*, p. 100.

3. *Peritoq* est la corruption du nom de *Pirauchta* (Prawista). Ce bourg est situé au pied du Pilav-tepèh, sur la route qui conduit de Cavala à Orfani. Hadji Khalfa, *Rumeli und Bosna*, p. 72.

vient de devers Monte Sancto[1] où il y a si grant nombre de gallogiros et est ceste ville habitée de Grecz et est bien fermée, excepté en deux places que les murs sont abbatus et est ceste dicte ville en ceste grant plaine qui va jusques à Lesserres et va l'en selon ceste montaigne.

Item, de là je alay en une ville champestre nommée Jangibatzar[2] qui a esté eddiffiée des Turcz et attendi là le Turc qui y devoit passer et venir là. Et y fus deux jours et y veiz venir ledit seigneur lequel menoit pou de gens en sa compaignie, selon ce qu'il a accoustumé, car il s'en aloit esbatant et chevaulchoit à son ayse à petites journées. Toutesfois avoit en sa compaignie de IIII à V^c chevaulx dont la plus grant partie estoient faulconniers et ostriciers, desquelz a grant foison. Et m'a l'en dit qu'il en a plus de deux mil. Je veys venir ledit seigneur Grant Turc quant il entra en ladite ville de Jangibatzar et n'avoit avec luy que environ de XL à L chevaulx. Il plouvait et portoit vestu une robe de veloux sur veloux cramoisy fourrée de martres sebelines en guise

---

1. Monte Sancto, Ἅγιον ὄρος, le mont Athos.
2. Je n'ai pu trouver sur aucune carte, ni dans aucun auteur, une ville portant le nom de Jenguy-bazar (le marché neuf) située sur la route de Pirauchta à Siroz. Mais on trouve sur les bords du Qara-sou et non loin du lac de Takhino une localité qui porte en turc le nom de *Yeny-Keui* ou *Yenguy-Keui* et en grec celui de *Neokhori*. Elle était peut-être désignée au xve siècle sous celui de Jenguy-bazar. Le village de Yeny-Keuy a été élevé sur les ruines de l'ancienne ville d'Amphipolis. Il n'est qu'à deux heures de distance de la mer, et fait aujourd'hui partie du gouvernement de Salonique et du district de Siroz.

d'un mantel, selon la mode du pays, et un chappeaul vermeil sur sa teste, tel que les autres Turcs le portent et aloient devant luy xii archiers et xii qui sont ses esclaves. Et fu ledit seigneur logié en ung pavillon, car il faict porter tousdis tout ce qui luy est de necessité et ainsi fault que chascun face, car on treuve pou à mengier, se ce n'est és bonnes villes, et ne scet on aussi où logier. Pour ceste cause portent ilz tout et mainent grant charroy, c'est assavoir de chameaulx et d'autres bestes. Et veys, icelluy vespre, ledit seigneur de bien près, lequel aloit en ung baing se baignier et estoit encoires grant jour et n'avoit en sa compaignie que vi personnes. Il estoit à cheval et les autres estoient avec luy de pié. Car ledit baing estoit près de son logis et portoit sondit chappeaul et une robe de satin cramoisy et estoit de l'aage de xxviii à trente ans. Et est homme ung pou sur le plus gras, et l'ouys parler à ses gens et a bien grosse loquence.

Ledit ambaxadeur du duc de Milan qui avoit nom Messire Benedicto de Fourlino avec lequel j'estoye, envoya devers un Turc auquel il avoit congnoissance sçavoir s'il pourroit parler au seigneur et luy presenter aucun present qu'il luy vouloit faire; et ledit Turc le demanda au seigneur lequel respondit qu'il ne vouloit riens besoignier, car il n'aloit que pour prendre plaisir, et aussi ses bachas n'y estoient point, et qu'ilz estoient demourez derriere, mais se il les vouloit là attendre, qu'il les attendist ou se non qu'il s'en retournast à Andrenopoly et ainsi le fist il;

auquel lieu me fu dit que ledit Turc avoit envoyé de Lesserres x^c combatans, de quoy les v^c estoient de ses esclaves pour prendre et reduire aucuns seigneurs d'Albanie, qui estoit la cause pour quoy il avoit si pou de gens alors en sa compaignie[1].

Item, nous partismes lendemain de Jangibatzar et retournasmes à Camussin et de là, venismes à passer une assés male montaigne[2]. Et celle grant plaine que j'ay dit cy devant, qui dure depuis le pié de ceste montaigne jusques à Lesserres qui sont IIII ou v journées, a bien en aucun lieu une journée de large et en aucun n'a point un mile et y a de bonnes villes au long et m'a l'en dit que la grant bataille de Thessale[3] fu près de Lesseres. Et quant j'eus passé ladite montaigne, je vins sur une rivyere qui passe entre deux haultes roches[4] et sur l'une a ung chastel qui garde celluy passage nommé Coulony lequel estoit moult fort et a esté abbatu la plus grant partie[5].

1. Il s'agit, dans ce passage, de l'expédition dirigée contre Jean Castriot, prince d'Albanie. Les troupes, commandées par Aly Bey Evrenos Oglou, furent complètement défaites et, forcées de battre en retraite, elles éprouvèrent des pertes considérables.
La guerre recommença la même année et les Ottomans commandés par Sinan Bey, Tourkhan Bey, Ishaq Bey et Aly Bey, s'emparèrent de Croïa et de toute l'Albanie septentrionale.
2. Le Yardimly-Tepèh.
3. Il faut lire Pharsale.
4. Le Yardimly-Derèh.
5. Dans l'ancienne langue française, *coulon* avait la signification de « pigeon » et Coulony est la traduction du nom grec de *Peristeria* et du nom turc de *Guverdjinlik* (colombier), sous lesquels on désigne un village situé sur la route de Koumoultchina à Feredjik, non loin du Yardimly-Tepèh et du village de Chabdjilar, célèbre par l'exploitation de l'alun.

Et de cette montaigne la pluspart est bois, et sont males gens et murdriers ceulx qui y habitent. Et quant j'euz passé ladite montaigne, je vins en une ville que l'en nomme Trajanopoly, jadis eddifiée par ung empereur appellé Trajan, lequel avoit, ce disoient les Grecz, une oreille ainsi que ung mouton et fu filz de celluy qui eddifia Andrenopoly. Et fist cest empereur pluseurs autres choses dignes de memoire. Ceste ville de Trajanopoly est près de la mer[1] et de ceste rivyere que l'on appelle la Marisse et a esté assés grande ville et est toute abbatue et n'y demeure que ung pou de gens; et y a en ceste ville ung baing que l'on nomme eau saincte et est au pié d'une montaigne qui luy est devers le soleil levant et la mer luy est devers midy[2].

Item, de là, je vins à une ville que l'en nomme Vira[3] : en ceste ville souloit avoir ung beau chastel

1. Trajanopolis figure dans l'acte de partage de 1204. Cette ville jouissait encore au xiii° siècle d'une certaine prospérité et elle fut pendant longtemps, après être tombée en ruines, le siège d'un évêque du rite grec.

2. A deux lieues au sud-ouest, à Ilidja, près de la mer et non loin de Vira (Feredjik), se trouvent deux sources d'eau chaude que Daoud Pacha fit couvrir d'une construction surmontée d'une coupole. Le caravansérail qui s'élève auprès de ces sources a été construit par Evrenos Bey. Des caravanes entières de valétudinaires se rendent à ces eaux thermales, auprès desquelles est une source d'une eau purgative, ayant une très forte odeur. Les malades en usent en boisson et prennent ensuite un bain de sable. Hadji Khalfa, *Rumeli und Bosna*, p. 67; Ami Boué, *Recueil d'itinéraires*, tome I, p. 149. Ces sources thermales sont celles auxquelles Bertrandon de La Broquière donne le nom de « eau saincte ».

3. Vira (*Dymæ*) porte aujourd'hui le nom de *Fered* ou *Feredjik*. Cette petite ville est située sur la rive droite de la basse Maritza ; elle se trouve mentionnée sous le nom de *Bira* et *Vira* dans la *Partitio regni græci* de

lequel est abbatu en aucun lieu, et m'a dit ung Grec qu'il y souloit avoir iiie chanoines et y est encoires le cuer de l'eglise, de quoy les Turcz ont faict leur musquée et ont edifié autour de ce chastel une grande ville qui est peuplée de Grecz et de Turcz. Et est ceste ville sur ung mont près de la Marisse. Au partir de Vyra, environ tierce, rencontrasmes le seigneur de la Grece qui aloit au devant du Turc, lequel l'avoit mandé qu'il venist devers luy et avoit en sa compaignie bien vi^{xx} chevaulx et est ce seigneur bel homme et de bonne taille et fu esclave dudit seigneur et est de Voulgairie[1]. On m'a dist que pour ce qu'il boit tresbien, ledit seigneur l'a faict seigneur de la Grece et luy a donné bien L^u ducatz de rente.

Item, de là je revins à Dimotiq qui est une tresbelle place ainsi que j'ay dit cy devant. Elle est bien grande ville et m'a samblé encoires plus belle la derniere fois que la premiere. Et me samble que se ledit seigneur Grant Turc y tient son tresor, qu'il y est bien seurement. Et de là je retournay à Andre-

---

1204 ; elle faisait partie, avec Makry et Trajanopoli, des domaines concédés à Anseau de Courcelles. Villehardouin l'appelle l' « abbeye de Veroisne ». Éd. Du Cange. Paris, 1659, p. 157. « A l'opposite du port, dit Belon, à la distance d'un quart de lieue (de la Maritza), nous laissasmes une belle petite villette qui s'appelle Vire, assise en fort beau pays au pendant d'un coustau, qui est fermée de murs antiques ». *Les observations de plusieurs singularitez*. Feredjik fut conquise en 774 (1372) par Lala Chahin Pacha. Hadji Khalfa, *Rumeli und Bosna*, p. 67.

1. Le beylerbey de la Roumélie était Sinan Bey. Il prit part à toutes les expéditions qui eurent lieu sous le règne de Murad II.

nopoly, où je attendis jusques à ce que ledit seigneur fu venu qui furent xi jours, et vint le premier jour de Quaresme. Et alerent au devant de luy le grant caliphe qui est entre eulx ainsi que le pape est entre nous[1], et aussi toutes les notables gens de la ville qui furent en grant nombre. Et trouverent ledit seigneur aux champs, et en venant qu'il fu assés prés de la ville, il se arresta pour mengier et pour boire par especial, et n'entra en ladite ville jusques à la nuyt et en fist aler toute la plus grant partie de ses gens. Et me dirent aucuns qui l'ont hanté en sa court, depuis qu'il est seigneur, une partie de ses condicions et en quoy il se delite.

Et tout premierement, ainsi que j'ay veu et que j'ay dit cy devant, il est homme de grosse taille, courte personne et a ung pou le visage large sur la philosomie de Tartre et si a le nés grant assés et courbe et assés petis yeulx et est moult brun par le visaige et a grosse joes et la barbe ronde. Et m'a l'en dist qu'il est doulce personne, benigne et large de donner seignourie et argent. On m'a dist aussi qu'il het assés la guerre et ainsi me le samble il, car s'il vouloit exequiter la puissance qu'il a et sa grant re-

---

1. Il ne saurait être question, dans ce passage, du calife abbasside qui résidait au Caire, mais bien du cheikh oul'islam Fakhr Eddin el-Adjemy qui fut le successeur de Chems Eddin Fenary, et exerça les hautes fonctions judiciaires sous les règnes de Murad II et de Mahomet II.
Il remplaça Chems Eddin Fenary en 834 (1430) et mourut à Andrinople en 870 (1465). *Doubèhi mechaïkhi kibar*, f° 3.

venue, veu la petite resistence qu'il treuve en la crestienté, ce seroit à luy legiere chose à en conquester une grant partie.

Item, m'a l'en dit qu'il a bien deux millions et demi de ducatz tous les ans que de ses rentes que de ses tributz qui montent à xxv^c ducatz. Et m'a l'en aussi dit qu'il mettroit bien sus en la Grece vi^xx mil hommes ensamble dont il y a bien de iv à v^c esclaves qui sont siens et à ses gaiges, mais la moitié sont mal en point, car celluy qui aura arc n'aura point d'espée.

Item, m'a l'en dit que quant il faict armée, il ne luy couste riens, mais gaigne en ceste maniere que quant il mande ceulx de la Turquie à venir en la Grece il ne leur donne riens, ains payent à Gallipoly le comarch, c'est assavoir v aspres pour cheval et trois pour homme[1]. Et quant ilz vont en course, il a de v esclaves ung, tel qu'il le veult choisir[2]. Et pareillement, s'ilz passent la Dunoe, ilz payent le comarch. Et m'a l'en dit que ceulx de la Grece sont tenus de luy faire, tous les ans, xxx^c hommes pour les

---

1. Comarch est dérivé du mot grec κουμέρκι et a le sens de « droit de douane, droit de transit ».

2. Le Coran prescrit aux vrais croyants de réserver à Dieu et au Prophète le cinquième du butin fait sur l'ennemi, c'est-à-dire de le verser dans le trésor public. Ce précepte n'avait point été suivi par les premiers princes de la dynastie ottomane. Un légiste de Caramanie, nommé Qara Rustem, reprocha au sultan Murad Ier de ne point se conformer aux ordres du livre sacré. Ce prince fixa, en conséquence, à vingt-cinq aspres le prix de chaque esclave et il décida que désormais cinq aspres seraient versés dans le trésor public par tête d'esclave.

mander où bon luy samblera et c'est le plus grant fait et le millieur de ses gens.

Item, luy doit on faire en la Turquie xᵐ hommes aussi, chascun an, et n'en a autre revenue que vivres. Il a donné de grandes seignouries, mais ceulx à qui il les a données ne les ont que à sa voulenté, et avec ce, ilz sont tenus de le servir à certain nombre de gens et ainsi ne fait mie despense plus, quand il fait armée, que autrement. Quant aux gens de son hostel, qui sont bien vᶜ que à pié que à cheval, il ne leur accroist de riens plus leurs gaiges.

Item, il a IIII hommes que l'en nomme bascha ou visirs bacha¹ c'est à dire ainsi que capitaines ou conduiseurs et visirz, c'est à dire conseilliers, et ces quatre ont cest office et nul ne parle audit seigneur se ce n'est par le moyen de ceulx cy, qui ont le gouvernement de luy et de tout son hostel entierement. Et le seigneur de la Grece a le gouvernement des autres gens au fait de la guerre quant ilz sont en la Turquie.

Item, on m'a dist et aussi j'en ay veu aucunement l'experience que ce seigneur se deduit moult en chasses et en oyseaulx. Et m'a l'en dit qu'il a plus de mil chiens et plus de deux mil oyseaulx, et de cecy ai je veu une grant partie.

Item, la chose en quoy il prent le plus grant plaisir, c'est en boire et aime gens qui boivent bien et

---

1. Les trois vizirs et le beylerbey de Roumélie (le seigneur de la Grèce). Cf. la note de la page 188.

m'a l'en dit qu'il boit tresbien x ou xii grondilz de vin qui peuvent bien estre vi ou vii quartes; et adonc, quant il a bien beu, il n'est riens qu'il ne donne et sont ses gens tresayses quant il boit, car adoncques fait il les grans dons. Et m'a l'en dit, qu'il y a ung an passé, que ung More le vint preschier et dire que tous ceulx qui boivent vin trespassoient les commandements de leur prophete et qu'ilz n'estoient pas bons Sarrazins; et tantost il le fist mettre en prison et deffendre qu'il ne venist plus en son pays. En après, le plus grant plaisir qu'il peult avoir c'est en femmes et en garçons jeunes sodomites; et a bien iiie femmes ou plus, et si a bien xxv ou xxx garçons lesquelz sont tousiours avecques luy plus souvent que ses femmes, et à ceulx cy, quant ilz sont grans, donne il les grans dons et les seignouries et a donné à ung, l'une de ses seurs à femme et xxv^x ducatz de revenue par an.

Item, quant à l'armée de xxx^u hommes qu'il fait en la Grece, ceulx à qui il a donné les seignouries que j'ay dit cy devant doivent estre prestz toutes et quantes fois qu'il les mande, c'est assavoir xx^u en la Grece et xx^u en la Turquie, sans les esclaves de son hostel.

Il est moult bien obey en son pays et de ses gens, car ilz font ce qu'il leur commande, sans contredit, se il leur est possible, et fait tout ce qui vuelt que nul ne luy dit riens, au contraire. Il fait de grandes justices et tient son pays en grant seureté et ne fait nulle extorsion à ses gens qui sont Turcz, c'est assavoir de taille ou d'autre chose.

Item, s'il vuelt faire grant armée, tel qui le scet bien m'a dit qu'il trouvera bien vɪˣˣ mil hommes en la Grece, mais qu'il les paye de leurs gaiges, c'est assavoir vɪɪɪ aspres pour homme à cheval et v pour homme de pié, et de ceulx cy, m'a l'en dit que les ʟx mil seront bien en point; ceulx de cheval, de tarquais et d'espée et le demourant sont gens de pié mal en point, car qui a espée, il n'a point d'arc et pluseurs y en a qui n'ont que ung baston et de ceulx cy a la moittié de ceulx de la Turquie, non obstant qu'ilz les prisent plus que ceulx de la Grece et sont plus à craindre. Et de l'armée qui fu dernierement en Grece, une grant partie estoit Crestiens; c'est assavoir que quant il mande le dispot de Servie, il envoye l'un de ses filz acompaignié de ɪɪɪˣˣ chevaulx de service et aussi d'autres assés d'Albanie et de Voulgairie qui sont Crestiens, lesquelz n'osent dire le contraire et sont pluseurs esclaves qui vont à la guerre qui sont Crestiens. Et m'a l'en dit depuis, et de verité, que quant le dessusdit seigneur vuelt faire armée, que au pays de Turquie luy sont tenuz de le venir servir xxxˣˣ hommes, lesquelz sont payez, Et de la Grece y a xxˣˣ hommes sans ses esclaves qui peuvent estre de ɪɪ à ɪɪɪˣˣ bien en point. Aucuns me dirent qu'il puelt bien avoir en son tresor ung million de ducatz, et autres me dirent la moittié. Et de son tresor si est en ses esclaves et en joyaulx de ses femmes bien ung million d'or vaillant. Si a de la vaisselle, mais quant il vouldra clorre la main qu'il ne donne riens, en ung an, il pourra espargnier ung million de ducatz, sans faire tort à nulluy.

Item, quant ledit seigneur fu venu à Andrenopoly, lesditz bachas vinrent un jours aprez, lesquelz menoient la plus grant partie de ses gens et de son bagaige et a bien ledit seigneur cent camelz et environ ii^cl que mules que chevaulx de sommiers, car ilz ne mainent nulz chariotz. Et quant les dessusditz bachas furent venuz, ledit ambaxadeur du duc de Milan manda, ainsi qu'il est de coustume, s'il pourroit parler à eulx et luy fu mandé que non. Et la raison si fu pour ce qu'ilz avoient esté devers ledit seigneur et estoient tresbien yvres. Mais ilz envoyerent lendemain devers ledit ambaxadeur, et je alay avecques luy et leur porta à chascun ung present, ainsi qu'il est de coustume. Car nul ne parle à eulx s'il ne leur porte present, et à chascun des esclaves qui gardent leur porte, que homme n'y entre sans leur sceu. Et quant il eust esté visiter chascun des bachas en leur maison, et leur eust fait presenter leurs presens, lendemain, ilz luy manderent qu'il fust prest pour aler devers le seigneur pour luy presenter ce qu'il luy vouloit donner. Car aussi nul ne va devant luy qui soit estrangier qu'il ne luy porte aucun present. Et lendemain, lesditz bachas envoyerent querir le dessusdit ambaxadeur sur le vespre et monta à cheval, luy seul de ses gens et alasmes à pié avecques lui.

Et quant nous venismes devant la court dudit seigneur, nous trouvasmes là grant foison de gens et chevaulx. Et entrasmes dedans la premiere porte, et là sont bien xx ou xxx esclaves à tout bastons, qui gardent ladite porte, laquelle est toute ouverte. Et quant aucun vuelt y entrer, ilz ne luy dient que une foys qu'il retourne, et la seconde le font retourner à coups de baston. Et ont ces esclaves dudit seigneur, trestous un chief auquel ilz respondent et les conduist[1]. Et quant ledit ambaxadeur fu entré, ilz le

[1]. « Le capizi bassi qui est de dehors la maison du Seigneur a trois cens capizi, lesquels l'on faict des janniceres et sont subgectz à luy capizi bassi c'est à dire chef des portiers, qui est à la coustume de France, capitaine de la porte. Lesdictz capizi font le guet à la porte et sont devisez en plusieurs lieux tant à la premiere porte que au myllieu de la court et aussy pour aller à la chambre où les bassa tiennent leur siege et office, et autres à la porte où on va pour entrer à la maison du Seigneur sur laquelle porte devant est assis le capizi bassi, là où quelquefoys j'en ay veu deux ou trois. Lesdictz capizi portent le tortule blanc avec friz et bort d'or, mais le tortule n'est pas droit. Et leurs capizi bassi portent le turban à la teste qui est une autre maniere d'accoustrement de teste usité communement à tous les Turqz, lequel est faict de toille blanche entortillée et le portent à leurs testes qui leur servent comme à nous les bonnetz et les chappeaulx..... Lesdictz capizi ont, de coustume, avoir de gaiges de l'empereur jusques à sept aspres le jour et leurs prouffitz qui ne sont pas petitz, car tous ceulx qui veulent entrer à l'audience des bassa, il luy fault avoir quelcun d'entre eulx pour le conduyre, ou autrement, il n'y passeroit point, et c'est la coustume de lui donner quelque chose. Et si aulcun seigneur va pour baiser la main de l'empereur, c'est la coustume qu'il fault qu'il donne et qu'il face present au capizi qui, pour l'heure, faict le guet..... Ilz ont leurs habillementz de soye dorez ainsi que les laquois du seigneur et les bolubassi et les yaya des janiceres. » Spandouyn Cantacusin, patrice de Constantinople, *Petit traicté de l'origine des princes des Turqz*, ms. français de la Bibliothèque nationale, 5640, f°s 119 et 120.

firent seoir auprès de la porte, là où il y avoit moult de gens qui attendoient ledit seigneur qui devoit saillir hors de sa chambre pour faire porte ainsi qu'il a accoustumé. Car touttefois que ambaxade luy vient, il fait porte, et c'est presque tous les jours. Et est à dire faire porte ainsi que nous disons en France quant le Roy vuelt tenir son estat royal et court ouverte, non obstant qu'il y a beaucop à dire en toutes choses, ainsi que je diray cy aprez, mais ainsi que nous disons la Court du Roy, ilz dient la Porte du Seigneur.

Et quant toutes ces gens furent venuz, c'est assavoir les trois bachas[1] et le seigneur de la Grece et les autres qu'ilz appellent seigneurs, ledit seigneur Grant Turc se party de sa chambre et n'avoit avecques luy que ces garçons qui l'accompaignerent jusques à l'uys de sa chambre qui respondoit en une moult grant court, et là l'attendoit le seigneur de la Grece et ne sailly avecques luy que ung petit nain et deux autres garçons qui font le fol. Et quant il fu hors de l'uys, il ala assés tost jusques en une galerie qui estoit auprès de l'uys, là où il sailly et passa par le bout de cette grant place; et avoit vestu une

---

1. Les trois vizirs portant le titre de pacha en 1433 étaient Khalil Pacha, Saroudjèh Pacha et Mehemmed Aga. Khalil Pacha, fils d'Ibrahim Pacha, avait exercé les fonctions de *qadi asker* ou grand juge de l'armée. Il resta à la tête des affaires pendant vingt-six ans et fut mis à mort par Mahomet II à Andrinople, au mois d'août 1453. Khalil Pacha appartenait à la famille des Djendèrély qui, pendant quatre générations, avait fourni des grands vizirs à l'empire.

robe de satin cramoisy à leur guise et dessus, en guise de manteaul, ainsi qu'ilz l'ont de coustume, une robbe de satin figuré vert, fourrée de martres sebelines.

En ceste galerie cy estoit la place appointée là où il se ala seoir, c'est assavoir une chose en maniere d'une couche couverte de veloux et si y a IIII ou V pas de degrez à monter et là s'en ala asseoir à leur guise, qui est telle que celle des cousturiers qui se assient quant ilz cousent. Et tantost que le seigneur fu assis, les bachas qui estoient en une autre place auprez de ladite galerie, prestement ilz se partirent et alerent devers luy. Et quant ilz furent dedans ladite galerie, adoncques chascun qui a accoustumé d'entrer en la court y entra et s'en ala en sa place, c'est assavoir selon les murz ou parois qui estoient autour de ladite galerie, le plus loing bonnement du seigneur qu'il se puelt faire.

Quant chascun fu mis ainsi à part, on fist venir ung seigneur du royaulme de Bossene, lequel estoit venu devers le Turc pour luy faire obeissance d'icelluy royaulme et fu mené seoir en ladite galerie avecques les bachas, lequel estoit venu pour demander secours audit seigneur contre le Roy de Bossene et se disoit que le royaulme luy appartenoit[1]. Et furent assis assés près devant ladite ga-

---

1. Ce seigneur du royaume de Bosnie était Radivoï, fils d'Étienne Ostoïa, qui résida en qualité d'otage à la cour de Murad II, depuis 1422 jusqu'en 1435. A la mort de son père, il revendiqua, avec l'appui des Turcs, ses

lerie, le visaige contre le seigneur, environ xx gentilzhommes de Walaquie, lesquelz estoient ostages
pour ledit pays de Walaquie[1]. Et avant que ledit
seigneur fust venu en ladite place, on y avoit
porté au millieu, bien cent grandes escuelles d'estain
et en chascune avoit une piece de mouton et du ris.
Quant doncques ledit seigneur fu assis et les bachas
furent devers luy, on fist venir ledit ambaxadeur de
Milan devers ledit seigneur et portoit on ses presens
après luy, et de là où estoient les escuelles de viande
que j'ay dit, gens qui sont à ce ordonnez prindrent
lesditz presens et les leverent en hault que le seigneur les povoit veoir et ung chascun aussi, et ledit
ambaxadeur ala toudis avant, et vint ung homme
notable au devant de luy, lequel les mist en ladite
galerie où estoit ledit seigneur et là s'enclina ledit
ambaxadeur sans oster son aulmuce et ala jusques
auprez des degrez qui estoient là où le seigneur estoit assis; et illecques s'enclina ledit ambaxadeur

---

droits à la couronne de Bosnie. Il fut battu par son rival Twarko et obligé
de se réfugier à Raguse où il se fit inscrire sur le livre de la noblesse de la
République. Du Cange, *Familiæ augustæ*, etc., pp. 330-331; Don Mauro
Orbini, *Il regno degli Slavi*, Pesaro, 1601, pp. 313-319.

1. L'historien Ducas ne fait aucune mention de ces otages valaques. Il
s'agit certainement ici d'otages donnés au sultan par Vlad II le Diable qui,
en 1430, avait détrôné son cousin Dan II Bassarab.

Dix ans avant l'arrivée de Bertrandon de La Broquière à la cour de
Sultan Murad, le prince de Valachie avait rompu la trêve conclue avec le
sultan. Il fut battu par Firouz Bey : apprenant que le sultan, débarrassé
d'Isfendiar Bey en Anatolie, passait en Roumélie, il se rendit auprès de lui,
lui offrit des présents considérables et, après avoir consenti à payer deux
années de tribut, il lui laissa ses deux enfants en otages.

tout bas. Et adoncques se leva le seigneur en piez et fist environ deux pas jusques au debout desditz degrez et là print il le dessusdit ambaxadeur par la main, lequel ambaxadeur voult baisier la sienne, mais ledit Turc ne le souffry point pour l'onneur du duc de Milan et luy demanda comment son bon fradello et voisin le duc de Milan se portoit. Respondy que tresbien. Et pour ce que ledit Turc n'entendoit point ledit ambaxadeur, il y avoit ung Juif qui avoit grant auctorité autour dudit Turc, qui de mot à mot, rapportoit les paroles de l'un à l'autre en turc et en italien comme il me fu dit, car je ne le povois ouyr. Et adoncques se tira arriere l'ambaxadeur toudis le visage devers le seigneur, car la coustume est telle, et fu le seigneur en piez jusques à ce que ledit ambaxadeur fu là où devoit seoir, et fu mis en costé de celluy de Bossene. Adoncques, ledit seigneur se assist, et quant il fut assis, chascun se assist à terre et lors, celluy qui avoit mené ledit ambaxadeur dedans la court nous feit seoir qui estions à luy emprez les gens de celluy de Bossene. Et si tost que le seigneur fu assis, on luy apporta à mengier et luy mirent une touaille de soye devant luy ainsi que une serviette et la tira devant luy. Et aprez, luy mirent une piece de cuyr vermeil tout rond et bien delyé devant, en lieu de nappe, car la coustume est telle qu'il ne menge que sur telles nappes de cuyr. Et adoncques luy apportoient de la chair en deux grans platz dorez, et aussi tost qu'il fu servi, ceulx qui sont ordennez apporterent ces autres escuelles que j'ay dit cy devant, qui furent portées en celle place et en porterent et en servirent les gens qui estoient là, c'est assavoir de iiii à iiii, une escuelle, et avoit dedans du ris bien cler et une piece de mouton sans point de pain ne que boire. Aucuns mengerent et autres non, et avant qu'ilz eussent accomply de servir, on commença à desservir et ce fu bien tost. Car aussi le seigneur ne menge nulle fois que en son privé et sont peu de gens qui l'ayent veu boire, ne mengier, ne ouyr parler.

Il y avoit au bout de la place ung hault buffet et veiz aucuns qui y beuvoient. Je ne sçay si c'estoit vin ou eaue; et si avoit sur ledit buffet qui estoit fait à degrez bien peu de vaisselle et au pié avoit ung vaissel d'argent, de la façon d'un calice, lequel estoit moult grant; et avoit de costé ledit buffet menestrelz qui, quant le seigneur sailly de sa chambre, commencerent à jouer et chanter chansons de gestes des fais que leurs predecesseurs avoient fait, comme il me fu dit. Et quant ilz disoient aucunes choses qui leur plaisoient, plusieurs cryoient en leur maniere de cryer, et à ouyr me sambloient hongres, car je ne les pouvoys veoir. Et quant je fus dedans la court, je veiz qu'ilz jouoyent d'instrumens de corde moult grans et dura jusques à ce qu'ilz commencerent à mengier. Et prestement que la viande fu levée, chascun se leva, et se party ledit ambaxadeur sans parler rien de son ambaxade à celle fois, car la coustume est telle, et puis s'en ala à son hostel.

Item, lendemain vint celluy qui l'estoit venu querir pour le mener à la court, lequel estoit des gens du tresorier et porta audit ambaxadeur de l'argent pour despendre, c'est assavoir II^c aspres[1], car la coustume est telle que depuis que ung ambaxadeur a parlé au seigneur, jusques à ce que il luy ayt fait response, il luy envoye argent pour despendre. Et lendemain qu'ilz luy eurent envoyé de l'argent pour faire sa despense, si vindrent aucuns des esclaves qui gardent la porte pour avoir de l'argent, car la coustume est telle, mais on les contente de peu.

Item, le tiers jour manderent le dessusdit ambaxadeur pour ouyr ce qu'il vouloit dire, lequel s'en ala tantost à la court et moy avec luy. Si trouvasmes que ledit seigneur avoit jà tenu court et s'estoit retrait en sa chambre et là furent les bachas et Be-

---

1. « Ilz ont une sorte de ducatz appellez sultany qui sont du poix des ducatz veniciens. Et ont une monnoye d'argent appellée aspry, dont les quatre poysent une dragme qui est un leur certain poix : et cinquante-quatre aspres vallent ung ducat d'or, c'est-à-dire, ung sultany ou ung ducat de Venize, car les deux valent ung mesme pris, et les autres ducatz valent moyns. Ily ont encores une monnoye d'arain qu'ilz appellent mangury.

« ..... On doibt sçavoir que en la loy de Mahomet la painture est tottalement deffendue et les ymaiges entaillez. Et pour ce, lesdictz empereurs ne font point mettre leurs ymaiges sur leur monnoye ainsi que font les princes crestiens, mais sur leurs ducatz, aspres et autres monnoyes, ilz mectent en escript leur nom et tiltres ou bien y mectent quelqu'un de leurs sainctz d'ung cousté et de l'autre quelques prières à Dieu. » Spandouin Cantacusin, *Petit traicté de l'origine des princes des Turqz*, f° 106.

guelarbay qui est le seigneur de la Grece, lesquelz ouyrent ce que le dessusdit ambaxadeur vouloit dire.

Et quant nous venismes à la Porte, nous trouvasmes les IIII dessusditz hors de la galerie où ledit seigneur se tenoit, et estoient assis sur une boise qui là estoit; et firent venir ledit ambaxadeur devant eulx et là fu mis ung tapis et le firent seoir bas devant eulx ainsi que ung homme que l'on juge. Et par celle grant place avoit encoires des gens assés. Et quant il eust dit la charge de son ambaxade, ilz luy dirent qu'ilz ne pourroient parler pour l'heure au seigneur ainsi qu'ilz ont de coustume, car il estoit occupé, mais ilz le manderoient querir quant temps seroit, car la coustume est que nul ambaxadeur parle jamais audit seigneur depuis que ung ambaxadeur de Servie tua le grant pere de cestuy cy pour ce que nul ne vouloit prendre les dessusditz de Servie à mercy, s'il ne les avoit à sa voulenté pour esclaves et pour delivrer les gens et le pays de servitude, devant ses gens, tua ledit Turc en parlant à luy et aussi fu il tué[1]. Et me fu dit que la charge qu'il avoit estoit que son frere le duc de Milan luy prioit que pour amour de luy, il fust content de laissier à l'empereur de

---

1. Le sultan Murad Ier fut frappé d'un coup de poignard le 15 juin 1389, sur le champ de bataille de Kossovo, par un noble serbe nommé Miloch Kobelovitch. Transporté dans sa tente, il expira après avoir fait décapiter le despote Lazare Vulkovitch et tous les nobles serbes faits prisonniers.

M. de Hammer, dans son *Histoire de l'Empire ottoman*, traduite par M. Hellert, a résumé, tome I, pp. 283 à 290, les récits des historiens grecs, turcs et hongrois sur la mort de Sultan Murad.

Romme Sigemond le royaulme de Honguerie, la Walaquie et la Vulgairie jusques à Sophie et le royaulme de Bossene et ce qu'il tenoit en Albanie qui depent d'Esclavonie. Auquel les bachas respondirent qu'ilz le reporteroient au seigneur et puis luy feroient responce. Et le xe jour après, manderoient le dessusdit ambaxadeur pour luy faire responce. Et quant nous venismes à la court, nous trouvasmes le seigneur qui estoit assis en sa place et tenoit court et n'avoit nul en ladite galerie que luy et ceulx qui luy portoient sa viande et les bachas estoient dehors en piez, bien loing de luy et les autres gens aussi que j'ay dit qui y estoient la premiere fois, et estoient en moindre nombre, et se n'y avoit point de buffet, ne de menestrelz aussy, ne le seigneur de Bossene, ne les Wallachz, mais bien y estoit le frere du duc de Chifalonie nommé Magnoly lequel se tient tout coy avec ledit Turc comme son serviteur[1]; et firent attendre le dessusdit ambaxadeur à la porte de la court jusques à ce que le seigneur eust fait. Je le veys partir de son estat, ce que je n'avoys point veu l'autre fois, et le vis retourner en sa chambre; et va moult tost comme je l'ay dit cy devant, et portoit une robe de drap d'or vert qui n'estoit pas bien riche.

[1]. Manoly ou Emmanuel Tocco, frère de Carlo II Tocco, comte palatin de Zante et de Céphalonie, duc de Leucade. Carlo II succéda en 1429 à son oncle Carlo I; il résidait à Arta. Les Turcs lui enlevèrent Ianina en 1430. Il mourut en 1448. La famille des Tocco était originaire de Naples : Guillaume Tocco avait été chancelier de l'empereur Frédéric II. Schlumberger, *Numismatique de l'Orient latin*. Paris, 1878, pp. 389-391.

Et tant que ledit seigneur fu en son estat, le grant cadi, et lesautres qui sont commis avec luy, tenoit la raison pour faire justice à ung chascun, à l'entrée de la porte de ladite court dedans, et veys venir des Crestiens qui sont estrangiers plaidoyer. Et prestement que le seigneur se fu party de sa place, chascun s'en ala hors et les bachas firent venir ledit ambaxadeur ainsi qu'ilz avoient fait l'autre fois, en celle mesme place, et luy firent la responce qui fu telle : que le seigneur luy mandoit qu'il luy saluast son frere le duc de Milan pour lequel il vouldroit faire beaucop, mais il luy sambloit que les requestes qu'il luy faisoit n'estoient point raisonnables, et devoit bien estre content de ce que, pour amour de luy, il avoit souvent differé de faire grans conquestes sur le royaulme de Honguerie, qu'il eust bien fait s'il eust voulu, et luy devoit bien souffrir et luy seroit bien dure chose de rendre ce qu'il avoit gaignié à l'espée, car à celle heure, ne luy, ne ses gens n'avoient point d'autre pays pour eulx occuper que les pays dudit empereur, lequel ne se trouva oncques devant luy, ne ses predecesseurs, qu'ilz ne l'eussent tousiours desconfy et qu'il ne s'en fust fuy, comme chascun le peut bien sçavoir et n'eut point d'autre responce. Et me dist ledit ambaxadeur que la derniere fois que ledit Turc desconfy ledit empereur qui tenoit le siege à Coulonbach[1] et que Messire Advis, ung chevalier de

---

1. Golubatch, Columbach, le château de la Colombe, est appelé par les Turcs *Guverdjinlik* qui a la même signification. Cette place forte, située

Poulaine[1] fu tué à tout vi^c Walaques, il estoit party
de devers ledit Turc et le jour devant ladite desconfiture, il estoit arrivé devers ledit empereur. Et me
conta toute la maniere de la besongne et comment
Jehan Visconti avoit esté adverty de la venue dudit
Turc et comment, autresfois, il avoit tractié avec les
Vulgaires de luy faire obeissance de tous les pays de
Vulgairie, jusques à la ville de Sophie, et de tuer tous
les Turcz qui y estoient, laquelle chose ledit empereur ne voult entreprendre. Et fu ledit Messire
Advis escorchié et eut la teste coupée et trois autres
avecques luy, de quoy ce fu grant pitié et fu porté

sur le Danube non loin de Moldava, formait, sous les Romains, une station militaire. Possédée par les Hongrois, elle fut, en 1427, après la mort du despote Lazarevitch, conquise par les Turcs, aidés par la trahison d'un seigneur serbe. La même année, le roi de Hongrie, Sigismond, fit construire, sur la rive gauche du Danube, en face de Golubatch, un château auquel il donna le nom de Laszlavara, en l'honneur de saint Ladislas. En 1428, Sigismond assiégea en vain Golubatch. Ce château se composait de huit grosses tours rondes reliées entre elles par des murailles crénelées et échelonnées sur des rochers escarpées. Au bas du château se trouvaient trois tours et une muraille disposées pour recevoir de l'artillerie. Dans la partie haute du château, trois tours surplombaient un profond précipice. On prétend que la plus haute de ces tours a servi de prison à l'impératrice Irène.

1. Mathieu de Michow a rendu compte en ces termes, de la mort du chevalier Zaviszа Czarny de Garbow. « Anno quo supra (1428), Sigismundus Hungariæ et Romanorum rex, castrum Golubiecz expugnabat, venienteque imperatore Turcorum Omarath, alias Calapino, Sigismundus, obsidione soluta, in Transylvaniam, superato Danubio, transiit, minorem partem sui exercitus, propter paucitatem navium deserens, inter quos Zavissza Niger de Garbow, Capitaneus Scepusiensis erat, cui, quum rex Sigismundus scapham misisset, eam renuit, nolens suos deserere comites et obviam Turcis processit, illicoque a Turcis circumfusus, comprehensus est, et galea deposita, imperatori Turcorum præsentandus ducebatur, duobusque Turcis super eo contendentibus, inter ducendum caput ejus amputatum est. » *Chronique de Mathieu de Michow* dans le *Polonicæ historiæ corpus*, Bâle, 1582, tome II, p. 205.

devant le Turc remply de fuerre. De plusieurs autres choses qui lors advindrent comme il me fu dit, il n'est jà besoing que j'en face icy mention.

Je veys aussi deux arbalestriers Jenevoiz qui avoient esté à ceste bataille et me conterent comment l'empereur et son ost avoient passé la Dunoe en ses galées.

Et quant ledit ambaxadeur fu en son hostel, le seigneur luy manda une robe de camecas cramoisy doublée de bocassin jaune et avecques ce vi$^\text{M}$ aspres de quoy ung ducat venissien en vault xxxvi. Et le tresorier qui delivre cest argent en prend x pour cent, à cause de son office.

Je veys ung jour ung present que le seigneur envoya à la fille de Beguelarbay, le seigneur de la Grece, le jour de ses nopces. Et ala presenter ledit present la femme de l'un des bachas, laquelle estoit accompagniée de xxx femmes ou plus, tresbien vestues de riches robes de veloux cramoisy et aucunes de drap d'or sans nulles fourrures. Et elle mesmes estoit vestue d'un tissu d'or cramoisy et portoit le visaige couvert d'un delié drap moult riche, chargé de pierreries, car la coustume est telle et les autres aussi, chascune moult richement, et alloient à cheval tout ainsi que le roy, jambe dechà, jambe de là. Et devant elles aloient xii ou xiii hommes, deux menestrelz et une trompette et ung grant tambour et bien viii paires de naquaires, et tous à cheval menoient grant noise et grant bruyt, et le present venoit aprés, c'est assavoir LXX grans plateaux d'estain en quoi avoit plusieurs manieres de confitures et de composte; aprez, portoient XVIII moutons escorchiés dedans samblables plateaux, lesquelz moutons estoient paintz de couleurs, blanc et rouge et chascun avoit trois aneaulx d'argent pendus, c'est assavoir en chascune oreille ung et ung au nés. Et ainsi alerent presenter ledit present. Et aucunes des dessusdites femmes chevaulchoient de bien riches selles.

Je veys mener des Crestiens enchainez vendre, et demandoient l'aumosne avant la ville, qui est grant pitié à veoir les maux qu'ilz portent.

Je me partis de Andrenopoly le XIIe jour de mars en la compaignie dudit ambaxadeur auquel le Turc avoit fait baillier ung de ses esclaves pour nous conduire.

Et tout ce que ledit esclave ordonnoit à nous faire baillier, il estoit obei sans nulle difficulté. Et chevaulchasmes une journée le long de la rivyere de la Maresche par tresbeau pays et passasmes ladite rivyere à un bac et puis alasmes une journée par boys, tresbeau chemin, et par la Grece et puys entrasmes au pays de Macedoine.

Item, je chevaulchay par une tresbelle plaine qui est entre deux montaignes[1] et court ladite Maresche de long et a bien XL miles de large. Et trouvay en mon chemin environ XV hommes qui estoient

---

[1]. Cette plaine porte en turc le nom de *Ouzoundjêh-ova* (la longue plaine).

loyez de grosses chaines par le col et bien x femmes qui nouvellement avoient esté prins au royaulme de Bossene à une course que les Turcz avoient faite et les menoient vendre deux Turcz à Andrenopoly; et tantost après, je arrivay à Philipopoly qui est le chief de Macedoine et est ceste dicte ville en ceste belle plaine sur ladite rivyere de la Maresche et se passe là à ung pont et est en tresbon pays et bien fertile de tous vivres et bons et à bon marchié[1]. Ce fu jadis une bien grant ville et est encoires et y avoit ung tresbeau chastel sur une montaigne qui est emmy celle plaine et estoit fait ung pou en maniere d'un croissant, long et estroit. Et au bout, vers le midi, estoit la maison dudit roy ainsi qu'il me fu monstré, car les murs y sont encoires, car il a esté tout rué jus et le grand chastel aussi et si a deux autres montaignes ung pou plus grant que celle là où estoit ledit chastel, en l'autre bout, ung pou plus bas que le midi, et est peuplé ung pou selon la montaigne qui estoit, par samblant, tresgrande chose : et est peuplée ceste dicte ville en grande partie de Vulgaires qui tiennent la loy greguesque.

1. Philippopoli, la *Plovdin* ou *Plovdiv* des Bulgares, la *Filibëh* des Turcs, se trouve sur la route militaire de la Roumélie entre Andrinople et Sofia. Elle est à la distance de cent soixante milles turcs de Constantinople. Filibëh est une ville bien bâtie, renfermant un grand nombre de mosquées, de bains et de caravansérails. La campagne qui l'environne est d'une fertilité remarquable et ses rizières produisent d'excellent riz. Cette ville fut prise par Lala Chahin Pacha en 765 de l'hégire (1363). Ce vizir y fit construire un magnifique pont, long de deux portées de flèche, et sur lequel deux chariots peuvent passer de front. Hadji Khalfa, *Rumeli und Bosna*, p. 52.

Et quant je party de Philipopoly, je passay ladite rivyere de la Maresche à ung pont et chevaulchay encoires au long de ladite champaigne presque une journée, jusques au pié d'une montaigne et me logeay en ung villaige qui est sur ladite montaigne là où est une grant forest. Et pour ce qu'elle souloit estre moult dangereuse à passer, pour larrons et murdriers qui y demouroient, le Turc a fait une ordonnance que tous ceulx qui la vouldroient habiter fussent francz. Et par ceste raison, il y a maintenant deux villaiges habités de gens de Vulgairie; de quoy l'ung desditz villages est sur les confins de la Macedoine et de Vulgairie. Et est ladite montaigne bien aysiée à passer, et a bien XVI ou XX miles de long. Quant j'eus passé ladite montaigne, j'entray en une plaine qui a bien VI miles de long et deux de large. Et après, trouvay une forest de bien XIIII ou XV miles de long, et est tresbelle, et puys, entray en une tresbelle plaine et grande et toute close de haultes montaignes et est assés bien peuplée de Vulgaires et y passay une rivyere de long. En après, je vins à une grosse ville en trois jours qui est la millieure de Vulgairie et a nom Sophie et fu jadis une tresgrande ville ainsi qu'il appert par la muraille qui est toute abatue jusques à terre et fu toute destructe[1]; et a

---

1. Sofia, la *Triaditza* des Byzantins, est l'ancienne *Serdica*. Cette ville est située dans une large vallée, à égale distance de Belgrade et d'Andrinople. On compte deux cent vingt milles ou treize journées de marche, de Constantinople à Sofia. Cette ville est traversée par deux rivières, dont l'une

ceste ville ung petit chastel qui est en ung tresbeau pays et est prés de la montaigne devers midi et dure bien ceste plaine environ LX miles de long et environ x de large. Et sont en ceste dite ville, la plus grant partie Vulgaires et par les villages, on n'y treuve que ung pou de Turcz, que tous ne soient des gens dudit pays qui ont grant voulenté d'estre hors de servage, s'ilz trouvoient qui les aidast. Je veis des Turcz qui venoient de faire une course en Honguerie. Et je veis ung Jennevois nommé Nicolas Ciba, lequel les vit revenir quant ilz passerent la Dunoe, et dit que de x l'ung n'avoit arc et espée ensamble, et de ceulx que je veys, j'en veys la pluspart sans arc, qui avoient leur espée seullement et plus que de ceulx qui portassent arc et espée. Et les mieulx habilliez portent une petite targe de bois et me samble que c'est grant pitié que la Crestienté soit soubzmise par telles

---

vient de Kustendil et l'autre (l'Isker) de Samakov. Elle fut assiégée pendant longtemps par Lala Chahin Pacha et, en 780 de l'hégire (1378), elle se rendit par capitulation au beylerbey de Filibèh, Bulken Pacha.

La plus grande partie de la population est bulgare : l'ancienne cathédrale a été convertie en mosquée, lors de la conquête musulmane. Hadji Khalfa, *Rumeli und Bosna*, p. 51.

« Sophia a reçu son nom d'une église qui fut convertie en mosquée par les Turcs. Elle était autrefois la capitale de la Bulgarie, aujourd'hui une ville ouverte, agréable et bien peuplée : son importance égale celle de la ville impériale de Worms et est elle située dans une plaine riante et fertile. On y voit de belles églises, un imaret, un caravansérail, un bezestein et des bains chauds. Sofia a été prise, en 1362, par Murat Ier et elle est habitée aujourd'hui par des Bulgares, des Ragusains, des Grecs, des Turcs, et un grand nombre de Juifs, qui sont gens de métier et font un commerce important. » *Ein gantz new Reysebuch von Prag auss biss gen Constantinopel..... durch Adam Wennern von Crailssheim.* Nurenberg, 1622, p. 33.

gens, et est moins de chose beaucop que l'on ne cuide d'eulx et de leur fait.

Item, quant je me party de Sophie, je chevaulchay par celle plaine que j'ay dit, qui dure bien L miles, et est celluy pays bien peuplé de Vulgaires qui sont Crestiens à la loy greguesque, et puis, j'entray en ung pays de montaignes qui est bel et aysié à chevaulchier et vins en une autre plaine où il y a une ville nommée Pirotte[1] qui est assise sur une rivyere qui a nom Nissave, et n'est point fermée, mais il y a ung chastel à ung bout qui a ladite rivyere d'une part et un grant marescaige de l'autre et est assés petite place près d'une montaigne vers la tramontane, et n'a en ladite ville que ung pou de Turcz.

Item, au partir de ladite ville de Pirotte, je passay encoires ung pou de montaigne et revins arriere sur ladite rivyere qui court au long d'une belle plaine qui est entre deux assés haultes montaignes. Et y a une ville qui siet au pié de la montaigne laquelle a esté toute destruicte et les murs abatus et a nom Ysmoure[2] et chevaulchay ung pou par icelle plaine,

---

1. Pirot, appelée par les Turcs *Chehrkeuy*, est une ville ouverte, traversée par un torrent qui se jette dans la Sakouva.

Pirot faisait, autrefois, partie du gouvernement de Nich et ses fabriques de tapis lui avaient donné une certaine célébrité.

2. Le nom de cette ville détruite est défiguré; il faut lire probablement *Izvor* qui, en slavon, a la signification de « source ». Le ms. de la Bibliothèque de l'Arsenal donne *Yswoure*. Izvor est la localité qui, sous la domination turque, porta le nom de *Qourou Tchechméh* (source desséchée), puis celui d'*Aq Palanka*. Cf. Jirecek, *Heerstrasse von Belgrad nach Constantinopel*: Prague, 1877, pp. 90 et 111; Hadji Khalfa, *Rumeli und Bosna*, p. 157.

selon ladite rivyere, et passay une assés haulte montaigne ung pou mal aysiée à passer, non obstant on y maine chars et charettes.

Item, quand j'eus passé ladite montaigne, je descendis en ung beau pays qui est entre montaignes et court au long ladite rivyere de Nissave et a une ville nommée Nisce, laquelle est sur ladite rivyere qui se passe là à ung pont et souloit estre ceste dite ville au dispot de Servie. Et depuis v ans le Turc l'a prise par force et l'a toute destruicte et est en ung tresbeau pays et y croist moult de ris[1]. En ceste ville, souloit avoir ung beau chastel par avant et estoit sur ladite rivyere. Et quant je party de Nisce,

---

1. Nich fut conquise par Sultan Murad Ier en l'année de l'hégire 777 (1375-1376). Paolo Contarini qui traversa Nich en 1580, en se rendant à Constantinople pour y occuper le poste de bayle, lui a consacré quelques lignes dans le Journal de son voyage : « Nissa è castello abitato da Turchi e da pochi cristiani; le case sono coperte di coppi, ha molte moschee, può far fuochi 1500, è stesa lungo il fiume Nissava ed è luogo di passo e fra due strade, una che va in Ungheria, l'altra che va a Ragusi, a Narenta ed altre scale. Ha questa terra una campagna fertilissima nel mezzo dei monti, da una parte colli ameni e fertili con molte vigne, e più fertili sariano se fossero meglio coltivati tutti, d'altra parte monti assai placidi e fertili. È luogo abbondevole di pane, vino e carni: non ha mura, ma solamente una torre o castello rovinato. » *Diario del viaggio da Venezia a Costantinopoli di M. Paolo Contarini che andava bailo per la republica Veneta alla Porta ottomana.* Venise, 1856, p. 23.

« Nissa, en turc *Nisch*, dit Wenner, au bord de la rivière du même nom, était autrefois une belle ville, à en juger d'après les murailles ruinées. Elle était défendue par un château fort qui s'élevait à l'intérieur de la ville; aujourd'hui, c'est un bourg ouvert, de la grandeur de la ville impériale de Dinkelsbühl. Nissa est située dans une vallée riante et fertile. On y voit quelques mosquées, un imaret, un caravansérail et des bains. Le commerce y est peu important. » *Ein gantz new Reysebuch von Prag auss biss gen Constantinopel*, pp. 29-30.

je chevaulchay par tresbeau pays, selon ladite rivyere, et passay ladite rivyere à un bac[1], et trouvay encoires tresbeau pays et plain et bien peuplé de gens et de villaiges. Et puis laissay ladite rivyere et celluy plain pays et passay une bien grande forest qui est en pays de montaignes non pas grandes ne mal aysiées à passer, que de boys. Et vins en une ville que l'on nomme Corsebech et furent x journées depuis Andrenopoly[2]. Ceste dite ville est à un mile près de la rivyere de la Morave qui vient de Bossene et est une grosse rivyere qui depart la Vulgairie et la Rascie ou Servie, qui est une mesme chose. Et la conquist le Turc depuis vi ans, et est ceste ville petite et tresbien fermée de double muraille, laquelle est abatue par dessus, selon les creneaulx, et si y avoit ung petit chastel lequel est maintenant abatu : et estoit en ceste ville de Corsebech le capitaine de celle frontiere qui tient depuis la Walaquie jusques en Esclavonie qui est bien grant pays et a nom cedit

1. La rivière dont parle Bertrandon de La Broquière n'est plus la Nissava, mais bien la Morava bulgare qu'il a dû passer en bac, près de Mramor.
2. Krouchevatz, appelé par les Turcs *Aladjèh Hissar*, à dix-neuf journées de marche de Constantinople. C'était la capitale des souverains de la Serbie. Elle est située près de la Morava serbe, au pied du mont Iastrebatz. On remarque dans l'enceinte du château une belle église de style byzantin, construite au xiv⁰ siècle, dans laquelle étaient couronnés et inhumés les derniers princes de Serbie. On voit, au sud-ouest de la ville, les restes d'une ancienne mosquée, dans laquelle fut lu l'acte de mariage de Sultan Bajazet avec la fille du despote Lazare. Kanitz, *Serbien*, pp. 245-252. Aladjèh Hissar, dit Hadji Khalfa, était une ville importante du pays de Las (Rascie), et la résidence du chef de ce peuple; elle fut conquise par Sinan Bey, beylerbey de Roumélie, en 830 (1428), sous le règne de Sultan Murad II. *Rumeli und Bosna*, p. 146.

capitaine Ceynann bay lequel est seigneur de la plus grant partie de toute celle contrée et demeure le plus du temps en celle ville où je veys une grant pitié d'une tresbelle gentile femme du royaulme de Honguerie laquelle ung Hongre renié de bas estat avoit gaigniée en une course en Honguerie et la tenoit comme sa femme. Et quant elle nous vist, elle se print à plourer moult piteusement, et n'avoit point encoires renié nostre foy. Et m'a l'en dit que cestuy Ceynann bay a esté Grec et est homme saige et ne boit point de vin ainsi que font les autres, et luy a donné le Turc toute celle contrée, et ne laisse passer nul ladite rivyere s'il n'est homme de cognoissance ou qu'il aye lettre du Turc ou du seigneur de la Grece en son absence, et est homme bien obey et craint. Et m'a l'en dit qu'il est vaillant homme.

Item, au partir de ceste ville de Corsebech, je passay ladite rivyere de la Morave à ung bac et entray en la terre du dispot de Rascie ou de Servie. Et ce qui est du costé de delà la rivyere c'est au Turc, et ce qui est du costé de dechà est audit dispot lequel en paye L mil ducatz de tribut tous les ans. Et quant je fus passé oultre ladite rivyere, je trouvay ung tresbeau pays et bien peuplé de gens et passay auprès d'ung chastel que l'on nomme Estalache et fu jadis une tresforte place et belle sur la pointe d'une montaigne là où la rivyere de la Nissave entre dedans la Morave[1]

---

1. « Le château de Stalatch est sur la hauteur, au confluent des deux Moravas; il n'en reste que quelques pans d'épaisses murailles et il ne paraît pas

et sont encoires une partie des murs drois et il y a une grosse tour à guise d'un donjon et autre chose n'y a, car tout est abatu et souloit estre audit dispot.

Item, il y a au pié de ceste montaigne là où ces rivyeres s'assamblent de iiii^{xx} à c fustes que le Turc y tient c'est assavoir galiotes et griperies pour passer chevaulx et son ost; et les fait garder en tous temps par trois cens hommes, lesquels les gardent de deux mois en deux mois, ainsi que le m'a dit personne creable qui a tout veu et je ne les ay point veu, car ilz ne souffrent que nul Crestien y voit.

Et a bien dudit Estalache jusques à la Dunoe cent milles et n'y a nulles forteresses que ung villaige et une maison que ledit Ceynann bay a faite ainsi que une musquée qui est le contremont de la montaigne.

Item, de là je chevaulchay par ung tresbeau pays et tresbien peuplé et selon ladite rivyere de la Morave, et trouvay ung passage moult mal aysié à passer pour la perfonde boe qui y est et est la rivyere d'une part et une petite montaigne de l'autre, et dure bien un mille.

Item, en après, je chevaulchay une journée en assés mauvais pays, c'est assavoir d'une grande forest

---

avoir été grand. Il est célèbre par la belle défense qu'y fit contre les Turcs après la mort du Knes Lazar, son seigneur, le voïvode Todor (1389). Les ennemis pénétrant dans son manoir par les souterrains, il se vit perdu, et lançant son sabre dans la Morava, il s'y jeta tenant sa femme dans ses bras. Cet événement tragique forme le sujet d'une des plus belles chansons épiques du pays et se lie à un autre poème dans lequel le même chevalier enlève sa fiancée à cheval. » Ami Boué, *La Turquie d'Europe*, tome II, p. 371.

et mal aysié chemin de boys, de montées et de vallées; mais par samblant de pays de boys et de montaignes, il est tresbien peuplé de villaiges et est tresbel : et tienne l'en ce qui est de necessité par tout celluy pays de Rascie ou Servie qui est tout ung.

Item, depuis que j'entray audit pays de Macedonie, de Vulgairie et de Rascie, je trouvay que le Turc faisoit crier son ost, c'est assavoir que ceulx qui ont accoustumé de aler en l'armée, qu'ilz fussent pretz. Et logasmes en aucuns lieux où trouvasmes des Vulgaires qui sont Crestiens qui nous dirent que ceulx qui tenoient cheval pour aler en l'armée qu'ilz ne payoient point de comarch et se aident moult de ces gens pour accroistre leur nombre, lesquels y vont par force et les autres paient L aspres par teste. Et m'a esté dit qu'il y a ung capitaine nommé Disem bay[1] lequel a la garde de la frontière depuis le confin de Walaquie jusques à la mer Maiour et Ceynann bay depuis celluy confin jusques au confin de Bossene, et Ysaach bay depuis là jusques en Esclavonie et tout est par de là la Morave. Et ceci m'a esté dit en Rascie depuis que je fus venu en la court du dispot : pour ceste cause, je ne l'avois point escript.

Et pour revenir à mon chemin je vins à une ville

---

1. Au lieu de Disem bay, il aut lire Mezid bay. Mezid Bey, grand écuyer de Murad, chargé de la défense des pays limitrophes de la Valachie, périt en 1442 dans la bataille que lui livra Jean Hunyade, sous les murs d'Hermanstadt.

Ishaq Bey fut tué dans une incursion qu'il fit en Bosnie.

nommée Nicodem[1] qui est une ville champestre en tresbeau pays et bon. Et se tient ledit dispot de Rascie en ceste dite ville pour ce qu'elle est en tresbeau deduit de boys et de rivyeres pour toutes chaces et pour toutes voleries. Et trouvasmes ledit seigneur aux champs qui aloit pour veoir voler sur la rivyere et avoit avecques luy trois de ses enffans et environ L chevaulx et ung Turc qui l'estoit venu mander de par le Grant Turc qu'il envoiast son fils et ses gens à l'armée ainsi qu'il a accoustumé. Car oultre le tribut qu'il paye, il doit envoyer quant le Turc le mande, son fils second et mil ou VIII cens chevaulx en sa compaignie; et avecques cela, il luy a donné une de ses filles à femme et encoires est ung doubte qu'il ne luy toulle tout son pays; et me fu dit que aucuns l'ont dit au Turc, et il a respondu qu'il en a plus de chevaulx que s'il estoit en sa main, car il fauldroit qu'il le donnast à ung de ses esclaves, et n'en auroit riens. Et me fu dist aussi que ceste armée que le Turc faisoit estoit pour aller en Albanie pour ce que les x^u qu'il y avoit envoyé, luy estant à Lesseres, avoient esté desconfis, ce disoit on.

Ce seigneur dispot est de l'aage de LVIII à LX ans et est tresbeau prince et grande personne et a trois enfans masles et deux filles, dont l'une est mariée au

---

1. Nekoudim est le nom d'un village et du château qui était la résidence habituelle de Georges Brancovitch. Il était situé au confluent de la Iazenitcha et de la Koubrchnitcha, non loin du poste fortifié élevé plus tard par les Turcs et appelé par eux Hassan Pacha Palanqa. Jirecek, *Handelsstrassen und Bergwerke von Serbien und Bosnien*, p. 88.

Turc et l'autre au conte de Seil et sont ses enfans tresbeaux, et l'ainsné puet avoir xx ans; les autres, deux, l'ung xvi, l'autre xiiii; les filles, je ne sçay quelles elles sont[1]. Et quant ledit ambaxadeur avecques qui j'estoys luy fist la reverence aux champs, il luy baisa la main, et moy aussi je luy baisay la main, car la coustume est telle. Et lendemain, ala le dessus dit ambaxadeur en sa court pour luy faire la reverence, et je y fus avecques luy et assés de gens des siens qui sont moult belles gens et grans et portent longz cheveulx et grant barbe, car ils tiennent tous la loy greguesque. Et veys en ceste dite ville ung evesque et ung maistre en theologie qui aloient en ambaxade devers l'empereur de Constantinoble de par le sainct Consille de Basle[2]. Et en

---

1. Georges Brancovitch ou Vucovitch régna sur la Serbie et la Rascie après la mort de son oncle Étienne Vucovitch (1425). Attaqué par Ishaq Bey et Sinan Bey, ayant vu tomber Kragouïevatch entre les mains des Turcs, il dut, pour obtenir la paix de Sultan Murad, lui céder une partie de ses États et lui donner sa fille Maria pour épouse. Saroudjèh Pacha se rendit à la cour du despote, pour recevoir son serment de vassalité et conduire à Andrinople la fille qu'il avait eue de son premier mariage avec une sœur de Jean Comnène. Il eut, de son second mariage avec Irène, fille de Mathieu Cantacuzène: 1° Georges, fait prisonnier par Sultan Murad, après la reddition de Semendria et privé de la vue à Dimotica; 2° Étienne, gardé comme otage à la cour du Sultan et privé de la vue, comme son frère après la prise de Semendria; 3° Lazare, qui chassa son frère Georges de la Serbie et s'empara de ses États; 4° Catherine, mariée à Ulric II, comte de Cillel; 5° Élisabeth, appelée par quelques auteurs Milizza, qui épousa Alexis Spano, noble albanais. Georges Brancovitch mourut en 1447, plus que nonagénaire. Il fut enterré dans l'église de Kragouïevatch. Cf. Orbini, *Il Regno degli Slavi*, pp. 324-331; Du Cange, *Historia byzantina*, pp. 337-338.

2. Les ambassadeurs du Concile de Bâle auprès de Jean Paléologue étaient *Antonius episcopus Sudiensis* et *Albertus de Crispis, in theologia magister*.

après, je vins à une ville que l'en nomme Belgrado laquelle est au roy de Honguerie et passay de moult grans boys et tout montées et vallées, et en ces vallées a grant foison de villaiges et bons vivres et par especial bons vins. Et vins de Corsebech à Nicodem en deux jours et de là à Belgrado en ung et demi. Ceste ville et chastel de Belgrado est en Rascie[1] et

« Destinati autem fuere ambasiatores..... episcopus Sudiensis et provincialis Lombardie augustinensis, Albertus de Crispis, in theologia magister ad Greciam, instanciam facturi apud imperatorem et patriarcham Constantinopolitanum ad Concilium venire, aut mittere pro unione ipsorum tractanda ; dictis ambasiatoribus potestate concessa eligendi pro se confessores, audiendi confessiones aliorum et absolvendi a quibus poenitenciarii minores, communicandi cum hæreticis et portandi græcam barbam. » L'envoi de ces deux ambassadeurs avait été décidé entre la huitième et la neuvième session du Concile (18 décembre 1432 et 22 janvier 1433). Cf. Johannes de Segovia, *Historia gestorum synodi Basiliensis* dans les *Monumenta conciliorum generalium seculi decimi quinti*. Vienne, 1873, l. IV, c. VI, p. 293.

La lettre de Jean Paléologue annonçant l'arrivée des ambassadeurs du Concile à Constantinople, sous la date du 15 octobre 1433, est insérée dans les *Annales ecclesiastici* de Raynald. Lucques, 1752, tome IX, p. 159. On peut sur les mots *episcopus Sudiensis* consulter les courtes remarques de Cornelius Flaminius dans la *Creta sacra*. Venise, 1745, tome II, p. 458.

Je crois qu'au lieu de *Sudiensis* il faut lire *episcopus Sephaludensis*, évêque de Cefalù, en Sicile. La version de *Sephaludensis* est donnée dans l'*Initium et prosecutio Basiliensis concilii* de Jean de Raguse, publié par M. F. Palacky dans les *Monumenta conciliorum generalium seculi decimi quinti*. Vienne, 1857, tome I, pp. 45 et 60. La Sude, village de Crète, non loin de la Canée, n'a jamais possédé un siège épiscopal.

Les chrétiens du rite grec étaient nombreux en Sicile, et il est fort probable que le Concile aura choisi un prélat connaissant et la langue et les usages des Grecs, pour négocier avec la cour de Byzance.

1. La forteresse de Belgrade date du temps du Tsar Étienne Douchan qui, en 1343, fit construire à l'embouchure de la Save, une tour dont on voit encore les ruines et à laquelle il donna le nom de *Nebaïse*. Au commencement du XVe siècle, Étienne Lazarevitch se fit céder Belgrade. Selon les historiens hongrois et slaves, Georges Brancovitch, prévoyant la chute du royaume de Serbie, rechercha l'appui de la Hongrie et de l'Allemagne. Il céda, disent-

est en tresbeau pays et y passe une tresgrosse rivyere que l'on nomme la Save qui vient de Bossene et court selon les murs de l'une partie et la Dunoe touche aucunement près d'une forte basse court qui est au pié du chastel et là entre ceste dicte rivyere de la Save dedans la Dunoe. Et est ceste ville de Belgrado sur ceste pointe de ces deux rivyeres et est en assés hault lieu de trois pars : et l'autre qui est devers le pays est tout plain et puet on venir jusques sur le bort du fossé et y a ung villaige de celle part qui tient depuis la rivyere de la Dunoe jusques à celle de la Save, en tournant la ville à ung traict d'arc près. Et est habité de gens du pays Rasciens auquel villaige je ouys la messe le jour de Pasques en langaige esclavonien et estoit de l'obeissance de Romme, et leurs cerimonies de l'eglise sont telles que les nostres. Cette dite place est tresbelle et forte et est partie en v forteresses. Les trois en ce hault que j'ay dit et les deux sur la rivyere en la subgection de celles d'en hault : et l'une des deux d'en bas est fortefiée contre l'autre, en laquelle a ung petit havre pour mettre xv ou xx galées pour la garde de deux tours où il y a une chaine de l'une à l'autre, ainsi que on m'a dit,

ils, en 1432, au roi de Hongrie, Sigismond, la forteresse de Belgrade en échange des châteaux de Slankamen sur le Danube à l'embouchure de la Theiss, de Ó-Besce, de Kulpin, de Vilagos, des villes de Szatmar, Becskerek, Debreczen, Tur et Varsany et de nombreux domaines. Je crois que la version de Bertrandon de La Broquière, qui se trouvait à Belgrade en 1433, est plus exacte. Tout porte à croire que l'arrangement conclu entre Sigismond et Georges Brancovitch fut conclu après la malheureuse issue du siège de Golubatch.

car la rivyere estoit si grande que n'ay peu veoir ladicte chaine. Ceste dite place est tresforte de tresbeaux fossés tous glacissez et à double muraille, tresbelle et bien tourée tout autour selon la terre. Le capitaine de ceste place est ung chevalier de Aragouse que l'on nomme Messire Mathico et est lieutenant ung sien frere, nommé le seigneur frere[1]. Et n'entre en ceste place nul Rascien puisqu'elle est en la main du roy de Honguerie, lequel l'a eu du dispot de Rascie depuis IIII ans pour doubte qu'il ne la perdist, ainsi qu'il fist Coulumbach qui fu grant dommaige pour les Crestiens. Et est encoires autant ou plus de ceste place, car il y a logis pour mettre v ou

1. Matko de Tallócz appartenait à une famille de Raguse. Selon quelques auteurs, il était le fils d'un simple pilote qui, après la bataille de Nicopolis, conduisit le roi de Hongrie, de Raguse à Spalato. Appendini dit, au contraire, que Matko appartenait à la famille des Luccari ; que, dans sa jeunesse, il avait fait le commerce et visité les cours de divers princes slaves. Il entra en relations avec le roi Sigismond qui venait d'éprouver un grave échec devant la place forte de Golubatch, lui prêta quinze mille sequins et lui rendit des services que le roi s'efforça de reconnaître par la suite. *Notizie istorico-critiche sulle antichità, storia e letteratura de' Ragusei*. Raguse, 1803, tome II, pp. 112-114. Matko passa au service de la Hongrie avec ses trois frères, Pierre, François et Jean et prit alors le nom du domaine de Tallócz. Lorsqu'en vertu du traité conclu avec le despote Georges Brancovitch, Belgrade fut remis à Sigismond, Matko fut nommé gouverneur de cette place forte. Il est cité en 1434 avec le titre de *capitaneus Nandoralbensis, comitatus Cowiniensis, prioratus Turanæ gubernator*. Fejer, *Codex diplomaticus*, tome X, c. VII, p. 564. En 1438, il est ban de Slavonie, Croatie et Dalmatie et il partage le pouvoir avec son frère Pierre. Cette dignité lui imposait le devoir de fournir au roi un « banderium » de mille chevaux. Turóczi, parlant des quatre frères, dit : « Qui, licet urbani status fuerint, magnam tamen hujus regis (Sigismundi) benevolentiam habuerunt, aurique et agri possessione opulenti, quo dum vixerunt, potentes in regno fuere. » Schwandtner, *Scriptores rerum hungaricarum*. Vienne, 1766-1768, tome I, p. 293.

vi^m chevaulx. Et m'a l'en dit que ceste ville et forteresse est tresbien garnie d'artillerie. Touteffois j'ay veu dedans celle citadele que j'ay dit IIII bombardes de metail, dont les deux sont de deux pieces. Et l'une est la plus grosse que je veisse oncques et a XLII poulces de large dedans où la pierre entre, mais à mon advis, elle est bien courte selon sa grandeur.

Item, je veys VI galées et V galiotes qui estoient là sur la rivyere de la Save, auprès de ceste basse court que j'ay dit, en laquelle demeurent la plus grant partie des gens de Rascie et n'entrent point en nulle des autres IIII forteresses, non obstant qu'elle est bien forte, mais non mie si tresforte que les autres sont. Et m'ont dit gens qui le sçavent bien que le dispot a une ville que l'on nomme Nyeuberghe qui est sur la rivyere de la Morave sur la marche de Vulgairie et de l'Esclavonie et d'Albanie et de Bossene. Et en ceste ville a mine d'or et d'argent tout ensamble, et en tire tous les ans plus de II^c mille ducatz, et se n'estoit cela, je tiens qu'ils fust ores chacié hors de son pays de Rascie[1].

---

1. Nyeuberge est la ville de Novo Brodo, désignée dans les documents latins sous les noms de *Novo berda*, *Novo barda*, *Novus mons*. Les mineurs saxons qui vinrent exploiter les mines au XIVe siècle appelèrent cette localité Nyeuberge et les Byzantins Νοβομπύρογ, Νοβοπρόδον. Cette ville fut, de 1350 à 1450, la plus grande et la plus célèbre de toutes celles de la péninsule des Balkans. On faisait des récits fabuleux au sujet des immenses trésors qui y étaient accumulés. Cette ville, aujourd'hui complètement ruinée, était située dans une région montagneuse entre la Morava bulgare et la plaine de Kossovo, à trois milles à l'est de Pristina. Prise une première fois par les Turcs, la ville fut définitivement conquise par Mahomet II en

Le Turc tient sur la Dunoe ledit chastel de Coulumbach lequel fu audit dispot qui est deux journées au dessus de Belgrado et m'a l'en dit qu'il est forte place, mais il se peut tresbien assieger et batre de bombardes et d'autres engins et garder qu'il ne porroit avoir secours que à tresgrant desadvantage. Et en ce chastel tient le Turc bien cent fustes pour passer en Honguerie quant bon luy samble, car nul ne luy resiste à l'encontre. Et en est capitaine celuy Ceynnan bay que j'ay dit cy devant. Et de l'autre part de la Save, à l'opposite de Belgrado, a une ville et chastel sur une pointe sur la Dunoe[1] et est audit dispot de Rascie et est en Honguerie et luy a donné l'empereur ensamble plusieurs autres villes jusques au nombre de L mil ducatz de revenue, par ainsi qu'il est tenu de devenir son homme. Touteffois, il est plus obeissant au Turc qu'à l'empereur.

Le 11e jour depuis que je fus arrivé en ceste ville de Belgrado, je veis venir environ xxv hommes armez selon la guise du pays pour demourer en garnison

---

1455. Jireček, *Handelsstrassen und Bergwerke von Serbien und Bosnien*. Prague, 1879, p. 55.

Les mines d'or et d'argent dont parle Bertrandon de La Broquière furent concédées de 1427 à 1437 par Georges Brancovitch à la république de Raguse, moyennant une somme annuelle de deux cent mille ducats. L'expédition de Sultan Murad en Serbie en interrompit l'exploitation, de 1439 à 1449, époque à laquelle George Brancovitch recouvra ses États avec l'aide de Hunyade. Sous la domination turque, l'exploitation des mines fut peu à peu abandonnée. Le comte de Nevers et les seigneurs qui l'accompagnaient en 1396, dans son expédition contre les Turcs, laissèrent en dépôt à Novo Brodo leurs objets les plus précieux.

1. Semlin.

en ladite ville de par le conte Matico lequel en avoit le gouvernement. Je demanday quelz gens c'estoient et on me dist que c'estoient Alemans; lors, je demanday pourquoy on faisoit venir les Alemans qui sont si loing et se on ne trouvoit point des gens de Honguerie ou de Servie pour garder ladite place. Il me fu dit au regart de ceulx de Servie, on ne les laisseroit point y entrer, pour ce qu'ilz sont subgectz obeissans et tributaires au Turc; et les Hongres, les craignent et doubtent tant, que si le Turc venoit devant, ils n'oseroient garder ladite place contre luy à tout sa puissance : pour ceste cause, on commet gens estrangiers à la garder, car l'empereur ne tient nulle autre place oultre la Dunoe pour passer ou se retraire, si mestier estoit. Et quant je ouys cecy, il me sambla une chose bien merveilleuse et me souvint de la grant subgection en quoy le Turc tient l'empereur de Constantinoble et tous les Grecz Macedoniens et Vulgaires et aussi le dispot de Rascie et tous ses subgectz, qui est une chose moult piteuse à toute la Crestienté.

Et pour ce que j'ay ung peu hanté les Turcz et veu leur maniere de faire, tant en leur façon de vivre que en leurs habillemens de guerre, et aussi que j'ay ouy parler de notables gens qui les ont veuz en leurs grans affaires, je me suis enhardy, saulve la correction de ceulx qui se congnoissent en ceste chose mieulx que je ne fais, d'en parler ung pou selon mon entendement. Et principalement pour ce qu'ilz ont eu autreffois de grans victoires sur les Crestiens, les manieres qu'il faudroit tenir pour les rompre et deffaire en bataille, et avecques quelles gens, et gaignier leurs seigneuries.

Et pour parler premierement de leur estat : Ilz sont gens moyens et de moyenne force et assés belles gens et portent tous grans barbes; et pour ce que on dist en commun langaige : Il est fort comme ung Turc, j'ay veu trop sans comparison des Crestiens plus fors que eulx pour faire des choses de force, et j'en ay trouvé plus de plus foibles que moy que je n'ay vu de plus fors, quant venoit à faire quelque chose. Ilz sont gens diligens et se leevent tousiours matin, et sont de petite despence quant ilz sont aux champs, et vivent de pou de chose, comme ung pou de pain mal cuit, et de char crue ung pou sechiée au soleil ou de lait quaillié ou autre et du miel ou frommage ou raisins ou fruictz ou herbes; ou d'une poignié de farine ilz font une brouée pour vivre eulx vi ou eulx viii, pour ung jour.

Se ung de leurs chevaulx ou camelz est ung pou malade de vives ou d'autre chose qu'ilz ne le puissent guerir, incontinent ilz luy coppent la gorge et le mengent. Et ainsi leur ay je veu faire aucunesfois. Ilz couchent à terre; ilz portent deux ou trois robes de cottonin l'une sur l'autre, longues jusques au pié. Et portent une robe de feutre en guise d'ung manteaul qu'ilz appellent capinat et est legiere et forte contre la pluye. Et y en a de moult beaux et fins, comme on diroit ung fin drap contre ung bureau.

Et portent des bottes jusques aux genoulx et ont grandes brayes, les aucuns de veloux, les autres de fustenne ou de leurs autres drapz là où ilz envelopent toutes leurs robes par dessoubz qu'elles ne les empeschent point en fait de leur guerre ou au chemin, quant ilz ont affaire, et s'en habillent tresbien.

Ilz ont de moult bons chevaulx qui sont grans coureurs et longuement et les tiennent fort maigres et sont de petite despense et ne mengent que la nuyt et ne leur donnent que environ v ou vi joinctées d'orge et deux foys autant de paille piccadée et mettent tout en une besache et leur pendent aux oreilles pour mettre le museau dedans.

Dès le point du jour, ilz leur mettent la bride en la bouche et les nectoient et estrillent tresbien et ne boivent qu'il ne soit le midi passé et après leur donnent à boire à toutes heures, quant ilz tiennent de l'eaue. Et encoires le soir, ilz se loigent voulentiers de bonne heure et sur rivyere s'ilz peuvent bonnement et donnent à boire à leurs chevaulx et les font demourer une heure la bride en la bouche comme une mule, sans leur donner à menger. Et à une heure, tous ensamble, chascun donne à menger à son cheval, lesquelz aussi ilz coeuvrent de nuyt de feutre ou d'autres belles couvertures qu'ilz portent avec eulx. Et pareillement ai je veu de leurs levriers couvers, desquelx ilz ont de tresbeaulx et bons, fors qu'ilz ont longues oreilles pendans et grandes queues feuillies et la portent bel. Leurs chevaulx sont tous chastrez, fors aucuns qu'ilz gardent pour estalons, comme je croy, car je n'en ay nulz veus. Ilz portent brides à la jenette et les selles samblablement. Ilz n'ont que ung archon devant et ung derriere et sont parfons. Ils ont des selles moult riches et ont larges estriers et courtes estrivieres.

Et au regart de leurs habillemens de guerre, je me suis trouvé deux foys là où les Grecz renioient la foy de Jhesucrist pour prendre celle de Mahomet, de quoy ilz font grant feste, et se habillent, en armes le mieulx qu'ilz peuvent et chevaulchent parmy les villes en assés grant compaignie et grant nombre de gens. Et les ay veu porter des brigandines assés belles de plus menue escaille que celles que nous portons et des garde-bras de mesme, et sont de la façon que on voit en peintures du temps de Julle Cesar et sont de la longueur jusques auprés de la demie cuisse et au bout atachent des draps de soye tout autour qui va jusques à demie jambe ; et portent en la teste blanc harnoys tout rond selon la teste, en aguisant le contremont d'un demi pié de hault au plus, et y avoit IIII clinques, une devant et une derriere et une à chascun costé, qui couvroient le col, les joes et le visage devant contre ung coup d'espée, ainsi qu'on en porte une aux salades en France et se ployoit pour mettre dessus ung de leurs chappeaulx ou sur une toque et de cela n'ay je guieres veu. Il y a d'autres habillemens qu'ilz portent communement sur leur teste et sur leurs chapeaulx et sur leurs toques et sont coiffes faictes de fil d'archal desquelles il y a de moult riches telles qui costent xl ou l ducats et y a de l'or beaucop et y en a de telles qui ne costent que ung ducatz ou deux et sont fortes contre ung coup d'espée de taille et les autres sont beaucop plus fortes. Je les ay veus aux champs en armes et pour ce que j'avoye ouy dire qu'ils s'armoient de blanc harnoys, je y prins garde, mais je n'en veys nuls : aussi ne me sambly point qu'ilz s'en sceussent ne peussent bonnement aidier. Ilz ne portent nulz pourpoins ne nulles chauces ne autre habillement qui puisse à ce servir.

Leurs selles sont telles comme j'ay dit, et sont assiz dedans à courtz estriers comme en une chayere et les genoulx bien haultz, et ne pourroient si peu estre rencontrez d'une lance que on ne les portast jus. Et aussi comme j'ay entendu, ne eulx ne leurs leurs chevaulx, combien qu'ils en ont de bons, ne pourroient endurer les grans traictes qu'ilz font aucunes foys, quant aucune grant affaire leur survient.

Il m'a esté dit par ceulx qui les ont veus et hantez, que quant les Crestiens font et ont fait grans armées pour venir en leur pays, le Turc le scet tousiours assés à temps pour faire son assamblée, laquelle il fait à deux ou à trois journées de là où il vouldra aler combatre les Crestiens. Et quant il est prest et qu'il scet leur venue et où ilz sont, car il a gens propres à ce faire, il part soudainement et a une manière de partement que cent hommes d'armes des Crestiens feront plus de bruyt à un partement d'un logis que ne feront x^M Turcz et ne font que sonner un gros tabour, et ceulx qui doivent partir se mettent les premiers et tout le demourant à la file, sans rompre le train. Et ont, comme dit est, les chevaulx bons à ce faire. Ils sont legierement armez et, en une nuyt, ilz font autant de chemin ou plus qu'ilz feront en trois jours, en alant ainsi qu'ilz vont. Car combien qu'ilz font grandes journées, s'il ne leur est de necessité, ilz ne vont jamais que le pas.

Ainsi que nous desirons les chevaulx qui trotent bien et aysié, ilz desirent les chevaulx qui vont grant pas et qui courent longuement. C'est la cause pourquoy je diz qu'ilz ne pourroient porter le harnoys blanc comme on fait en France ou en Lombardie. Mais quant ilz ont affaire, chascun qui a de quoy porte l'arc et le tarquais et une espée dont ilz ont de bonnes et une mache grosse sur le rond, de plusieurs quarrés à court manche qui est un perilleux baston quant il assene sur les espaules ung homme desarmé ou sur les bras et je croy que qui en pourroit ferir à son aise, il estourdiroit ung homme en une salade. Les pluseurs portent de petis pavais de boys de quoy ilz se couvrent tresbien à cheval en tirant de l'arc, de quoy ilz se sçavent bien tous aidier, au moins ceulx que j'ay veus et le m'ont dit ceulx qui les ont plus hantez que moy. Ilz sont gens tres-

obeissans à leur seigneur et n'est nul si grant soit il
que, pour sa vie, osast trespasser son commandement. Et je croy que c'est une des choses qui luy a
fait faire de plus grandes executions et conquestes
en fait de guerre, de quoy il a fait plus beaucop que
ne monte le royaulme de France en grandeur, qui
est grant pitié à veoir. Il m'a esté dit et conté la
maniere que ce Turc et ses predecesseurs ont tenu
au fait des batailles par quoy il a tousiours desconfi
les Crestiens. Et mesme, quant ilz desconfirent l'empereur Sigemond et Monsieur le duc Jehan que Dieu
veuille pardonner, ilz firent la diligence telle que
j'ay dit cy devant. Et samblablement firent ilz dernierement quant ilz desconfirent ledit empereur devant Coulumbach là où Messire Advis, chevalier de
Poulaine, moru comme dit est.

Quant ilz viennent ès lieux et places où ils veullent combattre, ils ont une maniere de faire. Ilz se
mettent en pluseurs batailles, selon ce qu'ilz sont
de gens et s'ilz sont en pays de bois ou de montaignes, pour ce qu'ilz se treuvent tousiours en grant
nombre, ilz font une maniere d'embusche et envoient gens expers à ce et bien montez, car ilz sont
legiers, et quant ilz ont treuvé les Crestiens mal à
point, ilz congnoissent bien leur party et le sçavent
prendre. Et s'ilz les treuvent en bataille en bonne
ordonnance, ilz vont courant au loing des batailles
aussi loing que leurs flesches peuvent venir dedans
la bataille des Crestiens, soit aux gens, soit aux che-

vaulx. Et cela font ilz tant et si longuement qu'il a fallu que par force et par tanance, ilz aient mis du desroy; et incontinent que on fait samblant de les chacier qui ne seroit que le quart moins de gens qu'ilz ne sont au plus, incontinent ilz fuyent et se departent. Et quant on les a volu chacier, ainsi qu'ilz fuyent tousiours, ont desconfi les Crestiens et est à doubter que encoires feissent que ainsi le feroit, car ilz ont une maniere de faire que, en fuyant, ilz tirent tresbien de l'arc et ne fauldront point d'attaindre les gens ou les chevaulx. Et puis, chascun porte ung tabolzan attachié à l'arçon de la selle, et s'ilz voient que ceulx qui les chacent soient en desroy, celluy ou ceulx qui les conduisent commencent à sonner trois coupz : chascun sonne le sien et à coup se rassamblent comme pourceaulx au cry l'un de l'autre. Et s'ilz les tiennent en desroy, ilz le sçavent bien recepvoir. Et se par adventure, ilz chacent en arroy et tous ensamble, et viennent jusques là où est la grosse route, lesquelz sont en plusieurs batailles, ilz leur courent sus de toutes pars. Et se, en ceste maniere, ilz ne peuvent mettre les Crestiens en desroy, on m'a dit qu'ilz ont une autre maniere de faire, c'est assavoir qu'ilz se viennent presenter à grant puissance devant les batailles des Crestiens et ont pluseurs manieres de jetter feus pour espoventer les chevaulx, ou mainent des camelz ou dromedaires en grant nombre desquelz y en a de fiers et de hardis. Et les chacent et font approchier le plus près qu'ilz pevent des chevaulx des Crestiens pour les espoventer et mettre en desroy. Ce sont les manieres que on m'a dit qu'ilz ont tousiours tenu quant ilz ont eu affaire aux Crestiens. Et combien qu'ilz soient aucunesfois en grant nombre comme de c ou vi^{xx} ou de ii^c mil, se ne sont ilz point la plus part habilliez, comme j'ay dit, de tarquais, de coiffe, de mache et d'espée, et seront la plus part à pié. Et en y a de telz qui n'ont que une grosse machue; et de ceulx qui auront le tarquais qui n'auront point d'espée, et si en y a qui n'auront point de tarquais. Il y a aussi, comme j'ay dit par avant, beaucop de Crestiens qui par force servent le Turc comme Grecz, Vulgaires, Macedoniens, Albanois, Esclavons, Rasciens et de Servie subjectz au dispot de Rascie et Wallaques, lesquelz, comme il m'a esté dit, s'ilz veoyent les Crestiens et par especial les François en grant puissance contre le Turc, ce seroient ceulx qui luy porteroient plus de dommaige et luy tourneroient le dos, car il les tient en grant servitude : et n'en sont point les Turcz, à mon entendement, tant à craindre ne à redoubter que j'ay autreffois ouy dire et que j'eusse cuidié combien que je ne les vueil pas blasmer, car je les ay trouvé franches gens et loyaulx. Et croy et appert que là où ilz se sont trouvez, ilz ont fait vaillamment jusques icy. Mais il me samble que à gens de bon gouvernement, il ne seroit point chose forte ne difficile à les rompre et desconfire veu qu'ilz vont desarmez. Et me samble que je

oseroys bien estre avecq la moitié et moins beaucop
de gens qu'ilz ne sont pour les combatre, mais qu'il
y eust ung prince bien obey et qu'il voulsist faire par
le conseil de ceulx qui congnoissent leur maniere
de faire. Car en m'a dit que derrainement qu'ilz
combatoient l'empereur Sigemond, s'il eust voulu
croire, il ne luy estoit nul besoin de abandonner sa
place. Car il avoit avecq luy xxv ou xxx^M Hongres et
n'avoit que ii^c arbalestriers Lombars et Jennevois
qui entretindrent les Turcz jusques à ce que ledit
empereur fu entré en ses galées qu'il avoit sur la
Dunoe. Et les vi^M Wallaques ensamble le chevalier
de Poulaine que j'ay cy dessus nommé s'estoient
mis sur une petite montaignette à part ung pou loing
de ceux de l'empereur, et là furent tous tailliés en
pieces. Et pour ce que j'ay ung pou veu et ouy
parler des choses dessusdites et ne sçay se cy après
aucun prince ou autre avoit voulenté d'entreprendre
la conqueste de la Grece, et aler plus avant se mestier
estoit, j'en parleray selon mon entendement et prie
que se je dis mal ou chose qui desplaise à aucun,
qu'il me soit pardonné et que on la tiengne pour non
dicte. Il me samble que si ung prince crestien se
vouloit mettre sus, il fauldroit premierement dis-
poser que la conqueste qu'il vouldroit faire seroit en
l'onneur et reverence de Dieu et pourroit tant de
ames qui sont en voye de perdicion mettre en voye
de salut, et non pas pour la loenge ne pour la vaine
gloire de ce monde; et devroit querir gens de con-

gnoissance et de bonne voulenté et qu'ilz ne feussent point pilleurs, et trouvast maniere de les payer, et me samble que une telle chose se devroit faire par l'ayde et moyen de Nostre Sainct Pere. Et par especial, que jusques au pays où on trouveroit le Turc et sa puissance, on ne prinst riens sans payer, car chascun peut penser que nul n'est content quant on luy prent le sien et autresfois en est mesadvenu à ceulx qui ainsi l'ont fait, comme j'ay ouy dire de cecy, je me attens aux princes et à messeigneurs de leur conseil. Et me arreste aux gens qu'il me samble qu'ilz seroient propices avec lesquelz je vouldroys bien estre pour entreprendre ladite conqueste, c'est assavoir des gens d'armes de France et de trait, archiers et arbalestriers, au plus grant nombre que on en pourroit tenir de telz, comme j'ay dit cy devant.

Item, mil hommes d'armes et x^M archiers d'Angleterre.

Item, le plus grant nombre que on pourroit tirer des nobles hommes d'Allemaigne et de leurs crennequiniers à pié et à cheval. Et se ces trois nations se pouvoient trouver bien unies jusques au nombre de xv ou xx^M hommes de trait, archiers et crennequiniers, je vouldroys bien que Dieu me fist la grace pour estre avecq eulx. Et se pourroit tresbien servir et se les pourroit on bien mener aussi ii ou iii^c ribaudequins sur roes, lesquelz on meneroit bien de Belgrado jusques à Constantinoble. Et pour ce que j'ay parlé d'estre armé legierement, il me samble que le plus legier blanc harnois ou brigandinés, ce seroit le millieur et salades à visiere ung pou large, et des banieres et le harnois de jambe legier, car le traict des Turcz, comme on peut sçavoir, n'est point fort, combien qu'il y ait de fors arcz. Ilz sont courtz, comme on scet, et leur traict est court aussi et delié et se boute le fer dedans le bois et ne pourroit souffrir grant coup. Et me samble qu'il ne puet mal faire, s'il ne atteint à descouvert et, en necessité, nos archierz se pourront bien aidier de leur traict, mais les leurs ne se pourroient aidier du nostre pour les coches qui sont trop estroictes et les cordes de leurs arcz sont trop grosses qui sont de ners. Et ne tirent point leurs archierz à beaucop près que font les nostres, mais à tirer de près, il va tost et se sont justes et soubdains. Pour ceste cause, je dis que le blanc harnois legier ou brigandines me samble le millieur. Car ilz ont des arcz et du traict que je cuide qu'ilz fausseroient ung haubergeon.

Et me samble que les gens d'armes qui vouldroient estre à cheval devroient avoir legieres lances et les fers trenchans, espées roides et trenchans et seroient bien seans petites hachetes à une main. Et ceulx qui seroient à pié auroient guisarmes ou bons espieux trenchans et que chascun eust les mains armées; et au regart de moy, je auroye aussi cher des ganteletz que on fait en Allemaigne de cuyr boully que d'autres. Et me samble que qui auroit place large et convenable pour combatre tout ensamble, que on ne devroit faire que une bataille, et que on fist de l'avant garde et de l'arriere garde les eles et que les gens de traict fussent entrelardés parmy, selon ce que on en auroit, qui n'en vouldroit mettre aucuns dehors pour escarmouchier, mais non point nuls hommes d'armes, et qu'il leur fust defendu sur peine de la hart de les chachier; et que on mist les ribaudequins tous clers semez devant la bataille, et le plus sur les eles pour ce que j'ay ouy dire que quant les Turcz se assamblent pour combatre, ilz sont tousiours en grant nombre, plus beaucop que ne le sont les Crestiens. Et c'est là où ilz prennent leur hardement et font pluseurs batailles. Et affin qu'ilz ne commenchassent aux deboutz, me samble il que on doibt mettre le plus desditz ribaudequins, car s'ilz povoient une foys entrer dedans, ilz sont si grant nombre que ce seroit une grace de Dieu s'ilz ne venoient au dessus de leur affaire, pour ce qu'ilz suivent tous l'un l'autre, de quoy ilz sont d'ung tresgrant encombrement. Pour ceste cause, me samble il qu'on se doibt entretenir ensamble sans les laissier entrer dedans la bataille, et me samble aysiée chose à garder, veu qu'ilz ne sont point armez pour soustenir ung grant fais à poulser à pié, et aussi ilz n'ont nulles lances qui riens vaillent; et le plus fort de leur fait est de leurs archiers, lesquelz ne tirent point si loing ne se fort comme font les nostres.

Et combien aussi que à cheval se trouveront en

plus grant nombre que les Crestiens et que leurs chevaulx ont plus grant alaine pour courre et escarmouchier plus longuement que ceulx des Crestiens, touteffois ne sont ilz pas si fors ne si puissans pour endurer un grant fais, et me samble que pour quelque chose on ne se doibt point desmouvoir que tousiours on ne se teingne joint ensamble. Et quant les Turcz se seront retrais, laquelle chose fault qu'ilz facent, ou qu'ilz combatent à leur grant desavantage et par abandonner de leurs vies, ou qu'ilz se retraient une journée ou deux arriere, et se ainsi est qu'ilz se retraient, que on ait tousiours chevaulcheurs sur leurs venues et que on aille toudis avant en belle ordonnance pretz à les recevoir quant ilz viendront. En ce faisant, n'est point à doubter que on ne les defface, et faisant au contraire, me samble qu'ilz defferont tousiours toutes gens qui viendront en leur pays.

Aucuns pourroient dire que puisque on seroit ainsi les uns devant les autres qu'il ne seroit pas chose honneste aux Crestiens, se ilz ne aloient assaillir les Turcz. Et à ce que j'ay dit par avant, les Turcz qui sont de legiere despense et vivent de pou de chose affameroient les Crestiens s'ilz ne partoient hors de leur fort pour les aler combatre. J'ay ouy dire que aussi soubdainement que les Turcz viennent, aussi soubdainement s'en revont ilz, une journée ou une journée et demie loing. Et aussitost arriere, ilz reviennent. Et qui ne se prent bien garde, ilz font de tresgrans dommaiges. J'entens que depuis que on les a veu une foys que on doit estre tousiours sur sa garde, chevaulchier ou aler prest pour combatre à toutes heures et tous ensamble tant que on puet, et quant on est en aucun passaige de quoy il y en a de bien mauvais, on puet envoïer des gens d'armes et de traict, autant que on pourra, veoir les places où ilz se pourront employer pour combatre et tout en bonne ordonnance, sans desroy, et ne se fault point travaillier d'aller en fourraige, car ce seroit la perdicion de ceulx qui le feroient et aussi on ne trouveroit riens aux champs. Les Turcz font tout mener aux bonnes villes lesquelles ne sont point fortes. Il faut par necessité qu'ilz combatent à leur grant desavantaige qui le pourra endurer ou qu'ilz abandonnent le pays, ce qu'ilz n'ont point fait jusques icy. Et pour ce, me samble il que gens notables et de bon gouvernement comme ces III nations que j'ay nommé cy dessus, c'est assavoir François, Anglois et Allemans, sont assés souffisans, et eulx bien unis ensamble en nombre competent, pourroient aler par terre jusques en Jherusalem. Et dont ce n'est pas grant fait d'entreprendre la conqueste de la Grece, mais qu'ilz se veuillent bien entretenir ensamble sans chachier ne courre sus aux Turcz à leur desavantaige. Et pour ce que aucun pourroit demander où on prendroit vivres, il y a des rivyeres en Rascie et en la Grece pour porter navires; et si est le pays de Rascie bien fertile de tous vivres, comme il me samble. Aussi est assés la Vulgairie, Macedonie et la Grece. Et fault aux Turcz qu'ilz combatent comme dit est, ou qu'ilz s'en fuyent oultre le destroit que nous appellons le bras Sainct Georges, et qu'ilz abandonnent leurs femmes et leurs enfans et leurs biens, ainsi qu'il me puet sambler, selon ce que j'en ay veu la disposicion des villes et du plat pays lesquelz sont comme j'ay dit par avant. Et est assés vraysamblable, car on l'a tousiours veu jusques icy que toutes et quantes foys que le Turc a fait venir armée pour passer la rivyere de la Dunoe, il s'est toudis ordonné et a esté prest pour combatre et ainsi faut qu'il le face ou qu'il perde tout, comme dit est.

Au partir de Belgrado, je passay la Dunoe qui à celle heure avoit bien x miles de large et me fu dit qu'il n'estoit de memoire d'homme que oncques on l'eust veue si large ne si parfonde à une toyse de hault. Et ne povoit on aler à Boude par le droit chemin. Et puys arrivay à une ville champestre que l'en nomme Pensey[1]. Et de là, chevaulchay par le plus plat pays que je veisse oncques, sans treuver montée ne vallée, et passay une rivyere à ung bac à ung villaige[2].

Item, de là, je vins à une ville que l'en nomme Beuxquerel qui est audit dispot[3] et je passay là deux

---

1. Pensey est le bourg de Pancsova.
2. La rivière dont il s'agit ici est la Temes que La Broquière a dû passer en bac près d'Usdin.
3. Nagy-Becskerek, dans le comitat de Torontal, fut cédé au despote de Serbie en même temps que Ó-Besce. Georges Brankovitch se réfugia à Nagy-

rivyeres à pont[1]. Et de là, je vins à une ville qui est audit dispot qui a nom Verchet[2] et là passay une tresgrosse rivyere et moult parfonde, que l'en nomme la Tisce[3]. Et de là je vins à Segading qui est une tresgrande ville champestre et est sur ladite rivyere de la Tisce[4]. Et jusques cy je suis venu sans treuver nulz arbres que deux petis boys enclos de rivyere, et ne font feu en celluy chemin où j'ay passé que de paille ou de roseaulx qui sont sur les rivyeres ou sur les marescaiges, de quoy il y a de tresgrans en aucuns lieux parmy celles grandes plaines, et n'y mengeoit on pain que de gasteaulx tendres et pou.

Cette ville de Segading n'a que une rue laquelle, il me samble, peut bien avoir une lieue de long et et est moult fertile de tous vivres, par especial de poissons, des plus grans que j'aye point veu prendre

Becskerek lorsque, chassé de la Serbie par Mahomet II, en 1456, il dut passer le Danube. Émile Picot, *Les Serbes de Hongrie*, pp. 34 et 38.

1. La rivière que Bertrandon de La Broquière passa « à pont » est la Bega. La seconde rivière est un bras de la Bega desséché au commencement du xviiie siècle, lorsque la rivière fut canalisée.

2. Ó-Becse, dans la Bačka, avait été cédé par l'empereur Sigismond au despote de Serbie, Georges Brankovitch, à la suite de l'arrangement dont il est question dans la note 1 de la page 211.

3. La Tisza ou Theisz (*Tibiscus*, *Tibesis* et *Potnissus* des anciens) prend sa source dans les Carpathes, au comitat de Marmaros, et se jette dans le Danube, vis-à-vis de Slankamen.

4. Szegedin (*Segudunum*) dans la Haute-Hongrie, au comitat de Czongrad, sur la Theisz à l'endroit où la Maroch se jette dans cette rivière. Szegedin était autrefois une ville libre, habitée par une nombreuse population. Szegedin fut, jusqu'en 1513, une ville ouverte entourée seulement d'un fossé : Sultan Suleyman y fit construire pour la défendre un château en briques qui resta entre les mains des Turcs jusqu'en 1686. Tscherning, *Das Königreich Hungarn*, pp. 399-401.

sur nulles autres rivyeres; et je veys grant marchié de grues et de bistardes que on y prent communement, mais on les y appoincte et mengue ordement. Et y a pou de litz et ceulx qui y sont sont ors et couche on en pailles sur sacz de cuyr plains de vent que on souffle et sont de la longueur d'un homme. Il y a en ceste ville grant foison de chevaulx à vendre et est estrange chose de les veoir donter et aprevoisier, car ilz sont tous saulvaiges. Et, me a on dit que on en y trouveroit III ou IIII^M à vendre et à tresgrant marchié, car pour x flourins de Honguerie, on auroit là ung tresbeau rouchin. Il y a une assés belle eglise de Cordeliers. Je ouys le service qu'ilz font ung peu sur le hongre. Et me fut dit que l'empereur avoit donné ceste ville à ung evesque que je veys là : et me sambla homme de grosse conscience. Je me partis dudit Segading et puis vins à une ville nommée[1]....... Et de là je vins à Paele qui est sur la Dunoe devant Boude[2]. Et ay treuvé jusques cy ung tresbon pays et plain et y a grant foison de haras de jumens qui, en tous temps, sont aux champs

[1]. Le nom de cette ville est resté en blanc dans tous les manuscrits. Il s'agit probablement de Kecskemet qui se trouve à mi-chemin entre Szegedin et Pest.

[2]. Bertrandon de La Broquière donne encore ici la traduction du nom de la ville qu'il mentionne. Les mots *Ofen* et *Pest* signifient en effet en allemand et en slave « four, poêle ». Ce nom a été donné à cette ville à cause des fours à chaux qui existaient dans ses environs. Pest s'élève sur la rive gauche du Danube, en face de Bude, à laquelle elle était reliée par un pont de bateaux. Les ruines de l'ancienne ville d'Ofen couvraient la pointe méridionale de l'île de Saint-André, au nord de Bude.

comme bestes sauvaiges et c'est ce qui y fait avoir si grant marchié de chevaulx.

Item, de là, je passay la Dunoe et entray à Boude qui est la millieure ville de Honguerie[1]. Il y a ung tresbeau palais et grant mais qu'il fut assonny. Et me fu dit que l'empereur Sigemond l'avoit encommencié. Cette ville de Boude est assise sur une montaigne non pas trop haulte et est beaucop plus longue que large. Et de l'un des costez, devers soleil levant, y passe la Dunoe tout en long, et devers le ponant a une vallée et au bout, devers le midi, est ledit palais qui est bel et fort et est maistre de celle porte de la ville. Et auprès dudit palais, hors de la ville, a un tresbeau baing chauld ; et de l'autre costé entre la ville et la Dunoe en a d'autres non pas si beaulx. Ceste dite ville de Boude est bien marchande et fertile de tous biens. Et y croist plus de vins blancz que autres, lesquelz sont un pou ardans. Et dist on que ce vient à cause de ces baingz chaudz qui sont là autour, qui passent par lieux plains de soulfre. Et est ceste ville gouvernée par Allemans en tous estas, tant au faict de la justice et de la marchandise que aussi au faict des mestierz, comme cous-

---

[1]. La ville de Bude, résidence des rois de Hongrie, sur la rive droite du Danube, était au xve siècle divisée en six quartiers : le quartier de la cour, la ville haute, le long faubourg, le quartier des Juifs ou la ville de l'eau, le faubourg d'en haut et le faubourg d'en bas. Le château, bâti sur une hauteur, était entouré d'une double enceinte et d'un grand espace vide qui lui permettaient de prolonger la résistance dans le cas où la ville eût été prise. Cf. Tollius, *Epist. itinerariæ*, Amsterdam, 1700, pp. 198-201 et 235.

turierz, charpentierz, maçons et orfevres, ainsi qu'il me fu dit par ung marchant d'Arras que je treuvay, nommé Clays Davion, lequel l'empereur Sigemond avoit mené avecques pluseurs autres gens de mestier du royaulme de France, et est ledit Clays ouvrier de haulte lice. Il y a en ceste ville beaucop de Juifz qui parlent tresbon françoys, et en y a de ceulx qui furent chaciés hors du royaulme de France. Et si est le corps de sainct Pol hermite gisant à une lieue près de ceste ville et est tout entier.

Le pays de autour ceste ville est moult bel et plaisant. Et de là retournay arriére à Paele qui est une assés grosse ville champestre. Et y treuvay vi ou viii mesnaiges de gens de France lesquelz l'empereur Sigemond y avoit envoyez; auxquelz il fist encommencier une tresbelle tour et forte sur le bort de la Dunoe, à l'endroit de sondit palais, à l'entencion de y mettre une chaisne pour clorre ladite rivyere de la Dunoe, qui me samble une chose mal faisable, car ladite rivyere est moult large, et peut sambler qu'il eust prins exemple à la tour de Bourgongne devant le chastel de l'Escluse. Je ne sçay s'il y fu oncques, combien que ladite rivyere est trop plus large que la largeur depuis ledit chasteau jusques à ladite tour.

Je fus dedans ladite tour de Paele. Elle est bien espesse et de la haulteur de trois lances ou environ, et y a grant foison de pierres tailliez pour tousiours la faire, mais il me fu dit que les maçons qui y sont maintenant ne les sçavent mettre en euvre: car ceulx qui la commencerent sont trespassés. Il y a autour de ceste ville de Paele moult beau pays et y demeure grant foison de marchans de chevaulx. Et qui en auroit affaire, on y en treuveroit deux mil de bons à vendre; et les vendent par estables et sont x chevaulx en chascune, et le prix est deux cens flourins l'estable : de quoy j'en veys pluseurs que les deux ou trois valoient tout l'argent. Car la pluspart viennent du pays de Transsilvan qui sont les montaignes qui separent le royaulme de Honguerie et la Walaquie devers soleil levant. Et en ces montaignes sont les mines d'or et de sel lesquelles valent tous les ans au roy de Honguerie chascune c^M flourins, comme il me fu dit. Et avoit baillié les mines d'or au seigneur de Prusse[1] pour garder la frontiere contre le Turc et au conte Mathico pour garder Belgrado. Et la royne prenoit le fait du sel lequel est moult beau et samble pierre, et est de la façon d'une pierre d'ung pié de long ou environ et de quatre quarres et ague dessus et se tire d'une roche. Et qui le voit sur ung chariot, ce samble que ce soient pierres. On le fait mouldre en ung mortier et me samble le plus bel et le millieur et le plus deslyé sel que je veys oncques et est assés blanc.

Je achetay ung cheval en ceste ville pour ce qu'il couroit bien tost et, par coustume, la pluspart sont tresbons coureurs. Je rencontray en mon chemin

---

1. Le grand-maître de l'ordre Teutonique était Paul Bellizer de Rusdorf, qui fut à la tête de l'ordre de 1422 à 1441.

des gens qui aloient sur charios vi en aucuns, vii, viii en ung autre ainsi que la chose la donne, qui n'ont que ung cheval qui les maine. Et quant ilz vuellent faire grant journée, ilz font ainsi. Il y a d'aucuns charios couvers à la maniere du pays qui sont tresbeaulx et ont moult legieres roes et tout; et me samble que ung homme le porteroit bien à son col s'il estoit bien loyé, et sont les roes de derriere beaucop plus haultes que celles de devant et se puelt on tresbien dormir et reposer dedans, car le pays est si tresunny que on ne treuve point d'empeschement que le cheval puisse tousiours bien troter. Et quant ilz labourent les terres, ilz font si treslongues royes que ce me fu une merveilleuse chose à veoir; et y a grant foison d'herbes pour nourrir les chevaulx et les jumens lesquels sont, par coustume, ung pou merveillieux et par especial mal aysiés à ferrer. Et en ay veu pluseurs qu'il failloit abatre quant on les vouloit ferrer. Et icy je prins ung de ces compaignons maçons françois lequel me dist qu'il estoit de Bray sur Somme pour mener avecques moy, car, jusques là, je n'avois point eu de serviteur. Et de là, je repassay la rivyere et m'en retournay à Boude où ledit ambassadeur de Milan avecques lequel je fus devers le grant conte de Honguerie au palais qui estoit comme lieutenent de l'empereur, lequel me fist tresgrant honneur de venue, pensant que je fusse Turc[1].

---

1. Nicolas II de Gara fut, pendant trente et un ans, palatin de Hongrie. Il

Et quant il sceut que j'estoye Crestien, il ne m'en fist point tant. Et me fu dit qu'il est homme de petite foy et ne tenoit point bien ce qu'il disoit et ainsi le font la pluspart des Hongres en general, et autant que je les ay hantez, je me fieroys plus en la promesse d'ung Turc que je ne ferois d'ung Hongre. Et jousta le filz dudit grant conte[1] en basses selles sur petis chevaulx à la guise du pays, qui est belle chose à veoir et congnoist on bien ceulx qui se sçavent bien tenir sur la selle. Car, par coustume, quant ilz joustent, les deux ou l'un du moins fault cheoir en bas. Et joustent de fortes lances et courtes et sont tresbien et gentiment habilliés. Et quant ilz joustent à l'estrivie pour verges d'or, ilz prendent selles pareilles, parties aux lotz et chevaulx d'une haulteur et ne joustent que ung contre ung et tousjours per, et s'ilz sont pluseurs, quand l'un est cheu, luy et son compaignon se tirent à part et ne joustent plus.

Ledit filz dudit conte estoit nouvellement marié à une tresbelle dame du pays. Et est ce grant conte aagié homme, lequel autreffois prist le roy de Behaigne et de Honguerie Sigemond qui, depuis, a esté empereur et le mist en prison. Finablement, il le delivra par appoinctement, comme il me fu dit.

exerça, sous le règne de l'empereur Sigismond, une influence prépondérante sur les affaires publiques.

1. Ladislas de Gara, fils de Nicolas de Gara, fut ban de Macsó. Il est cité en 1438 avec ce titre et il en exerçait encore les fonctions en 1447. Il fut, de 1449 à 1451, palatin du royaume de Hongrie. Il épousa Alexandrine, fille du duc Boleslas de Teschen.

Et vins de Belgrado à Boude en vii jours. Je veys aussi à Boude le grant conte de Honguerie et pluseurs autres seigneurs barons du pays. Et quant je me deus partir de Boude, mon ambaxadeur me dist qu'il me abandonneroit en chemin pour s'en aler devers le duc de Milan. Et adoncques je parlay au dit Clays Davion qui estoit d'Arras comme dit est, lequel me bailla unes lettres adreçans à ung marchant qui estoit de sa cognoissance à Vienne en Austriche. Et quant je y arrivay, je treuvay à grant peine nul qui me voulsist logier, pour ce qu'ilz cuidoient que je fusse ung Turc. Adventure me mena logier à une grande hostelerie, là où on me recueillit et avoys mon homme que j'avoys prins à Paele qui parloit hongre et hault alemant. Et incontinent qu'il demanda icelluy marchant, on le ala querir. Et vint vers moy. Et quant il eust visité les lettres que je luy portois, il se offry de moy faire tout plaisir qui luy seroit possible et pour ce que je m'estoye descouvert audit Clays Davion, il escripvit par ses lettres mon nom et dont je venoye et comment j'estoye serviteur de Monseigneur le duc. Et prestement ledit marchant s'en ala devers Monseigneur le duc Aubert de Austriche[1] lequel est cousin germain

---

1. Albert V, duc d'Autriche, roi de Bohême et de Hongrie, élu empereur sous le nom d'Albert II après la mort de Sigismond, naquit à Vienne le 10 août 1397; il mourut à Langendorf pendant la malheureuse campagne qu'il entreprit contre le sultan Murad II, le 27 octobre 1439.
Albert épousa en 1422 Elisabeth, fille de l'empereur Sigismond, âgée de treize ans. Cette princesse mourut en 1442.

de mondit seigneur et luy dist la maniere de ma venue et mon nom aussi. Lequel envoya incontinent ung poursuivant lequel estoit au conte de Xil[1] que on appeloit Senich et tantost après vint Messire Albrech de Potandorf[2] lequel n'avoit pas longtemps avions prins moy et aultres entre Flandres et Brabant, cuydans qu'il fust subgect du duc Frederic d'Austriche, lequel avoit deffié mondit seigneur. Et vint ledit Messire Albrech à mon logis à cheval deux heures après ce que je fus arrivé et me fist demander, lequel veritablement je cuidoye qu'il venist pour moy prendre prisonnier, mais je treuvay le contraire. Et me dit que mondit seigneur d'Austriche l'envoyoit vers moy qui avoit sceu que j'estoye serviteur de mondit seigneur le duc pour moy bienveignier. Et me dist que Monseigneur d'Austriche me mandoit que se avoie de riens affaire, que je le demandasse aussi franchement que se j'estoye devers mondit seigneur le duc, car il voudroit faire pour tous ses

---

1. Le comte de Cillei, fils de Hermann de Cillei, et frère de Barbe de Cillei, qui avait épousé en 1408 Sigismond, margrave de Brandebourg; après avoir joué un rôle considérable dans les affaires de Pologne, de Hongrie et d'Autriche, il périt de la main de Ladislas Corvin, au mois de mars 1457.

2. Albrecht von Pottendorf appartenait à une noble famille, qui s'éteignit dans la première moitié du XVIe siècle. Ses domaines se trouvaient à Pottendorf et Ebenfurt dans la Basse-Autriche. A partir de l'année 1430, on trouve le nom d'Albrecht de Pottendorf cité dans plusieurs documents. Des liens de parenté l'unissaient au duc Albert, car sa mère, Élisabeth de Walsee, était alliée à la famille du duc Albert. Albrecht von Pottendorf assista, en 1441, à la diète de Francfort, en qualité d'ambassadeur du roi Frédéric IV.

serviteurs comme pour les siens mesmes. Et ledit Messire Albrech me offrit or et me presenta argent et chevaulx et autres choses, et me rendit bien pour mal, combien que je ne luy avoye fait chose que, par honneur, je ne deusse et peusse bien faire. Et au bout de deux jours, mondit seigneur d'Aultriche envoya ledit Messire Albrech me querir pour aler luy faire la reverence et parler à moy. Et vins vers luy au partir de sa messe, et estoit accompaignié de viii ou x notables chevaliers anciens. Et quant je luy feis reverence, il me print par la main et ne souffrit oncques que je parlasse à luy à genoulx et me fist demander des nouvelles, et plus de Monseigneur et de son estat que d'autres, lequel me sambloit qu'il avoit moult chierement. Et estoit mondit seigneur d'Austriche grant par raison et estoit brun et prince benin et doulx et vertueux en toutes choses, comme on disoit. Il estoit vaillant et large et avoit avecques luy aulcuns seigneurs de Behaigne que les Houltz[1] avoient chaciez hors du pays, pour ce qu'ilz ne vouloient point tenir leur loy. Et à celle foys, estoit venu vers luy un grant baron de Behaigne que on appeloit Paanepot[2] et autres en sa compaignie pour trouver

---

1. Les Hussites.
2. Puta de Častalowič appartenait à une famille de Bohême célèbre dans les annales des xive et xve siècles. Le bourg de Častalowič fait aujourd'hui partie des domaines de la famille Sternberg. Puta III de Častalowič fut, pendant les guerres des Hussites, l'un des partisans les plus zélés de l'empereur Sigismond. Il combattit les Thaborites et remporta sur eux plusieurs avantages. L'empereur Sigismond l'employa dans plusieurs négociations, notam-

maniere d'avoir aulcun appoinctement avecques luy pour ce que les Houltz vouloient aler, comme il me fu dit, au secours du roy de Poulaine contre les seigneurs de Prusse et luy firent de grans ouffres, ausquelz mondit seigneur d'Austriche respondi que s'ilz ne se reduysoient en la foy de Ihesucrist, que avecq luy n'auroient jamais ne paix ne accort, aussi longuement qu'il vivroit. Et à celle heure avoit jà conquis mondit seigneur d'Austriche tout le pays de Morave et avoit desconfi les Houltz par deux fois. Et me fu dit que sa conduite, sa vaillance, sa largesse luy proffita lors beaucop. Au partir de là, on me mena veoir la duchesse qui estoit tresbelle dame et grande, et fille heritiere de l'empereur du royaulme de Honguerie et de Behaigne et des autres seignouries qui en dependent, et n'avoit que ung pou qu'elle estoit relevée d'une belle fille et plus n'en avoit eu encoires[1], de quoy on faisoit tresbonne chiere et joustoit on souvent; laquelle duchesse me fist samblablement tresbonne recueillote et pareillement me demanda de mondit seigneur et de madame la duchesse, et puys m'en retournay à mon logis et fus

ment avec la diète de Časlaw (1423) et celle de Prague (1434). Pour récompenser ses services, l'empereur lui accorda des fiefs importants. Puta III de Castalowič mourut sans postérité à Presbourg, en 1435.

1. Anne d'Autriche, née en 1433, épousa en 1446, Guillaume, duc de Saxe, et mourut de chagrin le 13 novembre 1462, au château d'Eccardsberg où son mari l'avait enfermée. Listemann lui donne le titre de sainte. Bertrandon de La Broquière fixe la date de la naissance de cette princesse; elle était restée indécise pour Hergott, *Genealogia diplomatica gentis Habsburgicæ*. Vienne, 1739.

accompaignié de seigneurs et gens qui valoient mieulx de moy. Et le lendemain, me manda mondit seigneur d'Austriche par ledit Messire Albrech que je alasse pour disner avecq luy et me fist mengier à sa table et ung grant seigneur de son pays et ung seigneur de Honguerie, et mengeoit on à une table quarrée et ne porte on que ung plat de viande à la foys; et le plus prochain est celluy qui plustot y met la main, car la coustume est telle et est en maniere d'assay; et avoit toutes ses gens à gaiges et ne demouroit nul à mengier en sa sale que ceulx qu'il ordonnoit à son maistre d'ostel, comme il me fu dit. Ilz appointent grant foison de viandes et y mettent beaucop d'espices et servent de char et de poisson, plat après autre. Au partir du disner, on me mena devers la duchesse pour veoir les danses là où il avoit de tresgracieuses gens, gentilzhommes et gentilzfemmes portant les plus beaulx cheveulx que je veisse oncques. Et me donna lors madite dame ung chaperon de fil d'or et de soye et ung anel à tout ung bon dyamant pour mettre sur ma teste, selon la coustume du pays. Et là me print ung gentilhomme bien noble que on appeloit Paiser[1] et n'est que escuier et est comme chambellan et garde des joyaulx et a grant gouvernement et auctorité autour

---

[1]. On ne trouve, dans les documents de l'époque d'Albert V, le nom de Peyser cité qu'une seule fois, à propos d'une autorisation, accordée, le 4 janvier 1427, à Neustadt, par le duc Frédéric à Georges Peyser et à ses frères, de jouir pendant une année des fiefs qui leur sont échus en Carinthie du fait de N. de Weissenpeck.

de mondit seigneur, lequel par l'ordonnance de mondit seigneur d'Austriche me ala monstrer ses joyaulx, entre lesquelz me monstra la couronne du royaulme de Behaigne où il y a des assés bonnes pierres; entre les autres, y a ung rubis le plus gros que je veisse oncques et est plus gros, comme il me samble, que une grosse date, mais il n'est point net, pour aucunes faussettes où il y a des choses noires par dedans. Et de là, me mena veoir les waguesbonnes de mondit seigneur d'Austriche, lesquelles il avoit fait faire pour combatre les Behaignois : et n'en veys là nulles où y puet combatre plus de xx hommes : et me dist que mondit seigneur en auroit fait faire ung où il pourroit combatre iiie hommes et n'y fauldroit que xviii chevaulx pour la mener.

Je treuvay là Monseigneur de Valse[1], lequel est le plus grant seigneur d'Austrice apres le duc et est gentil chevalier. Et se y treuvay Messire Jaques Trousset qui est un gentil chevalier de Chouave[2]

---

1. Reinprecht IV de Walsee était le fils de Reinprecht III de Walsee qui joua un rôle important en Autriche pendant les premières années du XVe siècle et fut gouverneur du duc Albert. Son fils hérita de ses domaines en Autriche et en Styrie ainsi que de la charge de sénéchal de l'Autriche au delà de l'Euns. Il commanda plusieurs corps de troupes en Moravie et dans la Basse-Autriche et il est accusé d'avoir été, en 1427, la cause de la désastreuse défaite de Zwettel. Reinprecht IV de Walsee mourut en 1450.

2. Jacques Truchsess de Waldburg, grand bailli du Saint-Empire romain pour la Haute et Basse-Souabe, était l'aîné des trois fils de Hans Truchsess de Waldburg. Il jouit de la faveur de l'empereur Sigismond qui, en 1429, lui accorda le droit de haute et basse justice à Trauchburg et lui fit don de la prévôté de Schaffhouse et du couvent des Bénédictins de cette ville. Le duc Frédéric d'Autriche confirma pour lui et ses descendants la possession

lesquelz me firent tresgrant chiere et bonne. Il y estoit ung que l'en nomme le Chanc lequel estoit eschançon de l'Empire par heritaige[1], lequel sceut que j'estoye à Monseigneur le duc et me fist espier pour me prendre quant je vindroys en Baviere pour ce qu'il avoit perdu ung sien frere et autres de ses amis en la bataille de Bar[2]. De quoy mondit seigneur d'Austriche fu adverty et me fist attendre plus que je

du fief de Trauchburg. Le nom de Jacques Truchsess figure parmi ceux des arbitres qui devaient juger le différend qui avait surgi entre le duc Guillaume de Bavière et son frère Ernest et qui avait été porté devant le concile de Bâle. Jacques Truchsess, qui avait fait le voyage de la Terre sainte, épousa en premières noces Magdeleine, duchesse de Hohenberg, fille de Rodolphe de Thierstein, et en deuxièmes noces Ursule, fille de Guillaume, margrave de Rôtelen et de Hochberg et d'Élisabeth de Montfort. Jacques Truchsess mourut en 1460. Cf. M. von Pappenheim, *Chronik der Truchsessen von Waldburg*. Memmingen, 1777-1785, 2 vol. fol.

1. La charge d'échanson héréditaire de l'Empire (Erbschenk) a appartenu à la famille des comtes de Limbourg, jusqu'à l'extinction des descendants mâles en 1713. Frédéric III Schenk de Limbourg, qui mourut en 1414, avait épousé Élisabeth de Hohenlohe-Speckfeld dont il eut onze enfants, neuf fils et deux filles. L'aîné de ses fils, Conrad, né en 1396, épousa Claire, comtesse de Montfort, et mourut en 1482. Son second fils, Frédéric, né en 1400, épousa Suzanne, comtesse de Thierstein, et mourut en 1474. Prescher, dans son histoire du comté de Limbourg, ne nous dit pas que Conrad soit allé à Vienne, mais il nous apprend que Frédéric, ayant eu un différend avec les bourgeois de Hall, en 1431, alla se plaindre à l'empereur Sigismond qui rendit un jugement favorable à ses adversaires. Il ressort du récit de Prescher que Frédéric Schenk était d'un caractère violent, ce qui explique le désir qu'il manifesta de venger sur La Broquière la mort de son frère tué à Bar. Heinrich Prescher, *Geschichte und Beschreibung der zum fränkischen Kreise gehörigen Reichsgrafschaft Limpurg*. Stuttgart, 1789-90, tome I, pp. 189-199.

2. Le frère de Conrad et de Frédéric, Georges Schenk de Limbourg, né en 1405, fut tué au combat de Sandaucourt, livré en 1431 par Antoine de Lorraine et Antoine de Toulongeon, maréchal de Bourgogne, à Renier, duc de Bar. *Chroniques de Monstrelet*, éd. de la Société de l'histoire de France, tome IV, pp. 453-456.

n'eusse fait, et donna congié à celluy, moy estant icy.

Je veis jouster par trois fois sur petis chevaulx et à basses selles comme j'ay dit par avant. L'une à la cour de mondit seigneur d'Austriche et les deux autres sur les rues, où ils se blessent tresbien et lourdement aucunes fois. Et veis mondit seigneur d'Austriche ferir l'un de ses gens, et veis là la premiere fois armer en ceste maniere ledit Messire Jaques Trousset. Et sy trouvay ung poursieuvant breton bretonnant avecques mondit seigneur d'Austriche que on appelle Toutseul qui avoit esté à l'amiral d'Espaigne, lequel poursieuvant venoit tous les jours pour me accompaignier à la messe et là où je voulois aler. Et quant je me party, il me presenta L marcz d'argent qu'il avoit en esmaulx pour les vendre, pensant que j'eusse despendu tout mon argent et me vouloit promettre que jamais il n'en diroit mot, pour ce qu'il veoit que je ne vouloye riens prendre ne de don, ne d'emprunt de nulluy, car il savoit bien que mondit seigneur d'Austriche m'en avoit fait presenter secretement. Et aussi ledit Messire Albrech m'en avoit presenté à prester et aussi Messire Robert d'Avrestorf[1] qui, l'an devant, avoit esté en Flandre desguisé, lequel est bien grand seigneur au pays et avoit veu mondit seigneur le duc et son estat, duquel il disoit du bien beaucop.

Et revenant à mon chemin, je vins de Boude à

---

1. Reinprecht III d'Ebersdorf, fils d'Albrecht III d'Ebersdorf, possédait la charge de grand chambellan en Autriche. La famille d'Ebersdorf possédait,

Thyate[1] qui est une ville champestre et s'y tient voulentiers le roy, ce dist on. En après, je vins à une ville que l'en nomme Javir et en alemant Rave et siet sur la rivyere de la Dunoe[2]. Et au partir de là je passay devant une petite ville qui est une isle dedans la Dunoe et laquelle on me dist que l'Empereur l'avoit autreffois donné à ung des gens de Monseigneur le duc de Bourgongne, et croy que ce fu à Messire Renier Pot[3]. Et de là, je vins à une ville

outre ce fief dont elle avait pris le nom, ceux de Packstall, de Mollenburg et de Leiben. Reinprecht III épousa d'abord Jeanne de Streitwiessen, veuve de Conrad de Pottendorf, puis Catherine, fille du chevalier Jean Jœrger. Il mourut vers 1462.

1. « Dotis ou Totis, en hongrois *Tatta*, est une petite ville fortifiée située au milieu de marécages. Les rois de Hongrie y avaient leur maison et leurs jardins de plaisance : lors de la prise de cette ville par Sultan Soleyman en 1543, toutes les maisons et tous les édifices furent rasés, à l'exception du château fort qui est encore entre les mains des chrétiens. Non loin du château se trouve une carrière de beau marbre rouge et blanc ». Wagner, *Delineatio provinciarum Pannoniæ*. Augsbourg, 1685, p. 4.

2. Györ ou Raab dans le comitat de Györ. « La ville de Rab ou Jaurinum est située en l'endroit où les rivières de Rab et Rabnitz vont se jeter dans le Danube. C'est une très forte place ; elle est sur les frontières et elle peut résister longtemps au Turc. Il y a deux ponts, l'un du costé d'Austriche et l'autre du costé d'Alba regalis ou Stul-Weissenbourg. » *Relation de plusieurs voyages faits en Hongrie, Servie, Bulgarie, etc., traduit de l'anglois du sieur Edouart Brown...* Paris, 1674, p. 36 ; *Jac. Tollii epistolæ itinerariæ...* Amsterdam, 1700, p. 146.

3. Messire Regnier Pot, seigneur de la Prugne, Thoré, Melizi et de la Roche-Noulay. « Il tenoit le parti de Jean, duc de Bourgogne contre les Orléanois et le dauphin Charles, pour lequel fut un des chefs de son armée qu'il mena en France contre la ville de Paris et prit Senlis, Mont-le-Héry, Estampes, le pont Saint-Clou, Pontoise, Beaumont, Meulan et delivra la reine et la princesse Catarine des mains des Armagnacs. Fut constitué gouverneur de la province de Dauphiné par le même duc, lors déclaré régent de France avec le duc de Berry, servit depuis le bon duc Philippe en qualité de conseiller et chambellan et l'accompagna en la ville de Troye où il

que l'en nomme Bruc[1] qui est ung tresfort passaige et y a une chaucée longue et estroite sur une rivyere en ung grant marescaige qui depart le royaulme de Honguerie et la duchié d'Austriche, et me samble que ung petit nombre de gens le garderoient bien du costé d'Austriche que on n'y passeroit point. Et environ deux lieues oultre, l'ambaxadeur de Milan print son chemin pour s'en aler devers le duc de Milan, son maistre. Et de là je vins à Vienne en Austriche et furent v journées depuis Boude. Ceste ville de Vienne est assés grande, et tresfort peuplée de riches marchans et de gens de tous mestiers. Elle est tresbien fermée de bons fossés et de haulte muraille et de l'un des costez, devers le north est sur la rivyere de Dunoe, laquelle court selon les murs, et est une ville bien joyeuse et de beaucop de esbatemens et est assise en tresbeau pays et bon. Les gens sont mieulx habilliés et plus honnestement qu'ilz ne sont en Honguerie, combien qu'ilz portent tous gros

---

assista à l'accord du mariage fait l'an 1420 entre la princesse Isabeau de France et Henry roy d'Angleterre. Le duc l'envoya en qualité d'ambassadeur avec l'evesque de Theroanne et le seigneur d'Ancre vers Charles VIII, roy de France, afin de l'interpeller et de luy faire souvenir de bien entretenir la paix d'Arras faicte entre lui l'an 1435. » J.-B. Maurice, *Le blason de tous les chevaliers de l'ordre de la Toison d'or*. La Haye, 1667, p. 4.

1. Bruck, sur la Leitha, est une ville de la Basse-Autriche défendue par un château fort. Gérard de Roy rapporte, dans le neuvième livre de sa *Chronique d'Autriche*, que Mathias Corvin, fit le siège de cette ville et la réduisit par la famine. Après la mort de Mathias Corvin, le commandant Jean Torcianus étant sorti imprudemment du château pour aller dans la ville, les habitants firent entrer secrètement les soldats de Maximilien Ier qui se rendirent maîtres de la place. Tscherning, *Das Königreich Hungarn*, Nurenberg. 1687, p. 80.

pourpoins et larges par dessoubs et bien fors, et ung bon haubergon dessus et ung glaçon quand ilz vont à la guerre et ung grant chappeau de fer et autres harnois, selon la coustume du pays.

Et en la marche d'Austriche et de Behaigne sont crennequiniers, et en Honguerie sont archiers et leurs arcz sont de la façon de ceulx des Turcz, mais ilz ne sont pas si bons ne si fors aussy, ne les peuples si bons archiers. Les Hongres tirent à III doigs et les Turcz au poulce et à l'anel.

Et quant je prins congié de mondit seigneur d'Austriche et de madame, il me fist demander se j'avoye besoing de riens, auquel je respondis comme j'avois fait autreffois à ceulx qui m'en avoient presenté, que mondit seigneur le duc m'avoyt si tresbien fourny et si tresbien pourveu que j'avoys encoires assés d'argent pour autant de temps que j'avoye à aler devers luy, et puis il me recommanda à Monseigneur de Valse qui s'en aloit en son pays qui est sur la frontiere de Behaigne de laquelle il avoit la charge. Et aussi me recommanda il à Messire Jacques Trousset.

Ceste dite ville de Vienne est sur la Dunoe et y estoit le duc Aubert d'Austriche, cousin germain de mondit seigneur le duc, auquel je feys prier qu'il me fist donner ung sauf conduit pour passer par son pays et il m'en fist avoir ung.

Et me fu dist que les Houltz l'estoient venus requerir de paix, mais il n'en a voulu riens faire, et c'estoit pour aler au secours du roy de Poulaine à l'encontre des seigneurs de Prusse. Et au partir de Vienne je vins à une ville que l'en nomme Sainct Polquin[1], et là se font les millieurs cousteaulx de tout le pays et ce fu en deux journées de chemin.

Item, de là je vins à une ville que l'en nomme Melich[2] qui est sur la Dunoe et y a ung tresbeau moustier de chartreux et y fait on les millieures arbalestres du pays. Et jusques à Vienne et III journées oultre, la Dunoe vient contre soleil levant et au dessus de Boude retourne contre midi jusques à la pointe de Belgrado, et de là reprent son cours contre soleil levant entre Vulgairie et Honguerie et va,

---

1. Saint-Pölten est une ville de la Basse-Autriche située sur le Traisen, affluent du Danube. Elle a été fondée, dit-on, par Pepin, père de Charlemagne. Au XIIIe siècle, elle dépendait de l'évêché de Passau. Après la mort de Jorig, évêque de Passau, en 1423, Leonhard Layming fut appelé à lui succéder. Il avait dépensé soixante-dix mille florins pour assurer son élection au siège épiscopal et il fut contraint d'aliéner plusieurs domaines appartenant à l'évêché pour payer ses dettes. En 1446, il vendit pour vingt-cinq mille florins la ville et la seigneurie de Saint-Pölten à Reinprecht de Walsee. Tscherning, *Das Kœnigreich Hungarn*, p. 62; Th. Mayer, *Dreizehn Urkunden über die Verpfändungen von St-Pölten*, etc., dans le tome I de l'*Archiv für Kunde œsterreichischer Geschichtsquellen*. Vienne, 1851.

2. Melk (*Medelium*), petite ville de la Basse-Autriche, située sur la rive droite du Danube. Elle portait autrefois, dit-on, le nom de Disenburg. Elle fut enlevée à un seigneur nommé Gison par Léopold, margrave d'Autriche, qui céda le château aux Bénédictins qui vinrent s'y établir en 1085, et y construisirent une église. Léopold IV agrandit considérablement les domaines de l'abbaye et obtint qu'elle relevât directement du Saint-Siège. Saint Colomann, prince de la maison royale d'Écosse, qui se rendait à Jérusalem, avait été arrêté à Stockerau et pendu comme espion envoyé par les ennemis de l'Empire (1015). Son innocence ayant été reconnue, il fut solennellement inhumé dans l'église de Melk. Melk fut, avant Kalenberg et Vienne, la résidence des margraves d'Autriche.

comme on dist, cheoir en la mer Majour à Montcastre[1]. Je m'en rapporte à ceulx qui y ont esté. Et de là je vins à Valse[2] qui est audit seigneur où il y a ung assés fort chastel sur une roche assés haulte sur la Dunoe. Et me fist monstrer ledit seigneur les plus riches vestemens d'autel que je veisse oncques, de brodures et de perles. Et là, je veys mener des vaisseaulx contremont la rivyere de la Dunoe à force de chevaulx.

Et lendemain, vint un gentilhomme de Baviere veoir mondit seigneur de Valse lequel ledit Messire Jaques Trousset vouloit pendre à une aubespine qui estoit à la porte en ung jardin, de quoy ledit seigneur fu adverty et pria Messire Jaques qu'il ne feist pas ceste honte. A quoy il respondit que s'il venoit jusques à luy qu'il failloit qu'il le feist. Adoncques ledit seigneur ala ung peu au devant dudit gentilhomme et luy fist ung signe, et il s'en retourna. La cause pourquoy ce fu : ledict Messire Jaques estoit

1. Montcastre porte aujourd'hui le nom d'Aq Kerman : elle est située non à l'embouchure du Danube, mais sur une anse du Dniester. Bertrandon de La Broquière confond Killa, la Queli des auteurs des xv° et xvi° siècles, avec Montcastre. Ces deux villes furent conquises par les Turcs en 1484 sous le règne de Sultan Bayezid.
Ghillebert de Lannoy mentionne la ville de Montcastre. « Et au partir dudit seigneur de Wallakie, il me donna ung cheval, conduite et truchemens et guides et m'en alay par grans desers de plus de quatre lieues en ladite Wallakie. Et vins à une ville fermée et port sur ladicte mer Maiour nommée Montcastre ou Bellegarde (Bioligorod) où il habite Genevois, Wallackes et Hermins. » *Voyages et ambassades*, p. 59.

2. Cette petite ville est située dans la Basse-Autriche, sur la rive droite du Danube, près de l'endroit où le Naarn se jette dans ce fleuve. Walsee est, au dire de quelques auteurs, l'ancienne ville de *Falciana*.

de la secrete compaignie et aucuns de ses gens qui estoient avecques luy ; aussi en estoit ledit gentilhomme lequel s'estoit mesusé.

Item, de là je vins à une ville que l'en nomme Oens[1] qui est sur une rivyere nommée Oens[2]. Et de là je vins à une ville que l'en nomme Evresperch[3] qui est à l'evesque de Passot qui est aussi assise sur ladite rivyere.

Item, de là je vins à Lins[4] qui est une tresbonne ville et y a ung tresbeau chastel assis sur la Dunoe et est à Monseigneur d'Austeriche et en est gouverneur ledit seigneur de Valse et est bien près de la frontiere de Behaigne. Je veis en ceste ville madame de Valse qui est une tresbelle dame, laquelle me fist de l'onneur beaucop et est du pays de Behaigne[5]. Elle me donna ung rouchin qui trotoit bien

---

1. Enns (*Ensia, Anisus*) est une ancienne ville épiscopale de la Haute-Autriche. Elle s'élève sur les bords de l'Enns à un mille du confluent de cette rivière avec le Danube, à trois milles à l'est de Lintz et à onze milles de Passau. Selon une ancienne tradition, Enns serait un reste de l'ancienne ville de *Laureacum* et elle aurait été évangélisée par saint Marc et par saint Luc. Les invasions des Huns ont déterminé la translation de l'évêché d'Enns à Passau.

2. L'Inn, l'*Œnus* des anciens, prend sa source au pied du mont Septimer et se jette dans le Danube entre Passau et Innstadt.

3. Ebelsberg, dans la Haute-Autriche, dépendait de l'évêché de Passau; elle était défendue contre les incursions des Hongrois par une muraille fortifiée et par un château. La rivière de Traun coule au pied de la montagne sur laquelle Ebelsberg est bâtie.

4. Linz (*Aurelianum Lintum, Lentia*), capitale de la Haute-Autriche, se trouve à la distance de trente milles de Vienne et à douze de Passau. Les empereurs d'Allemagne ont quelquefois résidé dans le château de Linz. Le Danube reçoit près de Linz les eaux de la rivière de Traun.

5. Reinprecht IV de Walsee avait épousé sa cousine Catherine de Ro-

aysié et ung chapeau de perles où il y avoit ung anel à tout ung rubis et ung dyamant pour mettre sur mes cheveulx, selon la coustume du pays, et là demoura Monseigneur de Valse. Et je me party en la compaignie de Messire Jaques Trousset et m'en vins à une ville que l'on nomme Erfort qui est au conte de Chambourch[1]. Et là fault le pays d'Austeriche. Et furent VI journées depuis Vienne jusques icy.

Item, de là je vins à une ville que l'on nomme Riet qui est en Baviere et qui est au duc Henry[2].

Item, de là je vins à une ville que l'on nomme Preune qui est sur la rivyere de Sceine[3].

Item, de là je vins à une ville que l'on nomme Bourchaze[4], et là estoit le duc Henry de Baviere et là passay ladite rivyere de Sceine et y a ung tresbeau chastel sur ladite rivyere.

---

senberg, fille de Henri V de Rosenberg mort en 1412, et sœur d'Ulrich II de Rosenberg, grand burgrave de Prague.

1. Il faut lire Efferding à la place de Erfort. Efferding était un château et une seigneurie du district de Hausruck, en Autriche au-dessus de l'Enns, qui appartenait aux comtes de Schaumburg, famille éteinte en 1569. Les comtes de Schaumburg possédaient la vallée du Danube, qui s'étend de Linz à Passau. Les ruines du château de Schaumburg se voient au haut d'un rocher boisé, non loin du village actuel de Pupping, sur le Danube, au-dessus d'Efferding.

2. Ried, dans la Haute-Autriche, relevait de la seigneurie de Burghausen. Cette petite ville fut incendiée par les Autrichiens en 1310, pendant le règne de l'empereur Henri VII. Le château fut seul épargné.

3. Braunau, sur l'Inn, à six milles de Passau, faisait autrefois partie de la Basse-Bavière. Elle appartient aujourd'hui à l'Autriche.

4. Burghausen, dans la Haute-Bavière, sur la rivière de Salzache, est sur la limite de l'archevêché de Salzbourg. Elle se trouve à sept milles de Salz-

Item, de Bourchaze je vins à Mouldrouf[1] et là passay une grosse rivyere nommée Ting.

Item, de là je vins en la terre du duc Loys de Baviere, mais je n'entray point en ses villes.

Item, je vins à la plus belle petite ville que je veisse oncques que on appelle Munecque et est au duc Guillame de Baviere. Et de là je vins à une ville que l'en nomme Lansperch[2] et au partir de Lansperch, je yssi hors du pays de Baviere et entray au pays de Souave et vins à une ville qui est au duc et a nom Meindelahan[3]. Et de là, je vins à une ville de l'Empire que l'en nomme Mamines[4].

Item, de là je vins en la terre dudit Messire Jaques Trousset et de ses freres lequel me fist mener en ung de ses chasteaulx que l'en nomme Walpourch[5]

bourg et à treize de Munich. Le château et la seigneurie de Burghausen passèrent aux mains des ducs de Bavière et le château fut, de 1255 à 1505, la résidence des ducs de Basse-Bavière.

1. Mühldorf faisait partie du cercle de Bavière et relevait de l'archevêché de Salzbourg; elle s'élève sur la rive gauche de l'Inn, à un mille du vieil Œttingen. C'est près de Mühldorf que fut livrée, en 1322, la bataille dans laquelle Frédéric d'Autriche fut fait prisonnier par l'empereur Louis de Bavière.

2. Landsberg est une petite ville de la Bavière, située sur la rivière du Lech, sur les frontières de la Souabe, au sud d'Augsbourg.

3. Mindelheim dans l'Allgäu, au cercle de Souabe, à trois milles de Memmingen. Cette ville appartenait en 1433 au duc Louis de Teck.

4. Memmingen dans l'Allgäu, à six lieues d'Ulm et à dix lieues d'Augsbourg, était une ville impériale ayant, à la fin du XVe siècle, le privilège de donner asile à ceux qui avaient été mis au ban de l'empire. Avant d'être ville impériale, Memmingen avait appartenu aux comtes de Hergau, aux Guelfes et à la Bavière.

5. Waldburg, dans la Souabe méridionale, était le chef-lieu du comté de ce nom. Le château, bâti sur une montagne, qui dans l'origine n'était

et là demouray deux ou trois jours attendant ledit Messire Jaques qui estoit alé voir aucuns de ses amis : et commanda à ses gens que on fist pour moy comme pour luy propre.

Item, de là je alay à une ville de celles de l'Empire que l'en nomme Ravespourch[1]. Et de là je vins à une ville que l'en nomme Martorf[2]. Et de là, je vins à une ville qui est à l'evesque de Constance que l'en nomme Merspoch[3] et est sur le lach de Constance, et passay là ledit lach qui peult bien avoir III miles latines de large à cel endroit.

Item, de là je vins à une ville de Constance qui sur ledit lach et là passay le Rin qui part dudit lach et prent là son nom. Et jusques cy me mena seurement ledit Messire Jaques en sa compaignie, lequel me fist de l'onneur et du plaisir beaucop, pour l'onneur de mondit seigneur le duc. Et là demoura et me bailla ledit poursieuvant du conte de Xil pour me conduire aussi longuement que je

qu'une maison de chasse des ducs de Souabe, devint la résidence des comtes Truchsess de Waldburg.

1. Ravensburg dans l'Allgäu, sur la rive droite du Schussen, était la résidence des comtes de ce nom, issus de la maison des Guelfes. Les empereurs de la maison de Souabe en firent une ville libre. Un château, appartenant à la maison d'Autriche, s'élevait sur une colline en dehors de la ville.

2. Markdorf est une petite ville du cercle de Constance, dans le grand-duché de Bade.

3. Mersbourg située sur la rive du lac de Constance, faisait partie du cercle de Souabe. Elle se trouve au-dessus du bourg de Hagnau à deux milles de Buchhorn (Friedrichshafen). Après avoir appartenu aux princes de Souabe, aux comtes de Rohrdorf qui y avaient établi leur résidence, Mersbourg fut annexée aux possessions de l'évêque de Constance.

vouldroys. Et prins congié dudit Messire Jaques Trousset à grant regret, qui est ung tresgentil chevallier et vaillant entre les Alemans, lequel m'eust voulentiers convoié plus avant, mais il failloit qu'il s'en retournast pour une entreprinse qu'ilz devoient faire ledit seigneur de Valse et luy qui sont comme freres. Et devoient jouster de fer lance XIII contre XIII, tous parens et amis ensamble, selon la coustume du pays, à targes et chapeaulx de fer, lequel harnois et autres de quoy il est tresbien fourny pour joustes et pour armes il m'avoit monstré en son chastel de Walpourch. Et de là, je vins à une ville que l'en nomme Estran[1] : et là repassay ladite rivyere du Rin. Et de là je vins selon ladite rivyere de l'autre part en une ville que l'en nomme Chauffouze[2] qui est à l'Empereur et sur le Rin. Et de là je vins en une ville que l'en nomme Walsquot[3] et est au duc Federic d'Austeriche et est sur le Rin. Et de là, je

---

1. Stein se trouve sur la rive droite du Rhin, à l'endroit où ce fleuve sort du lac de Constance. On franchissait le Rhin sur un pont de bois qui faisait communiquer Stein avec le village d'Auffbourg. Cette ville avait appartenu aux ducs de Souabe; au XVe siècle, elle était possédée par les barons de Hohenklingen.

2. Schaffhouse, Schaffhausen, sur le Rhin, portait au XIIe siècle le nom de Schiffhausen. Burchardt, fils d'Eberhard, comte de Neubourg, fit don de la ville de Schiffhausen au monastère fondé par son père et changea son nom en celui de Schaffhausen. Cette ville qui acquit une grande prospérité, fut avec Zurich, Saint-Gall et Rheinfelden, engagée par l'empereur Louis de Bavière à Othon, duc d'Autriche, pour une somme de douze mille marcs d'argent. En 1415, Schaffhouse redevint ville impériale. Lors de son union aux ligues suisses, elle fut la capitale du canton qui porta son nom.

3. Waldshut, une des quatre villes forestières du Rhin, est située sur les confins de la Suisse, près de l'endroit où la rivière de l'Aar se jette dans le

vins à une ville que l'en nomme Lausemberch[1] et est audit duc et est assise sur la rivyere du Rin.

Item, de là je vins à une ville que l'en nomme Rinbel[2] et est audit duc et sur le Rin. Et de là je vins à Basle qui est à l'Empereur et là estoit le Sainct Concille et est aussi sur le Rin. Et estoit en ladite ville de Basle le duc Guillame de Baviere, lieutenant de par l'Empereur, et me manda querir pour parler à luy et parlay à luy et à madame la duchesse sa femme[3]. Et veys le Sainct Concille assis où estoit ledit duc pour l'Empereur et monsieur le Cardinal de Sainct Ange, legat de Notre Sainct Pere le Pape Eugene[4], et autres

---

Rhin. Cette ville fut fondée en 1249, par le comte Albert de Habsbourg. Avant cette époque, il n'y avait sur l'emplacement de Waldshut qu'une maison de chasse.

1. Laufenbourg, une des quatre villes forestières du Rhin entre Bâle et Schaffhouse. Laufenbourg appartenait à l'Empereur en sa qualité de duc d'Autriche.

2. Rheinfelden était la quatrième des villes forestières du Rhin. Elle était située sur la rive gauche de ce fleuve, à un mille de Säckingen. Lors du passage de Bertrandon de La Broquière, elle avait été engagée à la maison d'Autriche, avec réserve de ses privilèges.

3. Guillaume de Bavière était le fils du duc Jean, mort le 8 août 1397, qui avait épousé Catherine, fille de Mainard, comte de Goricie et de Tyrol. Il eut de cette union deux fils, Ernest et Guillaume qui fut le protecteur du concile de Bâle, et une fille, Sophie, qui épousa l'empereur Wenceslas, roi de Bohême. Ernest, duc de Bavière, gouverna son duché par indivis avec son frère Guillaume.

4. Julien Cesarini, né à Rome, cardinal-diacre du titre de Saint-Ange, puis cardinal-prêtre du titre de Sainte-Sabine, reçut la pourpre des mains du pape Martin V, en 1426. Ce pontife l'envoya en Pologne, en Hongrie et en Bohême pour y prêcher la croisade. Eugène IV, qui succéda à Martin V, le délégua en Allemagne pour y organiser la croisade contre les Hussites. Il ouvrit et présida au nom du pape le concile de Bâle et se rendit à Florence, lorsque cette assemblée y fut transférée. Envoyé en Hongrie, il détermina le roi Ladislas à rompre la trêve conclue avec le sultan Murad.

cardinaux jusques au nombre de sept, et pluseurs patriarches, archevesques et evesques. Et là treuvay des gens de mondit seigneur, l'evesque de Chaslon[1], maistre Jehan Germain[2] et Messire Guillebert de Lannoy[3], seigneur de Willerval, ambaxadeurs de mondit seigneur le duc. Je parlay audict legat et au

---

L'armée hongroise, renforcée par les contingents valaques et polonais, présenta la bataille aux Ottomans dans la plaine de Varna le 1er novembre 1441. Le roi Louis périt dans la mêlée et le cardinal de Saint-Ange fut tué dans la déroute. Selon quelques historiens, il fut assassiné sur le Danube par un batelier qui s'empara de l'argent qu'il avait réussi à sauver.

1. Jean Rolin, soixante-huitième évêque de Chalon, fils de Nicolas Rolin, chancelier de Bourgogne et de Jeanne de Landes, fut archidiacre de la cathédrale d'Autun, abbé du monastère de Saint-Martin dans la même ville et prieur de Saint-Marcel de Chalon. Il fut, en 1431, promu à l'évêché de Chalon par le pape Eugène IV et, le 9 octobre de la même année, il prit possession de son siège épiscopal. Il le quitta en 1436, pour occuper celui d'Autun, sa ville natale. Il reçut en 1449, du pape Nicolas V, le chapeau de cardinal. Il mourut dans la capitale de son diocèse en juillet 1483. Cf. Pierre Cusset, *L'Illustre Orbandale ou l'Histoire ecclésiastique de la ville et cité de Chalon-sur-Saône*. Chalon-sur-Saône, 1662, tome II, pp. 493-494.

2. Jean Germain, né à Cluny ou à Dijon, de parents d'une très humble condition, fut envoyé à Paris, pour y faire ses études, par la duchesse de Bourgogne. Ayant obtenu le grade de docteur en théologie, Philippe le Bon le nomma, à son retour en Bourgogne, chancelier de l'ordre de la Toison d'Or. Il obtint l'évêché de Nevers et fut envoyé à Bâle pour y représenter le duc de Bourgogne, auquel il réussit à assurer le premier rang parmi les ducs. Après la clôture du concile de Bâle, il fut invité par le pape Eugène IV à se rendre à celui de Ferrare. Il fut appelé à occuper le siège épiscopal de Chalon le 26 octobre 1436. Il administra ce diocèse pendant vingt-quatre ans et mourut au château de la Sole le 2 février 1460. P. Cusset, *L'Illustre Orbandale*, tome II, pp. 495-505.

3. Ghillebert de Lannoy, deuxième du nom, seigneur de Willerval et de Tronchines, conseiller et chambellan du duc de Bourgogne et son ambassadeur au concile de Bâle et en Angleterre, reçut le collier de la Toison d'or en 1427, et mourut au mois d'avril 1462. D'après les comptes de Mathieu Regnault, il reçut en 1433 du duc de Bourgogne la somme de cinq cents écus d'or pour faire le voyage de Jérusalem.

cardinal de Rouen[1] et me enquist fort mondit seigneur le legat du pays de Grece entre les autres et me chargea de dire aucunes choses à mondit seigneur touchant la conqueste d'icelluy pays, laquelle il me samble qu'il desire moult et a tresfort au cuer. Et au partir de Basle, je laissay mondit poursieuvant lequel s'en retourna et me partis en la compaignie du grant Chanery presenteur de Lyon[2] et entray en la conté de Ferete qui est au duc Frederic d'Austeriche et vins à une ville que l'en nomme Grantville[3].

Item, de là je vins à Montbeliart, qui est à la contesse de Montbeliart[4].

Item, de là je entray en la conté de Bourgongne,

---

1. Hugues d'Orges, né à Villeberny dans le diocèse d'Autun, docteur de l'Université de Paris, évêque de Chalon-sur-Saône occupa le siège archiépiscopal de Rouen de 1431 à 1436. Appelé à Bâle par le cardinal de Saint-Ange, il mourut dans cette ville le 19 août 1436. Cusset, *L'Illustre Orbandale*, p. 490; *Gallia Christiana*, tome IV, col. 929, et tome XI, col. 88.

2. Tous les manuscrits du *Voyage d'outremer* de Bertrandon de La Broquière donnent la leçon « du grant Chanery » que j'ai cru devoir conserver. On lit dans le *Glossarium mediæ et infimæ latinitatis* de Ducange au mot Præcentor : « Præcentor, qui vocem præmittit in cantu. Precentres, devant chantre, qui commance le chant, principal chantre. In *Glossario lat. gall. Sangerm.* Precenteur, in ecclesia Lugdunensi. Primus cantorum in ecclesia, qui cantoribus præest, dignitas ecclesiastica in cathedralibus, vulgo prechantre. » Le précenteur dont il est question dans ce passage avait probablement accompagné à Bâle l'archevêque de Lyon, Amédée II de Talaru, chargé de régler au concile l'affaire du pallium de l'archevêque de Rouen

3. Au lieu de Grantville, il faut lire Grandvillars. Grandvillars était autrefois le chef-lieu d'une seigneurie de ce nom dans le Sundgau en Alsace, au diocèse de Bâle et au bailliage de Delle. Grandvillars forme aujourd'hui une commune dans le canton de Delle, au territoire de Belfort.

4. Henriette, fille et héritière d'Henri, dernier comte de Montbéliard. Elle avait épousé Eberhard le jeune, comte de Wurtemberg, qui mourut en 1429, à la fleur de l'âge.

qui est à Monseigneur le duc de Bourgongne et de Brabant.

Item, de là je vins à la cité de Besançon et de la tiray à Vezou et à la Ville Neufve[1] avecq Guillaume de Seillaz pour m'en venir en Flandres par les marches de Bar et de Lorraine devers mondit seigneur le duc; et avant que je partisse d'illec, je sceus que mondit seigneur estoit à l'entrée de Bourgongne et avoit mis le siege devant Mussy l'Evesque[2]. Adonc, je me party de Ville Neufve et m'en alay à Aussone et de là à Dijon. Et là, treuvay Monseigneur le chancellier de Bourgongne[3] avecq qui je alay devers mondit seigneur le duc, lequel je treuvay en l'abbaye de Potieres[4] et ses gens estoient au siege, et de sa grace me fist tresbonne chiere et vins devant luy en tout

---

1. La Villeneuve, village situé au nord de Vesoul, non loin de Saulx, dans le département de la Haute-Saône.

2. Mussy-l'Évêque, aujourd'hui Mussy-sur-Seine, est un chef-lieu de canton de l'arrondissement de Bar-sur-Seine (Aube). Le siège fut mis devant Mussy-l'Évêque dans les premiers jours de juillet 1433. « Le quart jour se desloga (de Troyes) et alla mettre le siège devant une bonne ville nommée Mussi l'Evesque seant sur la rivière de Saine, à l'entrée du pays de Bourgoingne. Le duc se loga à Politieres, une forte abbaye ainsi que à une lieue près de Mussy. » *Chronique de Jean Le Fevre, seigneur de Saint-Remy*, t. II, p. 273.

3. Nicolas Rolin, chancelier de Bourgogne, né à Autun vers 1380, mourut à Dijon le 16 janvier 1461. Cf. Ch. Bigarne, *Étude historique sur le chancelier Rolin et sur sa famille*.

4. L'abbaye de Pothières, ou de Poultières, avait été fondée vers 860 par Gérard, comte de Roussillon, et Berthe, sa femme. Cf. *Voyage littéraire de deux religieux bénédictins de la congrégation de Saint-Maur*. Paris 1717, 1re partie, p. 105; Courtépée, *Description du duché de Bourgogne*. Dijon, 1847, t. IV, p. 752.

Pothières est aujourd'hui une commune du canton de Châtillon (Côte-d'Or). Il ne reste plus de l'abbaye que la maison du prieur.

tel estat que j'estoye party de Damas et luy menay mon cheval que j'avoye acheté et luy baillay tous mes habillemens, ensamble l'Alkoran et les fais de Mahomet que le chappellain du consul des Venissiens à Damas m'avoit baillés par escript en latin, qui contenoit beaucop d'escripture, lequel mondit seigneur bailla à maistre Jehan Germain, docteur en theologie, pour le visiter et oncques puis je ne le veys. Ledit maistre Jehan Germain a depuis esté evesque de Chalon sur la Sone et chancellier de la Toyson. Je me passe de parler plus au long de la situation du pays depuis Vienne jusques icy pour ce que pluseurs sçavent bien quel il est et se je dis vray ou non. Et au regart des autres pays dont j'ay parlé par avant et des passaiges que j'ay nommés ci dessus, je prie aux liseurs qu'ilz ne me le vuellent imputer à vaine gloire, ne à orgueil, ne à vantance, mais je l'ay fait pour deux raisons, l'une se aucun noble homme y vouloit aler, il pourra demander ce chemin et trouvera se je dis verité, l'autre raison pour ce que mon tresredoubté seigneur Monseigneur le duc m'a commandé que je feisse mettre en escript, selon une petite memoire que j'en avoit fait en ung petit livret, quant j'avoye eu loissir d'escripre. S'il n'est si bien dict que autres le pourroient bien faire, je supplie qu'il me soit pardonné.

Cy fine le voyage de Bertrandon de La Broquiere qui trespassa à Lille en Flandre le ixe jour de may l'an mil CCCC cinquante et IX.

Cy commence l'advis de Messire Jehan Torzelo, chevallier, serviteur et chambellan, comme il dit, de l'empereur de Constantinoble, lequel advis il fist à Florance le seziesme jour de mars l'an mil quatre cens trente neuf et puis fut envoyé à mon tresredobté seigneur, Monseigneur le duc Phelipe de Bourgoigne et de Brabant, par Messire André de Pellazago, florentin.

Cy parle ledit Messire Jehan Torzelo. — *Pour ung chascun tresdevot et tresloyal chrestien* : « En me trouvant à la court du Grant Turc par l'espasse d'envyron douze ans et pensant à enquerir la puissance dudit Grant Turc et la maniere comment on la pourroit deffaire, affin que j'en peusse advertir les seigneurs chrestiens, m'a samblé bon de noter la maniere et condicion dudit Turc et la conduicte de ses affaires, et icelles signifier aux princes chrestiens et devotz à la religion chrestienne, auxquels je prie qu'ilz mettent leur cueur à ceste euvre pour le salut de leurs âmes.

« Je dis doncques premierement que les gens que le Grant Turc peult avoir pour aller contre le peuple chrestien et pour le conquester seroit environ cent mil hommes de cheval desquelz y en a vingt mil qui sont souldoyez de luy. Et entre ceulx cy, s'en peuvent trouver dix mil bien armez : le demourant est sans armes, fors seullement escus, espées, arcz et flesches.

Et avec ce, il y a envyron dix mil gens de pié : et ceulx ci ne sont sans armes fors seullement espées, arcs et flesches. Et les aulcuns ont escus et les aultres non. C'est cy toute la puissance du Grant Turc, laquelle rompue et conquestée, on peut en moins d'un mois, conquester la saincte Terre de promission. Et à voloir conquester le Turc, il seroit besoin avoir premierement quatre vingtz mil combatans et aller par la Hongrie et à la riviere de la Dunoe, et là avoir les fustes ou naves en ordre pour passer les chevaulx, lesquelles fustes se trouveront bien en Hongrie.

« Il fauldroit partir ceste puissance en trois parties : l'une et la principalle passeroit à Vidinc qui est une ville sur la rive de la Dunoe et seroit de cinquante mil combatans; l'autre de vingt mille passeroit à Bellegrade qui est aussi à la rive de la Dunoe. Et la Dunoe passée, la puissance dessus dicte seroit en la Grece; et pour donner à cognoistre la condicion de la Grece, diray ce qui s'ensuyt.

« La Grece a en soy encores trois seigneurs chrestiens. L'un est le seigneur de la Rascie qui est tributaire au Turc et peult mettre sur les champs quarante mil combatans à cheval tresbien en point, et lequel confine à la Hongrie. Il est tresvaillant cappitaine et conduycteur de faitz d'armes, especialement à combattre les Turcz : et tantost qu'il verroit une telle puissance de chrestiens à ses piés, il se tourneroit incontinent et seroit luy mesme guyde et conducteur pour destruyre le Turc.

« Il y a après Albanye où sont deux seigneurs qui pourroyent mettre sus vingt mil hommes à cheval qui pareillement, tantost qu'ilz verroient puissance de chrestiens, prestement se tourneroyent contre le Turc.

« Il y a la seigneurie de la Morée qui est de Monseigneur l'empereur qui mettroit sus quinze mil hommes tresbien en point et toute ceste puissance se pourroit trouver ensamble en huit jours avec la part des vingt mil combatans que j'ay dict qui passeroyent à Bellegrade.

« Et oultre ces seigneurs cy, il y a plus de cinquante mil hommes chrestiens qui sont subjectz au Turc et incontinent qu'ilz verroyent la puissance des chrestiens se rebelleroyent contre le Turc et seroyent ceulx qui plus le destruiroyent.

« Et oultre tous ceulx cy, il y a une grande multitude de chrestiens subjectz au Turc par tribut qui tous se rebelleroyent contre luy.

« Les cinquante mil que j'ay dict qui doibvent passer par contre Vidinc devroyent tousiours venir avant ensamble et en bon ordre et faire le chemin de Andrenopoly où est le principal siege du Turc, pour luy donner siege non pour autre chose sinon pour le garder de venir à dos aux autres puissances. Et ce principal exercite, en estant cinquante mil, jamais ne perdra bataille contre le Turc, car il n'aura point puissance de resister pour l'empeschement de son secours qui sera empesché des autres puissances.

« De Vidinc à Andrenopoly sont quinze journées de cheval. Les dix mil que j'ay dict qui passeroyent par la Pedra auroyent avec eulx le seigneur de la Walaquie qui peust mettre sus quinze mil hommes à cheval des plus vaillans gens qui soyent au monde, et lequel seignourie le bras de Zagora qui est une province de la Grece.

« Et en tenant ceste maniere, le Turc seroit perdu et tresbrief. Car considéré la condicion de la Grece, comme j'ay dict, et que lesditz gens d'armes vinsent en la maniere que dict est, en moins d'ung mois, tout seroit finy par la grace de Dieu.

« Et selon l'opinion d'aulcuns, il seroit encores besoin d'avoir par mer vingt gallées armées qui empeschassent la Turquye de en donner secours à la Grece et suis assez de ceste opinion, combien qu'il ne me samble pas trop necessaire, mais il ne peust nuyre; lesquelles gallées se porroyent avoir des Venissiens et des Cathelans et qui tresvoluntiers le feroyent pour la deslivrance de leurs lieux et seigneuries que ont prins les Turcz, et que journellement leur font des molestes : et en volant faire ladite entreprinze, seroit chose treslegiere de la povoir faire et je diray la maniere : que Nostre Sainct Pere le Pape donne la conqueste à aucun noble et vaillant prince à ce souffissant et mette indulgences par toute chrestienté pour assambler argent tant pour souldes de gens comme pour autres choses.

« Et l'Allemaigne, la Hongrie, la Behaigne, la Cratonye qui sont tous voisins et batus des Turcz porroyent mettre dans les champz cent mil combatans. Et de la Hongrie à passer dans la Grece n'y a à passer sinon la Dunoe et tantost on est en la Grece; et par ceste maniere est treslegiere à qui en aura bon volloir.

« Item, conquestant la Grece comme j'ay dict, conquesteroit la Terre Saincte en moins d'un mois, car la Grece en demourant en la seigneurie des chrestiens est souffisante sans nul doubte de rachepter tout le demourant, car elle porra faire plus de cent gallées et de cent mil hommes combatans.

« De Vidinc jusques à Andrenopoly a quinze journées : de Andrenopoly jusques à Constantinoble a trois journées et de Andrenopoly jusques à Galipoly qui est port de mer et le passaige de Turquie a trois journées. Et si la puissance peult joindre à Andrenopoly, il n'est plus riens à dobter, car tout le pays se rebellera contre le Turc et ceulx du pays propre seront ceulx qui le destryront.

« Johannes Torzelo,
« chevallier, serviteur et chambellan de l'empereur
« de Constantinoble. »

S'ensuyt l'advis et advertissement de ce qu'il samble à moy Bertrandon de La Broquiere, seigneur de Viel Castel, conseiller et premier escuyer trenchant de mon tresredobté seigneur Monseigneur le duc de Bourgoigne et de Brabant, touchant l'advis cy dessus escript, lequel Messire Jehan Torzelo, chevallier, serviteur et chambellan de l'empereur de Constantinoble, a faict, en amonestant les seigneurs chrestiens pour la conqueste de la Grece, de la Turquie et de la Terre Saincte, lequel advis mon tres redobté seigneur me bailla après que je fus revenu de mon voyaige par terre de Jherusalem jusques en France, pour le faire translater de langaige florentin en françois, et puis ordonna qu'il fust attaché à la fin de mon voyaige, mis par escript cy dessus par Maistre Jehan Mielot, chanoyne de Sainct Pierre de Lille et le moindre des secretaires de mon tresredobté seigneur.

Il me samble donc que ledit advis et advertissement de Messire Jehan Torzelo est tresbon et vray en aucuns poins comme je puis avoir veu et eu en souvenance et aussi sceu pour ouyr dire par autres que par ledit Messire Jehan Torzelo, et par especial de la puyssance du Turc. Le Turc a de cent à six vingt mil hommes à tout le plus ; de quoy les quarante mil seront à pié, sans tarquais ne autres harnois que espées et aucuns bastons sans fers, et le surplus à cheval. Et au regard des vingt mil hommes d'armes que Messire Jehan dit que le Turc tient continuellement à gaiges pour la garde de son corpz, je n'en ouys oncques parler que de dix mil qui sont esclaves dudit Turc, portans blancz chappeaulx, desquelz j'en ay veu une partie. Car du temps que je vins là où le Turc estoit ès marches de Thezale ces dix mil esclaves que les aulcuns appellent Jehaniceres, en qui il se fie le plus, avoyent esté desconfis par les Albanois, comme plus avant au long est dict audit livre cy dessus. Au regart de l'autre puissance, je me accorde bien à l'advis de Messire Jehan Torzelo par ouyr dire. Car je n'ay point veu le Turc ensamble sa puissance ès champs, en armes, ne en batailles : et quant aux trois chemins qu'il samble à Messire Jehan que on doibve prendre pour entrer en la Grece, je ne sçay à parler que de celui de Bellegrade tirant à Sophie ; et ne sçay se par celluy de Vidinc, on pourroit mener, par charriotz, les vivres necessaires à une grande armée ou se on treuve autant de villes entre Vidinc et Andrenopoly que par la voye et chemin de Bellegrade et Sophie.

Et quant aux puissances qu'il dict qui se porroyent joindre avec les vingt mil combatans, qu'il samble à Messire Jehan par son advis que on devroit faire aller par la voye de Bellegrade, ceste chose a despuis changé, car le dispot de Rascie a esté despuis dechassé par le Turc hors de la plus grant partie de ses pays de Rascie et de Servie : et n'a point telle ne si grande puissance de gens qu'il soulloit du temps que Messire Jehan feist son advis. Et si les Esclavons et Albanois se voloient joindre avec l'armée des princes chrestiens, il seroit plus prochain et en moins de dangier des Turcz que feroit la voye de Bellegrade qui est plus prochaine d'Esclavonye et Albanye que celle de Vidinc.

Et samble que aincois que la puissance des princes entrast en la Grece, on devroit advertir les Esclavons et Albanois pour savoir où ilz se voldroyent et porroyent joindre avec l'armée, et en quel lieu et quel nombre de gens, lequel je cuyde qu'il ne soit pas si grant à present que Messire Jehan escript et baille par son advis, et qu'ilz fussent advertis d'eulx pourveoir de vivres, selon leur maniere de faire.

En outre, Messire Jehan ne advertit point du plus grant nombre de gens qu'il me samble qu'il est necessité aux princes chrestiens d'avoir pour combattre et destruyre le Turc et sa puissance. Et me samble que le plus grant nombre d'archiers de France, d'Angleterre et d'Escosse que on pourroit finer et que une partie fussent duytz à tyrer à cheval et portassent petits pavais du costé où ilz tendroient l'arc; et crennequiniers d'Allemaigne à cheval, et arbalestriers genevois, françois, gascons, catellans, et toutes gens de traict, le plus grand nombre que l'on porroit finer, ce sont les gens qui plus feront dommaige aux Turcs lesquelz ne sont point armez que de petis pavais, espées et tarquais : et les aulcuns ont de grosses masses qui ont bien courtz manches, et fault qu'ilz en soient prez, s'ilz en veullent ferir. Et ont leurs coiffes faictes de fil d'archal assez fortes contre le coup d'une espée, sous leurs chappeaulx ou tocques, comme j'ay dict par avant. Et me samble aussi que qui auroit un nombre competant de rybauldequins pour mettre devant la bataille des chrestiens ainsi que Monseigneur a accoustumé de s'en ayder, ilz y seroient necessaires, bien seantz et moult proffittables.

Et ne advertit point Messire Jehan les princes bien au long de la maniere et ordre de combatre le Turc et d'aller avant. Si me samble, comme je l'ay ci-devant touché en mon livre, selon que j'ay ouy parler ceulx qui ont veu les Turcz en bataille et la maniere que selon les places où ilz se peuvent treuver, larges ou estroictes, ilz doibvent ordonner et mettre leurs gens, et eulx preparer pour combatre selon la maniere d'Auterice, de France, c'est assavoir avant garde, bataille et arriere garde, et que en allant avant, soyent tousiours prez l'un de l'autre, car les Turcs sont moult diligens et soudaynement viennent sur les gens aucunes fois.

Et s'il vient à combatre, que l'advant grande et arriere garde, saulve le millieur advis de ceulx qui en sçavent plus et mieulx parler que moy, doibvent faire les cles de la bataille, et l'advant garde du costé droict. Et ung ru de pierre d'un plain point devant la bataille en laquelle porroit estre un grant nombre de crennequiniers à cheval, entrelardez avec les gens d'armes et des archiers, si mestier est.

Et samblablement en l'arriere garde qui sera au bout de la senestre de l'autre costé ung bien pou separé de la bataille et non trop, que en la dite avant garde ait des gens notables qui cognoissent la condicion des Turcz et la maniere qu'il fault tenir pour les combatre et desconfire ; et que les chiefs de la dite avant garde et arriere garde soyent crains et obbeys de ceulx qui seront soubz eulx.

Et me samble qu'ilz doibvent attendre que les Turcz leur courent sus : lesquelz ont une maniere de faire comme on dict qu'ils faignent eulx enfuyr, affin que on les chasse. Et qui ainsi le feroit, ce seroit la perte et destruction des chrestiens. La raison si est : ilz ont leurs chevaux legiers et tousiours en aleyne pour courre et les hommes sont legiers et sans empeschement de harnois et tirent en fuyant, mieulx, plus fort et plus royde et plus droict qu'ilz ne font en chassant.

L'autre cause est que les chrestiens sont armez et leurs chevaulx gros et pesantz qui ne vont si fort que ceulx des Turcz, et quant ilz les ont mis en desroy, et que en fuyant, ilz blecent les chevaulx et les gens qui les chassent. La plus grant part des Turcz portent tousiours ung tabolçan à l'arçon de la selle et le sonnent, et s'en rassamblent comme porceaulx, quant ilz ouyent crier l'un l'autre. Et quant ilz sont assamblez et treuvent les chrestiens en desroy chascun peut penser et cognoistre quelle fin en peut estre. Et au regard de la bataille me samble que les princes doibvent là estre et la conduyre, en laquelle doit estre la baniere de la croix et de Nostre Dame et celles des princes et aultres seigneurs et nobles hommes qui en portent. Et seront en ladite bataille au moins de nombre que bonnement faire se porra, afin que moins de gens en soyent occupez et qu'ilz puissent combatre, si mestier est. Et samble que pareillement une grande partie d'archiers et de gens de traict doivent estre entrelardez entre les gens de bataille pour ce que les Turcz sont tous archiers pour la plus grant part: et pourroyent tirer dedans la dite bataille si n'estoit pas la resistance et dobte du traict des archiers et crennequiniers des chrestiens qui seront comme dict et parmy les gens d'armes ou ung pou devant si mestier est: et ainsi que on porra veoir que sera de necessité pour ce que les archiers et crennequiniers chrestiens tirent plus loing: et porroient avoir tiré deux ou trois flesches et traicts au moins dedans la bataille des Turcz avant que les flesches des Turcz puissent venir dedans la bataille des chrestiens. Les trois batailles seront prez l'une de l'autre comme dict est, et laisseront venir les Turcz contre eulx. Et si estoit ainsi, et que ce fust la voulenté et grace de Nostre Seigneur que les Turcz se missent en fuyte par cautelle pour mettre les chrestiens en desroy, samble que les batailles ne se doivent point pourtant desroyer, mais tous ensamble aller avant le pas sans troter et tousiours en ordonnance.

Et si par adventure, les Turcz estoyent prez d'ung destroict qu'il fallit qu'ilz passassent à peyne et en desroy, et quant une grande partie seroyt passée oultre, que on verroit qu'ilz s'enfuyeroient à bon escient, lors l'advant garde les porroit charger et ferir au doz : et que la bataille soit prez pour tousiours soubstenir le fais et secourir l'advant garde, si mestier est.

Et samblablement pourroit faire l'arriere garde de son costé. Et est de necessité que chascun soit adverty que on ne chasse point oultre ledit destroict et que la puissance ne chasse point oultre que on ne sache la convine des Turcz; car en telles choses ilz sont assez cautelleux et subtilz et ozeroit bien le Grant Turc perdre ung nombre de ses gens pour mettre en desroy, pour deffaire et desconfire les chrestiens.

Et samble que qui se conduyra saigement et par bonne ordonnance, que le Turc sera contrainct de combatre les chrestiens à son grant desadvantaige ou de perdre et abandonner la Grece, pour ce qu'il n'y a nulles forteresses que aucunes sur les frontieres lesquelles par où j'ay passé ne sont pas bien fortes. Et les murs de toutes les grosses villes dedans le pays de la dite Grece sont abatus, si ce n'est Constantinoble et le chastel de Dymoticque qui est sur la Maresce près de Ypsala tirant à Henie. Et ainsi fault qu'il garde ledit pays de la Grece par puissance ou qu'il l'abandonne et perde.

Et samble que tous les gens d'armes devroyent porter espées trenchans, ung pou roides de pointe, et courtes lances legieres et les fers trenchans un pou roides sur la façon d'un fer d'espieu pour en ferir, comme on feroit de ces menues lances que on appelle langues de beuf : et quant les batailles iront avant, qu'on soit tousiours en ordonnance, comme pour attendre la bataille d'heure en heure.

Et que on envoye des gens du pays à ce cognoissans, tousiours ung pou devant les batailles affin que par la grant dilligence des Turcz ilz ne puissent surprendre les chrestiens en aucun destroit demy passé ou à passer. Et si n'estoit que le Turc eust perdu quarante ou cinquante mille hommes, par ainsi les princes et les batailles se pourroyent eslargir si bon leur sambloit.

En oultre, Messire Jehan Torzelo ne parle point en son advis du grant rigueur de justice qu'il me samble que les princes chrestiens devront tenir et faire s'il leur plaist, sans laquelle samble que ladite conqueste ne se pourroyt faire ne conduyre.

Et premierement des edits et ordonnances que les princes feront : que nuls de leurs gens ne prennent ne derobent riens l'un à l'autre et ne prennent riens de aultruy sur peynes cappitalles et par especial sur les chrestiens. Car qui le feroit autrement, il seroit en grant dangier que grans inconveniens et dommaiges s'en pourroient ensuyvre comme autresfois ont faict. Et pareillement, par samblables deffences et ordonnances que les marchans, qui meneront les vivres et autres denrées pour fournir la dite armée, soyent gardez et conduitz seurement sans leur prendre ne oster leurs vivres que en payant le pris qui sera ordonné par ceulx qui à ce seront commis par les princes et chiefz. Et avec ce samble il que les princes devroient ordonner et deffendre sur les peynes dessus dictes que nul, de quelque estat qu'il soit, ne fasse noyse ne debatz, par quoy aucune difficulté ou dissension puist estre entre les princes et leurs gens, car c'est une chose moult perilleuse, comme chascun peut sçavoir.

Item, est de necessité de deffendre que nul n'aille en fouraige et sur peyne qui samblera bonne aux princes, depuis que on entrera en la Grece, si ce n'est par l'ordonnance des princes et chiefz jusques à ce que on sera au dessus de la conqueste, car les dangiers y seroient grans, consideré la grant dilligence des Turcz qui font souvent en ung jour autant de chemin ou plus qu'ilz n'ont faict en deux ou trois jours quant ilz ne vont que le pas.

Et pour advertir, il est assez notoire que le Grant Turc tient grant pays et seigneuries et me samble qu'il est le plus obbey de ses subjectz que seigneur que je cognoisse, ne veisse oncques, ne de qui j'aye ouy parler ; car il n'y a nul de ses gens, de quelque estat qu'il soit, qui l'osast desobbeyr ne trespasser son commandement et ordonnances sur leurs vies. Et n'espargne nul quant le cas y eschet : et avec ce sont les Turcz gens de grant dilligence et obbeyssant, comme dict est, et cognoissent et sçavent prendre leur party, quant il leur est besoin et necescité.

Et quant à la conqueste de la Terre Saincte de quoy Messire Jehan Torzelo met en son advis qui se feroit ung mois par apprez, il me samble que la chose n'est pas si legiere à faire, au moins par terre comme le dit Messire Jehan : et ne sçay s'il a faict le chemin par terre. Au regart de la mer, je m'en rapporte à ceulx qui cognoissent mieulx la chose qu'il ne faict.

Au regart des exortacions et amonestemens de bien faire et de faire service à Nostre Seigneur en grant humilité, devotement et de bon cueur et laisser toutes pompes et vaines gloires arriere et ne penser à nul mal, fors seullement à servir Dieu devotement et à l'augmentacion de nostre foy, estre confez et repentant de tous ses pechez et en volenté de non plus y rencheoir, je m'en atens aux confesseurs et prescheurs de le remonstrer aux princes et à chascun chrestien, tant par predicacion que en confession. Nostre Seigneur par sa grace doint que tous qui yront audit voyaige pour faire celle conqueste contre les Turcz soyent de telle volenté.

Sy plaise à mondit seigneur tresredobté prendre en gré cestuy mon advis et advertissement de ce qu'il me samble sur l'advis dudit Messire Jehan, et s'il y a aucune chose qui samble à mondit seigneur qui puist servir ne proffiter, que de sa grace luy plaise estre content de mondit advis que j'ay faict grossierement, selon mon petit sens et entendement, tout le mieulx que j'ay sceu. Dieu par sa grace veuille conduyre le surplus au bien de la chrestienté et à l'honneur de mon tresredobté seigneur, Monseigneur le duc de Bourgoigne.

TABLE ALPHABÉTIQUE

DES

NOMS DE PERSONNES ET DE LIEUX

A

Abdallah (Hayaldoula), 56 n., 59.
Abderrahman ibn Mohammad ibn Mounqid, 52 n.
Abel, fils d'Adam, 34 n.
Abonnel (Jehan), XVI, XVII n., XIX, XXXIII, XXXIV n.
Abou Bekr (Le khalife), 19 n.
Abou Horeïra (Tombeau d'), XLVI.
Abou Obeïdah Amir ibn el-Djerrah, 84 n.
Abou Souleym, 95 n., 99 n.
Aboul Féda, 77 n., 81 n.,
Aboul Hassan Aly ibn Abeil, 25 n.

Aboul Mehassin (Youssouf ibn Taghry Berdi), 21 n., 37 n., 68 n., 84 n.
Aboulistin, LX.
Abraham, 57, 154; — (Tombeau d'), 17 n., 18; — (Caverne d'), 34 n.
Abyssinie (L'), LXXIII, 143.
Abyssins (Les), en Terre Sainte, 12; — en Arabie, 58.
Acchary, château, 123.
Achara, voy. Aq-cheher.
Acre, voy. Saint-Jean d'Acre.
Adana (Adene), LI, LVI, 87 n., 95, 98.
Adana-Souy (Sihan, Sarus), rivière, 98 n.

Aden (Le prince d'), XLI.
Adernas-tchay, rivière, 126 n.
Adjloun, XLVIII.
Adorno (Giovanni), LXVI, LXVII.
Advis (Messire), 196, 197, 222, 225.
Afif el-Eslemy, médecin de Barsbay, XLIII.
Afioun Qara-Hissar (Carassar, Karassar), LIV, 124, 125.
Afrin, rivière, 85 n.
Aga-tchaïry, plaine, 98 n.
Ahmed (Sultan), fils de Sultan Murad, LXIX.
Ahmed Bey Ramazan oglou, LI, 87 n., 95 n.
Ahmed ibn Ovéis Djelair, 37 n.
Aïdin, LXVI. 128 n.
Aïdin bey, LIV.
Aïn-Barada, 69 n.
Aïn-Djalout, 47 n.
Aïn-Karim, village, 11 n.
Aïn el-Hawar, 69 n.
Aïntab (Province d'), LIX, 82 n.; — (Ville d'), L.
Ak-Kupru, pont sur le Qirq-Guetchid, 103 n.
Akhor Qapoussy, port, 152 n.
Akkar (Forteresse d'), XLVIII.
Ala-dagh (Le Taurus), 101 n.
Ala Eddin, fils de Murad II, LXIX, LXXII, 127 n.

Ala Eddin, fils d'Ibrahim Bey, 115 n.
Ala Eddin Key Qobad, LIV, 109 n., 122 n.
Aladjèh Hissar (Corsebech, Krusevacz, Krouchevatz), LXX, 205 n., 211.
Albanais (Les), 224, 268; — (Esclaves), 129.
Albanie (L'), 178, 185, 195, 209, 214, 264, 268.
Albert V, duc d'Autriche, LXXIV, 239, 240, 241, 242, 243, 244, 245, 246, 249, 252.
Albertus de Crispis, 210 n., 211 n.
Alem Châh bey, LXI.
Alep, XXXV, XLV, LI, LII, LV, LX, 2, 37 n., 67 n., 72, 87 n., 134 n.; — (Province d'), L, 82 n.
Alexandrette (Château d'), 88 n.
Alexandrie, en Égypte, XL, 32, 67 n., 143, 148.
Alexandrie, en Italie, 3.
Allatius, 84 n.
Allemagne (L'), 226, 227, 266, 269.
Allemands (Les), 230; — à Belgrade, 216; — à Bude, 234.
Allgäu (L'), 254 n., 255 n.

DES NOMS DE PERSONNES ET DE LIEUX

Altounbogha (L'émir), XXXV, LV.
Aly Bey Evrenos oglou, 178 n.
Aly Bey Qaraman oglou, XXXIX, LV, 106 n., 118 n.
Aly Chir bey, LXI.
Aly el-Hèrèvy, 17 n.
Aly ibn Abeil, 25 n.
Amanicæ pylæ, 93 n.
Amanus (Le mont), LI, 88 n.
Amassia (Province d'), 127 n.
— (Ville d'), LXV, LXIX.
Amédée VIII, duc de Savoie, XV.
Amid, XLII, 21 n., 68 n.
Amiens, XV.
Amourat bay, voy. Murad II.
Amphipolis, 176 n.
André (Saint), 162 n.
Andrenet (Philibert), XX.
Andrinople, XII, LXI, LXIX, LXXI, LXXIII, 134 n., 169, n, 170, 171, 172, 177, 179, 180, 186, 188 n., 199, 200, 210 n., 265, 266, 268.
Andronic le Vieux, 162 n.
Anglais (Les), 230.
Angleterre (L'), XXXIII, 269.
Anne d'Autriche, 242 n.
Anne, fille d'Aimé V, comte de Savoie, 156 n.
Anne, fille de Jean III de Lusignan, 107 n., 108 n.

Anne, fille de Basile, grand-duc de Russie, 155 n.
Anseau de Courcelles, 180 n.
Antelias, XLIX.
Anthalièh (Adalie), LVII, 112 n., 127 n.
Anthoine, marchand de Chypre, 100, voy. Passerot (Anthoine).
Antioche, LI, 76 n., 79, 83 n., 84, 88, 100, 150.
Antonin de Plaisance, 47 n.
Antonius episcopus Sudiensis, 210 n., 211 n.
Apamée, 82 n.
Apolloniæ, voy. Arsouf.
Appendini, 213 n.
Aq-cheher (Athsaray), LIV, 122.
Aq-cheher gueuly, lac, 122 n.
Aq-Deniz (Lac d'Antioche), 85 n.
Aq-gueul, lac, 105 n.
Aq-Kerman (Montcastre), 251 n.
Aq-Palanka, 203 n.
Aq-Qouïounlou (La dynastie des), voy. Mouton Blanc.
Aq-seraï, LIV.
Aqar, bourg, 123 n.
Aqar-sou, rivière, 123 n., 125 n.
Aqsou, village, 130 n.
Arabes (Les), LXXII; — e

Palestine, 15, 1´, 22, 23, 46, 49;—en Syrie, 31, 44, 50 n., 82 n., 85 n.; — en Asie Mineure, 123.
Araclie (Eregly), LV, 104, 105 n.
Aragon (Le roi d'), XLV.
Aragouse, 213, voy. Raguse.
Aranda (Antonio de), 40 n.
Arbad, LIII.
Archeteclin, 45.
Arcizas (Raymond Arnaud d'), XIII n.
Arculf, 47 n.
Arda, rivière, 171 n.
Arethusa, ville, voy. Restan.
Ariosto (F. Alessandro), 21 n.
Arménie (L'), 82, 83, 98, 100, 101, 104, 120 n.
Arménie (La Petite-), LIII, 32 n., 95 n.
Arméniens (Ermins, Hermenins), 12, 90, 93, 94 n., 100 n., 103.
Armenier (Pierre), XXIV.
Arqah (Ville fortifiée d'), XLVIII.
Arras, 235.
Arschot (Le duc d'), LXXVII.
Arsouf, 25 n., 27 n.
Arta (Le despote d'), 155 n., 195 n.

Artois (Philippe d'), comte d'Eu, 164 n.
Ascalon, XLVI.
Asie Mineure, LI, LIX, 86 n., 116 n., 117 n., 120 n.
Aspre, monnaie, 193.
Assa-tchechmessy, source, 137 n.
Ast (Asti), 3.
At Meydan (Hippodrome), à Constantinople, 158 n.
Athos (Mont), 176 n.
Athsaray, voy. Aq-cheher.
Athyra, 168.
Atlit, 27 n.
Attar (Philippe), 100 n.
Audenarde, XXVII.
Auffbourg, village, 256 n.
Autriche (L'), 244 n., 248-253.
Autriche (Duc d'), voy. Albert V, Frédéric et Othon.
Autriche (Les margraves d'), 250 n.
Autun, 258 n., 260 n.
Auxonne, 260.
Avares (Les), 153.
Avers (Le comte d'), 5.
Avis directif (L'), 29 n., 43., voy. Brochard.
Avrestorf (Robert d'), Reinprecht d'Ebersdorf, 246.
Awzy Pacha, vizir de Murad II, 127 n.

Ayas (Golfe et ville d'), LI, 88, 90, 92, 94.
Ayazma (Fontaine d'), 163 n.
Aycardus, 161 n.

Ayne (Énos), 173, 174, voy. Énos.
Azerbaïdjan (L'), 119 n.
Azizi, 81 n.

B

Baalbek, XLVIII, 31 n., 63, 69, 71, 72, 73.
Bab oul-Moulk (Alep), LI.
Baffo (Baffe, Paphus), 9.
Bagdad, LI.
Bajazet Ier, LIV, LXI, 37 n., 110 n., 127 n., 133 n., 137 n., 152 n., 165 n., 205 n.
Bajazet II, 169 n.
Bâle (Concile de), LXIV, 210, 211 n., 245 n., 257, 258 n., 259 n.
Balkans (Les), XII.
Balta oglou, 173 n.
Banduri, 154 n., 157 n.
Banias, XLVIII, 51 n., 52 n., 53 n.
Banias (Lac de), 52 n.
Bar (Bataille de), 245.
Bar (Rénier, duc de), 245 n.
Barada (Le), rivière, 69 n.
Barbançon (Yolande de), 13 n.
Barbaro, 100 n.

Barberigo (Paul), 41.
Barnabo (Messire), LXXII, 129.
Barqouq (Sultan —, Kan Berkoc), XXXIV, LIII, LXXII n., 20 n., 36, 37 n., 52 n., 67 n.
Barrois (J.), VII n.
Barsbay (Sultan), XXXIV, XXXV, XXXVI, XL — XLIV, XLV n., LVIII, 21 n., 30 n., 67 n., 68.
Baruth, voy. Beyrouth.
Basile le Macédonien, 162 n.
Basile (Saint), 120 n.
Basile, grand-duc de Russie, 155 n.
Baudoin (Le roi), 17 n., 28 n., 94 n., 99 n.
Baudoin IV, 73 n.
Bauffremont (Pierre de), seigneur de Charny, XXIV.
Bavière (La), 245, 253, 254.
— (Guillaume et Ernest de),

245 n., 254, 257 n.; — (Henry de), 253; — (Louis — de), 254, 256 n.
Bayezid Ildirim (Sultan). 37 n., voy. Bajazet Iᵉʳ.
Bayezid Pacha, LVI, LXV, LXVI.
Béarn (Gaston, vicomte de), XIV.
Béarn (Bernard, bâtard de), XXV.
Beaucourt (Le marquis du Fresne de), X, XIX n.
Beaufort, château, 53 n.
Beaune, 27.
Becharah (Pays de), 31 n.
Becskerek, ville, 212 n. — (Nagy-), 231 n.
Bedford (Le duc de), XV.
Bédouins de Syrie, 50 n.
Bega (La), rivière, 232 n.
Behaigne (La), la Bohême, 241, 242, 244, 249, 252, 266.
Behesna, XXXV.
Behnessa, LII.
Beïlan, 87 n.
Beïssan, XLVIII.
Beit-Djala, village, 17 n.
Beit-Djibrin (Yebna, Ibelin), château, 24 n.
Bektik (Lac de), 105 n.
Belfort (Château de), en Syrie, 53 n.

Belgrade, XI, XII, LXX, 211, 212, 213, 215, 231, 236, 250, 264, 268.
Belin (A.), 141 n.
Bellegarde (Bioligorod, Montcastre), 251 n.
Bellizer de Rusdorf (Paul), 236 n.
Belon (Pierre), 75 n., 84 n., 88 n., 95 n., 97 n., 110 n., 122 n., 130 n., 139 n., 140 n., 169 n., 171 n., 180 n.
Beloro (Giovanni de), 26 n.
Bénédictins (Les), à Melk, 250 n.
Beqa'a (Plaine de la), LXVIII, 31 n., 73 n.
Berchet (S.), 67 n., 77 n.
Berekeh ibn Idjlan, XLI.
Berekety, 175 n.
Berkoc (Kan), voy. Barqouq (Sultan).
Bernieulles (Catherine de), XIII n., XXII, XXXIII ; — (Maison de —), XXIII n
Berry (Le duc de), LXXIII, 143.
Besançon, 260.
Béthanie, 11 n.
Bethleem, 11.
Beuxquerel (Nagy-Becskerek), 231.
Bey-cheher, LIV.

DES NOMS DE PERSONNES ET DE LIEUX

Beylerbey de Filibèh (Le), 202 n.
Beylerbey de Roumélie (Le Seigneur de la Grèce), 171, 180, 183 n., 188, 194, 198, voy. Sinan Bey.
Beyrouth (Baruth), XXXVI, XLVIII, XLIX, LIII, 26, 27, 29, 30, 32, 38, 39.
Bezestein (Le), à Brousse, 134 n.
Bianchi (M.), *Guide des pèlerins à la Mekke*, 89 n., 93 n., 101 n., 110 n.
Bibars (Le sultan Melik Eddahir), 10 n., 18 n., 24 n., 25 n., 27 n., 47 n., 53 n., 84 n.
Bichbek (L'émir), LV.
Bigarne (Ch.), 260 n.
Bilad Baalbek, 31 n.
Bilal El-Habechy, XLVIII, 34 n.
Bilbéïs, LIII.
Biqaa (Plaine de la), voy. Beqa'a.
Bira, voy. Vira.
Birèh, L.
Blachernes (Palais des), LXXVII, 151, 157.
Blachernes (Église des), 163.
Blyterswick (Henry de), XXV, XXVI.
Bocassin (étoffe), XLVII.

Bœnem (Jehan de), XXV.
Bohairat Abiad (Lac d'Antioche), 85 n.
Bohême (La), voy. Behaigne.
Boheyreh el-Oteïbèh, 69 n.
Boleslas de Teschen (Duc), 238 n.
Bologne, 3.
Borromeo (Alexandre), 161 n.
Bossene (Le royaume de), la Bosnie, 189, 191, 195, 200, 205, 208, 214.
Boué (Ami), 168 n., 179 n., 207 n.
Bouillaud (Ismael), 164 n.
Bouillon (Godefroy de), 119, 138, 152.
Boukhary (Émir Seyyd), LXVII, LXVIII.
Boulghar-daghy (Le Taurus), 101 n.
Bourbon (Charlotte de), 107 n.
Bourchaze (Burghausen), ville, 253.
Bourdj Ennaqoura, Bourdj el-Ghaffar, 44 n.
Bourgas, ville, 170 n.
Bourgogne (La), 259, 260.
Bourgogne (Duc de), voy. Philippe et Jean.
Bourquelot (F.), 158 n.
Boursba (Le Sultan), voy. Barsbay.
Bourse (Brousse), LVI, LXI,

LXV, LXVI, LXIX, LXXVII, 59, 61, 129, 130, 131, 132, 133, 134, 135, 136, 137.
Bousiès (Colle de), dame d'Aubigny, XXXIII n.
Bouzouk (Province de), 118 n.
Brancovitch (Georges), le despote de Servie ou Rascie, LXX, LXXI, 142 n., 185, 194, 204, 205 n., 206, 209, 210 n., 212 n., 213 n., 214, 215 n., 216, 231 n., 232 n.
Brancovitch (Enfants de Georges), LXXI, 210 n.
Brancovitch (Étienne), LXXI.
Brandebourg (Sigismond, margrave de), 240 n.
Braunau (Preune), ville, 253 n.
Bray-sur-Somme, 237.
Bremieu (Le sire de), XXI.
Breydenbach (Bernard de), 19 n.
Brezé (Pierre de), XXIV.
Brochard (Fr.), VI, LXXVI, LXXVII, 17 n., 18 n., 29 n., 43 n., 45 n., 46 n., 47 n., 50 n., 51 n., 52 n. 153 n.
Brousse, voy. Bourse.
Brown (Edw.), 247 n.
Bruck, sur la Leitha, 248.
Bruges, XXVI, XXIX, XXXIII, 150.
Bruun (M.), XI.
Bucoléon (Port et palais de), 152 n., 157 n.
Bude (Boude), 231, 233, 234, 237, 239, 246, 250.
Buffart (Humbert de), 14.
Bulgarie (La), Voulgairie, 118 n., 180, 185, 195, 197, 201, 202 n., 205, 214, 231, 250.
Bulgares (Les), 200, 201, 202, 203, 208, 216, 224
Bulken Pacha, 202 n.
Buondelmonti, LXXVII, 158 n., 160 n.
Burckhardt (J.-L.), 31 n., 51 n., 52 n., 53 n., 81 n.
Burghausen (Bourchaze), ville, 253 n.
Buria (Dabouriëh), village, 46 n.
Buyuk Tchekmèdjèh, 168 n.,

C

Caffa, en Crimée, 68.
Caïn (Maison de), près de Damas, 34, 69.
Caire (Le), XXXVI, XXXVII, XXXVIII, XL, XLII, LII, LIII, LVI, LIX, LX, 37 n., 38, 54, 58, 66, 67 n., 87 n., 143.
Caliphe (Le grant), 181.
Camussat bayscha, voy. Hamzah Pacha.
Can (Le Grant), 143.
Cana, en Galilée, 45 n.
Candide (Le patrice), 163 n.
Candie (Ile de), LXII, 8.
Cantacusin (Spandouyn), 187 n., 193 n.
Cantacuzène, 156 n; — (Hélène), LXXI; — (Irène), LXXI; — (Mathieu), 210 n.; — (Thomas), LXXI.
Canuzabegh, voy. Hamza Pacha.
Capidji bachi (Le), 187 n.
Capinat, étoffe, 77, 102, 217.
Capesale (Ipsala), 173 n.
Caraman (Legrand), voy. Karman.
Caramanie (La), LI, LV, LVI, LVII, 93 n., 114 n., voy. Karman (Pays de).
Caramanie (Les princes de la), LVIII, LXV, 87 n., voy., Karman (Le).
Carassar, voy. Afioun Qara-Hissar.
Carbognano (Comidas de), 141 n.
Carmer (Bernard), 150.
Časlaw (Diète de), 242 n.
Casseme, voy. Qassimièh.
Castellum Peregrinorum, voy. Atlit.
Castrico (Castrisio), 106.
Castriot (Jean), 178 n.
Castro (Marguerite de), 13 n.
Catalans (Les), en Syrie, XXXVI, 55, 66, 265; — à Constantinople, 150, 166; — à Andrinople, 171.
Catharbe, voy. Qariet-Arbaa.
Catherine, fille d'Azan Zacharia Centurione, 155 n.
Caumont (Nompar de), V.
Caumussin (Koumoultchina), 174, 175 n., 178.
Cavala, 175 n.

Cavalier (Port), Porto Cavaliere, 116 n, 117 n.
Cefalù, en Sicile, 211 n.
Cenis (Le mont), 2.
Centurione (Azan Zacharia), 155 n.
Céphalonie, 195 n.
Cerkaisis (Circassiens), XLIV, 70, 153.
Césarée d'Anatolie, ou de Cappadoce, capitale de la province de Bouzouk, XLVI, LII, LIV, LV, LVI, 97 n., 118 n., 120 n.
Césarée de Palestine, 27 n.
Cesarini (Julien), 257 n.
Ceynann bay, 206, 207, 208, voy. Sinan Bey.
Chaalza, 21 n.
Chabdjilar (Chapdjiler), village, 174 n., 178 n.
Châh Melik (L'émir), 35 n.
Châhroukh (Mirza), fils de Timour, 119 n.
Chalon, comte d'Auxerre (Louis de), 13 n.
Chalon-sur-Saône, 258, 259 n.
Chambéry, 2, 108 n.
Chambourch (Le comte de), 253, voy. Schaumburg.
Chanc (Le), 245, voy. Limbourg.
Chanery (Le grant), 259.
Chapdjiler, voy. Chabdjilar.

Charles III, roi de Navarre, XV.
Charles VII, roi de France, X, XV, XIX, XXI, XXIV, XLV.
Chasteau-Neuf (Capitainerie de), XVIII.
Chat (Mont du), 2.
Chaubek (Château-fort de), XLVI.
Chauffouze, 256, voy. Schaffhouse.
Chehrkeuy (Pirot), 203 n.
Cheikh oul islam (Le), 181 n.
Cheïzer, ville et pont, 81 n.
Cheker-bouniar, rivière, 103 n.
Chems Eddin Fenary, cheikh oul islam, 181 n.
Chems Eddin Mohammed (Le cheikh), de Boukhara, 137 n.
Cheqif (Château de), 31 n.
Cheqif Arnoun, XLVIII, 53 n.
Cheref Eddin Aly Yezdy, 53 n.
Chevrot (Jean), évêque de Tournay, XXI.
Chien (Le fleuve du), XXXVII, XLVIII, XLIX.
Chifalonie (Le duc de), 195.
Chine (La), XLV, 143.
Chinemachin, 143, 144, 145.
Chinon, XXIV.
Chio, LXII, 142 n., 160 n.

Chioggia (Cioge), 6 n.
Choueïfat, 44 n.
Choughr (Pont de), 83 n.
Christodule (L'architecte), 162 n.
Churc, Churco (Château de), 100 n.
Chourleu, Chourlot (Tchourlou), 169.
Chypre, X, XXXVI-XXXIX, XLIV, XLIX, LVII, LVIII, LIX, 8, 9, 100, 106, 107, 108 n., 109, 112, 113, 116, 117, 148.
Ciba (Nicolas), 202.
Cilicie (La), LI, LVI, LX, 95 n., 99 n., 100 n., 116 n. 117 n.
Cillei (Ulric II, comte de), le comte de Seil, 210 n., 240 n.
Cioge, voy. Chioggia.
Circassiens (Les), voy. Cerkaisis.
Clays Davion, marchand d'Arras, 235, 239.
Clément (M. Pierre), X, XII n., XLV n.
Cleves (Jehan de), XXXI n.
Cœur (Jacques), XLV n., LXXII, 32.
Cogne, voy. Qoniah.
Colart Mansion, X n.
Coloman, roi de Hongrie, 160 n.

Coloman (Saint), 250 n.
Colonna (Antonio), 5 n.
Comarch (Droit de douane), 182.
Comines (Jehan de), XXIII.
Commerce, en Égypte, XLIV, XLV; — en Syrie, LXXII.
Comminges (Pays de), XIII, XIV n.
Comnène (Jean), LXX, LXXI, 160 n.
Comnène (Manuel), 157 n., 160 n.
Comnène (Marie), LXXIII, 155 n.
Condolmieri (Gabriel), voy. Eugène IV.
Constance (Lac et ville de), 255, 256 n.
Constantin, 161, 162 n.
Constantin Dragasès, LXIV, 155 n.
Constantinople, V, XII, LXII-LXIV, LXVII, LXXIII, LXXVII, LXXVIII, 41 n., 116 n., 134 n., 135, 137, 139, 141 n., 150-167, 266, 272.
Contarini (Paolo), 504 n.
Contay (Le seigneur de), XXXI n.
Conti (Nicolao), IX n.
Coran (Le), LXXIV, LXXV, 58, 182 n., 261.

Coran du calife Omar, 75 n.
Corancez, 85 n.
Corax (Theologos), LXV.
Corbeau (Château du), XLVI.
Corbie, XXII n.
Corc, Corco, Corycus (Château de), 100 n., 116.
Cordeliers, en Terre Sainte, 11, 12, 25, 26, 27; — à Beyrouth, 40; — à Szegedin, 233.
Corfou, 8, 155 n.
Corinthe (Isthme de), LXII.
Corneille, bâtard de Bourgogne, XXVII.
Cornelio (Flaminio), 8 n.
Cornille (Martin), XXII n.
Corsebech (Krouchevatz), 205, 211.
Corvin (Ladislas), 240 n.
— (Mathias), 248 n.
Cotthay, Cotyaeum, voy. Kutahièh.
Coucy (Le sire de), XXI.

Coulonbach, voy. Golubatch.
Coulony, 178.
Courcelles (Anseau de), 180 n.
Courriers (Service des), entre l'Égypte et la Syrie, LII.
Courtépée, 260 n.
Coutances (Le héraut), XIX.
Cratonye (La), 266.
Créqui (Jean, seigneur de), XXXIII n.
Crète (Ile de), 211 n.
Crac (Château de), XLVIII.
Crimée (La), XXXIV, 68 n. voy. Caffa.
Crispis (Albertus de), 210 n., 211 n.
Croia, en Albanie, 178 n.
Cydnus (Le), 98 n., 99 n.
Cublech (Château de), 102.
Cuhongne, voy. Qoniah.
Cusset (Pierre), 258 n., 259 n.
Cybistra (Eregly), 105 n.
Cypsela (Ipsala), 173 n.
Cyriaque d'Ancône, 128 n.

D

Dabourièh (Daberoth, Dabira, Buria), village, 46 n.
Damas, XXXV, XLII, XLV, XLVII, XLVIII, LII, LXXII, LXXVII, 31, 32-38, 53 n., 54, 55, 58, 59, 60, 61, 64, 66, 67, 68, 69, 135, 261.

DES NOMS DE PERSONNES ET DE LIEUX 287

Damascène (Le champ), 18 n.
Damiette, LIII, LVIII, LIX.
Damour (Tamyras), rivière, XXXVI, XLIX, 42 n.
Dan II Bassarab, 190 n.
Dandulus (Andreas), 161 n.
Danube (Dunoe), 182, 197 n., 198, 207, 212, 215, 225, 231, 234, 235, 247, 248, 250, 251, 252, 253 n., 258 n., 264, 266.
Daoud El-Djerkessy (L'émir), gouverneur de Damas, 42 n.
Daoud Pacha, 179 n.
Davion (Clays), marchand d'Arras, 235, 239.
Debreczen, LXX, 212 n.
Demir-Qapy (Passage de), 93 n.
Déodat, évêque de Beyrouth, 40 n.
Depping (J.-B)., X.
Dercos, LXII.
Derkouch, ville, 76 n.
Despot-daghy, montagne, 171 n.
Diarbèkir (Province de), XLII.
Dijon, XIII, 258 n., 260.
Dimotica (Dimodicque), 171 n., 172, 173, 180, 210 n. 272.
Disem bay, 208.
Disenburg (Melk), 250 n.

Divlèh, village, 105 n.
Djany bek el-Hamzaouy (L'émir), 21 n.
Djany bek es-Soufy (L'émir), XXXV.
Djaoulan (Montagne du), 48 n.
Djaqmaq (L'émir), LV.
Djaqmaq Argounchâhy (L'émir), XXXV.
Djebel Ech-Cheikh, 54 n.
Djebel Etthour, 47 n.
Djebel-Moussa, 87 n.
Djebelèh (Ville de), XLVIII.
Djedda, XLV, 58 n.
Djekirguèh (Mausolée de), à Brousse, 133 n.
Djelal Eddin Roumy (Hazret Mevlana), 110 n.
Djenin, LIII.
Djendèrèly (Famille des), 188 n.
Djerbach el-Kerimy (L'émir), XXXVI.
Djerbach Qachouq (L'émir), XXXVII.
Djermian (Tribu turcomane des), 120 n.
Djeviz-soudjoughy, 126 n.
Djihan (Le), le Jehon, rivière, 36 n., 93 n., 94.
Djihan Numa, 75 n., 82 n., 93 n., 95 n., 102 n., 110 n., 123 n., 126 n., 130 n., 132 n.

Djisr Benat Yaqoub, 52 n.
Djisr el-Kouwèh, 31 n.
Djisr el-Mouameleteïn, XLIX.
Djoubbet oul-Assal (Canton de), 65 n.
Djouneïd bey, LXVI, 127 n., 128 n.
Djouny (Tour de) près de Beyrout, XLIX.
Dniestr (Le), 251 n.
Dôle, 13 n., 14 n.
Dolfin (Ser Giovanni), 67 n.
Doqmaq (L'émir), XXXIV.
Dora, en Palestine, 27 n.
Doria (Raphaël), LXII.
Doriscus (Plaine de), 171 n.
Dotis (Thyate), en Hongrie, 247 n.

Douhéhi mechaikhi kibar, 181 n.
Douraq (Le), rivière, 130 n.
Doutly-tchay (Le), rivière, 172 n.
Dragasès (Constantin), LXIV, 155 n.
Drizipera, 170 n.
Drya (Macry), 174 n.
Du Cange, LXXVIII, 141 n., 145 n., 154 n., 155 n., 157 n., 158 n., 163 n., 164 n., 190 n., 210 n., 259 n.
Ducas, 190 n.
Dulek (Défilé de), 101 n.
Dunoe (La), voy. Danube.
Dycœa (Koumoultchina), 175 n.
Dymae (Vira), 179 n.

E

Ebelsberg (Evresperch), ville, 252.
Eber-gueul (Lac d'), 123 n.
Ebersdorf (Reinprecht d'), 246 n.
Eccardsberg (Château d'), 242 n.
Édesse, voy. Roha.
Edrisy, 41 n.
Efferding (Erfort), ville, 253 n.

Égypte (L'), VI, XXXIV, XXXV, LII, LIII.
El-Arich, XLV, LIII.
Elbistan, ville, 94 n.
Elboc, voy. Ilbogha.
Elusa, 21 n.
Émir-daghy, montagne, 123 n.
Émir Sultan, 137 n.
Enis oul Moussamirin, 170 n.

Enns (Oens), ville et rivière, 252.
Enos (Ayne), ville, 171 n, 173 n., 174 n.
Éphèse, 160 n.
Epiphania, voy. Hamah.
Eregly, voy. Aralie.
Erfort (Efferding), ville, 253.
Eric, fils de Wradislas, duc de Poméranie, 15 n.
Ermenak, LIV.
Ermins, voy. Arméniens.
Erzingan, XLII.
Esclaves (Commerce des), 68 n., 199.
Esclavonie (L'), 8, 195, 205, 208, 214, 268.
Esclavons (Les), 224, 268.
Esclavonne, voy. Ascalon.
Escouchy (Mathieu d'), XXIV, XXXII n.
Esdrelon (Plaine d'), XLVII, 48 n.
Eski-Baba, 170 n.
Eski-Cheher, 126 n.
Eski Djami, mosquée à Adana, 95 n.
Espagnol (Esclave), à Brousse, 137.
Espignolins (Famille des), 131.
Espolite (Spolète), 4.
Essers (Château d'), 104.
Estalache (Château d'), 206, 207.
Estran (Stein), ville, 256.
Étampes (Le comte d'), XX.
Éthiopie (L'), 143, 144, 145.
Eu (Le comte d'), XXI.
Eugène IV, pape, 3 n., 5, 257, 258 n.
Euphrate (L'), 36 n.
Evliya Efendi, 132 n., 133 n., 134 n.
Evrenos Bey, 175 n., 179 n.
Evresperch (Ebelsberg), ville, 252.
Eyyoubite (Dynastie), L.

F

Faber (Félix), 19 n.
Fakhr Eddin el-Adjemy, Cheikh oul islam, 181 n.
Fakhr Eddin Maan (L'émir), 41 n.
Fakhr Eddin Osman (Faucardin), L, 44 n., 52.
Falciana (Walsee), 251 n.
Famagouste, XXXVII, 109 n. 117.

Famia (Apamée), 82 n.
Faradj (Melik en-Nassir), fils de Sultan Barqouq, XXXIV, 20 n., 67 n.
Farsacz (District de), 116.
Fatémites (Les khalifes), I.II.
Faucardin, voy. Fakhr Eddin Osman.
Fejer, 213 n.
Feredjik, 173 n., 178 n., 179 n., 180 n.
Ferette (Comté de), 259.
Ferrare, LXIV.
Filibèh, voy. Philippopoli.
Filistin (Gouvernement de), en Syrie, XLV, XLVI.
Fillastre, évêque de Tournay, XXVII, XXX n.
Finlay (George), 155 n.
Firouz bey, gouverneur d'Anthalia, 127 n., 190 n.
Flaminius (Cornelius), 211 n.
Florence, LXIV, 3, 154 n., 257 n., 263.
Florentins, en Orient, 131, 137, 171.
Foecstel (Le sieur de), LXXVII.

Foix (Jean, comte de), XV.
Forli (Benedetto Folco da), ambassadeur du duc de Milan (Benedic de Fourlino), 142, 167, 171. 177, 186, 190, 191, 193-199, 237, 239, 248.
Foscari (François), 7 n.
Foulques (Le roi), 24 n.
Fourlino (Benedic de), voy. Forli (Benedetto Folco da).
Fraignot (Jehan), XV n.
Franc (Aubert), marchand, 44.
Francs (Les), à Constantinople, 152 n., 153 n.; — en Syrie, XLIX.
Français (Les marchands), en en Syrie, 32, 230 ; — à Pest, 235, 237.
Frédéric, duc d'Autriche, 240, 243 n., 244 n., 254 n., 256, 259.
Frédéric Barberousse, 110 n.
Fregose (Le général), 109 n.
Frescobaldi, 65 n., 66 n.
Fürer von Haimendorf, 51 n.

G

Galan, Galonitis, voy. Djaoulan.
Galata, LXIII, LXXIII, 141 n., 164 n.
Galbien (Le patrice), 163 n.
Galli (Nicolas), LXXIV.
Gallipoly, LXV, LXVI, LXVII, LXVIII, 137, 138, 150, 169, 173 n., 182, 266.
Gand, XXVI, XXVII, XXVIII, XXIX, XXXI, 2.
Gara (Ladislas de), 238 n.
Gara (Nicolas II de), LXXIV, 237 n.
Garbow (Zavisza Czarny de), 197 n., voy. Advis (Messire).
Gatta (Le cap), XXXVI
Gattilusio (Famille des), LXII, 173 n., 174 n.
Gattilusio (Darino), LXII.
— (Francesco), LXII.
Gavre (Bataille de), XXVII.
— (Siège de), XXIX.
Gaza (Gazere, Ghazza), XLVI, LIII, 2, 15, 16, 19, 20, 21, 23, 24.
Gazerie (Le pays de), 118.

Genève (Le comte de), 108 n.
Gennadius (Le patriarche), 162 n.
Génois (Les), en Orient, XII, LXII, LXIII, LXVI, LXXII, 30, 32, 55, 66, 68 n., 100 n., 109 n., 129, 131, 135, 137, 140, 141, 148, 149, 150, 171, 198, 202, 225, 251 n.
Gentile Imperiale, 68.
Georges (Saint), 34, 135.
Géorgiens (Les), 12 n.
Germain (Jean), LXXIV, LXXV, 258, 261.
Germigny (M. de), 141 n.
Gesvres (Seine-et-Marne), 129 n.
Ghazy Suleyman Pacha, 170 n., 173 n.
Ghazza, voy. Gaza.
Ghias Eddin Key Khosrau, 122 n.
Ghouta (Gouvernement de la) XLV, XLVII.
Gien, XVII.
Gison, seigneur de Melk, 250 n.
Giustiniani (Marco), 8 n.

Golubatch (Columbach, Coulonbach), LXVIII, 196 n., 197 n., 212 n., 213, 215, 222.
Gorighos (Château de), 100 n.
Gothlans (Les), 153.
Gotteni (Les), 153 n.
Gouda (Ville de), XXIII.
Gouglaq (Château de), 102 n.
Grantville (Grandvillars), 259.
Gray, 14 n.
Grèce (La), 182, 183, 184, 185, 199, 225, 230, 231, 259, 264, 265, 266, 268, 272, 273.
Grecs (Les), LXXIII, 84 n., 104, 111, 125, 135, 139, 140, 141, 148, 149, 152, 156 n., 165, 168, 169, 174, 176, 180, 202 n., 211 n., 216, 219, 224.
Grelot (G.-J.), 154 n.
Gripperie, bâteau, 55 n., 207,
Guarco (Antonio), 109 n.
Guarmani (Carlo), 26 n.
Guemlik (Plaine de), 138 n.
Guérin (V.), 34 n., 44 n., 45 n., 53 n.

Guermian (Province de), 115 n., 120 n.
Guermian (Dynastie des), LXI, 126 n.
Guermian bey, LIV, LXI.
Gueuk- derèh (Plaine de), 137 n.
Guichenon, 108 n., 156 n.
Guide des pèlerins de la Mekke, voy. Bianchi (M.).
Guilbaut ou Guillebaut (Guy), XVI n.
Guillaume, duc de Saxe, 242 n.
Guillaume de Castellamare, franciscain, 19 n.
Guillaume de Tyr, 46 n., 53 n., 87 n., 158 n.
Gumuchly Gounbed (Mausolée de), à Brousse, 132 n., 133 n.
Guverdjinlik (Peristeria), 174 n., 178 n.
Guverdjinlik (Golubatch), 196 n.
Guyenne (Duché de), XIII.
Gylles (Pierre), 141 n., 157 n., 158 n., 159 n., 160 n.,
Györ (Iavir, Raab), en Hongrie, 247 n.

H

Habil, fils de Qaia Yulek, XLII.
Habsbourg (Albert de), 257 n.
Hadji Ilbeguy, 172 n.
Hadji Khalfa, 82 n., 95 n., 102 n., 123 n., 126 n., 130 n., 132 n., 137 n., 167 n., 168 n., 169 n., 170 n., 172 n., 175 n., 179 n., 180 n., 200 n., 202 n., 203 n., 205 n.
Hafça, Havça, 170 n.
Hainaut (Le sénéchal de), V.
Hakluyt, IX.
Hall, en Souabe, 245 n.
Hamah (Hamant), XLV, L. 67 n., 76, 77, 78 n., 81 n., 83 n.
Hamid, LIV.
Hammer (J. de), 132 n., 194 n.
Hamos (Hims, Homs), XLVIII, 71, 74, 75, 76 n.
Hamzah Bey, LXV, LXVIII, 98 n.
Hamzah Pacha (Camussat bayscha), 127 n., 128 n., 136.

Haroun Errachid, 98 n.
Hassan (Sultan), fils de Murad II, LXIX.
Hassan Pacha Palanqa, 209 n.
Hattin (Bataille) de, 10 n., 19 n., 24 n., 28 n., 29 n., 45 n., 47 n.
Haulbourdin (Jean, bâtard de Saint-Pol, seigneur de), XXIV, XXV, XXX n.
Hauran (Gouvernement du), XLV.
Hayaldoula, 56, 59.
Hebron, 17.
Hedjaz (Le), XXXIV.
Heidjanèh (Lac), 54 n.
Hélène (Sainte), 7, 161.
—, fille de Constantin Dragasès, 155 n.
Hémione, âne sauvage, 86 n.
Henie, ville, 272.
Hermanstadt, 208 n.
Hermel, village, 76 n.
Hergott, 242 n.
Hexamilos (L'), LXII.
Heyd (W.), X.
Hims, voy. Hamos.
Hisn-Djelil (Forteresse de), XLVIII.

Hisn-el-Ekrad (Château de), XLVIII.
Hisn-el-Fédawièh (Château de), L.
Hisn-Mançour (Province de), LX, 82 n.
Hohenberg (Magdeleine, duchesse de), 245 n.
Hohenklingen (Les barons de), 256 n.
Hohenlohe-Speckfeld (Élisabeth de), 245 n.
Homs, voy. Hamos.
Hongrie (La), II, LXIX, LXXIII, 129, 196, 197 n., 202, 206, 215, 216, 231-239, 242, 247, 248, 249, 250, 257 n., 264, 266.
Hongrois (Les), 225, 238, 249, 252 n.
Hothe Bon, 30.
Houlèh (Lac de), 52 n.
Houltz (Les), les Hussites, 241, 242, 249, 257 n.
Hounin (Château de), XLVIII.
Hourch Essanouber, bois de pins près de Beyrouth, 41 n.
Housban, ville, XLVIII.
Hoyarbarach (Khodja Baraq), LXXII, 59, 63, 69, 80, 100, 123, 127, 128, 130.
Humières (Le seigneur d'), LXXIV.
Hunyade (Jean), LXIV, 208 n., 215 n.
Husn-Mançour, voy. Hisn-Mançour.
Husseïn, fils d'Aly (Tombeau de), XLVIII.
Hussites (Les), 257, n. voy. Houltz.
Hyperpère (perpre), monnaie d'or byzantine, 145 n.
Hypomène, 155 n.

I

Ianina, 195 n.
Iastrebatz (Le mont), 205 n.
Iavir (Iaurinum, Raab), en Hongrie, 247.
Iazenitcha (La), rivière, 209 n.
Ibelin (Château-), 24 n.
Ibn Abi Daoud, 89 n.
Ibn Batouta, 34 n., 35 n., 73 n., 110 n., 120 n.
Ibn Bouthlan, 84 n.
Ibn Cheddad, 52 n.
Ibn Zeyyat, 99 n.

DES NOMS DE PERSONNES ET DE LIEUX

Ibrahim Bey, X, LI, LVI, LVII, LXXII, 98 n., 100 n., 105 n., 107 n., 112, 113 n., 115 n., 118 n., 119, 120, 123; voy. Karman, voy. Ramedang.

Ibrahim, fils d'Edhem (Tomde), LXVIII,

Ibrahim (Sultan), fils de Mélik el-Mouayyed, LV.

Iconium, voy. Qoniah.

Ilbogha (L'émir), XLIX, LX, 29 n., 37 n.

Ilghoun, village, 122 n.

Ilghoun-souy, rivière, 123 n.

Ilidja, 179 n.

Imad Eddin fils de Zenguy, 73 n.

Imbros (Ile d'), LXII, LXIII, 173 n., 174 n.

Inal (Les Turcomans), XXXV.

Inal ed-Dahiry, XXXV,

Inal el-Djekemy, XXXVIII, XL, XLII,

Inal Thaz (L'émir), XXXIX.

Indjèh-Taraqtchy, 165 n.

Inn (L'), la Sceine, la Ting, rivière, 253, 254.

Ipsala (Ypsala), 173, 272.

Irak (L'), 23 n.

Irène (L'impératrice), 160 n. 197 n.

Isabelle, fille de Jean Ier, de Portugal, 13 n.

Isfendiar Bey, 190 n.

Ishaq Bey, LVII, LXX, 113 n., 114 n., 178 n., 208 n., 210 n.

Iskender (Château d'), 88 n.

Iskenderoun, 89 n., voy. Alexandrette.

Isker (L'), rivière, 202 n.

Ismailiens (Les), en Syrie, L, 52 n.

Issa Bey, frère d'Ibrahim Bey, LVII, 118 n.

Itch-Ily (Province d'), 113 n., 116 n.

Ivris (Château d'), 104 n.

Ivris-daghy, 105 n.

Izmid, voy. Nicomédie.

Iznik-gueuly (Lac de Nicée), 138 n.

Izvor (Ysmoure), 203 n.

J

Jacob (Puits de), 51.
— (Pont des Filles de), 52 n.
Jacobites, en Terre Sainte, 12.
Jacques, sénéchal de Chypre, 107 n.
Jaffa, XLV, 9, 10, 15 n., 25 n., 27, 33.
Jagra (Rivière de), 85 n.
Jangibatzar, 176, 178.
Jannissaires (Les), 187 n., 268.
Janus, roi de Chypre, XXXVII-XXXIX, XL, XLI.
Jarre, voy. Zara.
Jean, bâtard de Saint-Pol, XXIV, XXV.
Jean, comte de Foix, XV.
Jean II, roi de Chypre, LVII, LVIII, LIX, 107 n.
Jean III de Lusignan, 107 n.
Jean de Naples, franciscain, 19 n.
Jean Ier Paléologue, LXII, voy. Paléologue.
Jeanne d'Arc, LXXIII, 165.
Jehan (Le duc), 222.

Jehon (Le), rivière, voy. Djihan (Le).
Jenguy-bazar, 176 n.
Jennevois (Les), voy. Génois.
Jericho, XLV.
Jerusalem, V, LXXVII, 2, 11, 12, 15 n, 16, 21, 24 n., 25, 26, 35 n., 152, 162, 230, 258 n.
Jirecek (C. J.), XII, 170 n., 175 n., 203 n., 209 n., 215 n.
Jœrger (Le chevalier Jean), 247 n.
Johnes (Thomas), VIII.
Jorig, évêque de Passau, 250 n.
Joseph (Puits de), en Syrie, 51 n.
Joseph II, patriarche de Constantinople, 154 n.
Jourdain (Le), 11, 48, 50, 52.
Juif, drogman de Murad II, 191.
Juifs (Les), à Beyrouth, 40.

Juifs (Les), à Pest, 235.
— de Caffa, 63.
— à Pera, 141.
— à Sofia, 202 n.

Justin (L'empereur), 162 n.
Justinien, 94 n., 159 n., 160 n.

K

Kades (Lac de), 76.
Kafr Cana, XLVII.
Kalogiros (caloyers), moines, 160.
Kanitz (F.), 205 n.
Karak, village, 31 n.
— (Château de), XLVI, XLVII, 37 n.
Karak (Gouvernement de), XLV.
Karak Nouh (Bourg de), XLVIII.
Karassar, voy. Afioun Qara-Hissar.
Karkar. L, LV.
Karlerskos (Bac de), 173 n.
Karman (Pays de), 59, 102, 103, 104, 115, 117, 120, 124.
Karman (Le), prince de Caramanie, 87, 91, 103, 104, 107, 110, 117, 119, 120, 123, voy. Ibrahim Bey.
Kaukab, village, 31 n., 34 n.

Kaymac (Le), 130.
Kechich-daghy (mont Olympe), 132 n.
Kecskemet, ville, 233 n.
Keranèh (Khan de), en Syrie, 54 n.
Kesrouan (Côte du). XLIX.
Khadjèh Behram, 52 n.
Khalid, fils de Welid, 75 n., 76 n.
Khalil (El-), voy. Hébron.
Khalil bey, fils de Qaradjah, LX.
Khalil Eddahiry, XLI n., XLVII, 82 n.
Khalil Pacha, fils d'Ibrahim Pacha, 188 n.
Khans (caravansérails), en Syrie), 54, 89, 101.
Kharpout (Province de), 82 n.
— (Ville de), LX.
Khartalah, près de Cheïzer, 81 n.

Khidr, médecin de Barsbay, XLIII.
Khodja Baraq, voy. Hoyarbarach.
Khodja-Ily (District de), 139 n.
Khoja yemichy, fruit de l'arbousier, 138 n.
Khoudavendkiar (Province de), 132 n., 136 n.
Khoulassèh, village, 21 n.
Kilia, sur le Danube, 251.
Kinisèh (El-), 34 n.
Knibbe (Regnault), XXV.
Kobelovitch (Miloch), 194 n.
Koïnik, 165 n.
Komourtchina, voy. Koumoultchina.
Korkene (Château de), 100.
Kossovo (Bataille de), LXIV, 194 n.
Kotschy (Th.), 95 n.
Koubrchnitcha (La), rivière, 209 n.
Koumoultchina (Caumussin), 174 n., 175 n., 178 n.
Kouneïtirah, village, 54 n.
Koura (District de), XLIX.
Kragouïevatch, 210 n.
Krouchevatz (Corsebech, Krusevacz), LXVIII, LXX, LXXI, 205 n.
Kufur bina, 94 n.
Kulek (Château de), 102 n., 103 n.
Kulpin (Château de), LXX, 212 n.
Kutahièh (Cotthay, Cotyaeum), LXI, LXXII, 115 n., 120 n., 126, 127, 129, 130.
Kutchuk Tchekmèdjèh, 167 n.

L

Labarte (Jules), 154 n., 157 n., 158 n., 159 n.
La Blouquerie (pour La Broquière), XIII n.
Laborde (Le marquis de), XII.
La Broquière (Bertrandon de), V-XXXIV, LXXIII, LXXIV, LXXV, LXXVI, LXXVII, 1, 33, 245, 267; — (Arnaud Loup de —; Arnaud Luc de —; Lubat de —), XIV; —(Jean de —), XXXIII.
La Broquière, localité, XIII.

La Chenaie Desbois, XIII n.
Lachynes (Le Paléologue), LXV.
La Croix (Petis de), 36 n.
Ladislas (Le roi), LXIV, 257 n.
Ladislas (Saint), 197 n.
La Grange (Le marquis de), V n.
La Gruthuyse (Bibliothèque de), LXXVI.
Lala Chahin Pacha, 170 n., 171 n., 172 n., 175 n., 180 n., 200 n., 202 n.
La Laing (Sanche de), 13, 21, 26, 31, 32, 33, 38, 67.
La Marche (Olivier de), XXIV, XXV, XXX, XXXI n.
Lampsaque, LXVI.
Landes (Jeanne de), 258 n.
Landsberg (Lansperch), ville, 254 n.
Lane (Edw. W.), 96 n.
Langendorf, 239 n.
Langlois (V.), 95 n.
Lannoy (Ghillebert de), V, VI n., XII n., 9 n., 10 n., 14 n., 28 n., 29 n., 30 n., 31 n., 41 n., 43 n., 82 n., 251 n., 258.
Lansperch (Landsberg), ville, 254.
Laon, XXII.
Larenda (Larende, Qaraman), LIV, LV, 106, 114 n.
Larnaca, XXXVIII, LVIII.
La Roë (Jean de), 14, 21, 39
La Roque (De), 78 n.
Las (Le pays de), 205 n.
Laszlavara, sur le Danube, 197 n.
Lataquièh, XLVIII.
Laufenbourg (Lausemberch), 257 n.
Laurent (Saint), 154.
Lausemberch (Laufenbourg), 257.
Layaste (Golfe de), 88.
Layming (Leonhard), évêque de Passau, 250 n.
Lazare (Le despote), 205 n., 207 n.
Lazarevitch (Le despote), 197 n.
Lazarevitch (Étienne), LXX, 211 n.
Leake (W. M.), 117 n.
Lech (Le), rivière, 254 n.
L'Écluse, XVI, XVII, XXIII, 235.
Ledjoun, XLV.
Le Fevre (Jean), 260 n.
Legrand d'Aussy, VII, VIII, IX.
Le Huen (Le Fr. Nic.), 7 n.
Lelewel (Joachim), VI n.
Lemnos (Ile de), LXV, 173 n., 174 n.

Lenguo (Le), 139.
Léon le Grand (L'empereur), 163 n.
Léon III d'Arménie, 99 n, 117 n.
Léon VI de Lusignan, LIII.
Léon le Philosophe (L'empereur), 152 n.
Leontarios (L'amiral Démétrius Lascaris), LXIII, LXV.
Léopold, margrave d'Autriche, 250 n.
Léopold IV, 250 n.
L'Escluse (Château de), voy. L'Écluse.
Lesseres (Lassere, Seres, Siroz), 171, 176, 178, 209.
Leucade (Le duc de), 195 n.
Leve, montagne, 104, 106.
Liban (Le), 31 n., 42 n., 53 n.
Ligne (Michel et Guillaume de), 13, 27.
Ligny (Le comte de), XXI.
Lille, XIII, XVIII, XXIII n., XXX, XXXII n., XXXIII, LXXIV, 261.
Limassol, XXXVI, XXXVIII, LIX.
Limbourg (Schenk de), le Chanc, 245 n.
Lins (Linz), en Autriche, 252.
Lis (Fleurs de), à Damas, 37.
Litany (Leontes), fleuve, 31 n.
Lombards (Arbalétriers), 225.
Lorraine (Antoine de), 245 n.
— (Jean de Rubempré, gouverneur de la), XXXIII n.
Loudd (Lydda, Diospolis), LIII, 10 n.
Louis, dauphin de France, XX, XXI, XXII, XXIV.
Louis (Saint), roi de France, 24 n.
Lubeux (Paroisse de), XIV.
Luc (Saint), 162 n.
Luccari (Famille des), 213 n.
Lusignan (Le P. Est. de), 9 n.
Lusignan (Jean III de), roi de Chypre, 107 n., 108 n.
Lusignan (Pierre de), 108 n.
Lycaonie (La), 104 n.
Lyachin Castrico, 106.
Lydda, voy. Loudd.
Lyon, 84 n., 259.

M

Maarrat-en-Na'man, L, 82 n.
Macédoine (La), 172 n., 199, 200, 201, 208, 231.
Macheras (Léonce), 106 n.
Macsó (Le ban de), 238 n.
Madyanites (Les), 50 n.
Macry (Megry), 174, 180 n.
Magharat-el-Assad, XLIX.
Magnoly (Emmanuel Tocco), 195.
Mahmoud Pacha, 106 n., 114 n.
Mahomet le Prophète, 56, 57, 58, 90, 261.
Mahomet II, LXX n., 114 n., 162 n., 188 n., 214 n., 232 n.
Mailly-le-Chastel et Mailly-la-Ville, XVII.
Makry, voy. Macry.
Malatesta (Charles, fils de Pandolfo II), 5 n.; — (Galeotto Robert, fils de Pandolfo III), 6 n.
Malathiah (Province et ville de), XXXIV, LIX, LX, 82 n.
Malmistra, voy. Misses.

Mameluk Mahommet (Le), compagnon de Bertrandon de La Broquière, LXXII, 70, 81, 105, 108, 120, 121.
Mamines (Memmingen), ville, 254.
Mamistra, voy. Misses.
Mamoun (Le khalife), 99 n.
Manhal Essafy, 21 n., 37 n., 68 n.
Manuel, fils de Jean Ier Paléologue, voy. Paléologue (Manuel).
Maqrizi, XLI n., LVIII, 18 n., 21 n., 37 n, 55 n.
Mara, fille de Georges Brancovitch, LXX.
Marach (Province de), LIX, 82 n.
Marcigny-les-Nonnains, XVIII.
Marie, fille de Jean Paléologue, LXII.
Maritza (La), la Maresche, rivière, 171, 172, 173, 174, 179, 180, 200, 201.
Markdorf (Martorf), ville, 255 n.

Mar-Maroun (Monastère de), 76 n.
Maroch (La), rivière, 232 n.
Marqab (Château de) XXXV, XLVIII.
Marteban (Poteries de), XLVII.
Martin V, pape, 257 n.
Martorf(Markdorf),ville,255.
Mas Latrie (L. de), IX, XII n., 108 n.
Maschere (Léonce Macheras), 106.
Matchin (La Chine), 143 n.
Matelin, voy. Mételin.
Mathas (Zacharias), 155 n.
Mathico (Messire), Matko de Tallócz, 213, 216, 236.
Matkovitch (M.), XI.
Maurice (J.-B.), 248 n.
Maximaniopolis, 175 n.
Mayer (Th.), 250 n.
Mecque (La), 55, 56, 57, 58, 71, 127, 131.;— (Le chérif de la), XLI; — (Pèlerins de la), LXXII.
Medgel, voy. Atlit.
Médik, 83 n.
Médine, 57.
Megry (Macry), 174 n.
Mehemmed (Sultan), fils de Murad II, LXIX.
Mehemmed Ier (Sultan), LXI, LXV, 133 n.

Mehemmed Aga, 188 n.
Mehemmed Bey, fils de Yakhchy bey, LIV, LV, LVI, 112 n.
Mehemmed Bey Zoulqadr oglou, LV, LVI.
Mehemmed Edib Effendy, 93 n.
Meindelahan (Mindelheim). ville, 254.
Melgissaphar, 34 n.
Melich, voy. Melk.
Melik El-Achraf Khalil, 27 n.
Melik El-Achraf Mohammed fils de Qelaoun, 28 n., 29 n.
Melik El-Achraf, Seïf Eddin Aboul Nasr Barsbay, XXXIV, XXXV, voy. Barsbay.
Melik el-Adil, sultan de Damas, 47 n., 53 n.
Melik el-Aziz Youssouf, fils de Barsbay, XLIII.
Melik ed-Dahir, XXXV, voy. Barsbay.
Melik ed-Dahir Bibars, voy. Bibars.
Melik ed-Dahir Djaqmaq, LXI.
Melik el-Mouyyed, sultan d'Égypte, XXXV, XLIX, LV, LXI, 117, 118, 119 n.
Melik en-Nassir Faradj, voy. Faradj.

DES NOMS DE PERSONNES ET DE LIEUX

Melik en-Nassir Mohammed, fils de Qelaoun, XLIX, LX.
Melik el-Oumera, L.
Melik Essalih Hadji, 37 n.
Melik Essalih Ismayl, 53 n.
Melik Essalih Mohammed, XXXV.
Melk (Melich), en Basse-Autriche, 250.
Mély (M. de), LXXVIII.
Memmingen (Mamines), ville, 254 n.
Memnon de Céphalénie, 128 n.
Mentecha bey, LIV, LXV.
Merdj el-Asfar (Melgissaphar), 34 n.
Merdj Ibn-Amir (Plaine d'Esdrelon), 48 n.
Meriadec (Hector de), XXX n.
Merom (Les eaux de), 52 n.
Merspoch (Mersbourg), ville, 255.
Mesembria, LXII.
Messin Qalèh, 175 n.
Messine (Misterio), 170 n.
Messis, Messissèh, voy. Misses.
Métélin (Ile de), LXII.
Métélin (Le seigneur de), LXII, 142 n., 173 n.
Métrophane II, patriarche de Constantinople, 155 n.
Mezarlik-souy, rivière, 101 n.
Mezid Bey, 208 n.
Michow (Mathieu de), 197 n.

Miciat, L.
Mielot (Jean), VI, XXXIII, LXXV, LXXVI, 267.
Mikhalitch, 164 n.
Milan (Le duc de), LXIII, LXXIII, voy. Sforza (François) et Visconti (Philippe-Marie).
Mindelheim (Meindelahan), ville, 254 n.
Mine (Jehan de), 59, 60.
Mingrelins (Les), 153.
Miniéh, XLVII.
Mirebel (Claude), 16 n.
Misses (Messis, Messissèh), LI, 36, 94.
Misterio, ville, 169.
Moab (Province de), XLVI.
Modon, 8.
Mogols (Les), 73 n., 76 n.
Mohammed Sultan, petit-fils de Tamerlan, 132 n.
Monomaque (Constantin), 158 n.
Monstrelet, XLI n., 245 n.
Montbéliard, 259.
Montbéliard (Henriette, comtesse de), 259 n.
Montcastre (Aq-Kerman), 251.
Monte Sancto (Mont Athos), 176.
Montferrat (Sophie, fille de Jean II de), 155 n.

Montflascon (Monte Fiascone), 4.
Montfort (Claire de), 245 n.
— (Élisabeth de), 245 n.
Mont Poulchan (Monte Pulciano), 4.
Montréal, 37 n.
Mopsueste, voy. Misses.
Morava bulgare (La), rivière, 205 n., 206 n., 207, 214.
Morava serbe (La), rivière, 205 n.
Moravie (La), 242.·244 n.
Mordtmann (M.), LXXVIII.
Morée (La), LXII, 155, 264.
— (Le despote de la), 155, 156.
Mores (Les), ou Sarrazins, 38, 39, 40, 54, 55, 56, 59, 62, 66, 67, 100, 121, 184.
Morosini, consul de Venise au Caire, XLIV.
Mosinopolis, 175 n.
Mossoul, LII.
Moualitch-tchaï, rivière, 133 n.
Moucres, muletiers en Syrie, 31, 33, 41, 49, 50, 51, 68.
Moudjir Eddin, 24 n., 25 n.
Moueyyed Cheikh El-Mahmoudy (Sultan), 44 n.
Moukhlis Abderrahman Efendy, 170 n.
Mouldrouf (Mühldorf), ville, 254.

Mouqbil ed-Dewadary (Hôtel de), au Caire, LVI.
Mourat bay, voy. Murad II.
Moussa Bey, 112 n.
Moussallebèh (Couvent de), 12 n.
Moustafa bey, fils de Méhemmed Bey, LVI.
Moustafa, ou Mustafa, fils de Sultan Bajazet, LXV, LXVI, LXVII, 127 n., 128 n.
Moutheïlem, LIII.
Mouton Blanc (Dynastie du), 114 n., 119 n.
Mouton Noir (Dynastie du), 119 n.
Mramor, sur la Morava, 205 n.
Muazzo (Ser Lorenzo), 67 n.
Mühldorf (Mouldrouf), ville, 254 n.
Munecque (Munich), 254.
Müntz (Eugène), X, XI n.
Murad Ier (Sultan), 133 n., 169 n, 170 n., 171 n., 172 n., 182 n., 194 n., 202 n., 204.
Murad II (Amorath Bay, le Grant Turc), XII, XXXVI, LVI, LVII, LXI, LXII, LXIII, LXV-LXIX, LXX, LXXI, LXXIII, 115 n., 118 n., 120, 123, 124, 127, 128 n., 133 n., 136, 142, 149, 171 n., 172, 176, 180, 181,

DES NOMS DE PERSONNES ET DE LIEUX

187, 188, 189, 196, 197, 198, 210 n., 215 n., 239 n., 257 n.
Murad, fils de Qara Yuluk (L'émir), XLII.
Murad Daghy, montagne, 127 n.
Murad Khodja ech-Cha'bany, XXXVII.

Murano (Ile de), 6 n.
Mussi (Cavala), 175.
Mussy-l'Évêque, Mussy-sur-Seine, LXXVII, 260.
Mustafa (Le faux), LXV, LXVI, LXVII, 127 n., 128 n.
Mystère, représenté à Constantinople, 155, 156.

N

Naarn (Le), rivière, 251 n.
Naçardin, voy. Nasr Eddin.
Nagy-Becskerek, 212 n., 231 n.
Nahr Andjar (Le), 31 n.
Nahr el-Assy, 76 n.
Narh Badroun (Le), 31 n.
Narh el-Maqloub, 76 n.
Nanchardin, voy. Nasr Eddin.
Nanouq el-Yechbeki (L'émir), XXXIX.
Naples (Pierre de), 142.
Naplouse, XLVIII, 51 n.
Narbonne, 32 n., 38.
Nasr Eddin (Nanchardin, Naçardin), 14 n., 15, 16, 26.
Nassir Eddin Mohammed Bey, LX, LXI, 82 n., 118 n.

Nazareth, XLVII, 26, 41, 44, 45, 46, 49.
Nebaise (Tour de), 211 n.
Nebouzan (Le), XIII.
Nedjm Eddin, fils de Chady, 73 n.
Negre (La montagne), 87.
Négrepont, LXII.
Neige (Transport de la) en Égypte, LII, LIII.
Nekoudim (Nicodem), village, 209, 211.
Neokhori, 176 n.
Neubourg (Burchardt, comte de), 256 n.
Neufchastel (Jean de), 13 n.
Neufport (Châtellenie de), XXV, XXVI.
Neustadt, en Autriche, 243 n.

Nevers (Le comte de), XX, 215 n.
Nevers (L'évêché de), 258 n.
Nicée (Lac de), 138 n.
Nicéphore Phocas, 41 n., 84 n., 94 n., 99 n.
Nich, 203 n., 204.
Nicodem (Nekoudim), village, 209, 211.
Nicodème, 160 n.
Nicolas V, pape, 258 n.
Nicomédie (Izmid), 138, 139 n.
Nicopolis (Bataille de), 164 n., 213 n.
Nicosie, XXXIX, LVIII, LIX, 108 n.
Niebuhr (Carsten), 124 n.
Nigdèh, LIV.
Niksar, 86 n.
Nil (Le), LXXIII. 143, 146, 148.
Niloufer-souy, rivière, 133 n.
Nissava (La), rivière, 203, 204, 206.
Noé (Val de), 31, 42.
— (Le plain de), 75.
— (Tombeau de), XLVIII.
Nores (Jean, baron de), 109 n.
Notre-Dame de Serdenay (Notre-Dame-à-la-Roche), voy. Serdenay.
Nouchirevan, LX.
Nour Eddin (L'atabek), LII.
Nour Eddin fils de Zenguy (L'atabek), 76 n.
Nour Sofi, LIV.
Nour Soufy, fils d'Ibrahim Bey, 115 n., 116 n.
Novo Brodo (Nyeuberge), 214 n., 215 n.
Nyeuberge, voy. le précédent.

O

O-Besce, LXX, 212 n., 231 n., 232 n.
Obizzo de Polenta, 6 n.
Œnos, LXII.
Oens (Enns), ville et rivière, 252.
Ofen, 233 n., voy. Bude.
Officium Gazerae, 68 n.
Ohsson (Mouradja d'), 137 n.
Olivier (G. A.), 124 n.
Olympe (Le mont), en Asie Mineure, 130 n., 132, 133 n., 137 n.
Omar (Le khalife), 75 n.

Omar ibn Seïfa, gouverneur du Caire, XLIII.
Oostdunes de Flandre (Garennier et garde des), XXV.
Orbini (Don Mauro), 190 n., 210 n.
Orfani, 175 n.
Orges (Hugues d'), archevêque de Rouen, 259 n.
Orkhan, frère de Sultan Murad, LXVIII.
Orkhan (Sultan), fils de Murad II, LXIX.
Orkhan, fils d'Osman Ghazy, 132 n., 133 n.
Orkmas El-Djoubany (L'émir), 24 n.
Orléans, XXI, XXII n.
— (Duc d'), XXIV.
Oronte (L'), 75, 76 n., 78 n., 81 n
Orsini (Giordano dei), 5 n.
— (Jean-Antoine), prince de Tarente, 55 n.
Osman Ier (Sultan), 133 n.
Osman, fils de Thar Aly, XLII.

Osman, marchand turc, 36 n.
Othon, duc d'Autriche, 256 n.
Ottoboni, 30 n.
Ouad el-Awadj (L'), rivière, 54 n.
Ouad Roubin (L'), rivière, 24 n.
Ouady el-Adjem (District d'), 54 n.
Ouady Nahlèh, 69 n.
Ouady Nounkour, 18 n.
Ouaran el-ard, espèce de lézard, 22 n.
Oula, XLVI.
Oulou-abad (Rivière d'), LXVI.
Oulou Djami, mosquée à Tarse, 99 n.
Oulou Djami, mosquée à Messis, 94 n., 95 n.
Oulou-Qichla, 103 n.
Ouzar (Tribu des), LI.
Ouzoun Hassan, 114 n., 116 n.
Ouzoundjèh-ova (Plaine d'), 199 n.

P

Paanepot, 241, voy. Častalowič (Puta de).

Pachas (Les), à la cour du Grand Turc, 183, 186,

188, 189, 193, 195.
Padoue, 7.
Paele (Pest), LXXIV, LXXVII, 233, 235, 236, 239.
Pagano (Carlo), 109 n.
Paiser, 243.
Palacky (F.), 211 n.
Palamède, seigneur d'Œnos, LXII.
Palavicino, voy. Pervezin.
Paléologue (Andronic), LXII, 156 n.
Paléologue (Démétrius), LXIV.
Paléologue (Jean Ier), 152 n., 165 n., 173 n.
Paléologue (Jean II), LXII, LXIII, 155 n., 210 n., 211 n.
Paléologue (Manuel), LXII, LXV, LXVII, 152 n., 155 n.
Paléologue (Michel), 153 n.
— (Thomas), 155 n.
— (Constantin), 159 n.
— Lachynes, LXV.
Palus Stentoris, 173 n.
Pammakariste (Église de), à Constantinople, 162 n.
Pandik (Pantichion), 140 n.
Pantocrator (Église de), 160 n.
Pappenheim (M. von), 245 n.
Parenzo, 7 n.
Paris, XXII n., 129, 258 n.

Parvezin, voy. Pervezin.
Parvillée (M.), 132 n.
Paspatis (A.G.), 157 n.
Passau (Évêché de), 250 n., 252 n.
Passau, ville, 252 n.
Passepoulain (Le pas de), 44 n.
Passerot (Anthoine), 100, 117, 119.
Passerot (Perrin), 109.
Pastourma, viande séchée, 97 n.
Paul (Saint), à Damas, 33, 34 n.
Payas, 90 n.
Pedra (La), 265.
Pèlerine (Le pas de la), XXIV.
Pellazago (André de), 263.
Pensey (Pancsova), 231.
Pera (Pere), LXIII, LXXIII, 135, 137, 140, 141, 142, 150, 151, 153.
Peristeria (Coulony), 178 n.
Peritoq (Pirauchta), 175.
Perpre, voy. Hyperpère.
Perrin Passerot, marchand cypriote, 109.
Perse (La), LI, 115, 118.
Pervezin, Parvezin (Jacques), 30, 131.
Pervezin (Cristofle), 148.
Pesaro, 5 n.
Pest, voy. Paele.
Peyser (Georges), 243.

DES NOMS DE PERSONNES ET DE LIEUX

Pezzi (Federico de'), 142 n.
Pharsale (Bataille de), 172 n., 178 n.
Philippe le Bon, duc de Bourgogne, V, VI, XIII, XV-XXXII, LXXIII, LXXIV, LXXV, LXXVI, LXXVII, 1, 13 n., 14 n., 107, 165, 245, 258 n., 260, 261, 263.
Philippe, fils de Charles VII, XIX.
Philippe-Auguste, 28 n.
Philippe de Valois, VI n.
Philippopoli (Plovdiv, Filibèh), 200 n.
Phocée (La nouvelle), LXII, LXVI, LXVII.
Phocée (La vieille), LXII.
Picot (Émile), 232 n.
Pie II, pape, 155 n.
Pigeons voyageurs, LII.
Pigeonneau (M.), X.
Pilav-tepèh (Le), 175 n.
Pinchart (Alexandre), XI, XXVI n.
Pir Ahmed, 114 n., 115 n.
Pirauchta (Peritoq), 175 n.
Pirgasi (Bourgas), 170.
Pirot, XI, 203.
Plaisance, 3.
Plovdin, Plovdiv, voy. Philippopoli.
Po (Le), 3, 6.

Pococke (Richard), 65 n., 124 n.
Poggibonsi (Niccolo), 46 n., 65 n.
Poitiers, XXI.
Pola (Polle), 7.
Polidoire, fils de Priam, 174.
Pologne, voy. Poulaine.
Ponte grande, 168 n.
Ponte piccolo, 167 n.
Port (Célestin), LXXII, 32 n.
Port Cavalier, voy. Cavalier.
Portugal, 13 n.
Portulus Imperatoris, à Constantinople, 152 n.
Pot (Messire Renier), 247.
Pothières, ou Poultières (Abbaye de), LXXVII, 260.
Pottendorf (Albrecht von), Messire Albrech, 240 n., 241, 243.
Pottendorf (Conrad de), 247 n.
Potvin (Ch.), VI n.
Poulaine (Le roi de), le roi de Pologne, 250.
Prague (Diète de), en 1434, 242 n.
Praguerie (La), XXI.
Prawista (Peritoq), 175 n.
Prescher (H.), 245 n.
Prêtre Jean (Le), 142, 143, 144, 146, 147.
Preune (Braunau), ville, 253.
Priam (Le roi), 174.

Pristina, 214 n.
Procope, 159 n.
Promis (Vicenzo), 141 n.
Provins, 78.
Prusse (Les seigneurs de), 236, 242, 250.

Pulchérie (L'impératrice), 163 n.
Pupping, village, 253 n.
Pursaq (Le), rivière, 126 n.
Puta de Častalowič, voy. Častalowič (Puta de).

Q

Qadmous (Château de), XLVIII.
Qaïmaq (Le), 130 n.
Qaisserièh, voy. Césarée.
Qalaat-er-Roum, L.
Qalaat Soubeibeh, 52 n.
Qaldyr-daghy (Montagne de), 125 n.
Qaqoun, LIII.
Qara-Hissar (Château de), 100 n.
Qara-Hissar, ville, voy. Afioun Qara-Hissar.
Qara-Mursal, village, 139 n.
Qara Rustem, légiste de Caramanie, 182 n.
Qara-Saqal, 168 n.
Qara-sou, localité, 175 n.
Qara-sou, rivière, 85 n., 103 n., 168 n., 176 n.
Qara-Tach (Le district de), 116 n.

Qara Youssouf, XXXV, XLII, 119 n.
Qara Yuluk, XLII, 119 n.
Qaradjah (Zeïn Eddin), fils de Zoulqadr, LX.
Qaraman (Larende), 106 n.
Qaraman, fils d'Ibrahim Bey, 115 n., 116 n.
Qaraman, fils de Nour Sofi, LIV.
Qaraman bey, LIV.
Qaraman oglou (Dynastie des), LIII, LIV, 100 n., 106 n., 110 n., 112 n.
Qaraman oglou Ibrahim Bey, 105 n.; voy. Ibrahim Bey.
Qarichturan, ville, 170 n.
Qariet-Arbaa (Catharbe), 17 n.
Qartal, village, 139 n.
Qassim, fils d'Ibrahim Bey, 115 n., 116 n.
Qassim Chehab (L'émir), 42 n.

Qassimièh (Litany), 31 n.
Qassioun (Le), près de Damas, 34 n.
Qathiah, en Égypte, LIII, 67 n.
Qatirly-dagh (Montagnes de), 137 n., 138 n.
Qilidj Arslan, prince Seldjoucide, 105 n., 109 n.
Qirim (Ville de), XXXIV.
Qirq-Guetchid, rivière, 103 n.
Qizil-Delytchay (Le), rivière, 172 n.
Qodja-Yaïla (Le), montagne, 173 n.
Qoniah (Quhongne), LIV LV, LVI, LVII, 106 n., 109, 110, 114 n., 117 n., 121, 122, 123, 125.
Qormez (Montagne de), 98 n.
Qorqmas (L'émir), XLII.
Qourd-Qoulaghy (Château de), 93 n.
Qoutou-Tchechmèh (Izvor), 203 n.
Qouthloubogha (L'émir), XXXIX.
Queli (Kilia), 251 n.
Queullent (Jehan), XIX.
Quharaychust, 118.
Quharaynich, 118.
Quhongne, Quhongnopoly, voy. Qoniah.
Quiclet (M.), 168 n.

R

Raab (Javir), en Hongrie, 247.
Racz, LXX.
Radivoï, fils d'Étienne Ostoia, 189 n.
Radziwil, 51 n.
Ragusains, à Sofia, 202 n.
Raguse (Aragouse), LXXI, 190 n., 213, 215 n.
Raguse (Jean de), 211 n.
Ramazan oglou (Les), LI, 87 n.
Ramedang (Sarim Eddin Ibrahim Bey Ramazan oglou), 87, 90, 91, 98, 103, 117; voy. Ibrahim Bey.
Rames, voy. le suivant.
Ramlèh (Rames), XLVI, 9 n., 10, 11, 24, 25 n.
Raoul de Caen, 95 n.
Ras-el-Adjouz (Cap), XXXVIII.

Ras-el-Aïn (Puits de Salomon), 42 n.
Ras-el-Khinzir (Cap), 87 n.
Rascie (La), 205, 211, voy. Servie.
Rascie (Le despote de), voy. Brancovitch (Georges).
Rave, voy. Raab.
Ravenne, 6.
Ravespourch (Ravensburg), ville, 255.
Raynald, 211 n.
Reault, 6.
Recourt (La famille de), XXIII n.
Regnault (Mathieu), 258 n.
Remigne, voy. Rimini.
Renaud de Sidon, 53 n.
Restan, village, 76 n.
Rheinfelden (Rinbel), ville, 256 n., 257 n.
Rhin (Le), 255, 256, 257.
Rhodes, V, VI, 8, 9, 14 n.
Rhodope (Les monts), 171 n., 172 n.
Richard Cœur de Lion, 19 n., 28 n.
Riet (Ried), ville, 253.
Rigory (Rhegium), 167.
Rimini (Remigne), 6.
Rinbel (Rheinfelden), 257.
Ristisch (M.), XI.
Robinson (Ed.), 45 n., 47 n.

Rochefort (Le château de), en Bourgogne, 13 n.
Rodosto, 165 n.
Roehricht (R.), XI.
Roha (Édesse), XLII, L, 21 n.
Rohrdorf (Les comtes de), 255 n.
Roland (L'épée de), 132 n.
Rolin (Jean), évêque de Chalon-sur-Saône, 258 n.
Rolin (Nicolas), chancelier de Bourgogne, 260 n.
Romano (Giacinto), XII.
Rome, 4, 5, 14 n., 150, 155 n., 162.
Rosenberg (Catherine de), 253 n.
Rœtelen (Guillaume, margrave de), 245 n.
Roubil (Le prophète), 25 n.
Rouen (Le cardinal archevêque de), 259.
Roupéniens (Les rois), 95 n., 99 n.
Roussillon (Gérard de), 260 n.
Rov (Gérard de), 248 n.
Roye, XXII n.
Rubempré (Jean de), seigneur de Bièvres, XXXIII.
Rupelmonde (Château de), XXIII, XXV, XXVI, XXXII, LXXVIII;—(Bataille de), XXXI n.

S

Saad-Allah (Sadalia), truchement, 16.
Saewulf, 47 n.
Safed, XXXV, XLVII.
Saffourièh (Fontaine de), 45 n.
Safita (District de), XXXV.
Sahioun (Le château de), XLVIII.
Saïette (Sydon, Sayda), XLVIII, L, LIII, 29, 41, 42, 43.
Saillet (Charles), VII n.
Saint-Abraham, voy. Hébron.
Saint-Ange (Le cardinal de), 257.
Saint-Aubin (Terre de), 13 n.
Saint-Benoît (Église de), à Galata, 141 n.
Saint-Bertrand-de-Comminges, XIII.
Saint-Bris (Ville de), XVII.
Saint-François (Église de), à Galata, 164 n.
Saint-Gall, 256 n.
Saint-Georges (Le bras de), détroit, 140, 150, 231.
Saint-Georges in Mangana (Église de), 158 n.
Saint-Jean d'Acre (Acre), XLVI, XLVII, L, 27, 28 n., 44, 152.
Saint-Jean de Jérusalem (Chevaliers de), 117 n., 122.
Saint-Jean-du-Bois, aujourd'hui Saint-Jean-du-Désert, 11 n.
Saint-Jean Théologue (Église de), à Éphèse, 160 n.
Saint-Martin au Laert, XXV.
Saint-Pierre et Sainte-Sophie (Église de), à Tarse, 99 n.
Saint-Pol (Hugues, comte de), 158 n.; — (Jean, bâtard de), XXIV, XXV.
Saint-Polquin (Saint-Pölten), 250.
Saint-Sépulcre (Église du), 16.
Sainte-Catherine (Couvent de), 14, 15, 16 n., 20, 21.
Sainte-Marie-des-Bois (Capitainerie de), XVIII.
Sainte-Maure, 155 n.
Sainte-Sophie (Église de), LXXVII, 151, 153, 154, 157, 162 n.
Sainte-Vehme (La), LXXIV.

Saints-Apôtres (L'église des), à Constantinople, 162.
Saladin, 10 n., 24 n., 28 n., 29 n., 35 n., 47 n., 53 n., 72 n.
Salahiyèh, près de Damas, 34 n., 35 n.
Salefe (Le), 116 n.
Salehièh, LIII.
Salerne (Le prince de), 5.
Salkhat (Mosquée de), près de Damas, 37 n.
Salomon (Puits de), 42 n.
Salonique, LXII, LXVIII, 128 n., 142.
Salubrie (Silivry, Selembria), LXII, 165, 168, 169.
Salzache (La), rivière, 253 n.
Salzenberg (M. de), 154 n.
Samandra (Ile de), 174, voy. Samothrace.
Samanly-dagh, 138 n.
Samarie, 50.
Samarqand, XLVIII.
Samothrace, LXII, LXIII, 173 n., 174 n.
Sanameïn, LIII.
Sandaucourt (Bataille de), 245 n.
Sanderus (Ant.), VII n.
Sanranze (Laurens), 77, 79.
Sansovino, 5 n.
Sanuto (Marino), 87 n.

Saqal Toutan (Chaussée de), 89 n.
Saqarièh (Le), rivière, 126 n., 127 n.
Sardan, Sardenal, Sardenay, voy. Serdenay.
Sarkhad (Le château de), XLVIII.
Saroudjèh Pacha, LXX, 188 n., 210 n.
Saroukhan, LIV.
Sarrazins (Les), voy. Mores (Les).
Sarus (Le), rivière, 98 n.
Sa'sa, village, 54 n.
Satalie, 71.
Sauli (L.), 141 n.
Save (La), 211 n., 212, 214, 215.
Savoie (La), 2.
Savoie (Louis de), 107, 108 n.
— (Anne, fille d'Aimé V de), 156 n.
Saxe (Guillaume, duc de), 242 n.
Sayda, voy. Saïette.
Sazly-Derèh, LXVI, 171 n.
Scalamonti, 128 n.
Sceine (La), l'Inn, rivière, 253.
Schaffhouse (Chauffouze), 244 n., 255.
Schaumburg (Les comtes de), 253 n.
Schayes (M.), XII.

Schelikmark, rivière, 95 n.
Schenk de Limbourg, le Chanc, voy. Limbourg.
Schlumberger (G.), 157 n., 163 n., 174 n., 195 n.
Schwandtner, 213 n.
Scoenhove (J. de), XXXI n.
Scutari, LXXIII, 140, 148.
Sebenico, 8.
Segading (Szegedin), 232.
Segovia (Johannes de), 211 n.
Seif Eddaulèh, 99 n.
Seif Eddin el-Arslany (L'émir), XLIX.
Seif Eddin Inal (L'émir), gouverneur de Gaza, 20 n.
Seif Eddin Tatar (L'émir), XXXV.
Seif Eddin Tcharqouthlou, voy. Tcharqouthlou.
Seigneur de la Grèce (Le), voy. Beylerbey de Roumélie.
Seil (Le comte de), Ulric II, comte de Cillei, 210.
Seillaz (Guillaume de), 260.
Seldjoucides (Les), LIV, 110 n.
Sele-yaïlassi, 86 n.
Selefkèh (Séleucie), LIV, 116 n.
Selim (Sultan), 169 n., 175 n.
Selimièh, L.
Selman Farsy (Tombeau de), XLVI.

Selymbria, voy. Salubrie.
Semendria, LXXI, 210 n.
Semlin, 215 n.
Senich, 240.
Sephaludiensis (Episcopus), 211 n.
Serdenay (Notre-Dame de), 64, 65 n.
Serdica, voy. Sofia.
Seres (Lesseres, Siroz), 171 n.
Serfendklar (Château de), 93 n.
Serrum (Macry), 174 n.
Servie, ou Rascie (La), LXX, LXXI, 205, 208, 210 n., 213, 214, 215 n., 216, 224, 230, 232 n., 264, 268.
Servie (Le despote de), voy. Brancovitch (Georges).
Seyyd Boukhary (L'émir), LXVII, LXVIII.
Sforza (François), duc de Milan, 13 n., 140, 141, 142, 194.
Sicile (La), 211 n.
Sidi-Cheher, LIV.
Sidnaya (Couvent de), voy. Serdenay (Notre-Dame de).
Sidon, voy. Saïette.
Sigismond (L'empereur), roi de Hongrie, LXV, LXXI, LXXIV, 3, 142, 195, 197 n., 211, 212 n., 213 n., 222, 225, 232 n., 234, 235, 238, 239 n., 241 n., 244 n.

Sigismond, margrave de Brandebourg, 240 n.
Sihan (Le), rivière, 98 n.
Silivry, voy. Salubrie.
Siméon (Saint), 8.
Sinaï (Le mont), 14, 19 n., 21 n.
Sinan Bey (Ceynann Bay), LXX, 178 n., 180 n., 205 n., 206, 207, 208, 210 n., 215; voy. Beylerbey de Roumélie.
Sindjil, village, 51 n.
Sion (Mont de), à Jérusalem, 25, 26, 27.
Siroz (Lesseres, Seres), 171 n., 172 n.
Sis, LI.
Slankamen, ville et château, LXX, 212 n., 232 n.
Sleenberch (Martin), VII n.
Sofia, 118 n., 195, 197, 201, 202 n., 203, 268.
Sole (Château de la), 258 n.
Soly bey, LX.
Soranzo (Lorenzo), 77 n.
Souabe (La), 244 n., 254.
Soubeibèh, XLVIII; voy. Qalaat Soubeibèh.
Souedièh (Séleucie), 76 n.
Soukkarièh (Khan de), 19 n.
Souldan d'Égypte (Le) voy., Melik el-Moueyyed.
Sour, voy. Sur.

Spalato, 213 n.
Spandouyn Cantacusin, 187 n., 193 n.
Spano (Alexis), 210 n.
Spinola (Famille des), 131 n.
Spolète, 4 n.
Stalatch (Château de), 206 n.
Stein (Estran), ville, 256 n.
Sternberg (La famille), 241 n.
Stockerau, 250 n.
Streitwiesen (Jeanne de), 247 n.
Sude (La), village de Crète, 211 n.
Suleyman (Sultan), 168 n., 232 n., 247 n.
Suleyman, fils d'Abd el-Melik (Le khalife), 10 n.; — sultan seldjoucide, 84 n. — fils d'Ibrahim Bey, 115 n., 116 n.
Sultan-daghy, montagne, 122 n., 123 n.
Sultany, monnaie, 193 n.
Sur (Sour), XLVII, 28, 29 n., 42, 43.
Surgadiroly (Zoulqadr oglou), LIX, LX, 82, 102, 118, 119 n.
Sylvius (Aeneas), LXXI.
Symon (Fr.), cordelier, 27.
Syrie (La), VI, XXXIV, XXXV, XXXVI, XXXVII, XLII, XLV, L, LI, LII,

DES NOMS DE PERSONNES ET DE LIEUX 317

LX, LXXII, 23 n., 31, 32, 36, 37 n., 50 n., 55, 82 n.
Szatmar, 212 n.

Szegedin, voy. Segading.
Szoereni (Château de), LXIX.

T

Tabolzan, 62, 63.
Tafur (Pero), 14 n.
Taghriberdy, fils de Kesrawa (Tangriberdy), XXXV, 9 n., 37.
Taghriberdy el-Mahmoudy, XXXVIII, XXXIX, XL.
Taghriberdy el-Mouayyedi, XXXIX.
Takhino (Lac de), 176 n.
Talaru (Amédée II de) 259 n.
Tallócz (Matko de), 213 n.
Tamburlant, voy. Timour.
Tana (La), 164.
Tancrède, 47 n., 52 n., 94 n.
Tangriberdy (L'émir), 9 n. voy. Taghriberdy.
Tantoura, voy. Dora.
Tarente (Le prince de), XLV, 55, 67.
Tarse, 90, 91, 98, 99, 101, 105, 115, 116, 118.
Tarsous, LI, LV, LVI.
Tatar (L'émir), XXXV, LV.

Tatta (Thyate, Dotis, Totis), en Hongrie, 247 n.
Taurus (Le), 95 n., 101 n.
Tchakid-Khany, caravansérail, 101 n., 103 n.
Tchakid-souy, rivière, 98 n., 99 n., 103 n.
Tchalayq, 175 n.
Tcharqouthlou (L'émir Seif Eddin), 67 n., 68 n.
Tchatal Bourgas, 170 n.
Tchiftèh-Hammam, 122 n.
Tchiftèh-Khan, 103 n.
Tchihatchef (P. de), 86 n., 104 n., 133 n.
Tchin (La Chine), 143 n.
Tchiqour-Ova (Plaine de), 93 n.
Tchourlou, 169 n.
Teck (Le duc Louis de), 254 n.
Tell mar Boulos (Colline de Saint-Paul), 34 n.
Temes (La), rivière, 231 n.
Ténédos, LXII.
Tenremonde, XXXI n.

Terkhanèh (Khan de), en Syrie, 54 n.
Terrant (Jean de), XX.
Terre Sainte (La), VIII, IX n., 14 n., 264, 266, 273.
Teschen (Boleslas de), 238 n.
Teutonique (L'ordre), les seigneurs de Prusse, LXIX, 236 n., 242, 250.
Thabarie, voy. Tibériade.
Thabor (Le mont), 26, 41, 44, 46, 47 n., 49.
Thaborites (Les), 241 n.
Thafas, LIII.
Thannous ben Youssouf Echchidiaq, 43 n., 44 n.
Thasos, LXII, 173 n., 174 n.
Themesie, XXXI n.
Thenes (Le port de), 9 n.
Therso, voy. Tarse.
Thévenot (M.), 37 n.
Thevet (A.), 116 n.
Thierstein (Rodolphe de), 245 n.; — (Suzanne de), 245 n.
Thoisy (Joffroy de), 14, 39.
Thyate (Dotis, Totis, Tatta), en Hongrie, 247.
Thymbres (Le), rivière, 127 n.
Tibériade (Thabarye), 48, 51 n.
Tiethmar, 65 n.
Timars, fiefs militaires en Turquie, 136 n.

Timothée (Saint), 162 n.
Timour (Tamburlant), XLII, XLVII, L, LI, LIV, 35, 36, 37, 73 n., 75, 76 n., 78 n., 118, 165 n.
Timour bek, gouverneur d'Alep, LI.
Ting (L'Inn), rivière; voy. Inn (L').
Tisce (Tisza ou Theiss), rivière, 232.
Tocco (La famille des), 195 n.
Todor (Le voïvode), 207 n.
Toghan (Le mont), LXVII.
Toison d'or (Ordre de la), 13 n., 248 n., 258 n., 261.
Tollius (J.), 234 n., 247 n.
Tophanèh (Fonderie de), à Constantinople, 159 n.
Toraise (Jean de), seigneur de Torpes, 12 n.
Torcianus (Jean), 248 n.
Torzelo (Jean), LXXVI, 263, 267, 268, 269, 272, 273.
Totis (Thyate), en Hongrie, 247.
Toulonjon (Adrien de), 12, 21, 22, 26, 32, 39; — (Antoine de), 245 n.
Toundja (La), rivière, LXIX, 171 n.
Tourkhan Bey, 178 n.
Tournay (Évêque de), voy. Chevrot et Fillastre.

DES NOMS DE PERSONNES ET DE LIEUX

Tournefort, 141 n.
Toutseul, poursuivant breton, 246.
Traisen (Le), rivière, 250 n.
Trajan, 179.
Trajanopolis, 179, 180 n.
Transylvanie (La), LXIX, 236.
Trauchburg, 244 n.
Traun (La), rivière, 252.
Trébizonde (L'empereur de), LXX, LXXI, 155.
Triaditza, voy. Sofia.
Tripoli de Syrie, XXXV, XXXVII, XLVII, 55.
— (Province de), XLVIII.
Troie, 173, 174.
Trousset (Jacques), 244, voy. Waldburg (Truchsess de).
Tscherning (Th.), 232 n., 248 n., 250 n.
Tugose-la-Blanche (Paroisse de), XIV.
Tunis (Le roi de), XLI.
Tupinambis arenarius, lézard, 22.
Tur (Ville de), en Hongrie, LXX, 212 n.
Turcomans, Turquemans (Les), XXXV, XLIX, LI, LV, LIX, LX, LXXII, 71, 72, 77, 82 n., 83, 85, 86, 87, 89, 91, 92, 93, 94 n., 98, 100, 101, 104, 105, 115 n., 118, 120 n., 123, 165 n.
Turc (Le grant), voy. Murad II.
Turcs (Les), XII, LXIII, LXIV, LXV-LXVIII, LXX, LXXII, LXXIII, 63, 66, 67, 70, 71, 79, 81, 97, 115, 123, 128, 130, 131, 132 n., 133, 135, 138 n., 139, 140, 141, 142, 149, 155 n., 156, 158, 164, 165, 168, 169, 170, 174, 176, 177, 178 n., 180, 185, 197, 202, 203, 207 n., 208, 209, 210 n., 214 n., 215, 216-231, 238, 249, 251 n., 258 n., 263-274.
Turin, 3.
Turoczi, 213 n.
Turque (La langue), 100, 112, 191.
Turquie (La), 115, 118 n., 135, 149, 182, 183, 184, 185.
Turris Stratonis, voy. Césarée.
Twarko, 190 n.
Tyr, voy. Sur.
Tzurullum, 165 n.

U

Ulfer-sou, rivière, 133 n.
Urbin, ville, 5.
Urbin (Guid'Antonio de Montefeltro, comte d'), 5.
Usdin, en Hongrie, 231 n.

V

Valachie (La), Walaquie, 149, 190, 195, 205, 208, 251 n., 265.
Valaques (Les), 197, 224, 225, 251 n.
Vallet de Viriville, X.
Valse, 244, voy. Walsee.
Van Praet (M.), X, LXXV.
Varanus scincus, lézard, 22 n.
Varna (Bataille de), LXIV, 258 n.
Varsany, ville de Hongrie, 212 n.
Varthema, 57 n.
Vauldrey (Pierre de), XVI, 13, 21, 22.
Venise, VI, LXIV, 6, 7, 160, 161.
Vénitiens (Les), en Orient, XLIV, LXII, LXVIII, LXXIV, LXXVII, 26, 27, 28 n., 30, 32, 41, 44, 55 n., 58, 67, 77, 94 n., 100 n., 128 n., 129 n., 142, 150, 164, 165, 171, 261, 265.
Verchet (O-Besce), 232.
Veroisne (Abbaye de), 180 n.
Vesoul (Vezou), 260.
Vézelay, XVII.
Vidinc, 264, 265, 268.
Vieil-Chastel (Ville et château du), XVI.
Vieille-Phocée (Seigneurie de la), 174 n.; voy. Phocée (La Vieille).
Vienne, en Autriche, 239, 245 n., 248, 250.
Vilagos, château, LXX, 212 n.
Villaige (Jehan de), XLV n.
Villeberny, 259 n.

DES NOMS DE PERSONNES ET DE LIEUX

Villehardouin (G. de), 158 n., 180 n.
Villeneuve (La), village, 260.
Vira (Feredjik), 179, 180 n.
Visconti (Jehan), 167, 197.
Visconti (Philippe-Marie), duc de Milan, XII, 142 n.
Visen (Jehan de), XX.
Viterbe, 4.
Vitry (Jacques de), 34 n., 50 n.
Vivien de Saint-Martin, IX.
Vizirs (Les), 183, 188 n.
Vlad II le Diable, LXVIII, LXIX, 190 n.
Vogüé (M. de), 48 n.
Voulgairie, voy. Bulgarie.
Vucovitch (Georges et Étienne), 210 n.
Vulkovitch (Lazare), 194 n.

W

Wagner (J. Chr.), 247 n.
Waldburg (Château de), 154.
Waldburg (Jacques Truchsess de), messire Jaques Trousset, 244 n., 245 n., 246, 249, 251, 253, 254, 255, 256.
Waldshut (Walsquot), ville, 256 n.
Walsee, ville, LXXIV, 244, 251.
Walsee (Élisabeth de), 240 n.
— (Reinprecht IV de), 244 n., 249, 250 n., 251, 252, 253, 256.
Walsquot (Waldshut), ville, 256.
Wast (Waze), XXVI.
Webb (John), VI n.
Weissenpeck (N. de), 243 n.
Wenceslas, roi de Bohême, 257 n.
Wenner (Adam), 202 n., 204 n.
Werradèh, LIII.
Wetzstein (J. G.), 37 n.
Willibald (Saint), 47 n.
Willibrand d'Oldenbourg, 84 n., 99 n.
Wittelspach (Conrad de), archevêque de Mayence, 99 n.
Wright (Thomas), IX.
Wurtemberg (Eberhard, comte de), 259 n.

X

Xerxès, 171 n.

Xil (Le comte de), 240, 255, voy. Cillei.

Y

Yaqoub Bey, dernier prince de la dynastie des Guermian, LXI, 115 n.
Yaqout, 18 n., 35 n., 51 n., 66 n., 84 n., 99 n.
Yardimly-Tepèh (Le), montagne, 178 n.
Yebna, château, 24 n.
Yechbek (L'émir), XXXVII.
Yechil imaret (Le), à Brousse, 133 n.

Yenguy-Keui (Yeny-Keui), 176 n.
Yilaq (Campement d'été), 103 n.
Youssouf (Le prince), frère de Sultan Murad, LXVIII.
Youssoufdjèh Mirza, 116 n.
Ypsala, ville, 173, 272.
Ysaach bay, 208, voy. Ishaq Bey.
Ysmoure, Yswoure, 203.

Z

Zabari, port, 116 n.
Zafer namèh, 36 n.
Zagora (Le bras de), 265.
Zahhaq ibn D'endel, 52 n.

Zahlèh, dans la Beqa'a, 31 n.
Zambry, 170.
Zante (Le comte palatin de), 195 n.

Zara (Jarre), 8.
Zavisza Czarny de Garbow, 197 n., voy. Advis (Messire).
Zebdany, XLVIII, 69 n.
Zehir Eddin Toughteguin, 52 n.
Zeïn Eddin Qaradjah, fils de Zoulqadr, LX.
Zeirek Mehemmed Efendy, 160 n.
Zenbaquièh, 83 n.
Zenguy (L'atabek), 72 n.
Zéphyrie, port, 116 n.
Zigues (Les), 153.
Zikr (Le), 96 n.
Zimiscès (Jean), 94 n.
Zizèh, XLVI.
Zonaras, 162 n.
Zoubdet Kechf il-Memalik, XLVII.
Zoulnoun (Khan de), en Syrie, 54 n.
Zoul Qadrièh, Zoulqadr oglou (Surgadiroly), LIX, LX, 82 n., 102, 118, 119 n.
Zucharia, voy. Soukkarièh.
Zurich, 256 n.
Zwettel (Bataille de), 244 n.
Zygi (Zigues), 153 n.

ERRATA

Page XVI, ligne 23, *au lieu de* Guilbaut, *il faut lire* Guillebaut.
— L, — 16, — Maarat-en-Nouman, *il faut lire* Maarat en-Na'man.
— LVII, — 5, *au lieu de* Moustafa bey, *il faut lire* Moussa bey.
— 36, — 12, — Jehon', — Jehon '.
— 36, — 13, — homme ', — homme '.
— 37, — 29, — ome, — tome.
— 37, — 34, — ranques, — franques, *au lieu de* M. Wetztein, M. Wetzstein.
— 50, — 23, — F. Brocard, *il faut lire* F. Brochard.
— 103, — 24, — Tchaqid-souy, — Tchakid-souy.
— 124, — 3, — Quhongne, — Athsaray.
— 127, — 28, — Awzy Pacha, — Bayezid Pacha.
— 138, dernière ligne, *au lieu de* Nicodémie, *il faut lire* Nicomédie.
— 157, avant-dernière ligne, *au lieu de* Paspastis, *il faut lire* Paspatis.
— 174, — — Chapdjiler, — Chabjilar.
— 181, ligne 26, *au lieu de* cheikh ou islam, *il faut lire* cheikh oul islam.
— 208, — 26, — aut *il faut lire* faut.
— 250, — 32, — Colomann, — Coloman.
— 252. La note 2 a été placée là par erreur; elle doit être mise à la suite de la note 3 de la page 253 et elle se rapporte à la rivière que B. de La Broquière désigne par le nom de Sceine.
— 258, ligne 9, *au lieu de* Louis, *il faut lire* Ladislas.

TABLE DES MATIÈRES

	Pages.
INTRODUCTION	1
LE VOYAGE D'OULTREMER DE BERTRANDON DE LA BROQUIÈRE	1
L'ADVIS DE MESSIRE JEHAN TORZELO	263
L'ADVIS ET ADVERTISSEMENT DE BERTRANDON DE LA BROQUIÈRE	267
TABLE ALPHABÉTIQUE	275
ERRATA	324
TABLE DES MATIÈRES	325

ANGERS, IMP. A. BURDIN ET Cie, RUE GARNIER, 4.

RECUEIL
DE VOYAGES ET DE DOCUMENTS
POUR SERVIR
à l'histoire de la Géographie depuis le XIIIe jusqu'à la fin du XVIe siècle.

Publié sous la direction de MM. Ch. Schefer, de l'Institut, et H. Cordier
Tiré à 250 exemplaires dont 25 sur papier de Hollande.
La Société de Géographie a décerné le prix Jomard à l'Éditeur de cette collection.

I. — JEAN ET SÉBASTIEN CABOT

Leur origine et leurs voyages. Étude d'histoire critique, suivie d'une cartographie, d'une bibliographie et d'une chronologie des Voyages au Nord-Ouest de 1497 à 1550, d'après des documents inédits, par Henry Harrisse. 1882, un beau volume gr. in-8, avec un portulan reproduit en fac-similé par Pilinski . . . . 25 fr.
Le même, sur papier vergé de Hollande . . . . 40 fr.

II. — LE VOYAGE DE LA SAINCTE CYTÉ DE HIÉRUSALEM

Fait l'an mil quatre cens quatre vingtz estant le siege du Grand-Turc à Rhodes, et régnant en France Loys unziesme de ce nom. Publié par Ch. Schefer. 1882, beau volume gr. in-8 . . . . . 16 fr.
Le même, sur papier vergé de Hollande . . . . 25 fr.

III. — LES CORTE-REAL ET LEURS VOYAGES AU NOUVEAU-MONDE

D'après des documents nouveaux ou peu connus, tirés des archives de Portugal et d'Italie, suivi du texte inédit d'un récit de la troisième expédition de Gaspard Corte-Real, et d'une carte portugaise de l'année 1502 reproduite ici pour la première fois, par Henry Harrisse, 1883, un beau volume gr. in-8. avec une photographie et un grand portulan chromolithographié, en un étui . . . . . . 40 fr.
Le même, sur papier vergé de Hollande . . . . 50 fr.

III bis. — GASPARD CORTE-REAL
SUPPLÉMENT AU TOME III

La date exacte de sa dernière expédition au Nouveau-Monde, d'après deux nouveaux documents inédits récemment tirés des archives de la Torre do Tombo à Lisbonne, dont un écrit et signé par Gaspard Corte-Real, l'autre par son frère Miquel, reproduits ici en fac-similé par Henry Harrisse. In-8, avec 2 planches en fac-similé . . . . 4 fr.
Le même, sur papier de Hollande . . . . 6 fr.

IV. — LES NAVIGATIONS DE JEAN PARMENTIER

Publié par Ch. Schefer, de l'Institut. Gr. in-8, avec une carte fac-similé . . . . 16 fr.
Le même, sur papier de Hollande . . . . 25 fr.

V. — LE VOYAGE ET ITINÉRAIRE D'OUTRE-MER

Fait par frère Jean Thenaud. — Egypte, Mont Sinay, Palestine, suivi de la relation de Domenico Trevisan auprès du Soudan d'Égypte. Publié et annoté par Ch. Schefer, membre de l'Institut. Gr. in-8, avec carte et planches . . . . 25 fr.

VI, VII. — CHRISTOPHE COLOMB

Son origine, sa vie, ses voyages, sa famille et ses descendants, d'après des documents inédits, tirés des archives de Gênes, de Savone, de Séville et de Madrid. Études d'histoire critique par Henry Harrisse. 2 volumes gr. in-8, de luxe . . . . 125 fr.
Les mêmes, sur papier de Hollande . . . . 150 fr.

VIII. — LE VOYAGE DE MONSIEUR D'ARAMON

Ambassadeur pour le roi en Levant, escrit par noble homme Jean Chesneau, publié et annoté par Ch. Schefer, de l'Institut. Un beau volume gr. in-8, avec planches . . . . 20 fr.
Quelques exemplaires sur papier de Hollande à . . . . 30 fr.

IX. — LE VIATEUR EN LA PLUS GRANDE PARTIE DE L'ORIENT

Ou les voyages de Louis Varthema. Publié et annoté par Ch. Schefer, de l'Institut. In-8, pl. 30 fr.
Le même sur papier de Hollande . . . . 40 fr.

X. — VOYAGES EN ASIE DE FRÈRE ODORIC DE PORDENONE

Religieux de l'ordre de Saint-François, publié et annoté, par Henri Cordier. In-8, orné de dessins, fac-similé et d'une carte. Un fort volume gr. in-8, avec planches . . . . 60 fr.

XI. — LE VOYAGE DE LA TERRE SAINTE

Composé par messire Denis Possot et achevé par messire Charles Philippe, seigneur de Champarmoy et Grandchamp, procureur du très puissant seigneur messire Robert de la Marck (1532). Publié par Ch. Schefer, de l'Institut. In-8, planches . . . . 30 fr.
Le même sur papier de Hollande . . . . 40 fr.

Angers, imp. A. Burdin et Cie, rue Garnier, 4.

www.ingramcontent.com/pod-product-compliance
Lightning Source LLC
Chambersburg PA
CBHW071856230426
43671CB00010B/1360